U0617709

BLUE BOOK

智 库 成 果 出 版 与 传 播 平 台

法治蓝皮书
BLUE BOOK OF RULE OF LAW

四川依法治省年度报告 *No.8*（2022）

ANNUAL REPORT ON RULE OF LAW IN SICHUAN No.8 (2022)

中国社会科学院法学研究所

主　　编／李　林　刘志诚　田　禾

执行主编／吕艳滨

副 主 编／刘雁鹏

社会科学文献出版社
SOCIAL SCIENCES ACADEMIC PRESS（CHINA）

图书在版编目（CIP）数据

四川依法治省年度报告 . No. 8，2022 / 李林，刘志诚，田禾主编 . – – 北京：社会科学文献出版社，2022. 5
（法治蓝皮书）
ISBN 978 – 7 – 5228 – 0045 – 5

Ⅰ. ①四… Ⅱ. ①李… ②刘… ③田… Ⅲ. ①社会主义法治 – 研究报告 – 四川 – 2022 Ⅳ. ①D927.71

中国版本图书馆 CIP 数据核字（2022）第 066060 号

法治蓝皮书

四川依法治省年度报告 No. 8（2022）

主　　编 / 李　林　刘志诚　田　禾
执行主编 / 吕艳滨
副 主 编 / 刘雁鹏

出 版 人 / 王利民
组稿编辑 / 曹长香
责任编辑 / 郑凤云　单远举
责任印制 / 王京美

出　　版 / 社会科学文献出版社（010）59367162
　　　　　 地址：北京市北三环中路甲 29 号院华龙大厦　邮编：100029
　　　　　 网址：www. ssap. com. cn
发　　行 / 社会科学文献出版社（010）59367028
印　　装 / 天津千鹤文化传播有限公司

规　　格 / 开　本：787mm × 1092mm　1/16
　　　　　 印　张：26　字　数：392 千字
版　　次 / 2022 年 5 月第 1 版　2022 年 5 月第 1 次印刷
书　　号 / ISBN 978 – 7 – 5228 – 0045 – 5
定　　价 / 139. 00 元

读者服务电话：4008918866

工作室成员 （按姓氏笔画排序）

王小梅　王祎茗　刘雁鹏　陈翔飞　胡昌明

吴　舒　李莎莎　段立新　栗燕杰　裘有度

学术助理 （按姓氏笔画排序）

车文博　冯迎迎　米晓敏　洪　梅

官方微博　@法治蓝皮书（新浪）

官方微信　法治蓝皮书（Lawbluebook）　　　法治指数（Lawindex）

官方小程序　法治指数（Lawindex）

主要编撰者简介

主编　李林

中国社会科学院学部委员，法学研究所研究员。

主要研究领域：法理学、宪法学、立法学、法治与人权理论。

主编　刘志诚

中共四川省委全面依法治省委员会办公室主任、四川省司法厅厅长。

主编　田禾

中国社会科学院国家法治指数研究中心主任，法学研究所研究员，中国社会科学院大学法学院特聘教授。

主要研究领域：刑法学、司法制度、实证法学。

执行主编　吕艳滨

中国社会科学院法学研究所研究员、法治国情调研室主任，中国社会科学院大学法学院宪法与行政法教研室主任、教授。

主要研究领域：行政法、信息法、实证法学。

副主编　刘雁鹏

中国社会科学院法学研究所助理研究员。

主要研究领域：法理学、立法学、司法制度。

摘 要

《四川依法治省年度报告 No.8（2022）》全面梳理了四川省在过去一年贯彻中央依法治国重大决策部署、深入推进依法治省的工作经验与成效，并分析了存在问题、提出了改进建议。

总报告梳理了四川省2021年贯彻落实中央依法治国的各项部署，全面深入推进依法治省、加快四川法治建设的总体情况，详尽分析了四川省在依法执政、保障经济社会发展、科学立法、严格执法、公正司法、全民守法、法治保障等方面的进展与不足，并提出了对未来法治建设工作的展望。

本卷蓝皮书还推出了系列专题调研报告，包括依法执政、法治政府、司法建设、社会治理、法治保障创新驱动高质量发展等多个专题。依法执政方面，选取"一把手"监督难题、党政机关法律顾问以及机构编制法治建设三个样本介绍四川依法执政的经验。法治政府方面，既有法治督察规范化建设的思考，又有农业综合执法能力提升的探索，还有领导干部经济责任审计的实践等，多角度展示四川法治政府建设的成效。司法建设方面，重点介绍诉源治理、诉讼服务、检察监督等内容，展示了四川推进司法体制改革落地的经验做法。社会治理方面，四川对农民工工资问题、易地扶贫、乡村振兴等进行了有益探索，取得了积极成效，可以作为全国社会治理的缩影。法治保障创新驱动高质量发展方面，选取了天府中央法务区建设、司法保障创新驱动以及知识产权保护等多篇报告，其中通过名酒企业知识产权保护、检察职能统一履行、公证参与知识产权保护总结了西部知识产权保护的独特经验。成渝地区双城经济圈建设法治保障方面，选择了跨区反腐、跨区行政执法、司法服务保障等方面内容，对跨区域法治建设进行了探讨。

关键词： 法治四川　依法治理　法治保障

目 录 ⤴

I 总报告

II 依法执政

V　社会治理

VI　法治保障创新驱动高质量发展

VII　成渝地区双城经济圈建设法治保障

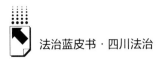

Ⅷ　附录

皮书数据库阅读**使用指南**

总 报 告

General Report

B.1

四川省2021年法治发展与2022年展望

中共四川省委全面依法治省委员会办公室课题组 *

摘　要： 2021年，四川省深入学习宣传贯彻习近平法治思想，全面深化依法治省实践，切实提升法治四川建设水平。党对全面依法治省工作的领导进一步加强，地方立法、法治政府、公正司法、法治社会等方面取得了新成效，法治引领、规范、保障经济社会发展的作用进一步彰显，形成了值得总结的特色亮点，积累了法治实践经验做法。同时，还对照新时代新要求，列举了法治建设各领域存在的问题，指明了未来努力的方向。

关键词： 依法执政　法治四川　法治政府　法治社会

---

* 课题组组长：刘志诚，中共四川省委全面依法治省委员会办公室主任，司法厅党委书记、厅长。课题组副组长：王彬，中共四川省委全面依法治省委员会办公室副主任，司法厅党委副书记、副厅长。课题组成员：陈翔飞、段立新、吴舒、裘有度。执笔人：裘有度，中共四川省委全面依法治省委员会办公室秘书处一级主任科员。

2021 年，四川深入学习宣传贯彻习近平法治思想和中央全面依法治国工作会议精神，全面贯彻落实中央全面依法治国决策部署，坚持依法治省、依法执政、依法行政共同推进，坚持法治四川、法治政府、法治社会一体建设，以提升基层治理体系和治理能力现代化为目标，以提高各条战线各个部门工作法治化水平为根本，紧扣中心大局强化法治保障、紧盯重点任务推动落地落实、紧抓示范试点探索有效路径，法治四川建设取得新成效。

一 坚持依法执政，强化党对法治工作领导

四川省委深入学习宣传贯彻习近平法治思想，坚持把党委依法执政作为全面依法治省的关键，把党的领导贯穿到全面依法治省的各个领域、各个方面、各个环节，统筹推进法治建设示范试点，持续抓好领导干部这个"关键少数"，扎实推进党的领导制度化法治化，将全面依法治省蓝图变为现实。

（一）深入学习宣传贯彻习近平法治思想

四川坚持把学习宣传贯彻习近平法治思想作为首要政治任务，切实将习近平法治思想贯彻落实到法治四川建设的各方面、各环节、全过程。

一是持续深入传达学习。2021 年 1 月 7 日，省委召开省委全面依法治省工作会议，深入学习领会习近平法治思想的核心要义和精神实质，要求坚定用以指导四川全面依法治省工作实践。4 月 2 日，省政府召开全省法治政府建设工作电视电话会议，深入学习贯彻习近平法治思想，要求把习近平法治思想贯彻落实到法治政府建设全过程。5 月 6 日，省委全面依法治省委员会第三次会议召开，要求深学细悟、认真践行习近平法治思想，研究具体贯彻落实意见。6 月 28 日，召开省政府第 74 次常务会议，邀请西南政法大学教授为省政府领导和省级部门负责同志集中讲授习近平法治思想。8 月 30 日，省委政法委会同省委组织部联合举办全省政法系统学习贯彻习近平法治思想专题研讨班，深入学习贯彻习近平总书记"七一"重要讲话精神和

习近平法治思想，切实增强履行职责使命的能力。四川各地各部门党政主要负责人切实履行法治建设第一责任人职责，采取党委（党组）会议、中心组会议和专题会议等多种形式，学思践悟习近平法治思想。

二是广泛开展宣传教育。四川将学习宣传贯彻习近平法治思想纳入《法治四川建设规划（2021～2025年）》《四川省法治政府建设实施方案（2021～2025年）》《四川省法治社会建设实施方案（2021～2025年）》，作为"八五"普法、"法律七进"重要内容，鲜明习近平法治思想旗帜引领。全省各地各部门广泛开展习近平法治思想"大学习、大宣讲、大调研、大培训"，自觉将习近平法治思想作为党委（党组）理论学习中心组学习重点内容。创新开展"法治春联进万家"活动，全省张贴420余万副，推动习近平法治思想深入人心，中央电视台、《人民日报》等媒体予以报道。组织开展以"深入学习贯彻习近平法治思想 奋力谱写法治四川建设新篇章"为主题的宪法宣传周活动，将习近平法治思想作为各级党校（行政学院）、干部学院教育培训重点课程，分级分层分类开展政治轮训1600余场次、覆盖18.5万余人。法院系统开展习近平法治思想诵读活动。

三是扎实抓好贯彻落实。制定《贯彻落实习近平法治思想 深入推进全面依法治省工作任务的若干措施》，明确了10个方面共计36项主要任务，采用"责任制＋清单制"，细化了责任主体和事项，督促指导市县制订工作方案，推动学习宣传贯彻落实落地。逐条逐项落实中央法治建设"一规划两纲要"，制定实施《法治四川建设规划（2021～2025年）》《四川省法治社会建设实施方案（2021～2025年）》《四川省法治政府建设实施方案（2021～2025年）》。《法治四川建设规划（2021～2025年）》系统总结和承续了党的十八大以来法治四川建设的鲜活经验，特别是"法治账图"模式、天府中央法务区建设、"法律七进"和"全生命周期法律服务清单"等实践证明行之有效的经验做法，从维护宪法权威、提升法治水平、优化法治化营商环境、推进城乡基层依法治理、形成法治建设合力等五个维度，对2021～2025年法治四川建设工作作出了全面部署；《四川省法治政府建设实施方案（2021～2025年）》在全面总结评估《四川省法治政府建设实施方案

（2016～2020年）》基础上，从成渝地区双城经济圈法治协同体系等九大体系明确未来五年工作任务；《四川省法治社会建设实施方案（2021～2025年）》从更好满足人民群众法治需求、良法善治提升社会治理水平以及在法治轨道上统筹社会力量、调节社会关系、化解社会矛盾三个方面，增强人民群众的法治获得感，为建设"高品质生活宜居地"提供法治护航。制发省委全面依法治省委员会2021年工作要点，编制包含146项工作的任务台账，将工作任务明确到协调推进机构、责任单位、责任人，确定完成时限等，推动法治建设决策部署落地落实；把全面依法治省作为省委综合目标绩效考评重要内容之一，组织省直相关单位和市州推进法治建设情况考核，切实发挥好考核"指挥棒"作用。

（二）统筹推进法治建设示范试点工作

四川认真贯彻习近平总书记关于"全面推进依法治国基础在基层、工作重点在基层""系统研究谋划和解决法治领域人民群众反映强烈的突出问题"的要求，把加强基层法治建设作为重中之重，选取14个县，采取"四个一模式"（"1名省领导+1个省级部门+1所院校+1名资深律师"联系指导1个示范试点县），开展全面依法治县示范试点，系统性探索和集成县域法治建设有效路径，并组织24个省直部门自上而下示范推动解决法治建设八个具体问题，切实推动全面依法治国决策部署在基层落地落实。

一是压实责任建强队伍。2018年机构改革后，四川183个县（市、区）的全面依法治县（市、区）办秘书股编制数平均为0.51人，无专人干、无专职抓现象较为普遍。14个试点县（市、区）率先开展探索实践：制定县委、县政府班子成员法治工作责任清单，共170余项，把"关键少数"履行推进法治建设第一责任人职责细化到人到岗；切实加强全面依法治县（市、区）办建设，充实工作力量，县（市、区）均达3人，7个县（市、区）配备了专职副主任，着力把全面依法治县（市、区）办打造成宣讲队、教导队和督战队；成立全面依法治乡镇（街道）委员会，在村（社区）配备法治联络员，着力解决法治"最后一公里"问题；探索打造乡镇"法治小院"，推进综治中心、派出所、司法所、法庭、检查站集中办公、协调联动，统筹抓好乡镇法治和平安建设。

二是高位对标立体推进。省委将示范试点作为重大部署，拨出专门经费、纳入绩效考核，高起点推动示范试点。14位省领导率先垂范，带头抓调研、作部署，一线指导达39次。14个县（市、区）全部纳入"一把手"工程，四大班子成员切实履行法治建设第一责任人职责，专班推进、全员发动，清单制、责任制、督查制推进，形成了"比学赶超"势头。联系指导的14个部门、7所院校、14个律师团队出智出力、群策群力，开展授课讲法、问题攻关、课题研究，一线指导达760多人次，做到资源整合、联动推进。24个省级部门积极主动，系统联动，标本兼治，推动解决法治建设八个具体问题。省委依法治省办牵引发动，全环节指导、全过程辅导、全链条督导，集中培训7次、专题研讨48次、面对面指导73次，2次开展全覆盖调研督导，确保了示范试点标准不降、力度不减、合力不散。

三是务实创新集成成效。推动形成了党委领导、各方参与的基层法治工作大格局，14个县（市、区）的745个部门建立法治台账2.1万册，制作岗位法治导图3.48万张，实现了业务与法治的紧密融合；14个县（市、区）解决了法治领域存在的问题552个，24个省直部门联动解决了48个具体问题，一批群众急愁急盼的法治领域突出问题得到较好解决；征地拆迁、"问题楼盘"等101个经济社会发展中的重大疑难矛盾纠纷得到化解，216件未执结典型案件得到有效解决，群体事件和刑事案件大幅下降；倡导唱响了"抓法治就是抓发展、就是抓民生、就是抓稳定""学法律就是学业务、抓法治就是抓规范"等法治理念；创建了包括74项数据的全面依法治县指标体系，建立健全制度机制479个，合法性审查、行政执法、依法治企等标准文本及流程不断优化，推出了可复制可借鉴可推广的全面依法治县经验做法。

（三）抓好领导干部"关键少数"

四川认真贯彻习近平总书记关于"各级领导干部要带头尊崇法治、敬畏法律，了解法律、掌握法律，不断提高运用法治思维和法治方式深化改革、推动发展、化解矛盾、维护稳定、应对风险的能力，做尊法学法守法用法的模范"① 的指示要求，紧紧抓住领导干部这个"关键少数"，坚持以上率下、强化责任担当，不断提高依法执政的能力和水平。一是强化干部选用法治导向，结合市县乡领导班子换届工作，积极选配具有法学专业背景或法治工作经历、善于运用法治思维和法治方式推动工作的干部到地方工作，扎实做好法院、检察院"两长"调整交流，对任现职 5 年以上的统筹交流，2021 年以来共调整补充县级法检"两长"292 名。二是抓好党员干部法治教育。结合党史学习教育活动，强化重要法规制度的宣传解读，探索推行党政领导干部政治理论水平考试；运用四川智慧党建云平台，深化"党课开讲啦"活动，将法治知识纳入宣讲内容，全省分层分类讲党课32.4 万场次，覆盖437.9 万名党员，引导党员干部自觉遵守、尊崇、捍卫党章党规党纪和国家法律。三是依法加强公务员管理，组织开展公务员法律法规实施情况监督检查，制定出台公务员平时考核、及时奖励规定，提升公务员队伍建设的规范化、科学化水平。深化法官、检察官单独职务序列改革，完善法官助理、检察官助理和书记员职级设置，开展公安机关两个职级序列、监狱戒毒场所人民警察和法院检察院司法警察执法勤务职级序列建设和政策调整等工作，司法工作人员已全部入轨并完成晋升13.4 万余人次。

（四）加强党内法规制度建设

四川省委办公厅坚决贯彻落实习近平总书记"依规治党深入党心，依法治国才能深入民心"重要指示，紧紧扭住提高党内法规制定质量这个关键，扎实推进省委党内法规和规范性文件制定、备案审查、党内法规执行等工作，推动党内法规工作取得新成效，在全国党内法规工作会议上作交流发言。

一是推进党内法规和规范性文件建设。召开省委党内法规联席会议，研究部署四川党内法规工作。有序推进《省委党内法规制定工作五年规划

---

① 习近平：《坚定不移走中国特色社会主义法治道路　为全面建设社会主义现代化国家提供有力法治保障》，《求是》2021 年第 5 期。

(2018～2022 年)》逐项落地，科学编制并严格执行省委 2021 年党内法规和规范性文件制定计划，制定出台《四川省贯彻〈中国共产党农村工作条例〉实施办法》等省委党内法规 7 部、规范性文件 42 件。探索开展省委党内法规和规范性文件清理工作，修订 3 件、废止 3 件省委规范性文件。

二是切实提升党内法规和规范性文件质量。坚持将合法合规性审查作为省委党内法规和规范性文件制发的必经程序，注重把好政治关、政策关和法律关，做深做细党内法规和规范性文件前置审核工作，共审核《四川省人民代表大会常务委员会 2021 年立法计划》《四川省人民政府 2021 年立法计划》等文件 190 余件。坚持及时报备、规范报备，落实县（市、区）党委向省委直报备案机制，有序推进备案审查工作向基层延伸，创新将省委议事协调机构发文纳入省委备案审查范围，2021 年以来共审查备案文件 636 件，其中作出书面提醒 12 件、要求纠正 3 件、要求报备机关作出书面说明 20 件。创新信息化备案审查方式，完成党内法规业务平台国产化替代，更新完善"备案审查违法违规案例数据库"，切实提升备案审查工作质效。

三是强化党内法规和规范性文件执行。加强党内法规和规范性文件公开和宣传阐释，将最新发布党内法规纳入各级党委（党组）理论学习中心组学习主要内容。积极探索落实执规责任制的有效举措，将党内法规执行情况纳入市（州）和省直部门目标绩效考核内容，组织开展《四川省社会稳定风险评估责任追究暂行办法》等 5 部党内法规的制定质量、执行情况、实施效果等评估。

二　坚持法治先行，服务保障高质量发展

四川贯彻习近平总书记关于"要更加重视法治、厉行法治，更好发挥法治固根本、稳预期、利长远的保障作用"[①] 的指示精神，坚持法治先行、

---

①　习近平：《坚定不移走中国特色社会主义法治道路　为全面建设社会主义现代化国家提供有力法治保障》，《求是》2021 年第 5 期。

保障同步，切实强化成渝地区双城经济圈建设法治保障、创新驱动引领高质量发展、加快推进天府中央法务区建设，努力做到党委中心工作推进到哪里、法治保障就跟进到哪里，为经济社会高质量发展提供坚实的法治保障。

（一）推进川渝法治一体化建设

成渝地区双城经济圈建设是以习近平同志为核心的党中央作出的重大国家区域发展战略。四川紧扣成渝地区双城经济圈建设，跟进强化法治保障。

一是加强川渝两地协同立法。坚持在立法工作上建立协同机制、在价值取向上凝聚共识、在具体内容上沟通一致，审议通过川渝首个协同立法项目《四川省优化营商环境条例》，把"12345"查处回应机制、政务服务"好差评"制度、"天府通办"掌上服务平台等四川在优化营商环境工作中的经验做法转化为地方性法规制度。针对川渝两地嘉陵江流域资源禀赋、功能定位、产业布局、保护方法和执法标准的差异，川渝两地采取"四川条例＋重庆决定"形式，协同开展嘉陵江流域生态环境保护立法。这是四川省流域立法、区域生态环保协同立法的首次积极尝试，"四川条例"和"重庆决定"已同步通过、同步公布、同步实施，探索了协同立法新模式。正在加紧协同推进铁路安全管理地方立法，着力完善川渝协调发展的法规制度。

二是协同加强法治政府建设。制定《关于协同推进成渝地区双城经济圈"放管服"改革的指导意见》，印发年度重点任务清单和第二批川渝通办事项清单115项，38项川渝公安通办事项全面实现异地可办，发布行政复议典型案例、推动川渝行政复议协作。

三是深化川渝执法司法一体化合作。川渝两地党委政法委签署《关于提升区域一体化执法司法水平　服务保障成渝地区双城经济圈建设的指导意见》以来，围绕加强执法司法协作、促进区域法律合作等，已签订双边或多边合作协议190余份，召开座谈会、开展交流考察等120余次，谋划实施了"执法司法一体化""长江上游成渝地区生态保护法治联盟"等具有重大牵引作用的标志性合作项目，合作协作制度体系和运行机制已基本建立。建立知识产权保护会商研讨、跨区域协作、资源共建共享、人才培养交流等六项机制，跨域立案、代为送达、异地取证、资产查控等事项全面落实，联合建立川渝司法协作生态保护基地，持续提升法治供给能级水平。

四是推进法律服务供给一体化。印发《成德眉资公共法律服务同城化发展规划（2021～2025年)》，打造川渝法律服务联盟，举办川渝涉外法律服务合作论坛，签署川渝仲裁合作协议，建立川渝司法鉴定专家库，构建跨区域跨部门涉企纠纷受理平台，建立跨区域矛盾纠纷多元化解协调中心和边界联调机制。有序推进川渝两地"12348法网"并网运行，逐步实现法律服务、警务服务"川渝通办"。

（二）法治保障创新驱动引领高质量发展

习近平总书记指出，"创新是引领发展的第一动力，保护知识产权就是保护创新"①。四川加强知识产权保护，着力建设国家引领型知识产权强省，全面强化创新驱动引领高质量发展法治保障。

一是加强知识产权保护制度设计。省委坚持把知识产权保护工作摆在突出位置，召开省委十一届九次全会，审议通过了《中共四川省委关于深入推进创新驱动引领高质量发展的决定》，对推动知识产权高质量创造运用、加强知识产权全链条保护等作出全面部署。四川高院出台《关于全面加强知识产权司法保护　服务保障创新驱动引领高质量发展的意见》，为加快建设具有全国影响力的科技创新中心提供有力的司法保障。

二是强化知识产权全链条保护。以中国（四川）知识产权保护中心为核心，一体化运行中国（四川）知识产权维权援助中心、国家知识产权纠纷应对指导中心四川分中心、天府中央法务区知识产权维权保护公共服务平台，基本建成"全领域、全链条、一站式"知识产权公共服务平台。推进知识产权纠纷多元化解机制建设，印发《知识产权纠纷人民调解委员会案

---

① 习近平：《全面加强知识产权保护工作　激发创新活力　推动构建新发展格局》，《求是》2021年第3期。

件管理办法（暂行）》，成立知识产权纠纷人民调解委员会 40 家和 17 个知识产权维权援助中心。强化知识产权行业自律和诚信建设，印发《专利代理机构和专利代理师主体责任清单》，135 家代理机构签订了诚信合规经营承诺书。开展知识产权"进企业、进单位、进社区、进学校、进网络"工作，加强知识产权队伍建设，建立四川省知识产权维权保护专家库，发布四川省第一批知识产权培训教育师资共 220 人，建立首个省级知识产权干部培训基地、首家中国知识产权培训中心实践基地和专利审查员社会实践基地，共建立 17 个国家级、省级知识产权培训基地和 9 个专利审查员社会实践基地。

三是提升知识产权保护法治化水平。推进职务科技成果所有权或长期使用权改革试点，强化职务科技成果法治保障。作为全国 9 个试点省市之一，四川扎实推进知识产权检察职能集中统一履行工作，选取成都 6 个市以及绵阳高新区等 6 家基层区的检察院开展知识产权检察统一履职试点，围绕知识产权刑事案件跨区域集中管辖、刑事附带民事诉讼、刑事和解、行政非诉执行监督、跨区域跨部门知识产权保护协作等方面探索经验。严厉打击知识产权侵权假冒行为、大力整治非正常专利申请和商标恶意注册行为，发布著作权司法保护白皮书和典型案例，设立 12 个知识产权巡回法庭，依法审理侵犯专利权、商业秘密等案件 1.92 万件，积极保护社会创新成果。

（三）高标准推进天府中央法务区建设

四川省委深入贯彻落实习近平法治思想，决定由省委政法委牵头在国家级新区天府新区规划建设天府中央法务区，积极打造立足四川、辐射西部、影响全国、面向世界的一流法律服务高地，以高水平法治护航高质量发展。2 月 5 日，天府中央法务区揭牌并启动运行，全国首个省级层面推动建设的现代法务集聚区正式诞生。改革创新经验获评中国改革 2021 年度唯一省级特别案例。

一是全面强化谋划部署。四川省委将天府中央法务区建设工作纳入全省改革发展大局和全面依法治省全局统筹谋划和推动实施，将其写入四川省"十四五"规划。坚持把践行习近平法治思想贯穿规划建设各方面全过程，科学编制《天府中央法务区建设总体实施方案》，将天府中央法务区融入天府中央商务区总体规划，围绕"政商学研企"融合发展和法务业态全链条发展实施"三步走"发展战略，形成"一心一带多点"功能布局，对规划建设、投资促进、保障措施等30项重点任务实行"清单制＋责任制"管理，确保建设工作项目化推进。成都市委、市政府出台加快建设天府中央法务区的实施意见，进一步明确战略定位、细化发展目标、强化政策保障。天府新区统筹规划省市区三级法院和专业法庭集约式业务用房建设用地375亩，将在建的天府国际商务中心B栋8万平方米物业预留为天府中央法务区建设载体，推进天府中央法务区公共服务设施配套建设，确保天府中央法务区建设所需要素集约高效。

二是推动汇聚发展动能。成都金融法庭、成都破产法庭、成都互联网法庭、四川大熊猫国家公园生态法庭和第五巡回法庭天府中央法务区审判点、成都国际商事法庭获批设立并入驻运行。2021年，金融法庭等"五个法庭"审判案件2.45万件。积极争取政策支持，最高人民法院出台《关于为成渝地区双城经济圈建设提供司法服务和保障的意见》，明确提出"支持天府中央法务区建设"；最高人民检察院批准开展知识产权检察职能集中统一履行试点，设立全国首个省市区三级知识产权检察办公室；公安部批准建设网络安全实战基地，入驻中国西部公共安全产品监测鉴定中心；中国法学会在天府新区举办第十五届西部法治论坛，支持在全国率先建成习近平法治思想研究实践先行区；司法部在涉外法务等方面给予17项支持政策。成都市支持天府中央法务区建设，在法律服务、法治保障、营商环境优化等领域深化改革，适用支持四川自由贸易试验区（成都片区）发展政策。天府新区制定出台《关于推动天府中央法务区加快发展的若干政策》，将高端法务人才引进纳入天府英才计划，在住房、医疗、教育、出入境、创业扶持等方面给予综合支持。司法厅探索制定《关于开展律师事务所聘请外籍律师担任外国法律顾问试点工作的实施办法（试行）》，会同财政厅制定《关于在四川天府新区开展政府购买法律服务试点的指导意见》，营造有利于改革创新、投资兴业的良好政策环境。

三是加快形成虹吸效应。坚持天府中央法务区与天府中央商务区同宣传、同推介，举办天府中央法务区首场招商推介会、"世界知识产权日"等专题活动；聚焦公证、律师、仲裁、司法鉴定四大产业，瞄准知识产权保护、国际商事纠纷调解等细分领域，成功引进北京通商律所、泰和泰律所、国际公证联盟、法国公证人理事会、IMA 美国管理会计师协会、"一带一路"商事调解中心、国家海外知识产权纠纷应对指导中心四川分中心等全球头部企业和国际知名法律服务机构。目前入驻政法单位服务窗口和律师、公证、仲裁、司法鉴定、知识产权等法务和涉法务机构 30 余个，为各类市场主体提供优质高效的法律服务 2.5 万余件次，其中律师行业全年实现营业收入 1 亿余元，同比增长 25.6%。天府法务网站收录各类法律法规 151.5 万部、案例 1.2 亿个，实现了法务服务"一网通办"、法律法规"一网通览"、司法科技"一网通用"、诚信信息"一网通查"。探索构建"专业＋涉外"法律服务体制，创新发展法律科技和智慧法务产业，科学规划法治文化教育功能片区，成功举办法治论坛等研讨活动，在线上线下、省内省外开展招商推介，交流合作，确保天府中央法务区实现"建平台、聚资源"向"提功能、升业态"迈进。

三　推进科学立法，健全治蜀兴川法规制度

四川坚持和完善党对地方立法工作的全面领导，加强保障和改善民生等重点领域立法，全面提升地方立法工作质量和效率，以良法促进发展、保障善治，努力使每一项立法都符合宪法精神、反映人民意志、得到人民拥护。

（一）完善地方立法制度机制

一是加强党对立法工作的全面领导。坚持重大事项向党委请示报告制度，编制年度立法计划、起草重要法规草案等都及时向省委汇报，自觉将党的领导贯穿到立法工作的各方面、全过程，确保中央、省委的主张通过法定程序转变成全省人民的共同意志。认真落实省委关于红色资源保护传承、三星堆遗址保护、农村集体经济组织、河湖长制等地方立法决策部署，成立工

作专班，研究制定《四川省红色资源保护传承条例》《四川省三星堆遗址保护条例》《四川省农村集体经济组织条例》等地方性法规。

二是健全区域协同立法工作机制。认真践行习近平生态文明思想，贯彻国家关于长江流域生态环境保护立法部署，在全国人大常委会指导下，加强与云南、贵州两省人大沟通协调；探索创新跨区域流域共同立法机制，联合采用"共同决定＋本省条例"立法方式，开展赤水河流域共同保护立法，推动地方立法工作由区域协同上升到共同立法。审议通过全国首个地方流域共同立法《四川省人民代表大会常务委员会关于加强赤水河流域共同保护的决定》《四川省赤水河流域保护条例》，构建了共抓赤水河流域大保护的新格局，为全国跨行政区域共同立法提供了"赤水河方案"。

（二）加强重点领域立法

四川加强保障和改善民生、科技创新、公共卫生、文化旅游、生态环境保护、安全生产、防范风险、城乡基层治理等重点领域立法，审议省级地方性法规43件，通过省级地方性法规35件，审查批准市（州）地方性法规33件，制定修订省政府规章6件。

一是注重推进经济建设领域立法。制定《四川省质量促进条例》，注重强化质量基础的支撑作用、发挥技术创新的关键作用、突出品牌的引领带动作用、加强质量促进的要素保障，建立现代质量治理体系，形成质量共治新格局。修订《四川省反不正当竞争条例》，细化不正当竞争行为，完善对涉嫌不正当竞争行为的调查程序和法律责任，建立川渝跨区域反不正当竞争工作协作机制，构建反不正当竞争多方共治机制。制定《四川省乡村振兴促进条例》，确保《乡村振兴促进法》在四川全面有效实施，推动实现巩固脱贫攻坚成果与乡村振兴的有效衔接。

二是加强民生领域立法。编制省人大常委会和省政府年度立法计划，充分考虑呼应群众需求、紧扣群众关注、紧扣群众利益选择立法项目，有30项与民生息息相关、占比达62%，为人民利益竖起制度篱笆。制定《四川省公共文化服务保障条例》，细化公共文化供给措施，完善运行机制，丰富服务内容，促进全民共享，为完善四川公共文化服务体系、保障群众基本文化权益、改善文化民生提供法制支撑。修订《四川省农药管理条例》，坚决落实"四个最严"要求，完善政府监管与市场主体责任，增加专业化服务等内容，努力确保人民群众舌尖上的安全。制定《四川省粮食安全保障条例》，压紧压实粮食安全地方政府责任，为提升粮食生产能力、储备能力、流通能力、产业发展、质量安全提供了制度保障。修改《四川省人口与计划生育条例》，立足促进四川人口长期均衡发展，重点围绕实施三孩生育政策、取消社会抚养费等制约措施、配套实施积极生育支持措施，解决群众后顾之忧。制定《四川省老鹰水库饮用水水源保护条例》，加强应急水源或者备用水源建设，推进城镇供水管网延伸，切实保障群众生命健康安全。修订《四川省公共消防设施条例》，将保护群众生命权贯穿立法始终，健全完善管理责任体系，对消防供水保障、消防队/站建设、消防车通道管理等作出规定，为公众筑牢法制"防火墙"。

三是开展《民法典》《行政处罚法》《长江保护法》等涉及地方性法规规章专项清理。认真开展《民法典》涉及地方性法规专项清理，已对民族自治州、自治县涉及婚姻、继承的相关规定进行了修订，推动物业管理、建筑管理、人民调解等地方性法规进行修改。开展《行政处罚法》相关规章、规范性文件清理工作，对与新修订的《行政处罚法》不一致、不衔接的规定进行全面梳理，共梳理涉及行政处罚内容的规章和规范性文件1147件，拟修订省政府规章2件。开展长江流域保护相关规章、规范性文件清理工作，共梳理涉及长江流域保护的规章和规范性文件458件，拟修订的省政府规章1件。

（三）坚持科学民主依法立法

四川认真落实习近平总书记关于"抓住立法质量这个关键，深入推进科学立法、民主立法、依法立法"的指示要求，积极践行全过程人民民主，切实强化政协立法协商工作，扎实推进备案审查制度和能力建设，逐步实现立法调研、起草、论证和审议等精细化管理，切实提升地方立法工作水平。

一是践行全过程人民民主。综合采用公开征集立法建议、公布法规规章草案、加强论证咨询、组织相关群体代表参加立法座谈会听证会等方式，将全过程人民民主贯穿到地方立法全过程。完善基层立法联系点制度，雅安市人大常委会被全国人大常委会法工委确定为全国22家基层立法联系点之一。加强立法专家库建设，丰富和拓展立法专家库人员构成，开展第二批立法专家选聘工作，重点充实经济财税、文化科教、生态环保、乡村振兴、医疗卫生、社会治理或社会保障等领域的专家力量。

二是加强立法协商。进一步规范政协立法协商工作，充分发挥政协委员、民主党派、工商联、无党派人士、人民团体、社会组织在立法协商中的作用，完成立法协商专家组换届工作，围绕《四川省物业管理条例》《四川省乡村振兴促进条例》《四川省河湖长制条例》等法规草案开展立法协商19件（次），参与立法协商的专家委员110人（次），提出建议200余条。

三是加大备案审查工作力度。省人大常委会综合运用依职权审查、依申请审查、专项审查等方式，对312件省政府、各市（州）政府规章和规范性文件，省高院规范性文件，各市（州）人大作出的决定决议等进行备案审查，对58件省委党内法规和规范性文件草案提出合法性审查意见，并对2件公民、法人和其他组织提出的审查建议分类进行处理，督促成都市、眉山市对其制发的相关规范性文件进行修改。推进规章规范性文件备案管理监督信息平台建设，推动建立覆盖省、市、县、乡四级全省统一的备案审查管理监督信息平台，做到"标准、网络、内容、数据"四统一，实现备案审查信息平台之间的互联互通，推动备案审查工作制度化、规范化、智能化。

四　推进严格执法，全面加强法治政府建设

四川认真践行习近平总书记关于"法治政府建设是重点任务和主体工程，要率先突破"的指示精神，坚持将政府行为全面纳入法治轨道，加快转变政府职能、规范行政决策程序、推进严格规范公正文明执法、强化行政

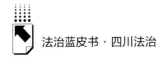

权力监督，全面建设职能科学、权责法定、执法严明、公开公正、智能高效、廉洁诚信、人民满意的法治政府。

（一）依法全面履行政府职能

四川省政府认真贯彻中央和省委法治建设决策部署，制定《四川省人民政府2021年度法治政府建设重点工作安排》，确定7个方面22项重点任务，明确责任单位，扎实推进法治政府建设。召开四川省法治政府建设工作电视电话会议，从推动履行政府职能更加高效、行政决策更加规范、行政执法更加严格、制约监督行政权力更加严密等六个方面，对纵深推进法治政府建设进行全面部署。组织评估《四川省法治政府建设实施方案（2016～2020年）》实施情况，表彰法治政府建设先进集体100个、先进个人200人。组织开展法治政府示范创建，申报第二批全国法治政府示范创建项目9个。

一是强力推进"一网通办"前提下的"最多跑一次"改革。坚持把提升政务服务能力作为"一号工程"，出台《四川省一网通办能力提升百日攻坚行动方案》《四川省"一网通办"能力巩固提升工作方案》及系列配套文件，建立健全考评机制，形成"一网通办"能力提升主要指标，"最多跑一次"事项占比提升至99.2%，"全程网办"事项占比提升至94.9%。完善政务服务"好差评"体系，健全政务服务"差评"申诉机制，进一步规范申诉程序，完成与国家"好差评"平台的对接，深化推广政务服务"好差评"国家标准试点，全面实现线上评价数据实时全量上传。发布《四川省证照目录清单》，推进电子证照应用共享和电子印章采集。

二是持续深化"放管服"改革。将全面推行证明事项告知承诺制纳入全省深化"放管服"改革、优化营商环境2021年重点工作内容，印发了《四川省全面推行证明事项告知承诺制实施方案》《四川省证明事项告知承诺制首批目录》，对"经济困难证明""高等教育自学考试单科合格证明""住所使用权证明"等148项证明事项实行告知承诺制，其中以国家层级的规范为依据设定的证明事项142项、占比超过96%，截至2021年12月底，全省共办理证明事项告知承诺23191件次。出台《四川省推行"证照分离"改革全覆盖 进一步激发市场主体发展活力实施方案》《四川省涉企经营许可事项告知承诺制工作规范》，在全省范围内实施"证照分离"改革全覆盖，明确实行告知承诺的操作办法。持续推进"双随机、一公开"监管，制定部门联合"双随机、一公开"监管工作细则和考评办法，出台《四川省级部门联合检查事项清单（第二版）》，新增抽查事项15项，并明确参与检查部门的检查事项。

三是推进职权职责法定化。认真贯彻落实《四川省权责清单管理办法》，动态调整并公开发布经济信息化厅、生态环境厅、自然资源厅等部门329项行政权力事项，细化完善部门（单位）责任清单。着力解决行政权力事项清理不彻底、不准确、不规范等问题，开展2021年度权责清单集中清理调整工作，调整完善全省行政权力指导清单，推动省级权力清单与责任清单衔接配合。坚持依法下放、宜放尽放原则，省政府发布实施《关于将一批省级行政职权事项调整由成都市及7个区域中心城市实施的决定》，调整涉及企业投资项目核准、无线电台（站）设置审批、建立卫星通信网和设置卫星地球站审批等103项行政权力事项、3项公共服务事项和8项其他经济和社会职权事项。出台乡镇法定行政权力事项指导目录，明确乡镇法定行政权力事项115项，推动权责清单向乡镇（街道）延伸，目前全省183个县（市、区）均已制定乡镇权责清单。

（二）坚持依法民主科学决策

习近平总书记指出："法治政府建设还有一些难啃的硬骨头，依法行政观念不牢固、行政决策合法性审查走形式等问题还没有根本解决。"[1] 四川认真贯彻落实《重大行政决策程序暂行条例》，将公众参与、专家论证、风险评估、合法性审查和集体讨论决定作为重大行政决策的必经程序，开展示

---

[1] 习近平：《坚定不移走中国特色社会主义法治道路 为全面建设社会主义现代化国家提供有力法治保障》，《求是》2021年第5期。

范推动解决合法性审查不严问题，从范围、标准和程序等方面进一步规范重大行政决策程序，确保政府决策依法科学民主。2021年以来，办理涉及经济建设、疫情防控、乡村振兴、生态保护、社会保障、自然资源、交通运输、文化教育、国有资产、成渝地区双城经济圈建设、"十四五"专项规划等方面文件合法性审查486件。

一是推行合法性审查标准化建设。编印《行政规范性文件、重大行政决策合法性审查指南（第一版）》，包括行政规范性文件正面清单7项、负面清单18项，重大行政决策正面清单5项、负面清单16项，合法性审查格式文书13类，行政规范性文件合法性审查规范55项，重大行政决策合法性审查规范48项；统一运行合法性审查收文及办理流程图、送审材料清单等，开展全省合法性审查工作数据分析，汇编合法性审查典型文书，指导全省合法性审查工作同频共振。财政厅制定《财政厅执法决定法制审核指导清单》，创新推行清单式法制审核工作法，明确法制审核审什么、怎么审，以及审核过程中应当注意的相关问题。科技厅制定合法性审查专家库管理办法、法律顾问工作细则，细化规范性文件合法性审查标准。

二是有序推进律师事务所协助审查工作。将律所参与合法性审查和备案审查协审工作制度作为建立健全专家协助审查机制的重要内容，确定了3家律所为协助审查单位，借智借力提高备案审查质量。三家律所律师协助审查了以省政府（办公厅）名义或经省政府同意出台前的规范性文件10件，以及对市（州）政府、省直部门报送省政府备案的规范性文件79件。

三是加强行政规范性文件备案审查工作。认真落实《四川省备案审查交叉审查办法（试行）》，举办了2021年度全省备案审查培训暨交叉审查工作会，采取理论培训与实践操作相结合、独立审查与分组研讨相结合、审查意见交流与工作经验交流相结合的"三个结合"方式，对报送省政府备案的336件行政规范性文件开展了全面审查。推行开门审查机制，以书面审查为原则，辅以座谈会、论证会等多种方式，对有较大分歧的事项，加强与起草部门及相关职能部门的沟通协调。推行通报机制，开展"法治体检"，编制全省合法性审查数据分析，选取重大行政决策、行政规范性文件合法性审查（审核）十个典型案例以及行政规范性文件备案审查十个典型案例向省直各部门、市（州）司法局予以通报，加强业务指导。

（三）全面推进严格规范公正文明执法

习近平总书记指出："人民群众对美好生活的向往更多向民主、法治、公平、正义、安全等方面延伸，对严格规范公正文明执法的要求和期待也越来越高。"① 四川认真落实中央部署要求，积极推进综合行政执法改革，强化行政执法规范化标准化建设，加大食品药品、生态环境保护、安全生产等关系群众切身利益的重点领域执法力度，全面深入推进严格规范公正文明执法。

一是深化行政执法体制改革。稳妥推进市场监管、生态环境保护、文化市场、交通运输、农业等领域综合行政执法体制改革，生态环境执法机构由205个精简为167个，制定全国首部交通运输领域综合行政执法条例，研究拟制《关于深化应急管理综合行政执法改革的实施意见》，清理消化人力资源社会保障、自然资源、住房城乡建设等7个领域省级事业行政执法队伍，全面整合设置为部门内设机构集中行使行政处罚、行政强制等执法权限。持续推进乡镇综合执法改革，研究拟制《四川省赋予乡镇（街道）第二批县级行政权力事项指导目录》，将绵阳市、泸县纳入全国规范行政执法队伍人员编制管理试点地区。

二是严格规范行政执法行为。探索"一目录四清单"包容审慎精准执法，全面推行"免罚清单"制度，发布市场监管领域7个类别16个首违不罚事项。出台四川省行政执法公示、行政执法全过程记录、重大行政执法决定法制审核"三个办法"，推动落实行政执法"三项制度"。发布实施《四川省行政执法文书标准》《四川省行政执法流程标准》2项标准，加紧编制重大执法决定法制审核事项标准、行政执法用语标准和行政执法案件编号标准等地方标准，全面构建行政执法标准化体系，着力打造"教科书式执法"。

---

① 习近平：《论坚持全面依法治国》，中央文献出版社，2020，第259页。

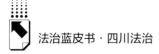

三是加大重点领域执法力度。加强食品安全领域执法，制定《四川省景区食品安全监督管理办法》《学校食品安全信用监管办法》等制度，强化对食品领域案件的审核和评查力度，全省共查办违法案件 24595 件、处罚没款 1.57 亿元，查扣违法食品 452.7 吨。加大生态环境执法力度，开展大气污染防治、长江经济带等专项执法行动，有效解决一批突出生态环境问题，涉嫌环境污染犯罪移送司法机关案件总数为 159 件。聚焦安全生产，开展"排险除患""创安 2021"监管执法等专项行动，开展 6 家钢铁企业全覆盖执法检查。依法治理欠薪，将根治欠薪工作纳入省委常委会年度工作要点和省政府目标绩效考核体系，持续开展农民工工资拖欠"清零"百日行动、根治欠薪"利剑行动"等专项行动，全覆盖检查欠薪维权举报投诉电话接听情况，全面排查在建工程项目、劳动密集型加工制造行业企业、受新冠肺炎疫情和"双减"政策影响严重的企业、新就业形态领域工资支付情况，严厉打击"恶意欠薪"和"非法讨薪"行为。2021 年以来四川欠薪案件、欠薪人数、欠薪金额同比分别下降 26.49%、8.64%、18.54%。强化文化旅游领域执法，从严查处含有违禁内容的文化旅游产品和服务等违法违规经营行为，开展"不合理低价游"、未经许可经营文化和旅游市场业务等专项执法行动，向社会发布 8 起"未经许可经营旅行社业务典型案例"。

（四）强化行政行为监督

四川着力强化行政行为的司法、社会监督，不断健全完善行政行为监督体系建设。

一是强化行政复议与应诉工作。研究出台《四川省行政复议体制改革实施方案》，落实省本级行政复议机构设置、人员编制配备。召开四川省行政复议体制改革推进座谈会，推进府院联席会议常态运行，建立健全行政复议决定书及行政复议意见书、建议书执行监督机制，发布行政复议年度分析报告和年度典型案例。严格行政复议监督，全年受理行政复议案件 7221 件、同比增加 60.57%，审结案件 6913 件，作出确认违法、撤销、变更、责令履行决定的案件 1532 件、纠错率 22.16%。扎实做好行政应诉工作，省政府、21 个市州和省级部门新收一审行政应诉案件 11656 件，同比上升 28.24%，审结 10351 件，行政机关负责人出庭 6740 件、同比上升 37.95%。

二是加强执法监督检查。修订出台《四川省行政执法监督条例》，加快建设行政执法监督管理平台，持续深化人民群众最不满意行政执法突出问题承诺整改活动，研判确定 25 个重点领域、251 个突出问题、278 起典型案件进行专项整治和集中攻坚。

三是切实发挥审计、统计监督职能。加强审计监督，谋划实施了成渝地区双城经济圈建设政策落实、审计经营性国有资产集中监管、高标准农田建设管理等一批具有四川特色的年度审计项目，组织对 20 个市（州）2020 年基本养老、基本医疗保险基金以及对德阳等 9 个市及所辖 33 个县 2020 年度城镇老旧小区改造、公租房等进行审计，同时还对凉山等 4 个市（州）及所属 29 个县 2018 年至 2020 年易地扶贫搬迁后续扶持政策落实和资金管理使用情况，以及对 18 个市 126 个县高标准农田建设管理情况进行了审计。2021 年以来，共审计（调查）单位 2567 个、促进财政增收节支 144.74 亿元。强化统计监督工作，建立统计工作"两书一函"制度，省市县三级联动、分类量化开展年度统计执法检查工作，坚决消除执法检查盲点盲区，实现统计执法检查在全省范围内的"有形覆盖"与"有效覆盖"，全省共完成 3800 余家企业包括 13 家涉外调查机构的执法检查。

四是主动接受社会监督。发挥政务公开在促进依法行政、建设法治政府方面的积极作用，省级政府透明度指数保持全国前五，政府网站绩效评估保持全国前三，信息发布专项指数连续 9 年位列第一。持续推进政务信息网上公开，升级改版四川省人民政府网站，开设"乡村振兴、中央生态环保督察、泸县地震"等政务专题 4 个，开展在线访谈 18 期，解读重要政策文件 60 件。

五　推进公正司法，切实深化司法体制改革

四川坚持把推进政法领域全面深化改革与推进全面依法治省结合起来，

从完善执法司法制约监督和责任体系机制、深化诉讼制度改革、解决司法突出问题等方面，统筹抓好改革任务和法治建设任务落实落地，切实提升司法公信力，努力让人民群众在每一个司法案件中感受到公平正义。2021 年，四川法院系统共审执结案件 154.45 万件，法定审限内结案率 99.96%；检察系统共办理各类案件 22.79 万件，同比上升 21.9%；全省治安案件、刑事案件立案数量较五年前分别下降 12.3%、16.9%；监狱连续 9 年实现无罪犯脱逃、无重大狱内案件、无重大安全生产事故、无重大疫情的"四无"目标。

（一）持续完善执法司法制约监督和责任体系机制

一是深化司法责任制综合配套改革。完善法官检察官惩戒工作体系，召开四川法官惩戒工作推进会和检察官惩戒委员会成立大会，分别成立了由人大代表、政协委员、法学专家等 17 人组成的四川省法官惩戒委员会和四川省检察官惩戒委员会。检察系统扎实推进检察官逐级遴选，探索实行检察官初任遴选递补机制，稳妥实行跨院遴选制度，2021 年全省检察系统遴选 159人、退出 329 人。健全司法职业保障，推进落实法官检察官单独职务序列改革试点后养老保险等相关问题，探索聘用制书记员管理制度。

二是推进执法司法监督制约体系建设。坚定贯彻落实中央《关于加强政法领域执法司法制约监督制度机制建设的意见》，继续蹄疾步稳推进执法司法监督制约体系改革。出台《四川省党委政法委案件评查办法》，在全国率先建立政法单位全覆盖的案件评查机制，将党委政法委执法监督动能转换为执法司法工作效能。全省法院持续推进"四类案件"监管改革，纳入"四类案件"监管 8.4 万件，同比上升 33.25%。公安机关加大执法制度建设力度，先后制定修订执法制度 3600 余件，基本建成符合法律规定、符合四川实际的执法标准体系。切实加强检察机关法律监督，成立市县两级检察机关、公安机关侦查监督与协作配合办公室 204 个，开展民事虚假诉讼领域深层次违法行为监督专项行动，常态化开展监狱"派驻＋巡回"检察，试点推动看守所巡回检察，全面倒查 30 年来全省 69 万件"减假暂"案件，民事、行政执行监督中提出检察建议2967件,开展"减假暂"案件实质化办理,监督纠正"减假暂"案件执行不当8000余人,纠正刑罚执行和监管活动各类违法情形1.6万余件。全省司法行政机关统一全省刑罚执行执法标准,推进"智慧监狱"建设,建成亲情帮教远程视频会见系统,实现罪犯家属与监管人员就近视频会见,该系统荣获2021年全国智慧司法十大创新案例;创新"监狱+戒毒"医联体模式,构建"一体戒毒"新格局。

三是持续推进执法司法责任体系建设。以加快执法司法责任体系改革和建设为主题,召开全省政法领域全面深化改革推进会,系统总结一年来政法领域全面深化改革取得的八个方面成效,安排部署了15项具体改革任务。定期通报院庭长办案情况,全省法院院领导结案数占比7.74%,同比上升9.41%。探索建立法律适用分歧解决机制,完善类案与关联案件检索系统,全省法院类案检索数量同比上升128.29%。省检察院进一步细化入额领导干部办案要求,省检察院检察长连续三年办理重大刑事抗诉案件,亲自提讯、阅卷,并与省法院院长同庭履职,带头示范效应良好。2021年全省检察机关入额院领导共办理案件30588件,同比上升45.15%。

四是推动刑事执行和戒毒工作体制改革发展。推进刑罚执行体制改革,创新建立"减假暂"办案中心和"四查五审六监督"机制,制订"减假暂"证据审查规则,推进"减假暂"办案中心建设,创新建立监狱刑务官制度。提升社区矫正规范化水平,出台《四川省社区矫正法实施细则(试行)》《四川省社区矫正执法文书格式(试行)》《四川省刑罚交付执行工作指引》,制定《社区矫正案件评查标准》,发布实施《四川省社区矫正调查评估规范》,更新《四川省社区矫正机构刑事执行权力清单》。推进司法行政戒毒工作,深化联防联控联动,积极探索"出所即上岗"职业培训模式,推广艾滋病戒毒人员分类管理和关怀救助等经验做法,3个所通过司法部戒毒局统一戒毒基本模式示范所复核验收,建成5个"智慧戒毒所"和38个社区戒毒(康复)指导站,推动实现强制隔离戒毒与社区戒毒、社区康复无缝衔接。

（二）持续深化诉讼制度改革

一是深化以审判为中心的刑事诉讼制度改革。制定贯彻落实刑事庭审实质化工作要求，推进以审判为中心的刑事诉讼制度改革20项措施，制定刑事案件证据规范和退回补充侦查、提前介入命案侦查等一批刑事执法制度规范，统一故意杀人、故意伤害等8类常见多发刑事案件证据规格标准，建立公安、检察机关案件管理机构的统一移送、对口衔接、信息共享、联席会议、个案协调"五项机制"，推行案件审核提前介入、审核见面、集体合议、风险评估"四项制度"。制定《关于在适用认罪认罚从宽制度案件中加强量刑建议监督管理工作的意见（试行）》《关于值班律师参与人民检察院审查起诉认罪认罚案件的实施意见》，开展认罪认罚从宽制度控辩协商同步录音录像工作，提升适用认罪认罚从宽制度办理案件质效。2021年全省检察机关刑事案件认罪认罚从宽制度适用率为86.62%，确定刑量刑建议提出率94.43%、同比增加11.54个百分点，法院量刑建议采纳率97.06%、同比增加0.36个百分点。

二是完善公益诉讼制度。积极推动检察公益诉讼地方立法，审议通过《四川省人大常委会关于加强检察机关生态环境公益诉讼工作的决定》，在生态环境领域公益诉讼省级立法方面走在全国前列。推进跨区划公益保护协作，建立健全长江流域省界断面跨区域管辖行政公益诉讼协作机制，与重庆、贵州、云南、甘肃、西藏等省份签订长江流域生态环境行政公益诉讼跨省份管辖协作办法，在56个国家级和省级自然保护区设立检察联络站，办理自然保护区公益诉讼案件48件、野生动植物资源保护案件368件。全年全省检察机关共立案8557件、同比上升27.96%，开展诉前程序8238件、同比上升28.68%，提起公益诉讼814件、同比上升17.46%。

三是扎实推进民事诉讼程序繁简分流改革试点。省法院制定民事诉讼程序繁简分流改革5个实施细则，分别就优化司法确认程序、完善小额诉讼程序、完善简易程序规则、扩大独任制适用范围、健全电子诉讼规则等作出规定。作为最高人民法院民事诉讼繁简分流改革试点法院的成都中院，强力推进试点工作，初步探索形成了"全链条"司法确认等经验。小额诉讼"立、审、执、监"一体化模式等做法获最高人民法院肯定，天府新区法院改革创新案例入选《人民法院司法改革案例选编（十一）》。

（三）着力解决司法突出问题

四川持续推进"切实解决执行难"，贯彻落实《关于加强综合治理 从源头切实解决执行难问题的实施意见》，推动解决执行工作"联而不动、动而乏力"等问题，深化"党委领导、人大监督、政府支持、政法委协调、法院主办、部门配合、社会各界参与"的综合治理执行难工作大格局，推动从源头综合治理执行难。2021年全省法院执结各类案件42.68万件，执行到位881.45亿元。一是创新建立"三统三分、三区六化"执行指挥中心实质化运行模式，建立省市（州）执行指挥中心周巡查通报等制度，逐步形成覆盖全省、上下一体、内外联动、响应及时、保障有力的执行指挥调度工作新格局，实现对执行案件、执行事项和执行人员的全方位监督管理。二是优化网络执行查控系统，实现全省范围不动产、公积金、工商登记在线查询全覆盖，22家中院和部分基层法院建成机动车在线查封、解封"服务站"，查找到被执行人及财产信息1.28万条。健全"执行＋网格"工作机制，网格员协助执行案件6.95万件，系统发起量排名全国第1位。三是始终坚持"无强制非执行"工作理念，开展"春风行动""夏日飓风""司法大拜年"等执行专项行动，充分应用"信用中国（四川）"网站及"失信被执行人联合惩戒曝光平台"，发布失信被执行人名单12.24万件，限制高消费35.82万人次，开展信用承诺和信用修复试点，引导自动履行11.96万件、189.83亿元。制定《关于办理拒不执行判决、裁定刑事案件的实施意见》，细化认定标准和追究程序，建立依法高效办理拒执案件常态化工作机制，依法适用罚款、拘留、限制出境等强制执行措施，判决拒执犯罪173人，督办216件涉案数额较大、情节较重、历时较长的未执结案件。

深化行政执法与刑事司法衔接，推进"行刑衔接"信息平台建设和应用，加强联系沟通，强化协作配合。制定《示范推动解决行政执法与刑事司法衔接不畅问题实施方案》，制订非法捕捞、烟草专卖、林草行政执法、安全生产等领域"行刑衔接"案件移送标准与流程，开展了涉民营企业刑事诉讼"挂案"专项清理。2021年以来行政执法机关移送涉嫌犯罪案件785件，同比增长263.43%；侦查机关立案611件，同比增长400.82%；检察机关建议移送案件数821件，同比增长255.41%，全国排名第1位。

六 推进全民守法，不断筑牢法治社会根基

四川紧扣"全面建设信仰法治、公平正义、保障权利、守法诚信、充满活力、和谐有序的社会主义法治社会"目标定位，着力增强社会公众的规则意识和法治观念，切实满足人民群众日益增长的法律服务需求，全面提升社会治理法治化水平，推动法治社会建设扎实前行，不断筑牢法治四川的基础。

（一）推动全社会增强法治观念

全民守法是法治社会的基础工程。四川将增强全社会法治观念、法治信仰作为建设法治社会的首要任务，谋划启动"八五"普法规划，持续深化"法律七进"，扎实开展宪法和民法典宣传教育，大力实施公民法治素养提升行动，切实加强法治文化建设，努力让法治成为社会共识和基本原则。

一是深化拓展"法律七进"。全面总结"七五"普法成效，高质量编制四川省"八五"普法规划。试点开展深化拓展"法律七进"工作，研究拟制四川省"法律七进"工作规范。分层分类推动法治宣传教育规范化、精准化，落实国家机关工作人员任前法律知识考试制度，在广大师生中组织开展法治宣传教育活动，加强农村留守妇女法治宣传教育，持续深化法律进寺庙"四进七有"工作模式，组织开展2021年白玉县"寺庙法律明白人"培训班。全省国家机关累计组织会前学法1.5万余次，接受法治教育19万余人（次），涉藏地区累计开展入寺法治宣讲2100余场次，建成寺庙法治宣

传阵地 2400 余个，企业任用法律顾问 2 万多名。在第九次全国法治宣传教育工作电视电话会议上，四川作了题为《创新建设"社区（村）法律之家"，打通基层依法治理的神经末梢》的交流发言。

二是大力推进宪法和民法典学习宣传教育。聚焦国家工作人员、青少年学生等重点对象，推动"宪法法律进高校"等活动常态化，开展宣传活动 1200 余场次，受教育干部群众 13 万余人次。突出领导干部这个"关键少数"，运用信息化系统搭建四川省国家工作人员学法考法平台，分批次覆盖全省 98 个省直部门（单位）、21 个市（州）和 126 家重点高校、49 家国有企业。突出青少年这个"未来多数"，将学生"学宪法讲宪法"活动作为一项常态化普法工作大力推进，举办四川省第六届"学宪法讲宪法"演讲比赛和知识竞赛决赛，开展国家宪法日"宪法晨读"和"我与宪法"微视频征集活动，组织实施"宪法卫士"2021 年行动计划，共有 870 余万学生参与。制定印发《"美好生活·民法典相伴"主题宣传方案》，对常态化抓好民法典普法宣传作出安排部署、提出工作要求。集中开展民法典走进乡村（社区）"三个一百"集中宣讲活动，抽选全省 100 名法律明白人组建宣讲团、结合《"民法典 100 问"法博士释法读本》进行宣讲，实现全省 100 个重点村（社区）全覆盖。

三是全面落实普法责任制。探索建立"谁执法谁普法"年度履职报告评议制度，推动落实法官、检察官、行政执法人员、律师等"以案释法"制度，促进和引导各社会团体、企事业单位以及其他组织，加大对管理服务对象的普法力度，切实压实各责任单位普法职责。着眼推动形成同向发力、齐抓共管的大普法工作格局，印发《2021 年"法治四川行"一月一主题活动工作方案》，围绕乡村振兴、防范化解重大风险、生态环境保护、成渝地区双城经济圈建设、森林草原防灭火等方面，标准化、体系化开展 22 个系列主题活动，涉及 41 个"谁执法谁普法"责任部门。

四是加强法治文化建设。出台《关于落实〈关于加强社会主义法治文化建设的意见〉实施方案》，从 10 个方面明确了四川加强法治文化建设的重点工作任务，推动形成具有四川特色的社会主义法治文化。以"追寻光辉足迹讲述法治故事"为主题，组织开展第八届法治微视频微电影大赛暨第二届川渝法治微视频微电影大赛，收到参赛作品991部，参与投票人数累计20万余人次。在全国率先开展红色法治文化遗存目录整理工作并探索形成了《四川省红色法治文化遗存目录（第一批）》，对四川红色法治文化分类研究、系统梳理，精选确定《川陕省苏维埃法令条例》等12项具有典型性代表性的红色法治文化遗存。出台《四川省青少年法治宣传教育实践基地规范管理实施办法（试行）》，评定50个省级"法治宣传教育基地"，评选"四川十大法治人物"。组织民法学专家与绵竹年画艺人联手打造特色法治文化产品，将《民法典》的法律规范还原为贴近老百姓日常生活的故事，绘制成300余幅生动精美的法治年画，受到群众普遍好评和欢迎。

（二）统筹开展多层次多领域依法治理

四川认真贯彻落实习近平总书记关于"强化依法治理，培育全社会办事依法、遇事找法、解决问题用法、化解矛盾靠法的法治环境"的要求，统筹推进城乡基层依法治理、深入开展市域社会治理现代化试点、务实推进民族地区依法治理，依法治理网络空间，切实提高社会治理法治化水平。

一是健全党建引领基层依法治理体系。深化街道管理体制改革，130个县（市、区）修订完成街道"三定"规定，121个县（市、区）制定街道权责清单，研究制定《四川省社区党组织工作规则（试行）》，将党组织发挥领导作用的内容和方式作为社区各类组织章程、议事规则的重要内容，推动党组织发挥作用法定化、路径化。深入推进抓党建促进乡村振兴，适应村建制调整优化党组织设置，推动全省各地建立村级权责清单，推行"一站式"办理、民事代办等，持续整治"村霸"，加强以村党组织为核心的村级组织配套建设，完善党组织领导下各类组织依法依规有序运转体系。依法加强村（居）民委员会规范性建设，健全村（居）民自律机制，建立健全村规民约居民公约"红黑榜"，强化"红榜"正向激励和"黑榜"反向约束，着力提升基层群众自治能力，推动基层群众自治创新实践。突出法治要求优选配强村（社区）"两委"带头人，省市县三级全覆盖式联动开展对17.4

万名村干部集中轮训，有序推进村（社区）党组织书记通过法定程序担任村（居）委会主任，村（社区）党组织书记、村（居）委会主任"一肩挑"比例达97.5%。深化实施民主法治示范村创建、"法律明白人"培养工程、乡村法治建设，65个村（社区）获评第八批"全国民主法治示范村（社区）"。

二是持续推进市域社会治理现代化试点。将市域社会治理现代化试点纳入四川省经济社会发展"十四五"规划，召开全省市域社会治理现代化试点工作创新推进会，开展社会治理难点痛点堵点问题分类指导，有序推进第一期全国市域社会治理现代化试点地区中期评估，确定"凉山州易地扶贫搬迁集中安置点平安建设"等37个省级重点创新项目。常态化推进扫黑除恶斗争，坚持把重点行业领域整治作为扫黑除恶的重要任务，召开扫黑除恶常态化暨四大行业领域整治推进会，紧盯信息网络、自然资源、工程建设、交通运输等四大重点行业领域，深入整治行业乱象和突出问题，督导督办重点案件线索，持续开展"净网"、打击"沙霸""矿霸"等专项行动，强化重点行业领域"打伞"问责，2021年侦破电信网络诈骗案件同比上升58.23%，查处"沙霸""矿霸"等背后腐败和"保护伞"问题38人，移送司法机关12人。省检察院发布《关于常态化开展扫黑除恶斗争 推进平安四川建设 服务保障乡村振兴战略的意见》，从聚焦乡村振兴重点领域依法履职、围绕推动乡村治理健全工作机制、结合办案助力乡村法治教育三个方面，出台21条措施，在常态化开展扫黑除恶斗争中，服务保障乡村振兴战略实施，全年全省检察机关共批准和决定逮捕涉黑恶犯罪嫌疑人150人、同比下降62.1%，起诉涉黑恶犯罪嫌疑人1095人、同比下降61.8%，起诉黑恶势力"保护伞"21人。全年全省法院系统依法审理涉黑涉恶及"保护伞"案件228件2217人。

三是务实推进民族地区依法治理。召开四川律师公证法律服务团送法进寺庙三年活动总结暨涉藏州县依法常态化治理推进会，对纵深推进涉藏州县依法常态化治理作出部署。将"送法进寺庙"纳入"八五"普法规划，举办寺庙"法律明白人"法治培训，持续实施涉藏地区法治宣传"百千万"

工程，常态化推进宪法普及活动，四川涉藏地区已建成寺庙法治宣传栏 899 个、法律图书角 785 个，培养"法律明白人"1629 人，设立寺庙法律服务联系点 722 个。推进同心律师服务团工作，印发《2021 年四川同心律师服务团工作方案》，继续组织 32 个同心律师服务团对 32 个民族县（市）开展对口法律帮扶，13 个市（州）已组织 27 个服务分团 94 家律所共 230 余名律师为对口帮扶的 27 个县开展普法宣传、法治讲座、法律咨询及服务等活动 130 余场次，覆盖干部群众 3 万余人（次）。加强彝区禁毒防艾工作，坚持"治毒、治愚、治穷、治病"一体推进，成立"禁毒防艾宣讲团"，整合凉山州 5 个"爱之家"禁毒防艾法律工作站集群力量，联合开展法治宣传。保持对毒品犯罪高压态势，严厉打击毒品犯罪，凉山地区法院系统新收毒品犯罪案件 189 件，同比下降 15.63%。

四是依法治理网络空间。坚持依法治网，大力加强网络法治工作基础建设，在省委网信办设立"网络综合治理处"，具体负责网络立法、执法等法治工作；制发《四川省互联网信息内容管理执法协调工作机制》，明确公安、市场监管、文旅等涉网监管部门管理职责，强化互联网信息内容管理分业监管、联合执法，推动形成执法工作合力。贯彻落实《网络信息内容生态治理规定》，组织开展"清朗"系列、网上"扫黄打非"等 27 个专项治理，常态化巡查监看属地重点网络平台，清理处置各类有害信息，严厉打击网络违法违规行为，2021 年以来共处置有害信息 11.8 万余条、督促关闭违法违规账号 9680 余万个。创新开展假冒仿冒党政机关官方网站和公众账号集中整治专项行动，关闭或规范整改"四川政协网"等网站和公众账号 177 个。加大网络行政执法力度，对"文秘网"等 7 家网络平台行政处罚 305 万元，进一步规范和打击了各类网络违法违规行为。深入开展网络普法宣传，统筹微博、微信、客户端等互动平台，组织"网络安全为人民网络安全靠人民"等网络安全周主题宣传，扎实开展"网信普法进校园、进机关、进企业、进网站"等活动，举办各类网络安全知识讲座等近 8000 场，营造全社会关心、支持和参与网络空间法治建设的良好氛围。

（三）切实提升公共法律服务水平

四川认真贯彻习近平总书记关于"加快建设覆盖城乡、便捷高效、均等普惠的现代公共法律服务体系"的指示要求，切实推进公共法律服务水平有效提升。

一是健全公共法律服务体系。编制出台四川省"十四五"公共法律服务体系建设规划，将公共法律服务纳入《四川省"十四五"公共服务规划》《四川省"十四五"服务业发展规划》等专项规划。推进公共法律服务热线、网络、实体"三大平台"规范化、标准化建设，持续推进"12348"热线与"12345"热线并转融合，不断完善"12348"四川法网服务功能，省级公共法律服务中心实现"数据业务流程三网融合、多语种公共法律服务"等九大公共法律服务功能，建成市、县两级公共法律服务中心216个，乡（镇、街道）公共法律服务站3116个，村（社区）公共法律服务室27710个，"12348"热线和法网全天候24小时响应，实现公共法律服务"全时空、全业务"覆盖。

二是促进法律服务行业发展。整治公证和司法鉴定行业突出问题，出台《四川省公证公益法律服务办法》《四川省司法鉴定投诉处理工作细则》等6项制度，完成省公证协会、省司法鉴定协会换届选举，筹建省仲裁协会，推动旅游投诉纠纷仲裁中心试点城市建设，梳理并组织专家评查司法鉴定行业自十八大以来的投诉案件、信访积案、举报线索458件（条）。扎实开展律师行业突出问题专项治理，健全申请实习、执业管理、投诉查处等覆盖律师执业过程全生命周期的制度体系，排查律师行业突出问题专项治理"2＋11"方面的问题线索694条。加强法律服务行业党的建设，建立律师行业党建管理系统，开展律师行业党建基础工作"回头看"，集中攻坚律师行业"两个覆盖"工作，组织庆祝建党100周年系列活动，召开第二届新时代四川律师行业党建论坛暨第二届四川律师论坛，新创建党建标准化律师事务所150家，全面摸底司法鉴定行业党建情况，共有党员司法鉴定人1175名、占比达54.2%，有63家司法鉴定机构单独或设立单位成立了党组织、覆盖

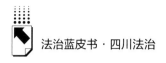

率为 56.3%，党建负责人和党建指导员覆盖率为 100%。

三是强化公共法律服务供给。坚持把农民工讨薪维权作为法律服务的重中之重，扎实开展根治农民工欠薪专项行动、"千所百处帮万企"、外来企业法律"惠企""春风"行动等，多维度推送劳动权益保护主题公益广告，组织第二届农民工维权优秀案例评选活动，完成国务院督导组对四川农民工法律援助工作的检查，编印《〈保障农民工工资支付条例〉解读漫画读本》，办理农民工民事法律援助案件 1.8 万余件，为农民工讨回欠薪、挽回经济损失 4.6 亿元。扎实做好法律援助，将法律援助纳入"四川省三十件民生实事"项目，推动法律援助工作向四川省外川籍农民工群体延伸，在省外设立 25 个法律援助工作站，为省外川籍农民工提供法律咨询 1.2 万人次，引导川籍农民工向务工地法律援助机构申请法律援助 317 件。全面落实"一村（社区）一法律顾问"制度，探索完善分行业政府购买服务制度体系，成都新都区等 5 地村（居）法律顾问服务列入财政厅乡镇政府购买服务试点，全省村（居）法律顾问提供法律咨询服务 10 万余人（次）、帮助村委会审查把关法律文书 7406 件（次）、提出法律意见和建议 1.2 万余件（次）。

（四）加强多元纠纷解决体系建设

四川认真贯彻习近平总书记"要完善预防性法律制度，坚持和发展新时代'枫桥经验'，促进社会和谐稳定"的指示要求，不断推进矛盾纠纷多元化解体制机制建设，扎实推进行政调解和行业化专业化调解工作，依法有效化解社会矛盾纠纷 85.1 万件、成功率达 98.99%，切实增强人民群众安全感、获得感、满意度。

一是推进矛盾纠纷多元化解体制机制建设。将矛盾纠纷多元化解纳入平安四川建设工作考评办法，出台考评指标体系，将婚姻家庭、农村土地承包纠纷调解仲裁、涉法涉诉信访工作等情况，作为评价社会稳定的重要指标。探索矛盾纠纷多元化解新机制，采用"独建 + 合建"相结合方式搭建矛盾纠纷一站式化解平台，推行"一站式"服务，将四川天府新区等 8 个地区（单位）命名为首批矛盾纠纷多元化解创新实践基地，成功举办四川省矛盾纠纷多元化解创新实践论坛，建成市、县、乡三级矛盾纠纷多元化解协调中心3102个，覆盖率分别达90.5%、91.3%和89.8%。大力实施"调解＋"行动，积极构建以人民调解为基础的矛盾纠纷多元化解工作机制，出台《关于充分发挥司法职能作用　深入推进民族地区矛盾纠纷多元化解工作的实施意见》，不断深化公调对接、诉调对接、访调对接、劳动争议"一站式"多元解纷等机制建设。开展"枫桥式司法所"创建，命名80个省级"枫桥式司法所"，打造枫桥式人民法庭，在民族地区推广"石榴籽"调解室，设立"扁担法庭""柠檬法庭"等特色法庭，将人民法庭嵌入基层治理新格局。加强人民调解工作，编撰《人民调解工作指导手册》，完成"两项改革"后乡镇、村（社区）调委会换届，组织开展矛盾纠纷排查活动32万余次，调处各类矛盾纠纷35万余件。

二是加强行政调解和行业化专业化调解工作。制定《四川省行政调解工作暂行办法》，明确调解范围、细化调解程序、夯实调解效力、厘清工作责任，进一步规范行政调解工作。坚持依法分类处理信访诉求，把依法分类清单梳理作为一项基础工作来抓，制定《四川省依法分类处理信访诉求工作规程》，实行初次分类定路径、二次分类选部门、三次分类解诉求；制发《四川省涉法涉诉信访终结案件移送办法》，将涉及民商事、行政、刑事等信访事项从普通信访体系中分离，定期将涉法涉诉案件移交法院等相关部门。2021年以来依法分类信访案件8万余件，其中向法院移交涉法涉诉信访案件3578件。积极推进律师调解工作，律师调解试点工作覆盖169个县级行政区域、占比达92.3%，律师调解名册中律师事务所有427家、律师调解员有2301名，全省设立"三室一中心"496个，共调解案件3.2万件，调解成功1.2万余件，调解成功率38.8%，律师在预防和化解矛盾纠纷中的专业优势、职业优势和实践优势得到充分发挥。依法开展劳动争议仲裁调解，上线运行调解仲裁办案系统，采用"云调解""微仲裁"等技术手段推行不见面不接触式办案，全省劳动人事争议仲裁机构共立案受理劳动人事争议案件4.5万件，结案率达82.86%，涉及劳动者47567人，涉案金额13.56亿元。全省乡镇村居和县级行政区域医疗、道路交通事故、劳动争

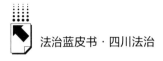

议、婚姻家庭纠纷人民调解组织建立率100%，派驻公安派出所人民调解组织实现了城区和重点乡镇全覆盖。持续深化诉源治理，全省法院推动建立诉源治理中心109个，积极参与"无讼社区"建设，促进社会治理向少诉无讼的前端防范转型，通过深化繁简分流、全流程调解、推进服判息诉等工作方式，衍生案件数量有效降低，全省法院一审案件服判息诉率90.96%。

三是建立健全预防性法律制度。印发《关于遏制学生因心理问题引发极端事件的指导意见》，多措并举遏制学生因心理问题引发极端事件。树立"命案可防、命案必防"的工作理念，以防范化解"民转刑"命案为重点，将"民转刑"命案防范工作情况纳入平安四川建设工作考评办法，研究制定《关于进一步加强命案防范工作的意见》，召开"民转刑"命案防控专题会和全省命案防范工作推进会，深入排查化解婚姻家庭、邻里关系、民间借贷等领域容易引发"民转刑"案件的矛盾纠纷37万件，命案发生率同比下降24%，尤其是一次死亡3人以上的"民转刑"命案发生率同比下降33.3%。

七　强化法治保障，推进队伍科技理论建设

建设中国特色社会主义法治体系，需要建设有力的法治保障体系，筑牢法治中国建设的坚强后盾；离开了健全完善的法治保障体系，全面依法治国也难以推进。四川切实加强法治人才队伍、科技信息化、理论智库等方面的保障，为全面依法治省提供重要支撑。

（一）加强法治工作队伍建设

四川认真贯彻落实习近平总书记关于建设德才兼备的高素质法治工作队伍的指示精神，扎实开展政法队伍教育整顿，加强法治专门队伍和法律服务队伍建设，不断提升法治工作队伍思想政治素质、业务工作能力、职业道德水准，努力建设一支德才兼备的高素质法治工作队伍，为全面依法治省提供坚实的人才保障。

一是扎实开展政法队伍教育整顿。落实中央统一部署要求，四川省委坚

定扛牢主体责任，在各级党委政法委、审判机关、检察机关、公安机关、司法行政机关等自下而上分两批开展政法队伍教育整顿。

第一批政法队伍教育整顿于2月底开始，覆盖市县两级党委政法委、政法单位、14万余名政法干警。举办各类专题辅导讲座7100余场次，开展"学百年党史、铸忠诚警魂"主题党日活动，开展各类警示教育和英模教育活动4700余场次，有力彰显了铸魂扬威成效；坚持"自查从宽、被查从严"政策导向，汇编宽严典型案例，开展谈心谈话，完成三轮次以上"个人自查事项报告表"填报，畅通"信、访、网、电"举报渠道，建立完善问题线索会商、移送、督办等工作机制，组建4个下沉工作组赴市（州）开展专项督导，推动各地采取提级办理、指定管辖、全程跟进督办等方式，有力彰显了正风肃纪成效；扎实开展"减假暂"案件排查整治等重点工作和"万案大评查"，深入开展"四川政法为民十大行动"。截至2021年6月16日，四川政法干警主动投案2300余人，纪检监察机关立案审查调查1600余人，留置140余人，排查认定违反干预司法"三个规定"问题10369件，依法纠正20世纪90年代以来违规违法"减假暂"案件1952件，整改有案不立、压案不查、有罪不究问题26871件，整改干警违规经商办企业，配偶、子女及其配偶违规从事经营活动，违规参股借贷问题2438件，整改处理离任法官检察官违规从事律师职业95人。

2021年8月中旬开始，四川接续开展了第二批政法队伍教育整顿，对象是省级政法机关等全体在编在职政法干警。坚持把筑牢政治忠诚作为第一位任务，深入开展"流毒怎么看、流毒怎么防、流毒怎么清"主题大讨论，组织全体干警签订《全面肃清流毒影响承诺书》，开展"学百年党史、铸忠诚警魂"主题党日和第二批四川政法先锋评选等活动，实施四川政法英烈子女成长陪伴项目。持续推进第一、二批顽瘴痼疾"百千万"线索核查，扎实开展涉法涉诉信访案件评查化解、"万案大评查"等专项行动，制定出台《四川省政法机关领导干部交流轮岗暂行办法》《四川政法队伍"五坚持五严禁"》等制度规定，大力开展电信网络诈骗大整治、万名机关民警下基层上一线活动、感受公平正义专项行动等，组织评选"四川政法为民十大行动"典型案例，组织开展了全省政法干警思想动态调查分析，8.7万余名干警参与问卷调查，教育整顿取得了显著成效，认同度达到了97.4%。截至11月24日，排查认定违反防止干预司法"三个规定"问题243件，依法纠正违规违法"减刑、假释、暂予监外执行"案件464件，整改有案不立、压案不查、有罪不究问题307件，整改干警违规经商办企业，配偶、子女及其配偶违规从事经营活动，违规参股借贷问题288件，整改处理离任法官检察官违规从事律师职业9人，整改违规插手经济纠纷、违规插手干预工程建设问题13件，22名干警主动投案，共立案审查调查省级政法机关干警58人，留置9人，移送司法机关3人，处分处理60人。

二是加强行政执法队伍建设。完善行政执法证管理系统，天府通办和四川省"互联网+监管"平台开通执法人员信息对外查询功能，推行"互联网+教育培训"新模式，并开通手机掌上培训考试功能。深入开展行政执法人员"大学习""大练兵""大比武"活动，全省7220个行政执法机关、140401名行政执法人员参加学习考试测评，对5071个行政执法机关、161322件执法案件进行案卷评查，21个市州选优的14支行政执法队伍、52名行政执法人角逐"大比武"，进一步夯实行政执法人员理论功底和业务素养。制发《综合行政执法制式服装和标志实施办法》，对综合行政执法部门职责、着装配发范围、着装种类标准、配发管理要求、严格行为规范、监督检查责任等方面作出规定。全面启用全国统一样式执法证件，开展全省行政执法证件换领工作，完成6万余个新版执法证换发。举办全国首家首次网络系统行政执法培训班，省市县三级170名网络干部参训。

三是推进法律服务队伍建设。强化律师规范管理，全面优化律师管理系统，扩大律师专业水平评价体系和评定机制试点。截至2021年末全省共有律师事务所1842家，增加124家、增幅7.2%，律师30137人，增加2126人、增幅7.6%。规范管理公职律师、公司律师，制定《关于加快推进公职律师工作的若干措施》，在省律协成立两公律师专门委员会，目前已有17家省级党政机关设立公职律师，182家国有企业、2家民营企业设立公司律师，两公律师队伍稳步壮大、达4237人。加强基层法律服务工作者队伍管理，修订《四川省基层法律服务条例》，开展基层法律服务工作者执业核准考试，扎实做好基层法律服务工作者实习、执业工作。截至2021年底，全省有基层法律服务机构973家，其中乡镇所586家、占60.2%，基层法律服务工作者3745人，其中在乡镇执业的占47%。规范管理公共法律服务队伍，组织开展公证员和司法鉴定人能力培训165场次，大力推进环境损害司法鉴定机构发展，目前全省共有公证机构209家、公证员989名，司法鉴定机构112家、鉴定人2323名，仲裁机构16家，仲裁员2697名。

（二）强化科技和信息化保障

四川充分运用大数据、人工智能等现代科技手段，推进"智慧法治"建设，优化整合法治领域各类信息、数据，推进法治四川信息化、智能化建设。推动全省政法系统跨部门办案平台建设，在21个市（州）的22个试点县（市、区）、全省监狱、戒毒系统上线运行跨部门办案平台，实现了试点工作全覆盖。强化智能化监测机制，以打造全链条电子诉讼流程为抓手，引入OCR识别、区块链、5G等信息技术，进一步优化审限、自由裁量等重要节点和关键环节预警功能，全力打造监督闭环。推进智慧检察建设，全面上线运行检察统一业务应用系统2.0版，建设了"川检通"移动办公办案平台，形成了移动办公、移动办案、移动检务保障、统一App对接、开发数据接口标准服务五大体系。公安智能辅助办案系统通过4类370余个校验点，为刑事办案提供证据标准指引140万次，辅助发现案件87%以上的逻辑性、程序性问题。司法行政系统统筹研发社区矫正一体化平台、综合业务一体化平台、数字化戒毒管理平台，实现执法司法案件网上流转、数据留痕，增强了执法司法制约监督效用。

（三）强化理论研究

习近平总书记强调："全面推进依法治国，法治理论是重要引领。没有正确的法治理论引领，就不可能有正确的法治实践。"① 四川积极搭建理论研究平台，组织实务部门、科研院校、法治智库等开展理论研究。编纂并在线发布法治蓝皮书《四川依法治省年度报告 No.7（2021）》，系统集成了 2020 年四川全面依法治省工作，重点推出了四川财政行政执法标准化建设实践、构建成渝法律服务联盟的探索等 22 个全面依法治省典型案例。将全面依法治省课题纳入四川省社科规划课题管理，围绕习近平法治思想的四川实践等主题开展四川省社会科学规划项目"法治四川专项课题"申报。省法学会充分发挥凝聚法学法律人才优势和第三方群团组织作用，筹办以"成渝地区双城经济圈法治协作理论与实践"为主题的首届成渝地区双城经济圈法治论坛，评审发布年度法治实践创新专项课题 15 个，以"推进市域社会治理现代化实践创新"为主题举办第八届"治蜀兴川"法治论坛。

八　四川全面依法治省面临的问题与前瞻

四川坚决贯彻落实党中央法治建设决策部署，全面加强党对全面依法治省工作的领导，统筹推进地方科学立法、法治政府建设、公正司法、法治社会建设以及法治保障体系建设，切实加强法治服务保障高质量发展，全面推进依法治省工作取得良好成效。但对照党中央全面依法治国的新要求和人民群众的法治建设新期待，我们也清醒地看到，四川法治建设还有一些短板弱项。

（一）党委依法执政方面

在推进党委依法执政上，四川在以下方面还需进一步加强。一是学习宣传贯彻习近平法治思想的深度、广度、力度存在不足，推动学习成果转化为实际成效还须进一步下功夫，结合实际创造性贯彻落实习近平法治思想指导

---

① 习近平：《论坚持全面依法治国》，中央文献出版社，2020，第 175 页。

实践、推动发展、破解难题、维护稳定的能力还相对不足、办法不够多。二是统筹协调推进全面依法治省工作的制度机制还须优化,党领导立法、保证执法、支持司法、带头守法的制度机制还须进一步健全。三是少数领导干部运用法治思维和法治方式的能力有待提升,少数地方和部门党政主要负责人履行推进法治建设第一责任人职责不主动不充分,对法治建设工作研究部署较少、推动落实不够。个别地方突出法治素养和法治能力的选用干部导向不鲜明,在领导班子配备时,优先配备具有法律专业背景或者法治工作经历的成员落实不够。四是党内法规制度体系还须进一步健全,执行党内法规须进一步加强,纪委监委落实党内法规、查办案件的程序须进一步完善、透明度须进一步提升。五是党委法治建设议事协调机构设置亟须进一步优化,加强调查研究、协调解决地方和部门解决不了、存在分歧的重大问题,乡镇(街道)统筹推进法治建设力度相对不足。

对此,四川将在以下几个方面着力。一是持续开展习近平法治思想"大学习、大培训、大研讨"活动,做好《习近平法治思想学习纲要》《习近平法治思想学习问答》学习宣传工作。二是研究拟制党领导法治建设工作制度,加强全面依法治省工作统筹,压紧压实立法、执法、司法、守法普法协调小组责任。三是狠抓"关键少数",进一步压紧压实党政主要负责人履行法治建设第一责任人职责,完善党委理论学习中心组、政府常务会议集中学法、年度述法等制度,增加选人用人法治"砝码",推动有法学专业背景、法治工作经历的优秀干部人才交流使用。四是建立法治督察与纪检监察监督协作配合机制,提升党内法规和规范性文件制定质量,健全备案审查机制,创新法规文件宣传阐释方式,推动建立健全执纪责任制,常态化开展党内法规实施评估工作。五是细化实化全面依法治省工作考核考评,充分发挥法治考评"指挥棒"作用。

(二)地方科学立法方面

四川在科学立法方面还存在以下短板。一是"党委领导、人大主导、政府依托、各方参与"的立法工作格局还没有完全形成,有的地方人大主导作用尚未充分发挥。二是一些地方法规起草、论证、审查、审议主体责任、权限和程序落实不到位，委托第三方起草法规草案机制还不够健全。三是公众参与立法的机制不完善，起草部门对立法项目、立法草案的意见征集、反馈机制还不够完善。四是立法协商作用发挥不明显，立法中重大利益调整论证咨询机制不健全，重要条款单独表决办法尚未制定。五是跨区域、跨部门立法协商推动还不够，立法依然存在碎片化、系统性不强的问题。六是立法评估还未完全到位，普遍的定性定量的评估分析制度机制尚不健全完善。

四川将在以下几个方面着力。一是加强党对立法工作的领导，立法规划计划及立法过程中的重大事项应及时向同级党委请示报告，做到立法决策与党委决策协调同步。二是科学编制立法计划，健全立法计划立项评估论证制度。三是建立争议较大的重要立法事项引入第三方评估机制与立法助理制度。四是积极开展立法协商，引导人大代表以多种形式参与立法，充分发挥基层立法联系点的立法直通车和联系群众优势，强化地方人大与同级政府的统筹协调。五是推进现代农业园区、知识产权保护、大数据发展、社会信用、养老服务、民族团结进步、铁路安全管理等重点法规制定。六是加强备案审查制度和能力建设，健全备案审查工作情况报告、通报制度。

（三）法治政府建设方面

四川要实现法治政府建设率先突破，还需要在以下薄弱环节着力推动。一是"放管服"改革不平衡，政府职能还未完全转变到位，"放管服"改革中还存在不配套、不到位、不衔接、不均衡等问题。二是行政决策程序执行不到位，行政决策法治风险意识不强，对合法性审查（审核）的认识不深、重视不够、流于形式，审查审核刚性不足，流程不规范，一些政府部门内部开展合法性审核不深不细不严；决策公众参与、专家论证、风险评估等程序落实情况不佳；党政机关法律顾问、公职律师作用发挥不充分。三是综合行政执法体制改革配套措施仍需进一步加强，行政执法还存在"运动式""一刀切"等问题，在执法过程中还存在法律适用不准确、引用法律条款不全面等问题，"互联网＋执法"建设整合进度较为缓慢。四是行政权力监督还需进一步加强，政府信息公开力度有待加强，信息公开方式和渠道比较单一，公开时间滞后；行政执法监督体系尚不健全，政府信用激励惩戒机制、评价机制、监督机制还不健全。五是行政执法与刑事司法衔接机制还不顺畅，存在有案不移、有案难移、以罚代刑现象。六是行政负责人"出庭不出声"问题仍然未彻底解决。

四川将在以下几个方面着手。一是启动省级法治政府建设示范创建。二是持续深化"放管服"改革，推进"放管服"向乡村延伸。三是规范行政决策程序，推行重大行政决策事项年度目录公开制度，加快合法性审查规范化、标准化建设，切实发挥党政机关法律顾问和公职律师在行政决策中的作用，探索建立法律顾问服务事项清单，落实违法决策终身责任追究制度及责任倒查机制。四是推进行政执法标准体系建设和综合行政执法体制改革，积极推进"智慧执法"平台建设，建立行政执法案例指导制度，全面推行轻微违法行为依法免予处罚清单，规范非现场行政执法行为，加大食品药品环境资源安全等关系群众切身利益的重点领域执法力度。五是开展构建省市县乡四级全覆盖的行政执法协调监督工作体系，开展选择性执法、"一刀切"执法专项行政执法监督，深化"人民群众最不满意行政执法突出问题承诺整改"活动。六是健全行政执法与刑事司法衔接机制。七是持续推进行政复议体制改革，落实行政机关负责人出庭应诉制度。八是深入推进政务公开，推进基层政务公开标准化规范化建设。

（四）公正司法方面

四川推进司法体制改革创新还存在一些薄弱环节。一是党对政法工作的绝对领导还须进一步加强，统筹推进省以下法院检察院财物统一管理改革仍需进一步深化。二是有的地方落实执法司法制约监督制度的力度还不够，对司法活动的监督还须进一步强化。三是"切实解决执行难"工作长效机制还须进一步完善。四是以审判为中心的诉讼制度改革还须进一步推进，庭审实质化推进尚有差距，刑事庭审实质化仍然存在"为实质化而实质化"问题，民事诉讼程序繁简分流改革试点工作存在资源配置不到位等瓶颈问题。五是政法队伍教育监督管理还有薄弱环节，司法腐败现象偶有发生，个别司法工作人员充当司法掮客、枉法裁判现象仍未杜绝。

四川将在以下方面推进司法公正为民。一是开展贯彻《中国共产党政法工作条例》及《四川省贯彻〈中国共产党政法工作条例〉实施细则》专项检查，健全党领导政法工作的体制机制和方式方法。二是深化政法机构职能体系建设，探索建立政法专项编制统筹管理、动态调整机制，推进四级法院审判职能定位改革试点，持续提升检察监督效能，推进市县公安机关警务运行机制和勤务制度改革，推广设立"减假暂"办案中心。三是深化执法司法制约监督和责任体系改革，稳妥推进省以下地方法院检察院财物统一管理改革，健全法官检察官惩戒工作程序和配套衔接制度。四是健全完善党委领导、联席会议统筹协调、法院主体推进、有关部门各司其职合力破解执行难工作格局。五是巩固提升政法队伍教育整顿成果，严格落实防止干预司法"三个规定"，推进高素质法治工作队伍建设。

（五）法治社会建设方面

四川在推进法治社会建设中也存在一些不足，主要表现在以下方面。一是普法工作创新方式方法不够，运用新媒体、新技术开展普法不够，公益普法责任制度机制仍须进一步健全。二是市域社会治理现代化任重而道远，还不能适应新经济、新业态、新模式发展的需要，智能化治理运用不足。三是法治乡村建设存在短板，个别地方抓乡村法治建设意识不强，社会组织有效参与社会治理不够。四是党建引领基层依法治理体系还不够健全，跟进完善党组织领导下各类组织依法依规有序运转体系还须加强。五是民族地区依法常态化治理还须加强，特殊人群服务管理制度需要进一步完善。六是法律服务供给地域分布不均衡，城乡公共法律服务差异大，少数民族地区法律服务人员严重不足，高端、涉外法律服务能力不足，法律服务行业监管还须进一步加强。七是"多元化调解"工作体系不够完善，行政调解和行政裁决运用不足，"诉非衔接"和"检调对接"机制推广应用仍须加强。

　　四川将着力从以下方面破解上述问题。一是在普法宣传的针对性和实效性上下功夫，落实"谁执法谁普法"普法责任制，不断深化"法治四川行"一月一主题活动，完善媒体公益普法责任制和以案释法制度，加强红色法治文化传承宣传。二是举办纪念"82宪法"公布施行四十周年系列活动，组织开展2022年"十大法治人物"评选和"宪法宣传周"主题活动，持续开展"美好生活·民法典相伴"主题宣传，探索建立领导干部应知应会法律法规清单制度，运用四川省国家工作人员学法考法平台全覆盖开展学法考法，加大青少年法治宣传教育实践基地建设和运用，选点探索依法治企合规经营有效经验。三是加快推进市域社会治理现代化试点，推进扫黑除恶斗争常态化，持续深化信息网络、自然资源、交通运输、工程建设等重点行业领域专项治理。四是健全党领导的自治、法治、德治相结合的城乡基层治理体系，深入推进党建引领城市基层治理、两项改革"后半篇"文章，加强基层群众性自治组织法治化、规范化建设，开展"民主法治示范村（社区）"创建并加强动态管理。五是深化民族宗教事务依法治理，推进涉藏地区依法治理，深入开展禁毒人民战争，扎实推进防艾综合治理。六是启动实施好四川省"十四五"公共法律服务体系建设规划，加快建设省级公共法律服务中心，实现实体、网络、热线三大平台融合发展，深化律师、公证、仲裁、司法鉴定改革，规范行业发展，开展现代公共法律服务体系国家标准化试点，探索建立公共法律服务评价指标体系，推进公共法律服务均衡发展。七是推进综治中心与矛盾纠纷多元化解协调中心融合建设，探索建立专业化的"一站式"纠纷解决服务平台，完善网上受理信访制度，加快推进专业性、行业性、区域性人民调解组织建设，探索调解组织市场化、商业化运行模式，打造个人品牌调解工作室，培养明星调解员，全面推进律师调解工作。

（六）法治保障方面

　　四川在健全法治保障体系方面，仍存在以下需要努力的地方。一是法治保障存在部门化、行政化现象，仍需继续加强人财物保障，执法司法人员的职业保障制度仍需进一步完善。二是市县党委法治建设议事协调机构办事机构普遍存在缺编少人问题，机构职能"虚化"、工作运行"空心化"的问题亟待解决。三是立法工作人员配备较少、知识结构单一、梯次结构不合理，行政执法机关高素质法治专门人才缺乏、分布不均矛盾突出，司法审判案多人少矛盾突出，党内法规专门工作队伍亟须加强。四是民族地区法治专门队伍和双语法律人才队伍建设仍需进一步加强，涉外法律服务人才队伍还存在总量偏小、质量不高、经验不足等问题，不能完全适应日益多元化的涉外法律服务需求。五是法治人才培养、交流机制不健全。六是法律职业人员统一职前培训制度欠缺，法官、检察官、警察、律师同堂培训有待落实，法学教育、法学研究工作者和法治实践工作者之间双向交流渠道不畅通。七是仍须进一步整合政法机关内部信息，进一步加强对技术标准、工作要求、业务流程以及统计口径等方面统筹。八是对我国法治的原创性概念、判断、范畴、理论的研究还需进一步加强，对四川务实创新落实全面依法治国战略部署的实践研究还不够深入，个别学校的法学教育一定程度存在党的领导与法学知识相脱节、"两张皮"现象。

四川将从以下方面进一步健全法治保障体系。一是制订四川省新时代法治人才培养工作方案，推进法治队伍革命化、正规化、专业化、职业化建设，完善法治工作队伍准入门槛和选拔机制，加强法律服务队伍教育管理。二是充实市县党委法治建设议事协调机构办事机构编制和工作力量，倡导设置办公室专职副主任，开展市县两级党委依法治市（县）办公室机构及人员到位情况督导调研，推动各地把机构建好建强、人员配齐配全。三是加强地方立法工作队伍和党内法规专门工作队伍建设，开展全省行政执法人员通用法律知识培训和执法资格考试，制定《四川省行政执法证件管理办法》。四是加强民族地区双语法治人才和涉外法治人才培养、储备和使用，推动法律服务人才向民族地区、经济欠发达地区、边远山区流动。五是推动法治干部和人才跨部门跨系统交流，畅通立法、执法、司法部门干部内外交流渠道，加大政法机关与其他党政机关的干部交流和上下级交叉挂职锻炼的力度。六是探索实施法律职业人员统一职前培训制度，推动在职法官、检察官、警官、律师一体化培训，健全高校与实务部门协同育人机制，支持政法部门业务骨干到高校兼任课程或开展讲座。七是建设四川政法大数据平台，加强"天网工程""雪亮工程""慧眼工程"建设和联网运用，推进行政执法信息化管理，推行行政执法 App 掌上执法。八是研究制定加强新时代法学教育和法学理论研究的实施方案，充分发挥各级法学会以及专门研究会的作用，团结协同法律、法学工作者开展法学理论和法治实践研究。

依法执政
Law-Based Exercise of Power

B.2
破解"一把手"监督难题的路径方法

南充市纪委监委课题组*

摘　要："一把手"在党政领导班子和全局工作中处于核心地位、起着关键作用、负有全面责任。加强对"一把手"的有效监督，对纵深推进全面从严治党、巩固发展风清气正的良好政治生态具有极其重要的意义。南充市通过压实"一把手"管党治党责任、严密"一把手"立体监督网络、严格"一把手"履职行权约束、严筑"一把手"思想道德防线等举措，取得了不俗的成效。本文通过全面梳理南充市查办的"一把手"违纪违法案件情况、"一把手"权力运行及监督现状，认真查找监督"一把手"存在的症结，总结出破解"一把手"监督难题的路径和方法。

关键词："一把手"　违纪违法　全面从严治党

---

* 课题组负责人：罗靖，南充市纪委副书记、市监委副主任。课题组成员：王毅，南充市纪委监委政策法规研究室主任；张旭，南充市纪委监委政策法规研究室副主任；杜海洋，南充市纪委监委政策法规研究室四级主任科员。执笔人：张旭、杜海洋。

党的十八大以来，习近平总书记多次强调，要抓关键少数，破解"一把手"监督难题。"一把手"在党政领导班子和全局工作中处于核心地位、起着关键作用、负有全面责任，加强对"一把手"的有效监督，对纵深推进全面从严治党、巩固发展风清气正的良好政治生态意义重大。党中央出台了《中共中央关于加强"一把手"和领导班子监督的意见》，为加强"一把手"监督和同级监督明确了目标方向、提供了工作遵循，有利于推动中国特色监督制度优势更好地转化为治理效能。为全面贯彻落实文件精神，破解"一把手"监督难题，南充市纪委监委组织专班，通过座谈了解、查阅资料、委托调研等方式，全面梳理 2018 年以来南充市查办的"一把手"违纪违法案件情况、"一把手"权力运行及监督现状，认真查找监督"一把手"存在的症结，深刻分析原因，提出了对策建议。

一 南充市加强"一把手"监督的主要做法及成效

近年来，南充市委和市纪委监委深入贯彻落实党中央和省委关于全面从严治党系列重大决策部署，始终坚持"严"的主基调，以管住"关键少数"带动管住"绝大多数"，打出"四严组合拳"，做深做实对"一把手"的监督，推动管党治吏取得显著成效。

（一）严压"一把手"管党治党责任

盯紧看牢党组织主体责任、主要负责人第一责任人责任，构建"明责、履责、督责、考责、问责"责任体系，倒逼"一把手"扛起管党治党的政治责任。一是坚持明责在前。制定党委（党组）书记履行抓党建第一责任人职责 9 条细则，明确县（市、区）50 项、市直部门 43 项政治生态评价标准，制订压紧压实党建工作责任 39 条措施、基层党建考评 8 条办法，鲜明履责导向，坚持照单促责，推动规范履责。二是坚持督责从紧。市委久久为功打好管党治吏、正风肃纪、惩贪治腐"三场持久战"，市委主要负责人严格落实"四个亲自"要求，压紧压实全市各级党组织全面从严治党政治责

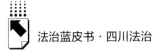

任。突出以上带下、以上抓下，市委主要负责同志经常性对县（市、区）和市直部门党组织"一把手"开展谈心谈话、约谈提醒、党性教育，每年在纪委全会上开展警示教育，并在党建述职等会议上亲自点评，高位推动责任落实。市纪委监委主要负责人常态化对下级"一把手"提醒谈话，纪委监委机关通过发放纪检监察建议书、履责提醒函等方式提示提醒工作责任，每年在纪委全会上都选取部分党政"一把手"现场述责述廉、由纪委委员评议打分，将主体责任和第一责任人责任落实情况纳入季度综合监督、政治监督等重要内容，跟进监督责任落实。三是坚持追责从严。对责任落实不力的党组织、党员领导干部严肃开展追责问责。2018 年以来，全市共问责"一把手"182 人，释放强烈震慑效应。

（二）严密"一把手"立体监督网络

不断健全完善监督体系，织密立体化、多层次、全覆盖的监督网络，让"一把手"始终在监督下工作生活。一是强化党委（党组）全面监督。党委（党组）主动落实全面监督责任，落实好年度述职述廉、定期报告工作等制度，加强对"一把手"工作生活情况的全面了解。二是强化纪委监委专责监督。牵头细化 15 条措施及分工方案，明确"一把手"15 项"必须为"和 7 项"不能为"清单。抓严抓实日常监督，紧盯权力运行、作风建设等重点，综合运用约谈函询、谈话提醒等方式，推动"一把手"规范言行、依法行权。抓细抓实正风肃纪，加强对"一把手"执行中央八项规定精神情况的监督检查，紧盯职务变动、节日假日等关键节点强化监督执纪。2018 年以来，全市共查处"一把手"违反中央八项规定精神问题 23 件 26 人。三是强化职能部门贯通监督。督促党委工作部门落实职能监督责任，推动党内监督与人大、政协、审计、统计等监督贯通联动，落实好经济责任审计、离任审计等制度，全面推行重点岗位专项抽查审计制度，推动"一把手"在多重监督之下无所遁形。四是强化社会舆论监督。举办《阳光问廉》《阳光问政》全媒体直播节目，就社会大众关注的事项或履职不力、不作为慢作为乱作为等问题，由大众评审团现场提问，"一把手"及分管领导现场回答、承诺整改等，切实发挥舆论监督威力。建立乡镇党委书记、乡镇长、乡镇纪委书记"三接访"制度，扎实开展"阳光问政坝坝会""村（社区）事务答疑会"等活动，推动基层"一把手"履职尽责。

（三）严格"一把手"履职行权约束

始终把履职行权作为监督的重点，推动依规行权、依法用权。一是强化反向约束。围绕"管住权钱人、规范责权利"，研究制定正风肃纪"100个不准"，全面推行纪检、组织、人事联席会议制度，全面推行决策、执行、管理、服务、结果"五公开"制度，堵住寻租空间、加强风险防范、扎紧制度笼子。二是强化制度约束。加强对"三重一大"集体决策、"五不直接分管"、末位发言等制度执行情况的监督检查，确保"一把手"行权用权不逾矩。三是强化纪法约束。加大违纪违法行为的查处力度，2018年以来，全市共处分"一把手"374人、移送审查起诉36人。

（四）严筑"一把手"思想道德防线

坚决强化"一把手"党性修养和政德修养，筑牢思想防线，守住行为底线。一是强化党性教育。将习近平新时代中国特色社会主义思想列为"一把手"学习的第一内容、培训的第一科目、评价的第一标尺，加强对集中学习和个人自学情况的监督检查，推动学习往深里走、往实里走、往心里走。扎实开展"三严三实"专题教育，常态化制度化开展"两学一做"学习教育，深入开展"不忘初心、牢记使命"主题教育等活动，持续强化"一把手"的理想信念。二是强化法纪教育。督促各级党组织落实会前学法学纪制度，坚持每年举办"法治南充大讲堂"，每年组织市县乡机关干部进行法纪知识考试，引导广大党员干部牢固树立纪律意识、法治意识、制度意识。三是强化警示教育。把"一把手"作为警示教育的重点，组织"一把手"赴锦江监狱、川中监狱等地开展警示教育3700余人次，组织旁听职务犯罪庭审727人次，并对"一把手"全覆盖发放《忏悔实录》等警示教育读本，全覆盖组织观看《镜鉴》《蒙尘的初心》《越界》等警示教育片，不断增强"一把手"的纪律意识和法治观念。

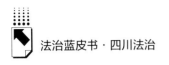

二　"一把手"违纪违法犯罪案件分析

"一把手"作为党政领导班子的带头人、带动人、带领人，是"关键少数"中的"关键少数"，如果出问题极易传染蔓延，危害班子、带坏队伍，给政治生态和干部队伍带来很大的负面效应。

（一）"一把手"违纪违法犯罪总体态势

根据南充市纪委监委统计数据，2018年1月至2021年10月，全市共查处"一把手"违纪违法并给予重处分以上案件77件81人。从发案时间来看，主要问题发生在党的十八大前的12人，占15%；发生在党的十八大后的47人，占58%；发生在党的十九大后的4人，占5%；从党的十八大前一直延续到党十九大后的18人，占22%（见图1）。

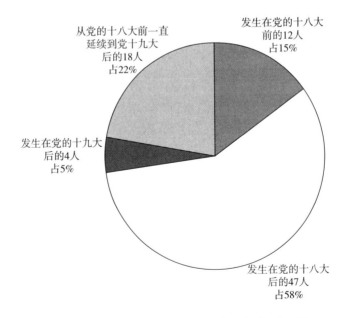

从党的十八大前一直延续到党十九大后的18人占22%

发生在党的十八大前的12人占15%

发生在党的十九大后的4人占5%

发生在党的十八大后的47人占58%

图1　2018年1月至2021年10月南充市"一把手"违纪违法重处分以上案件发案时间分布

从涉案人员级别来看，县处级干部 19 人、占 23.5%，乡科级干部 53 人、占 65.4%，其他基层"一把手"（无职级）9 人、占 11.1%（见图 2）。

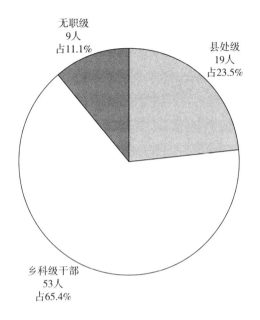

图 2　2018 年 1 月至 2021 年 10 月南充市"一把手"涉案人员职级分布情况

从涉及领域看，企业单位 15 人、占 18.5%，党务机关 16 人、占 19.8%，人大机关 2 人、占 2.5%，事业单位 10 人、占 12.3%，政府机关 37 人、占 45.7%，政协机关 1 人，占 1.2%（见图 3）。

从违纪违法行为性质来看（1 人多种违纪违法行为的重复计算），违反政治纪律 24 人，违反组织纪律 9 人，违反工作纪律 15 人，违反廉洁纪律 50 人，违反群众纪律 5 人；涉及滥用职权 7 人，贪污贿赂 69 人，玩忽职守 2 人，徇私舞弊 1 人；妨害社会管理秩序 5 人，破坏社会主义市场经济秩序 13 人，侵犯财产 2 人（见图 4）。

从处分处理情况来看（同时给予党纪政务处分的重复计算），撤销党内职务 6 人，留党察看 11 人，开除党籍 55 人；政务撤职 26 人，开除公职 45 人；被判处有期徒刑 31 人（见图 5）。

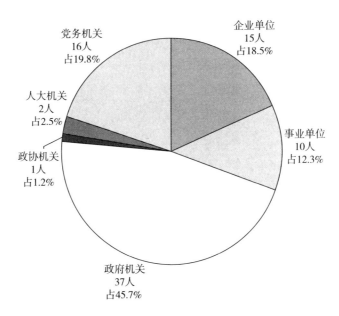

图3　2018 年 1 月至 2021 年 10 月南充市"一把手"涉案人员领域分布情况

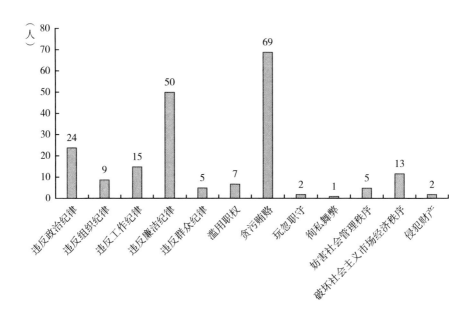

图4　2018 年 1 月至 2021 年 10 月南充市"一把手"涉案违纪违法行为性质分布

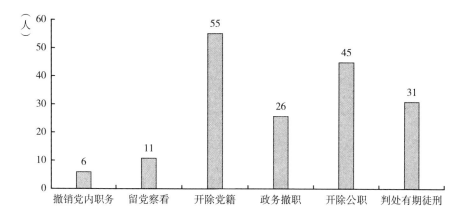

图5 2018年1月至2021年10月南充市"一把手"涉案人员处分情况

（二）"一把手"违纪违法犯罪主要特点及典型表现

一是"一言堂"乱决策。主要体现在破坏民主集中制，对"三重一大"事项独断专行、违规"拍板"，造成重大损失。如某国有公司原党委书记、总经理滕某，违反国有土地租赁及公司资产管理等相关规定和程序，在未经公司集体研究和未获相关部门批准的情况下，擅自决定将公司土地出租，给国家造成较大直接经济损失。二是"一支笔"乱支出。主要体现在随意挪用公款、侵占公物，公私不分、损公肥私。如某国有公司原总经理张某，随意支取公款送礼，并伙同公司副总经理、党支部书记等人从公司账户中提取现金，注册成立私人公司。三是搞交易乱用权。主要体现在大搞官商勾结、利益输送、权力变现。如某县县长任某利用职务便利，在资产转让、工程项目推进、企业选址迁建等方面为他人谋取利益，非法收受他人所送财物。四是大塌方"一锅端"。主要体现在危害班子、带坏队伍，导致整个单位或系统塌方式腐败。如某局原党委书记、局长徐某在工程项目建设、资金拨付等方面为他人谋取利益，履行党风廉政建设第一责任人职责不力，致使该局发生多人受到党纪处分并被移送司法的系统性腐败。

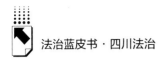

三 "一把手"监督难点及原因分析

"一把手"违纪违法问题本质上是监督失效情况下的权利滥用,监督机制的缺失和不完善,往往导致"一把手"权力出轨越界。

(一)"一把手"监督难的具体表现

一是自我监督存在"人性难"。因思想认识、党性修养、纪法素养、纪规掌握程度等差异,"一把手"的言行举止存在主观性,"自我监督"经受不住考验,导致监督效果大打折扣。二是上级监督存在"时空难"。上级监督存在时空差,且不可能面面俱到、事无巨细,往往"鞭长莫及",具有"滞后性",存在真空地带。三是同级监督存在"操作难"。对同级监督的认识不足、接受同级监督的勇气不够,监督的主客体关系极易演化为"监督与反监督""制约与反制约"的对立关系。同时,市县乡纪委主要负责人均是同级党委班子成员,人、财、物等方面依附于监督客体,履行同级监督职责与服从同级党委领导的"度"难以精准把握,大胆履行同级监督职责的勇气受制于客观实际,"服从领导"大于"同级监督"、"顾全大局"大于"监督执纪"的现象一定程度存在,导致同级监督的效果受到削弱。四是下级监督存在"畏惧难"。"一把手"在一定地域、一定范围内,对干部成长、事项决策等均具有相对富集的话语权,这也增强了下级党员干部的"畏惧感",缺乏主动监督的积极性。

(二)"一把手"监督难的原因分析

一是监督主体聚力不够。健全完善监督体系还在路上,党内监督力量分散、凝聚不够,党外监督流于形式、效果不明,党内党外监督贯通不佳、联动不足,"多方发力"变成了"单打独斗","多方联动"变成了"各自为阵"。专责监督还须强化,纪检监察体制改革后,纪委监委的监督对象成倍增加,工作任务更加繁重,在挺监在前的"全面开花"中,精准聚焦"一把手"的精力受到限制。二是监督对象缺乏主动。个别"一把手"对监督的内涵认识不清、理解不足，对自己的言行举止过于自信，认为接受监督会削弱自身权威、影响自身颜面，有的对上级监督迫于接受，有的对同级监督心有抵触。三是监督执行机制不全。目前，党内法规制度关于"一把手"监督问题还停留在一些零散的要求和规定层面，具体监督什么、怎么开展监督等，没有系统的制度设计，缺乏配套程序设计和相关制度衔接。四是监督过程方式单一。纪委监委对下级党组织"一把手"的监督方式主要还依靠专项检查、函询谈话、约谈提醒、信访举报等方式，对同级"一把手"主要依靠请示报告、提醒提示等方式，事前、事中监督介入不足，具有滞后性。

四 加强对"一把手"监督的路径方法

加强对"一把手"的监督，是纵深推进全面从严治党的重大工程。要始终坚持问题导向、务实导向、前瞻导向，深入学习贯彻习近平总书记关于纵深推进全面从严治党系列重要论述，以压紧压实管党治党政治责任为纽带，以健全完善监督体系为载体，以一体推进"不敢腐、不能腐、不想腐"为抓手，构建立体化、多层次监督体系，不断推动对"一把手"的监督工作走深走实。

（一）突出"三个推动"，盯紧监督重点

一是推动监督重点聚焦"一把手"。督促以上带下、以上抓下，将上级"一把手"对下级"一把手"的监督情况作为每年党建述职的重点内容。建立"一把手"重要情况信息报备制，"一把手"工作中的重大问题必须按程序向组织请示报告。组织部门要督促"一把手"在民主生活会上按规定报告家事家产、本年度重要变化情况，以及本年度因个人有关事项查核受处理情况；对领导干部个人有关事项报告情况开展针对性和随机性检查核验，加强对检查核实结果的运用；把"一把手"参加所在党支部活动、定期自觉

缴纳党费情况纳入年度党建工作述职重要内容。纪检监察机关要督促"一把手"履行全面从严治党主体责任，对履责不当、不担当作为的，严肃追责问责。巡察组织要将"一把手"纳入巡察重点，建立"一把手"巡察清单，将"一把手"工作、生活情况作为巡察谈话必谈内容，巡察报告中应当单列"一把手"廉洁自律和履行主体责任情况。二是推动监督内容紧扣政治监督。重点强化对"一把手"和领导班子忠诚拥护"两个确立"、坚决做到"两个维护"情况的监督；强化对贯彻落实"三新一高"、常态化疫情防控等党中央重大决策部署的监督；强化对落实"两个责任"、贯彻执行民主集中制、依规依法履职用权、廉洁自律等情况的监督。三是推动监督方式突出党内监督。健全重大监督事项会商研判、违纪违法问题线索移送机制，推行监督力量联合、监督内容联谋、监督方式联动、监督结果联用的"四联监督"模式，推动与人大、行政、司法、审计、财会、统计、群众、舆论等其他监督统筹协调，构建信息共享、资源共用、力量统筹、监督联动的工作格局。积极探索运用大数据和智能化手段，推动监督信息畅通交互和规范使用，加强对权力运行的监督。

（二）执行"三项制度"，织密监督网络

一是严格执行全面从严治党责任制度。党委（党组）要制定履行全面从严治党主体责任年度计划，"一把手"要定期听取领导班子其他成员履行"两个责任"的工作汇报，纪委书记、派驻（出）纪检监察机构负责人应当如实向上级汇报纪委和同级党委主要负责人领导班子成员履职尽责和廉洁自律情况。加强对履责情况的监督检查，对下级"一把手"履责不到位、问题较为突出的约谈提醒，约谈情况报上级党委组织部门备案。每年底开展下级党委（党组）"一把手"在上级党委（党组）常委会上述责述廉、接受评议工作，倒逼履责尽责。二是严格执行组织生活制度。党委（党组）要建立健全相关制度，切实履行加强和规范党内政治生活的领导责任。领导班子成员之间要相互提醒督促，把各项任务落到实处。严格落实民主生活会和组织生活会制度，"一把手"要示范引领，带头开展批评和自我批评，班子

成员要按规定对个人有关事项、群众反映、巡视巡察反馈、组织约谈函询的问题如实作出说明。党委（党组）要统一确定或者批准下级单位领导班子民主生活会的会议主题，上级党组织领导班子成员要按照安排参加下级单位领导班子民主生活会。加大民主生活会督促检查指导力度，对不按规定召开或者走过场的，严肃纠正或者责令重开。对下级党委（党组）"一把手"贯彻执行民主集中制情况每年开展一次监督检查，监督检查情况抄送同级纪检监察机关并在当年党建述职评议会上进行通报。对下级党组织所辖地区、部门、单位发生重大问题的，组织部门要会同纪检监察机关督促下级领导班子及时召开专题民主生活会。三是严格执行谈心谈话制度。党委（党组）"一把手"要切实履行好教育、管理、监督责任，经常开展谈心谈话；在签署班子成员所作函询说明的意见时，要开展教育提醒。领导班子成员之间要经常沟通交流、交换意见，及时向上级党组织报告"一把手"存在的重要问题，及时如实按程序向党组织反映和报告班子其他成员违纪违法问题的，对压案不查、隐瞒不报、当"老好人"的要连带追究责任。上级"一把手"要定期同下级"一把手"开展提醒谈话，对存在苗头性、倾向性问题的及时批评教育，对存在轻微违纪问题的及时予以诫勉；对下级新任职"一把手"必须开展任前谈话。建立纪检监察机关、组织部门负责人同下级"一把手"定期谈话制度，发现一般性问题及时向本人提出，发现严重违纪违法问题向同级党委"一把手"报告。

（三）做实"三个常态"，提升监督精准度

一是常态开展日常监督。党委（党组）要综合运用列席民主生活会、监督检查、抽查核实、办理信访举报、督促整改问题等方式，加强对下级领导班子的监督。上级纪委监委要加强对下级纪委监委、派出机关对派驻（出）机构的领导，支持下级纪委监委抓好对同级党委"一把手"和领导班子其他成员的监督。健全巡察意见"双反馈一通报"机制，既分别向被巡察党组织"一把手"和领导班子反馈，又向上一级分管联系领导通报。二是常态开展政治生态研判分析。督促9县（市、区）党委和市级部

门党组织每半年专题研判政治生态，靶向整治突出问题，推动全市政治生态持续向好。每年选择 1～2 个影响本地本单位政治生态的突出问题开展专项整治。纪检机关应当加强对审批监管、基建工程、特色资源等领域党风廉政建设情况的分析，注重发现共性问题，形成专门报告，促进同级党委加强对关键岗位的管理监督；每半年对信访举报情况进行分析研判，督促信访举报比较集中的单位查找分析原因。对涉及下级"一把手"及领导班子其他成员的信访举报问题进行重点分析，对群众反映较为集中、问题较为突出的领导干部情况及时向党委报告，对一般性问题开展谈心谈话。三是常态推动问题整改。加强巡视巡察反馈问题整改，细化整改责任、规范整改流程，健全整改监督机制，扎实做好整改"后半篇文章"。纪检监察机关要适时发出履责提示函，向同级党委领导班子成员通报其分管部门和单位领导干部遵守党章党规、廉洁自律等情况，推动抓好分管部门和单位的党风廉政建设工作。用好纪检监察建议，健全拟制、发送、监督、整改、销号、回访全流程闭环管理机制，对整改不及时不到位甚至拒不整改的，依规依纪严肃处理。

（四）防控"三个风险"，筑牢监督防线

一是严防权力错位失控风险。健全党委（党组）领导班子权力清单，严格执行"一把手""五不直接分管"规定，健全完善议事规则，对"三重一大"事项必须提交领导班子集体决策，无法取得一致意见或者分歧较大的应当暂缓表决，对会议表决情况和参会人员意见应当如实记录、存档备查。严防以专题会议代替党委（党组）常委会会议作出决策，杜绝以党委集体决策名义集体违规。严格执行"一把手"末位表态发言制度，"一把手"不得提前发表倾向性意见。将"一把手"执行"三重一大"决策制度执行情况纳入巡察、日常、审计等各级监督的重要内容。发现"一把手"违反决策程序的问题，各级纪委书记、派驻（出）纪检监察机构负责人要及时提出意见，对纠正不力的要向上级纪委、派出机关反映。严格落实领导干部插手干预重大事项记录制度的具体举措，对领导班子成员存在违规干预

干部选拔任用、工程建设、执法司法等问题的，受请托人应当及时向所在部门和单位党组织报告。领导班子和领导干部应当坚决抵制家属亲友的违规干预行为，并按要求及时向党组织报告，对不按要求报告的，一经查实，依规依纪严肃追究责任。二是严防违规选任干部风险。健全职务回避、轮岗交流制度，加强对干部选拔任用工作全过程监督，严把动议关、民主推荐关、考察关、讨论决定关等重要关口。对配偶移居国（境）外或没有配偶且子女均已移居国（境）外的"一把手"，及时进行调整，严格规范任职。要按照好干部标准，严格"凡提四必""双签字""八个不上会""十不准"和全程纪实等要求，全面考察干部，更加注重了解民主作风、纪律规矩意识以及"八小时以外"修身重德、家教家风等情况。要完善干部双重管理制度，细化明确主管方、协管方的职能职责，确保各司其职、各负其责。纪检机关要严格按程序要求把好党风廉政意见回复关，严防"带病提拔"。三是严防政商亲清不分风险。党委（党组）要推动构建亲清政商关系，规范领导干部在国（境）外开设账户、投资资产、存放贵重物品等行为。领导班子成员要强化示范引领，带头严格执行规范领导干部配偶、子女及其配偶经商办企业行为。纪检监察机关应当加强开展优化营商环境专项监督，督促落实促进民营经济健康发展各项政策规定，严肃查处慵懒怠政、消极应付、吃拿卡要、冷硬横推等问题，严肃查处在服务经济发展中的权力寻租、利益输送、徇私舞弊等问题，严肃查处领导干部及亲属违规经商办企业、违规干预和插手市场经济活动行为。常态化推进家风家规建设，督促各级领导干部定期对亲属及社会交往情况进行全面检视。

（五）坚持"三个强化"，压实监督责任

一是强化督导考核。完善落实全面从严治党主体责任考核制度，考核结果作为对"一把手"提拔使用、评先奖优、激励约束的参考依据。对下级领导班子及其成员的考核要同巡视巡察、经济责任审计、工作督查、相关业务部门考核发现的问题相结合，实行分级分类，全面客观评价。每年选定部分"一把手"和领导班子进行重点考核，对问题反映较多的进行专项单列

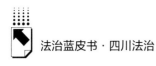

考核。二是强化精准问责。建立健全失职失责责任追究制度，对在党的建设、党的事业中失职失责的党组织和党的领导干部，严肃追究主体责任、监督责任、领导责任。建立问责提级审核把关和监督检查机制，推动规范问责、精准问责。坚持激励约束并重、严管厚爱结合，按照"三个区分开来"要求，积极稳妥做好容错纠错、澄清是非工作，严肃查处诬告陷害行为，激励各级"一把手"和领导班子切实履行管党治党政治责任。三是强化惩处震慑。对"一把手"涉嫌违纪违规问题实行集中管理、优先办理，对查处的"一把手"严重违纪违规问题一律通报曝光，一律将忏悔书印发原单位党组织开展警示教育，一律形成剖析材料分层分类印发"一把手"学习。适时组织下级党委（党组）"一把手"参观市廉政教育基地，接受警示教育。针对查处严重违纪违法案件暴露的问题开展警示教育，推动以案促改、以案促建、以案促治，做实案件查办"后半篇文章"。严格实行"一案三查"，对分管单位和部门出现系统性腐败窝案的，既追究当事人责任，又要严肃追究领导责任和监督责任。

B.3
宜宾市党政机关法律顾问制度实施
情况调研报告

宜宾市委依法治市办课题组 *

摘　要：　为进一步加强和改进党政机关法律顾问工作，充分发挥法律顾问在推
进依法执政、依法行政中的作用，宜宾市深入开展党政机关法律顾问
制度实施情况工作调研，通过问卷调查、实地调研等方式，在全面了
解法律顾问聘用情况现状基础上，发现目前宜宾对法律顾问制度重要
性的认识还不到位，法律顾问工作机制还不健全，法律顾问作用发挥
还不充分，法律顾问保障机制不健全。未来应当充分认识法律顾问工
作的重要性，健全完善选聘制度，健全完善工作机制，健全完善保障
机制，力求解决党政机关法律顾问"聘而不用""顾而不问"等问题，
进一步发挥党政机关法律顾问作用，提升法律顾问工作质效。

关键词：　党政机关　法律顾问　公职律师

为深入贯彻落实《中共中央办公厅　国务院办公厅印发〈关于推行法律顾
问制度和公职律师公司律师制度的意见〉的通知》和《中央全面依法治国委员
会关于印发〈关于切实加强党政机关法律顾问工作　充分发挥党政机关法律顾
问作用的意见〉的通知》（以下简称《意见》）精神，全面了解宜宾市党政机关
法律顾问工作开展情况，进一步推进法律顾问制度的实施，宜宾市委依法治市

---

　* 课题组负责人：杨国庆，宜宾市委依法治市办主任、市司法局局长。课题组成员：李成华、
古兴富、肖文星、李玉婵、林虹。执笔人：刘健，宜宾市委依法治市办秘书科干部；金小
梅，高县县委依法治县办秘书股股长。

办于 2021 年 7 月至 11 月，在全市范围内开展党政机关法律顾问制度实施情况调研。此次调研，通过精心梳理重点事项，制发问卷调查表、基本情况统计表，向全市 12 个县（区）（含三江新区、"两海"示范区）、纳入市委市政府目标绩效考核的 83 个市直部门（单位）发送了调研通知，收回问卷调查表及统计表各 95 份。通过对调研结果的汇总分析，深入查找问题、剖析根源、研究对策，提出意见建议、完善举措，进一步加强和推进党政机关法律顾问工作。

一 宜宾市律师行业基本情况

近年来，在市委市政府的坚强领导和省司法厅的有力指导下，全市律师工作主动顺应经济社会发展大势，以社会法律服务需求为导向，狠抓法律服务和律师队伍建设，律师行业快速健康发展。全市现有律师事务所 61 家，执业律师 907 人，其中中共党员 378 人，中青年律师 706 人；专职律师 616 人，公职律师 213 人，兼职律师 25 人，公司律师 22 人，援助律师 31 人（见图 1）；执业年限 20 年以上 111 人，10～20 年 157 人，5～10 年 187 人，3～5 年 125 人，1～3 年 228 人，不足一年 99 人（见图 2）。

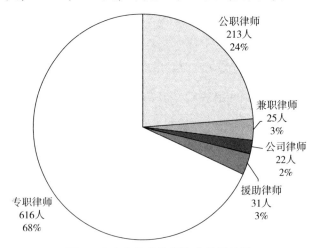

图 1 宜宾市执业律师执业类别统计

数据来源：宜宾市委依法治市办。下同。

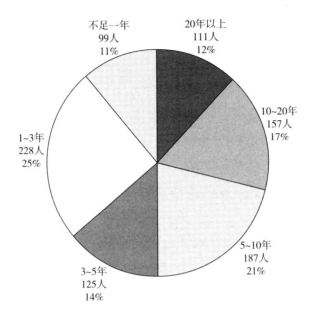

图2　宜宾市执业律师执业年限统计

二　宜宾市法律顾问制度实施情况

自 2014 年法律顾问制度实施以来，宜宾市深入贯彻落实《意见》等文件要求，积极推行法律顾问、公职律师、公司律师制度，市、县（区）两级陆续成立党委政府法律顾问团，部门、乡镇（街道）根据工作需要自行聘请法律顾问。外聘法律顾问与党政机关内部法制审核机构、公职律师共同协作、主动服务，不断提高党政机关依法执政、依法行政、依法决策的能力水平。

（一）市、县(区)法律顾问团

1. 基本情况

2014 年，宜宾市通过定向遴选市委、市政府法制机构人员、省内法学专家，公开遴选执业律师，成立了第一届市法律顾问团，发展至今已成立第三届法律顾问团。法律顾问团管理办公室设在市司法局（2019 年机构改革前设在市政府法制办），具体负责法律顾问遴选和日常事务管理工作。近年来，随着宜宾市经济社会飞速发展，市、县（区）两级法律顾问团不断充实完善、发展壮大，2020 年全市法律顾问达 222 人。为保障法律顾问团工作开展，所需经费已纳入财政预算，2020 年全市法律顾问团工作经费支出共约 212.1 万元（见表 1）。

表 1 2020 年市、县（区）法律顾问团成员构成、经费支出统计

单位：人，万元

	是否成立法律顾问团	法律顾问团总人数	法学专家、高校教授人数	执业律师人数	法规工作机构、公职律师人数	党员人数	是否有专项经费	2020 年费用支付情况
宜宾市	是	37	6	20	11	29	是	70
翠屏区	是	29	5	18	6	25	是	25
叙州区	是	27	2	14	11	26	是	42.6
南溪区	是	20	0	10	10	18	是	10
江安县	是	5	0	4	1	2	是	10
长宁县	是	22	3	9	10	16	是	12
高县	是	19	1	5	13	19	是	11
筠连县	是	5	0	5	0	3	是	5.5
珙县	是	15	2	8	5	7	是	6
兴文县	是	22	0	10	12	18	是	8
屏山县	是	21	0	17	4	14	是	12

说明：三江新区、"两海"示范区不是行政区，两区管委会是市委市政府的派出机构。
数据来源：宜宾市委依法治市办。下同。

2. 遴选聘任

遴选聘任法律顾问充分考虑了选聘人员学历、履历、专业特长，在业界的权威、影响以及个人的职业操守、年龄结构、行业比例等因素，

主要采取公开遴选和定向遴选方式，由法律顾问管理部门向社会发布公告进行公开遴选，或发函邀请相关专家、学者和法律实务工作者进行定向遴选，汇总后择优拟定候选人员名单，公示无异议后报市委、市政府审定并颁发聘书（遴选聘任流程见图3）。法律顾问聘任期一般为2年，可以连续聘任。

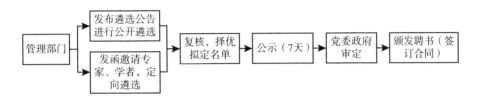

图3　法律顾问遴选聘任流程

3. 工作职责

法律顾问团通过"一对一"方式为市（县、区）领导在其分管工作领域提供法律服务和法治保障，主要承担以下职责：①参与涉法事务研究并提出研究报告；②参与市（县、区）委、市（县、区）政府重大决策事项的调查研究并提出法律意见；③参与政府重大经济项目、经济合同、合作协议等的研究论证；④参与地方性法规草案、政府规章草案和市（县、区）委、市（县、区）政府重要规范性文件草案的研究论证和评估；⑤接受委托，代理重大、疑难行政诉讼、民事诉讼或者仲裁案件；⑥接受市（县、区）委、市（县、区）政府的委托，承担法律咨询服务、调查研究和论证；⑦接受市（县、区）委、市（县、区）政府委托，对市属国有企业和国有控股公司在国有资产监督管理等方面的重大涉法事务提出法律意见；⑧化解重大矛盾纠纷；⑨承办市（县、区）委、市（县、区）政府交办的其他涉法事务。

近年来，法律顾问团积极参与党政机关涉法事务，履职能力和作用发挥不断增强，服务质量和效率不断提升，此次调研统计了2021年以来市、县（区）法律顾问团工作情况（见表2）。

表2 2021年以来市、县（区）法律顾问团工作情况统计

	参与重大决策法律咨询服务（次）	提出法律意见建议（条）	审查规范性文件、合同等（件）	参与社会矛盾纠纷处理（次）	代理行政、民事诉讼案件（件）	开展法治讲座培训（次）	参与其他涉法事务（次）
宜宾市	25	3	198	2	47	3	9
翠屏区	6	15	3	0	0	5	0
叙州区	124	105	6	50	15	3	0
南溪区	5	8	10	4	0	2	12
江安县	16	17	16	2	12	5	0
长宁县	27	9	2	4	5	16	3
高县	31	49	19	11	4	6	0
筠连县	66	44	81	22	8	3	0
珙县	20	50	30	10	5	15	10
兴文县	25	35	16	3	1	4	0
屏山县	5	10	1	1	20	10	0

4. 制度机制建设

为规范和加强法律顾问团工作，宜宾市先后出台《法律顾问团管理办法（试行）》《法律顾问团法律顾问工作规则（暂行）》《法律顾问团外聘法律顾问考评细则（暂行）》等文件，对法律顾问团结构组成、遴选聘任、工作程序、工作台账、服务管理、履职考评等均作出了明确规定，各县（区）参照市法律顾问团相关制度机制，结合工作实际，制定本级法律顾问团管理制度。

（二）各级党政机关法律顾问聘用情况

1. 市级党政机关法律顾问聘用情况

（1）基本情况

纳入市委市政府目标绩效考核的市直部门有83个（本次调研分为党委群团部门和政府行政部门），其中党委群团部门41个，有13个部门聘请了法律顾问，聘请率为31.7%；政府行政部门42个，有34个部门聘

请了法律顾问，聘请率为 80.95%。在 83 个部门中，有 52 个部门推行了法律顾问制度，其中市人大办、市委党史研究室、民盟宜宾市委、市邮政管理局、宜宾国安局由内部法制机构人员或公职律师担任法顾问；47 个部门聘请了执业律师或专家教授担任法律顾问，其中市纪委监委于 2018 年 7 月在全省率先成立法律专家咨询委员会，聘请了 13 名熟悉法律事务的专业人员作为第一届法律专家咨询委员会常设专家，为查办职务犯罪案件等涉法事务提供咨询服务；市公安局、市妇联、市总工会成立了法律顾问团。

（2）选聘方式

在 47 个外聘了法律顾问的部门中，有 26 个部门通过定向选择方式，15 个部门通过公开遴选方式，6 个部门通过他人推荐方式进行选聘，通过与相关律所签订合同的方式，明确工作职责、工作方式、双方义务、劳动报酬、违约责任等内容，合同一般一年一签或两年一签。

（3）履职服务及经费保障情况

由于部门的职能职责不同，法律顾问的工作内容各有侧重，主要通过参与重大涉法事务和重大案件的调查、调解和处理，开展法律论证、风险评估和提供法律咨询，起草、审查、修改法律文书、文件，出具法律意见书等方式履职服务。2021 年以来，市级党政机关法律顾问工作情况统计见表 3。

表3　2021 年以来市级党政机关法律顾问工作情况统计

	参与重大决策法律咨询服务（次）	提出法律意见建议（条）	审查规范性文件、合同等（件）	参与社会矛盾纠纷处理（次）	代理行政、民事诉讼案件（件）	开展法治讲座培训（次）	参与其他涉法事务（次）
党委群团部门	108	194	224	209	18	94	247
政府行政部门	423	748	980	137	186	41	33
全市市直部门	531	942	1204	346	204	135	280

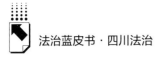

市直部门与律所签订的合同中明确了相关收费标准，根据部门现状及对法律服务的需求，结合《四川省律师法律服务收费行业指导标准》等相关收费规定，每年支付报酬 1 万~9 万元不等（公益免费，办案费、资料费、鉴定费等费用额外收取）。2021 年以来，市直部门支付法律顾问费用共约 114.2 万元。

（4）制度机制建设情况

市直部门根据自身工作情况实际，建立法律顾问聘用、管理、工作、考核、评价、退出等制度机制。调研发现，大部分市直部门法律顾问相关制度机制主要体现在合同中，只有少数市直部门单独制定了相关制度机制（见表4）。

表4　市直部门制定法律顾问制度机制情况

单位：个

	制定法律顾问选聘机制	制定法律顾问管理制度	制定法律顾问工作制度	制定法律顾问评价机制	制定法律顾问退出机制	建立法律顾问工作台账	制定法律顾问责制度	制定法律顾问工作流程及职责
市直部门个数	15	18	20	18	24	31	17	24

2. 县（区）党政机关、乡镇（街道）法律顾问聘用情况

（1）基本情况

宜宾市下辖12个县（区）（含三江新区、"两海"示范区），共有583个县（区）党政机关，142个乡镇（街道）。其中有438个党政机关、114个乡镇（街道）聘请了法律顾问（见表5）。

表5　县（区）党政机关、乡镇（街道）法律顾问聘请情况

单位：个，%

	县级党政机关个数	党政机关法律顾问聘请个数	党政机关聘请率	乡镇（街道）个数	乡镇（街道）法律顾问聘请个数	乡镇（街道）聘请率	法律顾问聘请总聘请率
宜宾市	583	438	75	142	114	80	76
翠屏区	73	55	75	16	15	93	78

	县级党政机关个数	党政机关法律顾问聘请个数	党政机关聘请率	乡镇（街道）个数	乡镇（街道）法律顾问聘请个数	乡镇（街道）聘请率	法律顾问聘请总聘请率
叙州区	60	40	66	17	12	70	67
南溪区	32	27	84	11	6	54	76
兴文县	71	42	59	14	13	92	64
长宁县	60	55	91	13	12	92	91
江安县	49	39	79	14	13	92	82
屏山县	58	55	94	11	11	100	95
筠连县	50	32	64	12	3	25	56
珙县	36	32	88	13	9	69	83
高县	65	37	56	13	12	92	62
三江新区	24	23	95	6	6	100	96
两海示范区	5	1	20	2	2	100	42

（2）选聘方式

县（区）外聘法律顾问主要通过公开遴选、定向选择、他人推荐三种方式进行选聘，其中295个党政机关（乡镇）通过定向选择方式，144个党政机关（乡镇）通过公开遴选方式，113个党政机关（乡镇）通过他人推荐方式确定人选。

（3）工作履职及经费保障情况

外聘法律顾问主要通过签订合同明确工作职责、服务内容等，各地经济社会发展情况不同，法律顾问履职情况各有不同。

在聘请了法律顾问的438个县（区）党政机关、114个乡镇（街道）中，有153个县（区）党政机关、55个乡镇（街道）设有法律顾问专项经费。2021年以来，县（区）法律顾问费用支出共约821.7万元（见表6）。

表6　2021年各县（区）法律顾问费用情况统计

	翠屏区	叙州区	南溪区	江安县	长宁县	高县	筠连县
费用(万元)	108.6	97.9	35.6	79.4	160	60.5	74.9

	珙县	兴文县	屏山县	三江新区	两海示范区	总计
费用(万元)	51.6	36	60.2	53	4	821.7

（4）制度机制建立情况

县（区）党政机关、乡镇（街道）对法律顾问的工作职责、服务内容及方式、考核管理等主要是通过合同约定规范，单独建立管理等制度机制较少，部分参照市、县（区）法律顾问团管理办法等。各县（区）法律顾问制度机制制定情况见表7。

表7　各县（区）法律顾问制度机制制定情况

单位：个

	制定法律顾问选聘机制	制定法律顾问管理制度	制定法律顾问工作制度	制定法律顾问评价机制	制定法律顾问退出机制	建立法律顾问工作台账	制定法律顾问问责制度	制定法律顾问工作流程及职责
翠屏区	14	23	24	16	10	18	12	18
叙州区	19	22	21	19	19	22	16	19
南溪区	6	6	7	5	5	7	6	7
兴文县	16	21	25	16	14	17	15	22
长宁县	33	33	33	27	16	26	23	27
江安县	13	19	20	12	14	17	13	16
屏山县	6	5	7	7	8	9	3	5
筠连县	9	12	17	8	12	9	6	8
珙县	14	15	16	14	12	14	13	13
高县	11	11	13	10	7	10	10	14
三江新区	7	9	10	9	6	10	8	9
两海示范区	1	2	1	1	0	1	0	2

说明：表中数据是指单独制定了法律顾问相关制度机制的个数。

三 存在的问题和不足

自法律顾问制度实施以来，宜宾市认真贯彻落实，深入组织推进，制度机制不断健全，法律顾问在制定重大行政决策、推进依法行政中发挥了很大作用，取得了很大成效，但在实际工作中还存在法律顾问"聘而不用""顾而不问"等现象，部门、区域推进发展不平衡、制度机制不健全、管理考核不到位、法治思维意识淡薄等诸多问题，需进一步研究解决。

（一）对法律顾问制度重要性的认识还不到位

一是聘请法律顾问数量较少，比例偏低。从调研统计数据来看，市级党政机关法律顾问聘请率为56%，县（区）党政机关聘请率为75%，乡镇（街道）聘请率为80%，聘请率较低，与法律顾问制度的推进落实要求还有很大差距。部分未聘请的部门（乡镇）认为法律顾问作用不大或单位涉法事务较少，不愿再花钱单独聘请。二是"关键少数"法治思维意识不强。部分领导干部法治意识淡薄、法治素养不高，疏于对法律顾问制度的了解和熟悉，推进不重视、落实不到位，对其作用的认识还不深、站位还不高，对其角色定位不准确，狭隘地将法律顾问工作等同于"打官司"，充当临时"消防员"，局限地认为遇见涉法事务临时再找律师处理也一样。部分党政机关将法律顾问工作局限在提供法律咨询、诉讼等传统法律事务上，聘而不尽其能，法律顾问工作开展不充分，其专业性作用难以有效发挥。三是外聘法律顾问边缘化。部分党政机关工作人员在处理涉及潜在法律风险或纠纷等具体涉法事务过程中，存在机械化思维倾向，往往更愿意向体制内的法规科室、司法行政机关咨询，普遍认为律师属于体制外的力量，对市场化特性的律师缺乏足够的信任感而不愿意咨询。在推行法律顾问制度过程中，部分党政机关迫于应付文件要求、年终考核，为形象工程面子工程而建立法律顾问制度，在实际决策中，法律顾问前期参与的重要特征往往无法兼顾，多数属

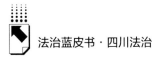

于事后救济，较少作为事前预防手段，法律顾问参与重大行政决策等往往只是"走过场"。

（二）法律顾问工作机制还不健全

推行法律顾问制度要有健全的配套机制。当前大部分党政机关法律顾问制度机制都体现在合同中，缺乏相对完善的选聘、考核、退出、问责等工作机制，对相关工作要求没有明确规定或者规定不具体、不详细，随意性较大，相关制度机制建设还不健全、不完善。一是法律顾问选聘机制不健全。选聘法律顾问的条件模糊，主观性强，一些地方既没有对选聘条件作出具体规定，又没有对选聘程序作出明确规定，缺少选任标准，原则性地规定为"具有良好的职业品德、纪律意识和社会责任感""受过系统的法学理论教育""具有5年以上执业经验、专业能力较强的律师"等选聘标准条件。部分党政机关是通过他人推荐方式选聘法律顾问，未经过考核或深入了解，无法保证聘任法律顾问的专业能力和职业道德。二是法律顾问考评机制不健全。调研中发现，目前仅有少数党政机关制定了考核评价办法，大部分党政机关尚未建立健全考核评价量化标准，没有对法律顾问考核评价的主体、内容、方法、流程等作出明确具体规定，考核过于依赖主观印象，同时也缺乏激励、奖惩机制。三是法律顾问工作开展不规范。党政机关在面临重大决策时需征求法律顾问的意见建议作为参考依据，法律顾问必须对自己的意见负责。在实践中，在规范性文件制定、合同起草、重大事项决策等工作中，法律顾问往往仅以电话咨询、口头提出建议等方式完成服务工作，甚少出具法律意见书，责任感不强。同时，一些聘用单位也没有建立相对应的法律顾问工作台账、日常监管信息，管理流于形式。

（三）法律顾问作用发挥还不充分

从党政机关层面看：一些部门聘请法律顾问往往比较看重律师、教授的资历、名望，专业对口没有得到充分体现，法律顾问与服务对象业务不匹配，参与行政决策事项、非诉业务等较少；一些部门往往是在发生重大复杂且紧急的法律事务时才聘请法律顾问，把法律顾问看作"救火员"，希望其出谋划策规避由违法违规行为所带来的风险。法律顾问前期没有介入或介入不深，后期介入过晚或介入不当，没有足够的时间去审查证据或深入研究，法律顾问制度流于形式，其职能作用发挥不突出。从法律顾问层面看：部分外聘法律顾问对党政机关内部管理、运作程序了解不深，对服务单位职能职责研究不透，对涉法的具体工作研究和指导不足，有时提供的法律服务与实际工作要求还有差距，提供的法律意见与党政机关的工作紧密度不高，专业性不强；外聘法律顾问大多采用固定费用和案件代理费结合方式收取报酬，在经济发展相对滞后的地区法律顾问费用相对较低，出于职业收入考虑，"诉讼型"顾问职能相对突出，参与单位法律事务的主动性不高、积极性不强，不能充分发挥参谋、助手作用。部分公职律师履职履责不到位，相关制度机制衔接不畅，职能作用未能充分发挥。

（四）法律顾问保障机制不健全

一是法律顾问队伍人才匮乏。当前宜宾市有执业律师 907 人，但与经济社会飞速发展的现实需求还有一定差距，法律顾问整体综合素质不高，其服务的能力水平不高，高层次高素质综合型人才严重匮乏；部分法律顾问执业能力较弱，其专业知识、业务水平、知识结构等综合素质能力已不能满足工作需要。区域发展不平衡，在一些偏远地区，律师资源力量尤其匮乏，基层法律服务工作者专业性不强、法律知识水平不高，无法有效化解基层矛盾纠纷。二是法律顾问工作经费保障不到位。部分党政机关法律顾问工作经费未纳入财政预算，法律顾问工作经费没有保障，导致有的单位想聘请法律顾问因没有经费而作罢，法律顾问不能按时获得劳动报酬或报酬较少，导致其工作积极性不高、主动性不强。三是法律顾问权利不能得到有效保障。在一些地方处理涉法事务过程中，往往出于完成任务的态度让法律顾问列席，法律顾问无权查阅重要文件资料，较少或没有参与重大事项论证、规划和决策，没有全程介入党政机关处理涉法事务日常工作，其执业环境有待改善。

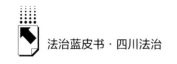

四 完善党政机关法律顾问制度的对策建议

"普遍建立法律顾问制度"是党的十八大以来作出的重要工作部署，是推进法治建设的重要举措，也是实现党委依法执政、政府依法行政、社会依法治理，维护社会和谐稳定的重要途径。针对当前存在的困难问题，就健全完善党政机关法律顾问工作，提出如下对策建议。

（一）充分认识法律顾问工作的重要性

一是提升"关键少数"法治思维意识。领导干部要不断夯实法律知识，更新法治观念，强化法治认同，养成法治思维习惯；深化法治实践，自觉运用法治思维和法治方式探索破解难题，积极营造办事依法、遇事找法、解决用法、化解矛盾靠法的良好法治环境。二是强化宣传解读。充分利用各类宣传平台阵地，结合"法律十二进""一月一主题"等活动，深入学习宣传习近平法治思想及法律顾问制度，特别是在机关团体、企事业单位中大力宣传法律顾问制度，提升对普遍建立法律顾问制度的认知。三是用问责倒逼制度落地生根。将统筹推进本地区（部门）法律顾问工作、发挥法律顾问作用情况纳入依法行政考核、法治政府建设与责任落实督察的重要内容，纳入各级党政机关主要负责人履行推进法治建设第一责任人职责的重要内容，纳入年中述法重要内容，推动所属部门和下级党委、政府抓好法律顾问工作。

（二）健全完善选聘制度

对党政机关所需的专业对口的法律顾问，通过透明、公开程序选定，从资质职称、专业特长、从业经验、律所规模等设定招标门槛，在优秀的律师事务所中选聘优秀律师。一是拓宽选聘渠道，在公开遴选及定向选择等方式基础上，大力推广公职律师制度，鼓励党政机关内部具有法律职业资格证书、法律专业本科以上学历的年轻工作人员积极注册登记公职律师，优先把本单位公职律师（含退休党员公职律师）或者具有法律职业资格并专门从事法律事务的公职人员安排到法治工作机构岗位。二是细化选聘标准。《意见》中规定了法律顾问的聘任条件和聘任程序，具有重要指导作用，但表述过于笼统。各地各部门参照执行，在管理办法及合同中也没有明确相关内容。建议进一步明确相关选聘条件，如"具有一定影响和经验"明确表述为"具有副高及以上职称或者从事法律实践工作5年以上"，"具有一定资质的法制机构工作人员"明确表述为"具有法学本科及以上学历、通过国家司法考试、从事党政机关法制机构工作5年以上"等。三是明确选聘流程。明确选聘步骤依次为制定选聘计划、发布选聘公告、主管部门资格初审、组织考察和公示、颁发聘书、纳入专家库。党政机关内部法律顾问选聘工作由党政机关法治工作机构会同组织人事部门进行，在选任工作结束15日内向同级司法行政部门备案。党政机关外聘法律顾问工作由党政机关法治工作机构、司法行政部门会同组织人事等相关部门具体实施，同级司法行政部门对其政治表现、职业操守、专业特长、服务能力等进行审核把关，在征求同级司法行政部门意见后进行选任，在选任工作结束15日内向同级司法行政部门备案。

（三）健全完善工作机制

1. 健全完善工作开展机制

一是建好工作台账。选聘单位要规范建立健全法律顾问工作台账，明确法律顾问职责，分类做好资料的建立、收集、管理、归档工作，制做好"法律顾问参与事项登记表"，及时将法律顾问参与法律事项填入，详细登记参与时间、地点、事项、效果及提出的意见建议等。法律顾问应当每半年向服务机关报告工作情况，填写"法律顾问参与事项汇总表"。党政机关对法律顾问参与事项逐一进行核对，形成客观真实的工作纪实。二是健全应邀列席党政机关有关会议工作制度。党政机关应建立健全定期或不定期邀请法律顾问参与涉法事务有关会议制度，定期或不定期召开座谈会，研究党政机关重大决策事项、合法性审查、起草论证规范性文件、事关经济发展和社会管理的重难点问题等，及时为党政机关出谋划策。三是健全党政机关法律顾问培训交流机制。健全党政机关内部法制（法规）机构与外聘法律顾问沟通交流机制，建立沟通交流平台和信息共享机制。定期开展法律顾问学习培训，提升业务能力水平与专业素养。

2. 健全完善考核评价机制

健全完善法律顾问考核评价机制，需要律师协会、司法行政机关和选聘单位加强协作，充分发挥行业管理、行政管理和选聘单位管理作用，可采取日常评议、半年中评、年度总评的方式对法律顾问进行评议。日常评议，可依据法律顾问工作台账不定期抽查处理法律事务数量。半年中评，由选聘单位组织有关部门对法律顾问提交的半年度工作报告和相关证明材料，采取书面评议的方式进行。年度总评，由选聘单位组织律师协会、司法行政等有关部门认真听取法律顾问的述职报告，在提交的年度书面工作报告基础上，结合法律顾问的日常工作态度、参与数量、完成质量和效率等总体工作水平进行综合评价、划分等级，提出考核意见，并作为评优评先、续聘等重要依据。

3. 健全完善奖惩机制

坚持考核结果与报酬挂钩，将法律顾问的考核情况作为支付报酬的主要依据，可采取基础报酬与工作绩效奖励相结合的办法，制定完善对应的支付标准。坚持考核结果与评先创优挂钩，将法律顾问考核情况作为评选优秀法律顾问集体和个人，推荐市、省、国家级优秀律师和优秀律师事务所的重要依据。坚持考核结果与续聘解聘挂钩，对认真负责、恪尽职守、服务成效优异、考核等次较高的优先续聘；对工作不负责任、专业水平较低、服务质量不高、评价等次较低的，按程序予以解聘。

4. 健全完善监管问责机制

探索建立法律意见采纳说明制度，聘任单位应当认真讨论研究法律顾问提出的意见建议，对意见的可行性进行论证并及时予以回应，如不采纳，应说明理由，提高聘任单位对法律意见的重视程度。健全法律意见书问责机制。聘任单位提交法律顾问咨询、审查、讨论或论证的任何事项，法律顾问都应当形成书面的法律意见书，署名承办律所及律师姓名并盖印章。聘任单位应建立法律意见书备案与公示制度，接受社会评议与监督，以保证法律意见书质量。如法律顾问出具的法律意见书导致决策违法或造成重大损失、不良影响的，应追究其责任。严格退出机制，将退出制度具体化、明确化，规定达到什么条件必须退出，做到有明确依据。健全监管机制，强化律师协会、司法行政部门、选聘单位之间的沟通交流，畅通信息共享渠道，共同探索建立法律顾问监管长效机制。

（四）健全完善保障机制

1. 做好经费保障工作

尊重市场规律和法律顾问服务的价值，对于党政机关购买法律服务，将聘请法律顾问费用列入机关经费预算。探索建立党政机关法律服务的经费保障规范，明确报酬支付标准分为固定报酬和个案报酬两类，固定报酬是指常年提供法律咨询服务获得的报酬，个案报酬是指受党政机关委托代理仲裁、诉讼、行政复议等案件而获得的报酬。支付标准应结合财政预算、当地经济社会发展等情况确定。

2. 做好人才保障工作

建立健全法律顾问专家库。由司法行政机关牵头编制本地区法律顾问专家库，制定入选范围、考核指标、评选程序，对入库律师按专业特长分类制作法律顾问专家库名册，定期开展专家库运行情况调研，制定管理及考核办法，及时更新、更换动态调整专家名录。党政机关聘请法律顾问，可从法律顾问专家库择优选择。建强公职律师队伍。党政机关要结合全面依法治理、法治政府建设进程和公务员职业化建设要求，会同编办、人社、司法行政等部门，制定配备公职律师长远规划，尽快形成公职律师服务体系；制定激励政策，鼓励在职公务员参加国家统一法律职业资格考试，做好公职律师后备人才培养工作。强化学习培训。党政机关法制机构、司法行政机关、律师协会要加大对法律顾问的学习培训，通过组织定期培训、学习研讨会、搭建交流平台等方式，不断更新法律顾问专业知识、完善知识结构、提升业务能力，使其工作更具专业性、针对性和时效性。

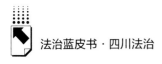

3. 做好服务保障

法律顾问在履行职责时应当享有阅卷权、调查取证权、获得报酬权、人身安全不受侵犯等权利，同时还享有获得党政机关配合的权利、批评建议权和否决权等，法制、编制、人社、财政、司法行政等部门要按照各自职责，通力协作，积极构建与法律事务工作任务相匹配的保障机制，重点解决落实法律顾问的工作经费、办公场所、办公设施等问题，确保法律顾问有条件干事、有能力干事。

B.4
成都市推进机构编制法治建设实践与建议

成都市委编办课题组*

摘　要： 机构编制的法治化建设是提升机构编制管理水平的重要抓手。成都市以坚持党对机构编制工作的领导"定主线"，强化党管机构编制原则落实；坚持法治宣传"亮红线"，拓宽政策法规教育宣讲途径；坚持制度建设"筑防线"，健全机构编制管理制度机制；坚持监督检查"严底线"，强化机构编制纪律刚性约束。多管齐下，着力构建依法管理机构编制的法规制度体系，提高了依法管编用编能力水平，为推动城市治理体系和治理能力现代化提供了有力保障。

关键词： 依法管编　机构编制　法治建设

机构编制的法治化建设是落实依法治国基本方略和依规治党基本要求的重要内容，对于提高机构编制管理科学化规范化水平至关重要。围绕推进机构编制法治化建设，成都市深入贯彻党中央关于机构编制工作的方针政策，坚持机构编制法治思维，增强机构编制法治建设意识，严格落实法律法规和各项制度规定，以坚持党对机构编制工作的领导为主线，着力抓好法制宣传、建章立制、监督检查各方面工作，积极构建依法管编用编的法规制度体系，推进机构、职能、权限、责任、程序法定化，为推动城市治理体系和治理能力现代化提供了有力保障。

---

* 课题组负责人：朱巍，成都市委编办政策法规处处长。课题组成员：蒋涛、张超。执笔人：蒋涛，成都市委编办行政体制改革处处长；张超，成都市委编办一级主任科员。

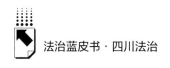

一 坚持机构编制法治思维，增强机构编制法治建设意识

党的十九大以来，在全面依法治国和全面从严治党、依规治党的新形势下，机构编制法定化进入新的阶段，对机构编制法治建设提出了新的更高要求。成都市机构编制系统充分认识加强机构编制法治建设的重要性紧迫性，不断提升运用法治思维和法治方式推动机构编制工作的站位格局。

（一）深刻认识推进机构编制法治建设是贯彻习近平法治思想的必然要求

近年来，习近平总书记定位法治、布局法治、厉行法治，亲自谋划和部署全面依法治国工作，创造性地提出了一系列新理念新思想新战略，明确了全面依法治国的政治方向、重要地位、工作布局、重点任务、重大关系、重要保障。总书记关于机构编制法治建设的重要论述，是习近平法治思想在机构编制领域的具体化，为新时代机构编制工作融入新时代全面依法治国大局指明了方向、明确了任务。推进机构编制法定化是深化党和国家机构改革的重要保障，提高机构编制管理水平必须加强制度建设、法规建设，依法管理各类组织机构，加快推进机构、职能、权限、程序、责任法定化。

（二）深刻认识推进机构编制法治建设是强化党的领导制度安排的有机组成

健全维护党的集中统一的组织制度是坚持和完善党的领导制度体系的重要内容。机构编制法规制度体系作为新时代组织制度体系的重要组成部分，直接涉及党的执政资源配置，是构建系统完备、科学规范、运行高效的党和国家机构职能体系的重要保障。加强党的领导，贯彻党管机构编制原则，必须着力加强机构编制法规制度体系建设，加快推进机构编制法定化工作，通过系统化制度安排，为巩固党治国理政的组织基础提供制度保障。

（三）深刻认识推进机构编制法治建设是规范机构编制管理的重要路径

《中国共产党机构编制工作条例》（以下简称《条例》）的出台，为新时代机构编制工作提供了基本遵循。同时也要看到，推进机构编制法治建设，构建更加完善的机构编制法规制度体系是一个长期的过程，覆盖制定、执行、监督全流程的制度闭环还需要进一步完善，推动机构编制法规制度有效落实的配套政策还需要进一步健全，机构编制管理中有法不依、有法难依、追责不严等问题还需要进一步解决，必须在《条例》确定的基本框架内加以细化完善，着力强化法规制度执行，切实把法定化要求落到工作程序上、落到具体事务办理上，做到程序严密、配套完备、运行有效，确保机构编制工作始终沿着法治轨道开展。

二 坚持党的领导"定主线"，强化党管机构编制原则落实

成都市坚持提升新时代机构编制工作政治站位，着眼适应机构编制工作历史性变革，调整完善工作制度机制，将党对机构编制工作的集中统一领导固化为制、具化为行，贯穿于工作各方面各环节。

一是围绕领导体制调整完善工作制度。坚持党管机构编制原则，积极适应和落实编委领导体制调整要求，切实把党的领导落实到机构编制工作各方面全过程。对标修订市委编委工作规则和市委编办工作细则，明确市委编委和市委编办机构性质、职责定位和工作内容，分别梳理需报上级党委、上级机构编制管理机关、市委、市委编委、市委编办的5类20余项审批事项管理权限，明确必须在党的集中统一领导下，由机构编制部门按照程序专项办理，防止越权审批、"条条干预"。坚持机构编制事项请示报告制度，全面认真梳理各级党委、编委和部门的机构编制管理权限，以清单形式细化行权范围和履责要求，进一步明确请示报告的内容、主体、程序和细节，确保严

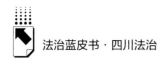

格按权限和程序办事。

二是围绕强化归口管理完善落实措施。坚持将机构编制工作置于"大组工"体系中去推动和落实，制定执行《关于落实统一领导、统一管理和归口领导、归口管理有关要求的工作方案》，细化落实归口组织部管理相关制度机制，积极推动机构编制管理制度与组织管理制度、公务员管理制度、干部管理制度、人才管理制度相互衔接，将机构编制工作纳入党管组织、党管干部全流程的具体措施落到实处，更好发挥归口管理的体制优势和组织优势；明确业务工作衔接、日常工作指导、规范行文上报和发文程序等具体措施，对在党管干部、党管组织的大系统中开展机构编制工作提出明确规范；对标"组织口"意识、"组织口"标准、"组织口"作风，研究制定《关于对标归口管理要求　加强机构编制部门自身建设的意见》，深入推进转职能、转方式、转作风，为落细落实归口管理提供机制保障。

三　坚持法制宣传"亮红线"，拓宽政策法规教育宣讲途径

加强法治宣传是推进机构编制法治建设的重要手段。近年来成都市坚持将机构编制法制宣传工作放在提升机构编制法治化水平的重要位置，积极组织开展不同形式的机构编制法规政策学习培训和宣传解读，切实把政策法规学明白、把规则"红线"讲清楚，大力营造"人人学法、人人知法、人人守法"的法治氛围。

一是多渠道抓好政策宣传。着眼增强全市各级各方面贯彻执行机构编制法律法规的自觉性，广泛宣传机构编制政策，组织开展机构编制进机关事业单位、进党校（行政学院）、进媒体、进乡镇、进智库"五进"活动，近两年先后组织各类专题宣讲30余次，向市级机关发放《中国共产党机构编制工作条例》及释义300余册，广泛组织开展《条例》知识竞答活动；突出领导干部这个"关键少数"，结合深化党政机构改革后半篇文章，专门编制机构编制政策告知书，向全市55个市级部门和22个区

（市）县主要负责人逐一发放，讲清楚机构编制主体责任、刚性规定、核定标准和违规违纪行为处分，通过覆盖多个层面的持续宣传，确保机构编制政策法规深入人心。

二是全方位组织专题培训。将机构编制政策法规纳入全市机构编制系统学习计划，采取集中办班、主题研讨、分片轮训等形式，围绕党政机构改革、事业单位改革、综合行政执法改革、机构编制管理等重点领域开展专题培训，深入学习关于机构编制工作的系列重大部署和政策法规，2020年以来，先后组织各类机构编制政策法规培训7次，参训人数累计800余人次。以《中国共产党机构编制工作条例》出台为契机，着力加强机构编制政策法规培训，会同市委党校形成《关于〈中国共产党机构编制工作条例〉纳入市委党校学习课程有关问题商谈纪要》，联合在县处级领导干部主题班开设《条例》培训专门课程，同步纳入党校法律法规日常培训内容和党员干部线上学习培训平台，推动树牢"机构编制就是法"的意识。

三是常态化开展学法用法。着眼提升运用法治思维和法治方式开展机构编制工作的能力，建立健全机关学法用法长效机制，每年制定"会前学法计划"，将党内法规、宪法法律、行政规章、各类机构编制政策法规纳入学习重点，充分利用室务会、中心组学习会、干部职工大会等会前时间，通过专家辅导讲座、领导干部领学、业务骨干解读等方式深入开展学习活动，建立"常态学法有计划、学习交流谈心得、领导点评提要求"学习范式，使机关干部明白守法的底线在哪里、用法的重点在哪里、防范的风险在哪里，切实提升学法用法质效。近两年来，先后开展各类会前学法20余次，增强了机构编制干部的法律知识储备，为依法行政和管编用编提供了有力保障。

四　坚持制度建设"筑防线"，健全机构编制规范管理体系

坚持依法管编用编，建立完善各类机构编制制度机制，细化完善各类流

程规范，扎紧扎牢机构编制制度笼子，确保有章可循、避免"牛栏关猫"。

一是衔接配套推动管理制度体系化。坚持将贯彻执行机构编制政策法规与成都实际相结合，着眼形成配套完善、更加周延的机构编制制度体系，系统梳理历年来机构编制规范性文件和成都近年来行之有效的机构编制管理创新做法，对照《中国共产党机构编制工作条例》，研究拟订成都市贯彻《条例》实施细则，进一步细化机构编制动议、论证、审议决定、组织实施等工作要求，深入推进机构编制法定化；聚焦机构编制管理中的重点难点，结合本地实际制定出台《成都市行政机构设置和编制管理办法》和《成都市事业单位机构设置和编制管理规定》，分别对全市行政、事业机构的机构编制管理和监督检查工作作出明确规定，推动形成以贯彻《条例》为主线，行政、事业两大领域机构编制管理制度为重点的"1+2"管理制度体系。

二是创新机制推动机构设置科学化。着眼解决机构设置审批中不够规范、缺乏标准等问题，研究探索机构审批"必要性+可行性+合规性"的"三性"评估机制，重点分析履职是否有困难、挖潜是否做到位、外地是否有借鉴、风险是否可控、政策是否有依据，要求提请机构审批事项时同步提供相关佐证材料，确保机构设置充分贯彻优化协同高效原则；针对长期以来议事协调机构设置标准不统一、作用发挥不充分、撤销机制不完善等问题，制定《市级议事协调机构管理办法》，做到设有标准、管有制度、撤有依据，市本级先后精简整合议事协调机构59个、撤销112个，精简幅度达到41.98%；在产业功能区打破传统行政机构设置范式，制定创新产业功能区体制机制的指导意见和机构管理暂行办法，推行"管委会+专业化运营公司"的高效组织架构，探索法定机构、"局区合一"等新型机构设置形态，将机构规格等与园区全面发展指标挂钩，同步建立考核退出机制，实现机构规格从只能上向能上能下的重大转变。

三是清单管理推动职能配置法定化。着眼推动依法行政、高效履职，构建以"三定"规定为基础、重点领域职责任务清单为补充的职责管理体系，结合深化党政机构改革，制定《成都市关于规范市级部门（单位）"三定"

规定制定和实施工作的通知》，进一步规范机构设置、理顺职责关系，切实发挥"三定"规定在机构职能体系建设中的基础作用；研究制定重点领域职责任务清单编制试点工作操作指引，以"三定"为基础，完成人才发展工作、安全生产监管、自然灾害防治、促进产业发展、历史文化名城名镇名村保护等领域职责任务清单编制工作。着眼推动基层减负提能增效，建立"责任甩锅""滥用属地管理"长效整治机制，制定镇（街道）职责任务、便民服务、属地管理事项"三张清单"，规范权责下放事项，理顺各方职责关系，确保各司其职、各负其责。

四是优化流程推动编制使用规范化。着眼充分发挥机构编制在管理全流程中的基础性作用，完善全市机关事业单位进人用编管理办法，建立用编进人前置审批等制度机制，规定机关事业单位用编进人需向编办预先申请，编办按管理权限审核出具"用编通知"，作为组织、人社和财政部门办理后续手续的必备依据，有效防止机关事业单位超编进人，从源头上控制财政供养人员无序增长；建立市属事业单位年度公招用编计划"集中申报、一次审批"制度，要求各单位年初制定全年各类进人用编计划、市委编办一次性核定全年用编数量，打破传统编办核减"被动答题"的审批模式，引导用编单位"主动应答"，进一步优化精简用编审批流程，提高工作效率，更好统筹盘活市级事业编制。

五 坚持监督检查"严底线"，加强机构编制纪律刚性约束

健全机构编制监督检查各项机制，严格机构编制纪律规定，确保制度执行不越红线，切实维护机构编制工作严肃性权威性。

一是健全机构编制实名制管理机制。坚决落实中央、省关于加强实名制管理的工作要求，制发《关于进一步加强全市机关事业单位机构编制实名制管理的意见》，建立实名制管理数据交换、上报、汇总、共享机制，将实名制管理贯穿到用编通知、人员录用、工资审批、经费核拨、社会保险等各

个环节;坚持将实名制管理与机构编制督查工作相结合,依托实名制管理系统对机构编制执行情况进行监督,督促机关事业单位及时办理上下编、更新人员信息和系统台账,确保具体的机构设置与编制部门审批的机构相对应、实有人员与编制部门批准的编制数和领导职数相一致,实现对部门机构编制执行情况的全过程管理和实时性监控。

二是健全机构编制协同监督机制。着力构建机构编制监督检查的"四个纳入"工作机制,将机构编制管理运行情况纳入党委督促检查、巡视巡察、选人用人专项检查以及党政主要领导干部经济责任审计等监督范围,重点围绕落实机构改革、严格机构设置、规范用编管理、杜绝"吃空饷"等问题,深入开展联合监督检查,先后对55个市级部门和384家事业单位进行了选人用人巡察,完成60余名部门主要领导经济责任审计,配合省委组织部完成20个市县巡视工作,进一步严明了机构编制工作纪律,维护机构编制工作和"三定"规定的严肃性、权威性。

三是健全机构编制问题整改机制。针对监督检查过程中发现的机构编制突出问题和典型案例,举一反三建立"违规问题""政策性问题"两本机构编制问题台账,定期对问题进行销账建账,强化通报批评、责令整改、予以纠正、核减编制和领导职数以及暂时冻结用编事项等处理措施,将问题整改作为推动机构编制工作规范运行的有效助力,切实增强机构编制纪律执行刚性。

总而言之,成都市机构编制系统积极适应机构编制工作历史性变革,积极提升机构编制法治思维,深入践行机构编制法定化要求,一套行之有效的机构编制规范管理制度体系初步形成,协调配合的监督检查机制加快构建,广域覆盖的法治教育宣传持续深化,依法管编用编水平实现了较大幅度提升。

六　强化机构编制法治化建设的几点建议

近年来,中央编办大力加强机构编制法治化建设,制定出台了一系列规范性文件，尤其是推动出台《中国共产党机构编制工作条例》，为机构编制工作提供了基本遵循，对于完善地方机构编制管理法规制度，推进机构编制法定化具有重要意义。成都市委编办严格落实中央关于机构编制法治建设有关要求，结合本地实际在推进机构编制法治建设方面进行了深入探索和大胆创新，如坚持以制度建设为基础，制定成都市贯彻《条例》实施细则，出台成都市行政机构及事业单位机构设置和编制管理办法，结合改革实践，对开发区、议事协调机构、行政执法机构等管理作出具体规范，积极强化机构编制法规制度体系建设；坚持以监督检查为保障，构建"四个纳入"机制，有效发挥监管合力，确保制度执行落到实处；坚持以法制宣传为手段，开展机构编制"五进"活动，推动机构编制政策法规深入人心等，均取得了一定的积极成效。然而，机构编制法治建设还任重而道远，需要长期坚持，久久为功。笔者结合成都机构编制法治化建设工作实践，提出几点不成熟的意见建议。

一是建议处理好"顶层设计"和"创新实践"的关系。将创新实践成果上升为制度规范，是完善制度体系、推进法治建设的重要方法。当前，各地按照"严控总量、统筹使用、有减有增、动态平衡、保证重点、服务发展"的思路，在管住管好用活机构编制上探索了一系列好的做法、好的经验，希望上级编办进一步强化成果梳理对接，将更多经过各地实践检验、行之有效的举措转化为制度成果在全国推广，同时继续支持和指导各地深化机构编制管理制度创新，推动政策法规制定与基层工作实际同频共振。

二是建议处理好"内部完善"和"统筹衔接"的关系。坚持党对机构编制工作的集中统一领导，关键是把机构编制工作放在党管干部、党管组织的全流程中统筹谋划。推进机构编制法治建设，要以《条例》为统领、加快完善各领域各环节机构编制管理制度，但更重要的是突出与人员录（聘）用、干部配备等方面法规制度衔接。建议上级编办在机构编制法治建设中加强与有关职能部门的配合联动，共同构建党管干部人事和党管机构编制紧密联系的组织制度体系。

三是建议处理好"既有规范"与"因时创制"的关系。保持制度的灵活性和适应性，更好推动工作既恪守规范又与时俱进。随着经济社会快速发展和机构编制工作领导体制调整，过去制定的一些制度、政策、标准已经与现在的管理体制、服务对象、保障需求不完全匹配，如中小学教师等编制配置标准相对滞后于城市人口规模、管理服务内容的变化。建议上级编办针对性加强制度规范"立改废释"，系统清理现行政策，适应发展形势优化调整重点领域编制配备标准。

四是建议处理好"制度制定"和"技术支撑"的关系。制度设计能不能发挥预期效果，合理运用相应的技术手段十分关键。目前，机构编制与人事、财政等部门的数据壁垒还没有完全打通，各地机构编制管理也相对封闭、各自为政，难以做到标准化规范化。建议上级编办把机构编制法治建设与信息化建设相结合，加快推动形成统一平台、统一流程、统一标准，在技术层面上提供"按制度办事"的基础保障。

五是建议处理好"有法可依"和"违法必究"的关系。机构编制法治建设，首先是要完善法规制度体系，做到"有法可依"，但更重要的是要树立"机构编制就是法"的权威性，做到"违法必究"。长期以来，对机构编制违规违纪行为的处理偏宽偏软，导致出现"破窗效应"。建议上级编办进一步健全机构编制纪律监督执行机制，细化落实党委（党组）主体责任、执行"三定"规定、问题查办问责通报等具体措施，加强与纪检监察、组织、审计等部门的协作配合，真正使机构编制纪律"长牙""带电"。

法 治 政 府
Law-Based Government

B . 5

雅安市法治督察工作规范化建设初探

雅安市司法局课题组*

摘　要： 处于起步阶段的法治督察，有诸多制度设计和实践操作的问题和不足，课题组立足于法治督察工作制度规定和中央、四川省、雅安市法治督察工作实践，分析现状，发现目前对法治督察的认识存在偏差，各项保障很难满足工作需求，各项工作程序不明，工作机制不健全等问题。为进一步健全法治督察工作制度，未来应当借鉴土地督察、环保督察经验做法，完善系列法治督察工作制度，培养一支法治督察工作队伍，形成法治督察核心价值。

关键词： 法治督察　规范化　法治化

---

* 课题组负责人：王亚文，雅安市司法局党委书记、局长；陶炳忠，雅安市司法局党组成员、副局长。课题组成员：王娟，雅安市司法局法治规划和督察科科长；何金平，雅安市委依法治市办秘书科科长；秦雪，雅安市委依法治市办秘书科工作人员。执笔人：王娟，雅安市司法局法治规划和督察科科长。

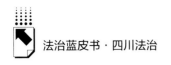

一 法治督察工作的现实状况

（一）法治督察的制度安排

为依法、有效开展法治督察工作，应当对法治督察工作的主体、对象、内容、程序、权限等作出明确规定，为法治督察工作实践指明方向。

1. 承担法治督察工作的机构和人员

（1）职能设置

按照本轮党和国家机构改革方案，中央和地方分别设立党委法治建设议事协调机构，负责统筹推进全面依法治国（省、市、县）工作。办公室设在各级司法行政机关，被赋予法治调研、法治督察和秘书工作三大职能。法治督察实行的是中央、省、市、县四级督察体制。

（2）机构设置

在中央和省级层面均设置了秘书局（处）、法治调研局（处）、法治督察局（处），并配备相应的工作人员。在市级层面，由于受机构、编制的严格控制，各地法治督察工作机构设置和工作人员配备呈现不同的情形。通过四川省司法行政工作平台调查显示，全省21个市（州），有2个市没有设置法治督察工作机构，有9个市（州）将法治调研和法治督察合并设置为1个工作机构，有1个州设置法治督察与考核科，有9个市（州）设置了单独的法治督察工作机构。工作人员配备分布在1~5人，多数为2~3人，有6个市（州）仅配备1名工作人员（见表1）。在县级层面，普遍未设置法治督察工作机构，仅确定承担法治督察工作的内设机构和人员。

表 1 四川省各市（州）法治督察工作机构和人员配置

市（州）	内设机构名称	工作人数（人）	市（州）	内设机构名称	工作人数（人）
成都市	无	—	凉山州	法治督查与考核科	3
乐山市	无	—	自贡市	调研督察科	2
遂宁市	法制督察调研科	3	德阳市	法治督查科	2

市(州)	内设机构名称	工作人数(人)	市(州)	内设机构名称	工作人数(人)
眉山市	法治调研与督查科	5	绵阳市	法治督查科	3
内江市	法治调研督察科	1	资阳市	法治督察科	2
泸州市	法治研究与督察室	4	宜宾市	法治督察科	3
达州市	法治调研督察科	3	攀枝花市	督察科	3
广安市	法治调研督察科	3	广元市	法治督察科	1
雅安市	法治规划和督察科	1	南充市	法治督察科	2
阿坝州	法治调研督察科	1	巴中市	法治督查科	1
甘孜州	法治调研督察科	1			

数据来源：雅安市司法局，2021 年 9 月。

2. 法治督察工作的依据

（1）办公室督察工作规则

2019 年 4 月 28 日，中央全面依法治国委员会第二次会议审议通过《中央全面依法治国委员会办公室督察工作办法》，其后，四川省出台办公室督察工作实施办法、雅安市等市（州）出台相应的实施细则。三个层级的办公室督察工作规则对法治督察工作的主体、方式、内容、实施、结果运用、纪律要求作了原则规定，为法治督察工作的开展提供了政策依据。

（2）法治政府建设与责任落实督察工作规定

2019 年 4 月 15 日，中共中央办公厅、国务院办公厅印发《法治政府建设与责任落实督察工作规定》（以下简称《法治督察工作规定》），对法治督察工作的主体、对象、内容、实施、年度报告、责任追究作了较为具体的规定，尤其是对地方各级党委、政府、工作人员的督察内容作了不同的规定，这有助于实践中根据不同的督察内容开展针对性督察。《法治督察工作规定》是中共中央办公厅、国务院办公厅联合颁布的党内法规，效力较高，适用范围较广，具有一定的操作性。

（3）主要制度规定

一是法治督察的主体。从目前的工作依据看，法治督察的主体是中央和地方各级党委法治建设议事协调机构的办事机构，即办公室。

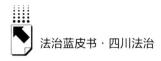

二是法治督察的对象。虽然目前的工作依据中仅明确了国务院部门、地方各级党委和政府、县级以上政府部门、国务院部门和地方各级党政机关工作人员等四个层级的督察对象，但从全面依法治国的内涵和法治督察工作贯穿立法、执法、司法、守法各环节看，法治督察的对象还应当包括地方各级人大、法院、检察院等部门。

三是法治督察的内容。包括法治建设重大决策部署的贯彻落实情况，立法、执法、司法、普法工作情况以及人民群众反映强烈的法治突出问题，涉及全面依法治国工作的各方面和全过程，内容具有广泛性和复杂性特征。

四是法治督察的方式。主要有听汇报、查资料、座谈、与相关单位和个人谈话、实地走访、暗访、问卷调查、问题线索调查、核实或转交相关部门办理等方式。

五是法治督察的程序。法治督察的工作程序应当具有严密性、时限性、规范性特征，但从目前的工作规范看，重点在规范"督什么"，而对于"怎么督"，即督察程序方面的规定十分原则、简单。

（二）法治督察的实践运行

两年多的时间里，中央、省、市三个层面均开展了法治督察，打开了法治督察工作局面，为法治督察工作积累了经验、奠定了基础。

1. 法治督察开展情况

从中央层面看，2019年开展了食品药品监管执法司法实地督察、"营造法治化营商环境保护民营企业发展"专项督察、法治政府建设全面督察等3项督察，2020年开展了党政主要负责人履行法治建设第一责任人职责及法治政府建设督察。从四川省看，2019年开展了食品药品监管执法司法专项督察、"营造法治化营商环境保护民营企业发展"专项督察、法治政府建设全面督察等3项督察。从雅安市看，2020年开展了法治政府建设与责任落实督察，2021年开展了法治政府建设与责任落实督察"回头看"督察、"谁执法谁普法"普法责任制落实情况督察。

2. 法治督察实践特点

一是聚焦关键环节、重点领域开展督察。从全国范围的法治督察看，都是围绕法治建设的关键环节和重点领域开展督察，这样能够快速打开工作局面、起到震慑效果。二是联合多部门开展督察。从中央、省级层面几次督察看，督察组成员均由多部门人员组成，如中央党政主要负责人履行法治建设第一责任人职责及法治政府建设督察，督察组成员来自中央 20 多家单位，同时邀请了律师、记者参加。雅安市的督察抽调了县（区）和部门十多名工作人员参与。三是督察方式多样。中央、省级层面的督察，除听汇报、查资料外，还对督察场所和相关人员进行了实地查看、谈话，开展了座谈交流。四是督察时间短、督察结果运用形式单一。大多数督察集中在一周的时间内，督察结果以书面督促整改为主，未见约谈、挂牌督办、通报批评、函询、移送追责等督察处理。五是督察工作的公开性不足，社会参与度不高。

二 法治督察工作面临的困境

法治督察工作虽已平稳起步，但离理想状态还有较大差距。据笔者对雅安市 8 个县（区）法治督察工作的调研和市本级开展的 3 次法治督察了解，市、县层面开展法治督察工作的条件明显不足，面临诸多困难，亟须在制度上和实践操作中加以规范和完善。

（一）对法治督察的认识存在偏差

主要表现在对法治督察的职能定位不准。从县（区）的"三定方案"发现，3 个县（区）司法局的职能规定中有法治督察工作的表述，但未在秘书股和司法局内设机构的职责中规定法治督察工作的内容，有 1 个县"三定方案"规定承担法治督察工作的内设机构与实际承担法治督察工作的内设机构不一致，表明这些县（区）对法治督察的认识模糊，甚至不知道有法治督察这项工作。调研发现，多数县（区）对法治督察工作的开展情况

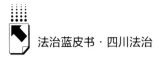

描述中将行政执法监督检查、"七五"普法检查验收、民主法治示范村复核等工作列入其中,将督察工作混同于一般的检查工作,未将法治督察工作与司法局的行政执法监督工作区分开来。几乎所有的县(区)对法治督察工作的主体、对象、内容没有全面、清晰的认识,截至目前,没有县(区)开展过真正意义上的法治督察。

(二)法治督察工作保障不足

除没有单独的工作经费和物质保障外,最突出的问题就是法治督察工作力量单薄。从内部来说,8个县(区)中有7个县(区)没有设置单独的法治督察工作机构,所有县(区)从事法治督察的工作人员均身兼数职,如市司法局法治规划和督察科仅有1名工作人员,承担了法治调研、法治督察、法治政府建设工作领导小组办公室、民主法制领域改革专项小组办公室、局改革办、机关学法等6项工作,工作人手少、精力分散成为法治督察工作的硬伤(见表2)。县(区)18名工作人员中,仅有4人取得法律职业资格证书,非法律专业3人、大专学历4人,这些工作人员从事法律工作的年限短、法律素养不高,限制了法治督察工作的高质量开展。

表2 县(区)法治督察工作机构和工作人员配置

单位:人

地区	承担法治督察工作的机构	工作人员数量	兼职数量
市局	法治规划和督察科	1	6
雨城区	法治规划和普法股	1	5
名山区	法治规划和督察股	1	4
荥经县	法制股	2	5
汉源县	行政复议和应诉股	3	5
石棉县	法制股	2	7
天全县	法治规划和普法股	1	5
芦山县	行政执法监督和合法性审查股	2	4
宝兴县	普法和依法治理股	1	5

数据来源:雅安市司法局,2021年9月。

从外部来看,法治督察通常通过抽调外部工作人员组建督察组的方式开展,这种临时抽调的方式有 2 个方面的缺陷。一个是人员不固定,对督察事项缺乏深入了解,不利于发现问题。另一个是,如果抽调本领域的工作人员对本领域的问题进行督察,则会有偏袒的可能,同样会影响问题的发现和纠正。没有一支稳固、专业的法治督察工作队伍,法治督察的"利剑"作用就难以发挥。

(三)法治督察工作程序不明晰

工作程序即工作的步骤、方式、方法和条件,是保证工作合法、有序、取得良好效果的重要保障。法治督察是新兴的工作,司法行政自身没有经验可借鉴,而《法治督察工作规定》对法治督察工作的程序规定只有几个条款,导致实践操作中往往无从下手,不知道法治督察工作有哪些环节,每个环节干什么、怎么干。

1. 委员会、办公室、督察组、督察组组长及工作人员各自的职责权限不明确

督察方案、督察报告是否需要委员会批准?约谈由谁批准、谁组织实施、怎么实施?典型案例是否需要审签,由谁审签?这些都需要上级出台制度进行统一规范。《国家土地督察限制整改工作规定(试行)》就是很好的一个范本,对国土资源部(现自然资源部)、总督察、总督察办公室、土地督察局、被督察对象各自的职责权限作了明确规定,如限期整改请示由土地督察局提出,总督察办公室提出审查意见、总督察批准、国土资源部审议、总督察发布限期整改决定书等,每一个主体在每一个环节要做什么具体而明确。

2. 工作步骤、工作方法不明晰

《法治督察工作规定》只对督察的方式和措施进行了规定,没有规定督察准备环节、实施环节、整改环节的工作内容和工作步骤。例如,督察报告是否要征求督察对象意见或进行沟通、是否经相关主体批准或审议,约谈或移送处理怎么实施等,对整个督察工作从头到尾有哪些环节、每个环节有哪些工作、开展有什么规范都处于空白状态。在督察方法上,实践中主要是查资料和案卷,暗访、问卷调查、访谈、调查、核实等措施很少使用。

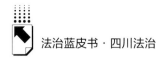

3.没有工作时限的规定

督察通知多久印发、整改方案多久提交、整改工作多久完成等应当有时间限制，否则整个督察工作会处于一种随意失控状态。《中央生态环境保护督察工作规定》规定，整改方案一般应在督察反馈后30个工作日完成编制并报送其上级党委和政府或上级主管部门、抄送中央环保督察办公室，督察对象6个月内完成整改工作。《国家土地督察限制整改工作规定（试行）》对限期整改工作期间10个环节中的6个环节规定了明确的时间要求，如土地督察局在20个工作日内向总督察提出限期整改请示、总督察办公室提出审查意见后10个工作日内报总督察批准、土地督察局完成实地检查后5个工作日内向总督察提交督察报告等。

4.督察文书、表格、问题的认定缺乏统一规范

查出的问题怎么认定、怎么描述，督察过程中会使用哪些文书、表格，有没有标准化模板等，都会影响督察工作的成效。例如，雅安市2020年组织的法治政府建设与责任落实督察，有的督察组对问题的认定和表述就相当模糊、空泛，没有做到见人见事见依据。《土地督察发现问题分类指引（试行）》对9个方面、37类、111种土地问题的定性、表述、判定依据进行了统一规范，使土地督察发现和认定问题的准确性得以提高。《土地例行督察工作规范（试行）》规定了督察实施方案、督察通知书、督察报告、督察意见书等包含的主要内容，并附有14个文书、表格标准模板。《中央生态环境保护督察制度规范和模板范式》中规定了90多个模板。法治督察中的文书种类有哪些、应包含哪些内容、标准表述如何还是一项空白，可以借鉴土地督察和环保督察的相关经验。

（四）法治督察工作机制不健全

从雅安市的3次督察看，由于一些工作机制缺失，产生了一些问题，如督察的可持续性问题、公开性问题、准确性问题、独立性问题等。独立性问题是一个非常关键的问题，督察机构如果权威性不高、没有强硬的措施手段，督察也很难实质性解决一些违法违规问题。经笔者梳理，未建立或不健

全的工作机制有以下几个。

1.问题发现机制

目前，法治督察基本处于一种自上而下的主动督察模式，没有有效发挥人民群众、新闻媒体、人大、法院、纪委监委、执法机关在法治督察启动上的作用。由于掌握法治问题不及时、不全面、不深入，督察什么就是一个大问题，毕竟法治督察是一项长期工作，需要有长远考虑。

2.研判核实机制

法治督察是一项政治性和专业性都很强的工作，督察方案、措施、问题认定、处置、责任追究都需要做到准确、慎重，研判、核实机制是督察结论正确、获得各方认同的重要保障。从雅安市的3次督察看，对检查人员从书面审查中发现的相关问题尚缺乏深度研判和进一步核实，可能导致被督察对象对反馈的问题不认可。环保督察和土地督察中，督察意见、限期整改决定要征求被督察对象的意见或者进行沟通，有时还要组织人员进行实地核实，经审批、审议后才印发被督察对象。法治督察可以借鉴这些好的做法，以保障督察的准确性。

3.协调协作机制

督察是一项综合性业务工作，需要与相关业务部门、纪检监察机关、司法机关建立良好的协调与协作机制，以确保整个督察链条无缝对接和通畅无阻。就雅安市的法治督察工作看，这种协调协作机制并未建立，督察前无法通过信息共享机制掌握法治突出问题，督察后相关业务部门对督察指出的问题重视不够、督察建议应用不足，与环保督察、土地督察等其他领域的督察缺乏沟通协作。比如，2021年中央环保督察发布的眉山市违法开发房地产导致黑龙滩水源地生态环境遭破坏案，根源就在于眉山市人大常委会违法解释《眉山市集中式饮用水水源地保护条例》中的禁止性条款；2016年中央环保督察发现的甘肃祁连山生态环境破坏案，其根源也是《甘肃祁连山国家级自然保护区管理条例》立法"放水"，如果法治督察能够事先纠正立法上的问题，就不会产生这些生态环境破坏。在生态环境督察后，与生态环境部门沟通，了解其中的违法违规问题，开展相关领域的法治督察，就能从普

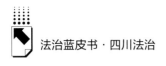

遍意义上堵住违法漏洞。

4. 信息公开机制

笔者在司法部官网和其他网站搜索中央、省、市的法治督察信息发现，法治督察工作信息仅限于过程性的新闻报道，没有督察通知、进驻、问题、整改情况、线索核查、群众举报投诉及其处理、典型案例等具体工作内容的公开。雅安市的 3 次督察除了公开督察通知、通报外，也没有对督察反馈问题进行公开，这与法治的公开性特征不符。公开法治督察工作内容，不仅能够发挥人民群众、新闻媒体在投诉举报、揭露法治问题、监督被督察对象整改中的积极作用，而且能够约束督察机构及其工作人员廉洁自律、遵纪守法，解决自身受监督的问题。环保督察和土地督察及时将督察的整个过程，特别是将督察问题、整改情况、整改不力情况、反面典型案例、群众投诉举报办理情况、问责情况公布于众的做法值得借鉴。

5. 信息化手段运用机制

信息化手段在法治督察中的运用相当不足，而信息化手段的运用，对法督察结果精准性的提高和法治问题的预防有很大帮助。比如，利用无人机拍摄执法现场和过程，能够准确掌握执法行为的全过程。再如，济南土地督察局建立督察监测监管平台，每两个月对督察区域遥感监测一遍，将问题发布到平台并以短信方式推送相关市县党政主要负责人，及时制止和预防相关问题的产生。这种做法值得借鉴。

三　法治督察工作规范化建设的初步设想

法治督察工作如何规范，标准如何设立，需要在长期的实践中不断摸索。笔者仅从现有的情况出发，浅谈三点设想。

（一）完善系列法治督察工作制度

法治督察制度的完善，一方面需要国家法律授权，完善顶层设计，对法治督察的实施主体、对象、内容、程序、各主体的职责权限进行明确规范；

另一方面需要各级实施主体在制度框架内对法治督察的操作程序、运行机制进行细化、充实、完善，形成完备的法治督察制度体系。

1. 建立例行督察、专项督察、日常督察和"回头看"相结合的系统督察制度

笔者倾向于土地督察中的中央一级督察模式和中央、省级两级环保督察模式，但法治督察的顶层设计已经建立起中央、省、市、县四级督察模式，在四级督察模式的基础上，应当建立起四级各有侧重的督察体系。县级层面，以执行和落实国家法律、政策为主，可以不开展法治督察工作，或视情况开展专项督察。市级和省级层面，可以以例行督察、日常督察为主，以"回头看"、专项督察为辅，日常督察可以通过审查地方重大法治决定和法治文件的备案材料开展。中央层面，可以对重大法治决策部署、突出法治问题开展专项督察，以推动解决重大疑难法治问题。

2. 规范完善法治督察工作程序

雅安市拟出台《雅安市法治督察工作程序规定》，对法治督察准备、实施、反馈、整改、处理、资料归档等6个环节的工作程序进行详细规定，以规范法治督察的实践操作。在督察准备阶段，重点规定督察事项确定、督察组、督察方案等内容。规定督察问题线索的搜集方式，准确定位每年需要优先督察的法治事项；对督察组的人员构成进行规定；对督察方案的编制、内容、审批手续进行规定。在督察实施阶段，重点规定督察组组长、副组长、一般工作人员的职责分工、督察方式方法、每种督察方式的实施程序，如暗访要经依法治市委或办公室的批准才能实施，查阅、复制资料要履行接收、退还登记、签字手续等。在督察反馈阶段，特别强调督察发现问题的认定和督察报告、督察意见的审批程序，督察结束后要组织相关人员对发现问题进行讨论、研判，必要时组织专家论证或开展实地核查，对督察报告包含的主要内容、督察意见书的板块，以及审核、审批、征求意见、异议核实、时限等方面进行规定。在督察整改阶段，对整改方案的内容、提交时间、整改完成时限、评估验收等进行规定。在督察处理阶段，规定与组织人事、纪检监察、司法机关的衔接程序。在资料归档阶段，规定督察期间产生的所有资料均需归档、统一保存。

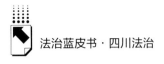

雅安市还将制订法治督察工作方案、报告、请示、督察意见书、限期整改决定书、征求意见书、资料交接登记表、审核表等文书模板样本，统一规范督察文书制作。

3. 建立健全法治督察工作机制

一是建立问题发现机制。在司法行政机关网站公布法治规划和督察科电话、邮箱和地址，收集人民群众关于法治方面的问题线索和建议。在每年督察期间，公布督察组电话、邮箱、地址，收集人民群众相关问题投诉、举报，掌握问题线索。与人大、法院、检察院等机关建立沟通协调机制，掌握相关领域突出法治问题。与司法行政内部各科室建立信息共享机制，随时掌握法治工作动态和存在问题。二是建立研判核实机制。对督察中发现的问题准确定性很关键，当问题把握不准、认识不统一时，就需要组织人员对问题进行分析、研判，首先是督察组讨论，其次是邀请专家座谈或论证，最后视情况进行现场核查或复查。督察结论要经依法治市委员会或办公室审核批准。三是建立协调协作机制。建立信息通报、抄送、联席会议、联合监督、线索移送等制度，加强与司法行政机关内部业务科室、执法部门、司法机关、人大机关、纪检监察机关和社会团体的沟通协作，充分发挥其他主体在法治督察中的作用。四是建立信息公开机制。在司法行政机关网站公布依法治市办、司法局、法治督察工作机构职能职责、人员、联系方式，督察期间公布群众投诉、举报方式，督察工作过程及产生的文书、问题及处置、整改方案、整改情况、责任追究、典型案例等信息，除涉及国家秘密、商业秘密和个人隐私，一律公开，主动接受人民群众监督。五是建立信息化手段运用机制。信息化手段需要根据不同督察内容运用，在后期可能会期待上级建立统一的督察监测平台，对合法性审查、行政复议、行政诉讼、执法监督、立法备案等工作中掌握的违法违规情况进行预警处置。

（二）培养一支法治督察工作队伍

法治人才是法治督察工作的重要保障，通过五到十年的时间，培养一支法治督察的"精锐部队"是至关重要的。

1. 建立法治督察人才库

为避免临时抽调人员组建督察组导致的不专业或偏袒弊端，雅安市采取了组建专门的法治督察人才库方式解决法治督察工作人员的问题。这种方式的优势是人员固定、经过长期训练可以达到专业化、职业化要求，土地督察组和环保督察组的成员基本来自9个派驻地方的国家自然资源督察局、6个区域环保督察局的工作人员。雅安市于2021年上半年通过全市范围层层选拔的方式，从116名推荐候选人中选拔出61名符合条件的优秀法治人才，建立"雅安市法治督察人员库"，出台《雅安市法治督察库管理规定》，对法治督察人员的入库、使用、评价、出库进行规范管理。

2. 制订中长期法治培训计划

在《法治雅安建设规划（2021～2025年）》中规定法治督察人才培养中期计划，建立常态化法治督察人才培训机制，通过院校合作、交流研讨、考察观摩、专题培训等方式，对法治督察人才法律理论、实践操作、工作技能、谈判技巧、公文写作等进行知识培训，努力造就一支政治过硬、业务能力强、廉洁自律的法治督察工作队伍。

3. 落实激励约束机制

督察人员从事督察工作基本是义务奉献，有时还要耽搁本职工作，保持这些人员长期参与督察工作积极性的途径之一就是建立激励机制，通过通报表扬、建议年终考核优秀、评优评先推荐等方式激励督察人员。雅安市将在年底对参与3次督察的优秀人员进行通报表扬。未来将参照《中央生态环境保护督察纪律规定》，对法治督察人员的工作纪律进行规范，约束法治督察人员遵纪守法。

（三）形成法治督察核心价值

任何一项事业，都需要有精神支柱和文化积淀。法治督察工作应当在实践中提炼精神内核以支撑其持续发展，"尚法、奉献、担当、严谨"是目前法治督察人应当具备的精神品质，未来还需要法治督察人在法治督察实践中不断诠释、沉淀其核心价值。

B.6
四川农业综合执法能力提升探索

四川省农业农村厅课题组*

摘　要： 法治是乡村治理的前提和保障，要把政府各项涉农工作纳入法治化轨道。农业综合执法作为党依法治国方略在"三农"领域的集中体现，对稳定农村法治环境、保障农业平稳发展起着至关重要的作用。2020年以来，四川省一手抓行政执法队伍整合，一手抓农业执法重心下移，持续推动农业综合行政执法改革和能力提升，为全面实施乡村振兴战略提供了有力的法治保障。

关键词： 农业综合执法　法治保障　乡村振兴

推进农业综合行政执法改革是党的十九届三中全会部署的一项重大改革任务。当前，四川省农业综合行政执法改革工作实现了重要突破，省级层面改革工作率先落地，市、县两级改革任务基本完成。提升执法能力作为与执法改革配套衔接的"后半篇文章"，对于准确全面落实中央、四川省各项改革工作部署，确保农业农村领域严格实施法律法规，农业农村部门全面履行法定职责，具有重大现实意义和长远战略意义。

---

* 课题组负责人：卿足平，四川省农业农村厅党组副书记、副厅长。课题组成员：葛荣、牟登育、万佳、李铮、喻赟、朱晓伟、张蜀川、朱军、周了。执笔人：张楠，四川省农业农村厅综合执法监督局一级主任科员；邓睿，四川省农业农村厅综合执法监督局二级主任科员。

一 背景和现状

（一）农业综合执法改革背景

深化农业领域综合行政执法改革是推进全面依法治国、加快建设法治政府的内在要求，是深入贯彻落实习近平法治思想的集中体现。党的十九届三中全会审议通过的《深化党和国家机构改革方案》明确要求，整合组建农业、市场、生态、文化、交通五支综合执法队伍，为推动农业综合执法改革作出了制度性安排。2018 年 11 月，中共中央、国务院办公厅印发的《关于深化农业综合行政执法改革的指导意见的通知》是指导新时期农业农村法治建设、全面推进农业依法行政的纲领性文件。2020 年 5 月，国务院办公厅印发《关于农业综合行政执法有关事项的通知》，对推进农业综合行政执法工作作出了总体安排。同期，农业农村部印发《关于实施农业综合行政执法能力提升行动的通知》，聚焦完善执法体系、提升执法能力、提高执法水平，进一步实化细化工作部署。

四川省认真贯彻党中央、国务院关于农业综合执法改革的系列决策部署。2019 年，省委办公厅、省人民政府办公厅印发《关于深化市场监管等领域综合行政执法改革的实施意见》，对推进市场监管、生态环境保护、文化市场、交通运输、农业等五大领域的综合执法改革提出明确要求，要求加快推进改革速度、构建分工负责的执法体系、提高执法监管能力。2020 年 1 月，省委编办正式批复农业农村厅增设综合执法监督局，核定其主要职责为负责拟订农业综合执法工作标准和规范并监督实施，负责农业领域重大案件查处和跨区域执法的组织协调，承担省级执法事项，组织实施农业综合执法规范化建设，承担市县农业综合执法队伍业务指导等。同年 7 月，农业农村厅正式成立综合执法监督局。市、县两级加快资源互补、人员整合，因地制宜推动本级改革任务落地，全省上下形成了省、市、县联动，全方位协同推进的良好格局。

（二）四川省农业综合行政执法现状

1.机构改革成效显现

围绕贯彻落实中央部署和省委、省政府要求，省、市、县三级机构改革后共设立农业执法监督机构 195 个，核定编制 4829 名，实际到岗 3670 名，到岗率 76%。

一是省级层面。省农业农村厅综合执法监督局于 2020 年 7 月成立，核定编制 34 名，实际在岗 30 人，为农业农村厅内设机构。

二是市级层面。21 个市（州）已全面成立农业综合执法或执法监督机构，共核定农业执法编制 550 名，到岗执法人员 427 人。其中，成都、泸州、宜宾、阿坝、甘孜、凉山等 6 个市（州）单独设农业综合执法支（总）队，广元市设执法监督科，承担具体执法工作与监督区县执法职能；其余 14 个市均为内设执法监督科，承担执法监督职能，原则上不具体执法。

三是县级层面。全省 184 个县（市、区）（含成都东部新区），除成都市 11 个区由市级执法外，其余 173 个县（市、区）均已建立农业综合执法机构，县（市、区）共核定农业执法编制 4245 名，实际到岗 3213 人，到岗率 76%。其中，在农业农村部门内设 139 个；在地方大综合行政执法机构设立农业执法中队 34 个，包括成都市 3 个、甘孜州 18 个、阿坝州 8 个、绵阳市 2 个、乐山市 3 个。

2.执法领域加速整合

目前全省农业农村部门负责贯彻执行党和国家有关农业农村的法律、法规、规章共有 230 部，其中国家法律 15 部、行政法规 28 部、部门规章 160 部、地方性法规 16 部、政府规章 11 部。2020 年农业农村部公布的执法事项 251 项，其中省级执法事项 47 项。2021 年 5 月，四川省结合上述涉农地方法规，发布了四川省农业综合行政执法事项，执法职责覆盖种子、农药、兽药、饲料、生猪屠宰、农机、渔政、农产品质量安全等十多个领域共计 341 项，执法区域对象面向所有乡村、农户及千万经营主体。针对行政管理与执法机构职责边界不清的问题，全省建立了边界清单，对边界事项进行了分工，明确了移送情形和条件，规定了移送程序及要求。从全省农业综合行政执法案件情况来看，2020年全省共办理农业行政执法案件3692件，其中普通程序3220件，简易程序472件，罚没金额3021.03万元；2021年，全省共办理各类农业行政执法案件5097件，其中普通程序案件4221件，罚没金额3278.55万元，简易程序876件，罚没金额10.46万元。改革成效正在加速显现，保障了农业执法工作的稳步衔接。

二　主要做法

全省各级农业综合行政执法机构认真落实中央、四川省关于深化农业综合行政执法改革的决策部署，聚焦部门联动与区域协同"一个突破"，长江禁捕和种养业投入品"两个关键"、食用农产品和农业行业安全生产"两个重点"，不断提高农业执法能力水平，推动全省农业综合执法工作起好步、开新局。

（一）健全制度体系，推动涉农执法规范化

1.清理完善执法事项目录

按照《国务院办公厅关于农业综合行政执法有关事项的通知》要求，全面梳理了涉农领域法律法规规定的行政处罚和行政强制事项，经省政府同意印发《四川省农业综合行政执法事项指导目录（2021年版）》，按要求向社会公开。其中涉及行政处罚事项317项，行政强制事项24项；省级执法事项17项，县级执法事项324项。

2.建立案件调度、督办、指导机制

一是建立省、市、县三级农业行政执法案件统计及工作信息报送、定期分析会商机制，对宜宾市、屏山县、雷波县、资中县涉及动物防疫、农药等违法案件进行省级督导。二是面向社会公开发布长江禁捕违法犯罪典型案例、农资打假典型案例和四川省上半年农业行政执法典型案例，发布《农业综合行政执法动态》13期，公布典型案例40起。三是组建四川省农业综

合行政执法办案指导小组，承担基层重大、复杂、疑难案件办理的指导及农业执法人员培训指导等工作。

3. 建立健全工作机制

推动全省出台《关于健全四川省长江流域禁捕长效管理机制的意见》，制定《四川省长江禁捕执法联席会议制度》，建立了省市县三级公安部门、市场监管部门、交通部门等多部门组成的执法联席会议制度。对接省人民法院、检察院、公安厅等省直部门（单位），制定行刑司法衔接机制。与重庆、贵州、云南、陕西、青海、甘肃等省市签订《长江流域重点水域"十年禁渔"联合执法合作协议》，加强跨界交界水域执法联动。建立禁捕水域网格化管理制度，将巡河任务纳入河湖长制，切实增强了基层渔政执法辅助力量，协助巡护队伍达 2775 余人，为实施长效执法监管打下了基础。

4. 着力推动示范创建

在树立标准化建设样板方面，按照《农业农村部办公厅关于开展2021年全国农业综合行政执法示范创建活动的通知》要求，在认真审核的基础上，成功推荐成都市农业综合行政执法总队、大邑县农业综合行政执法大队、阆中市农业综合行政执法大队、富顺县农业综合执法大队、大安区农业综合执法大队等为第三批全国农业综合行政执法示范窗口，仪陇县、石棉县农业农村局为第三批全国农业综合行政执法示范单位，目前四川省已有14家单位获此殊荣，为进一步夯实四川省农业综合执法规范化建设奠定了基础。在推动农业综合执法队伍统一着装方面，会同省财政厅、司法厅等九部门印发了《四川省综合行政执法制式服装和标志管理实施办法》，明确配发范围、种类等，确定由省级综合行政执法部门联合采购，目前已进入招标采购程序。

（二）强化能力提升，全面提升执法办案水平

1. 加强业务能力提升

突出抓好理论学习和实践应用，通过请进来、送出去模式，强化跨专业领域交流研讨。组织行业系统参加全省执法能力测试，选送 20 余人参加农

业农村部农资打假执法骨干人员培训班和综合执法网络培训班。2020年、2021年分别组织427名、250名基层农业综合执法人员，参加了农业农村部举办的农业综合行政执法网络培训班，并把培训考试成绩作为核发执法证件的前置条件，督促执法人员加快适应农业综合执法新要求新任务新形势。2020年11月，举办全省农业综合执法培训，线上线下累计培训超过8000人次。

2. 多渠道争取资金，提升执法装备水平

全省安排1.12亿元中央财政资金，支持21个市（州）的177个县级执法机构开展渔政执法能力建设；积极争取中央预算内投资，落实国家发展改革项目8个，总投资达1.02亿元，用于泸州市江阳区等8个禁捕退捕重点县实施长江生物多样性保护工程建设，提升渔政执法能力；安排中央财政专项资金4000万元，在富顺县等12个县（区）实施长江十年禁渔"亮江亮河"信息化工程建设，为长江"十年禁渔"提供技防保障。同时，依托四川省数字三农大数据信息平台，加快建设全省统一的农业执法指挥调度平台，目前该平台可研报告已经编制完成，即将进入发展改革立项程序。

3. 组织开展交流学习和普法宣传

先后组织省内有关农业综合执法机构和执法人员，赴省文化旅游厅、生态环境保护厅、市场监管局等省直部门执法机构考察学习，建立"信息交流、专业互补、力量协同、相互促进"联系协作机制，增强协同执法能力。同时，紧扣长江"十年禁渔"和农产品质量安全等执法工作重点，在农业特殊时段和重要节点，举办全省农业农村"普法执法"宣传、《长江保护法》宣传贯彻活动，采用广大群众喜闻乐见的方式、通俗易懂的语言，积极宣传普及涉农领域法律法规和注意事项，增强人民群众在农业生产生活中尊法、学法、守法、用法意识。

（三）狠抓重点领域，形成高压打击态势

1. 长江十年禁捕

组织开展2020～2021年川渝农业联合执法行动、四川省长江流域跨省

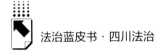

交界水域及非法捕捞高发水域专项行动、护渔百日联合执法行动、中国渔政亮剑 2021 等系列专项行动，协同公安、市场监管、交通等部门，加大对非法捕捞行为的全链条全方位打击。2021 年，全省禁渔执法专项行动共印发宣传资料 55 万余份，媒体宣传 20 万余次，出动执法人员 19.8 万余人次、车辆 5 万余辆次、执法船艇 6687 艘次，开展联合行动 6555 次，水上巡查 18.8 万余公里，查办违法案件 506 件，查获涉案人员 571 人，取缔涉渔"三无"船舶 108 艘、没收违法网具 4540 张/顶，查获"电、毒、炸"渔具 140 台套，查获涉案渔获物 1300 余公斤，实施行政处罚 38 万余元，司法移送案件 344 件，司法移送人员 580 人。

2. 农产品质量安全领域

紧盯农产品生产经营重点环节，针对农兽药残留超标、非法添加、使用违禁物质、私屠滥宰等突出问题，明晰考核任务，加强监督抽查，强化检打联动，从严、从重、从快打击各类违法违规行为，切实保障人民群众"舌尖上的安全"。2020 年，全省共查办农产品质量安全案件 739 件，问题查办率 100%；2021 年已查办 461 件，因动物检疫类案件不纳入农产品质量安全统计范围，数量同比有所降低。

3. 农资投入品领域

以农资生产企业、经营门店、网络电商平台和面向用户直接兜售的摊贩等为重点对象，围绕种子、农药、肥料、兽药和兽药添加剂开展专项巡查。2021 年 3 月，省级巡查共检查农资门店 72 家，种养殖基地 21 家，发现部分经营主体存在农资摆放不规范、档案台账不健全、销售过期农兽药等问题，及时组织地方执法部门进行了整改或查处。2021 年全省农资打假专项行动出动执法人员 8.9 万人次，检查农资生产经营主体 10.5 万家次，查办农资案件 895 件。其中，省级督办的四川省邛崃市某生物科技有限公司违法生产饲料案被列为农业农村部公布的 2021 年上半年农业行政执法十大典型案例之一。

4. 种业领域

重点围绕农作物种子品种权侵权、制售假劣种子、无证生产经营、非法生产经营转基因种子等问题，开展"春（秋）查种子市场，夏查制种基地，冬查种业企业"专项行动。2021 年全省共出动执法人员 4.28 万人次，检查种业企业、经营门市、种植基地 27940 个，立案查处 268 件，有效遏制农作物种子生产经营违法违规行为。针对四川省江油市某种业有限公司生产销售劣种子案、四川某农业科技有限公司柑橘种苗植物新品种权侵权案、四川某生物科技有限公司羊肚菌菌种质量问题案等复杂案件，全省多次组织相关业务部门、技术单位会商，及时赴现场指导，对涉事企业进行执法调查，及时固定证据链。特别是针对江油市某种业有限公司生产销售劣种子案，全省先后派出 6 个工作组，指导各地检查种子经营主体 11622 个，对违规经营主体立案查处 79 起，列入农业农村部公布的 2021 年上半年农业行政执法十大典型案例之一。

5. 动物防疫领域

聚焦非洲猪瘟防控关键节点，切实加强违法违规调运生猪、"洗猪"等行为的执法打击力度，开展非洲猪瘟"百日阻击战"专项执法行动。2021 年 7 月至 10 月，全省累计开展专项执法行动 4773 次，出动执法人员 17249 人次，查核对象主体 20314 个次，查获违法违规线索 270 条，跨区跨部门移交线索 9 条，查办案件 253 件（其中移送公安 2 件），罚没款总数 197.9 万元，查获处理生猪 4192 头，查获处理生猪产品 16.69 吨，有力打击各类违法违规行为和不法分子。农业农村厅综合执法监督局通过执法信息动态专报，及时公布各地查处的 2 个典型案例，形成了持续有力震慑态势，促进了相关责任主体依法依规生产经营，保障了全省生猪产业健康发展。

三 存在问题

尽管全省农业综合行政执法工作取得了一定成效，但与党中央、国务院的要求相比，与全面履行农业行政执法职责任务相比，四川省农业综合执法能力水平还存在一定短板，还需要进一步提升。

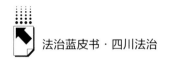

（一）执法基础薄弱，队伍仍须加强

执法改革后，受参照《公务员法》管理事业单位队伍改革大局的影响，特别是执法机构编制实行锁定，人员只出不进，严重影响执法力量的补充和人员考录。因客观历史原因和工作实际需要，目前从市（州）到县（市、区）都不同程度存在人员混岗、在编人员没有完全到岗到位等情况。个别地方改革后的执法机构人员年龄结构老化，新进人员农业综合执法专业知识缺乏，这些因素均造成了相关领域执法力量比较薄弱。基层部分原事业人员划入执法机构，不能并入职级，也不能评定专业技术职称，影响队伍稳定。

（二）执法保障不足，难以满足需求

因公务用车改革和机构改革后新的执法车辆管理办法尚未出台等，原有执法车辆多由行政机关统筹安排或原机构留用，执法任务用车难以有效保障。长江流域禁捕任务长期而艰巨，人防力量"先天性不足"，"技防"手段远落后于兄弟省市，在公安与市场监管部门逐步淡出执法打击且禁捕后鱼满江河时，非法捕捞情况往往会"禁而不绝"，而农业农村部门的压力也必然"首当其冲"。部分地方尚未将执法装备、能力建设、抽样送检等必要执法经费纳入财政预算，为数众多的市县综合行政执法机构虽然已挂牌成立，执法机构缺少办公、办案场所，甚至无法集中统一办公，影响执法形象、机构管理和执法效力。

（三）联系沟通不畅，协同有待加强

农业执法机构与行政管理、技术支撑机构之间的内部运转尚不协调，仍存在"各自清扫门前雪"的心态，部分地方在行政管理过程中，将日常监督工作全部交由执法机构，甚至发现业务范围内违规违法行为时，管理部门也"事不关己、高高挂起"，更有甚者帮助遮掩违法行为。在对案件是否移交、专业认定鉴定等行刑衔接执法方面的工作配合协同上，还存在"多一事不如少一事"心态，不利于对涉农领域违法行为的迅速处置、有力打击。

四 工作展望

下一步重点聚焦农业综合执法领域，加快提升人员素质、补齐办案短板、筑牢制度基础、强化条件保障，发挥主观能动性，实现全省综合执法队伍全面有效履职，形成依法治农、依法护农、依法兴农的工作局面。

（一）持续深化改革，强化执法队伍体系建设

一是抓住农业综合执法改革的重要机遇，做好巡视反馈问题整改，推动农业综合行政执法工作由重点抓改革转向深化改革与队伍建设并重，规范行业建设，理顺行政执法机构与行业监管、技术支撑机构的职能分工和协同关系，推动已核编锁定执法人员加快到岗履职，保障基层执法队伍力量与执法任务相匹配。二是抓好乡镇行政区划和村级建制调整改革"后半篇文章"的工作机遇，积极争取设置乡镇涉农执法机构，推动执法力量下沉。进一步理顺执法职责，厘清农业综合行政执法机构与行业管理机构、技术推广机构职责分工，健全完善跨部门、跨区域的案件线索移交、复杂案件联合协同办案机制，强化行刑衔接。三是健全行政执法工作机制、机构内部有效运行机制、上下层级执法协调运转机制，推进建立上下联动、部门配合、区域协同的农业综合执法体系，加大对团伙链条式违法行为的联合打击力度，增强执法体系运行效能，确保各项重点任务落实落地。

（二）建立健全规章制度，全面规范执法行为

一是进一步细化完善执法事项目录。广泛征求省级相关部门和市（州）农业农村主管部门意见，对涉农领域法律法规规定的行政处罚和行政强制事项进行全面梳理，补充、细化和完善好《农业综合行政执法事项指导目录》，并根据实际情况及时调整。二是严格执行农业行政执法"六条禁令"，完善农业行政执法内部、层级和外部监督机制，建立领导干部违法违规干预执法活动或插手具体案件查处责任追究制度，探索建立社会监督员制度、责

任追究和尽职免责制度，推进实现严格规范公正文明执法。三是健全完善农业执法制度建设。编制统一的农业综合行政执法工作规程和操作手册，全面落实农业行政执法"三项制度"、规范农业行政处罚自由裁量权办法、农业行政处罚程序规定。

（三）突出执法办案主业，提升农业执法震慑力

一是积极主动拓展执法领域，特别是对渔业渔政、农机、植物检疫、植物新品种保护、种畜禽、土壤污染防治、宅基地等一些不熟悉、不常见或新执法领域，强化学习实践，逐步消除执法"冷冻区""真空区"，真正实现全方位履职、全领域参与。二是探索创新执法机制和执法方式。利用好省级执法办案指导小组专业能力，通过传帮带，解决部分地区存在的不敢、不会、不愿执法现状。进一步增强执法体系运行效能，加快形成办案合力，确保各项重点任务落实落地。三是组织全省系统内贯彻农业农村相关法律法规执法行动，深入开展今冬明春农资打假、长江流域禁渔禁捕、违规调运生猪等专项执法，发挥农业综合执法服务"两个要害"作用，加强对涉农重大案件及特殊案件的督查督办，加强与公安、市场监管等部门协调配合，强化联合执法，加大对团伙链条式违法行为的全要素、全方位查处打击力度，着力查处公布一批大案要案，切实发挥好警示和震慑作用。

（四）提升装备保障能力，丰富执法办案手段

一是配齐配强执法装备。督促各市（州）按照农业农村部《全国农业综合行政执法基本装备配备指导标准》要求对标检查，调度全省各级农业综合行政执法机构执法基本装备配备情况，摸清家底，积极争取项目资金投入。将省、市、县三级农业综合执法装备建设纳入"十四五"规划，加强全省农业执法装备配置，争取建立"四川省农业综合执法指挥平台"，实现办理案件联网、适时指导办案、统一指挥调度、证据文书上网。建好用好"江河电子眼"，逐年增加渔政执法智能监控系统建设项目实施县，力争实现全省禁捕重点水域全覆盖。二是积极培训基层执法队伍。充分发挥网络培

训优势，着力培养既懂农业农村又熟悉法律的"通专结合""一专多能"执法人才，以培训考试情况作为执法证件核发的基本条件，促使执法人员尽快适应综合执法的新形势新任务新要求。三是注重发挥示范标兵作用，广泛运用理论知识考试、开展案卷评查、创建执法窗口等方式，通过比武筛选，检验成效，树立一批农业执法办案能手、标兵。发挥示范标兵带动作用，进一步丰富办案手段，提高执法能力，提升整体执法能力和水平。

（五）严格执法队伍管理，全面树立执法形象

一是加强执法队伍党的建设，铸牢执法之魂，始终把党建工作摆在突出位置，在思想上、政治上、行动上与党中央保持高度一致，坚持党建、业务两手抓两促进，将理想信念的坚定性体现到具体的执法活动中，为执法工作提供政治思想和纪律作风保障。二是加强执法队伍正规化建设。通过军训等手段，提高执法人员身体素质和抗压能力。强化执法着装和标志管理，规范执法人员仪容仪表，不断提升执法队伍整体素质和执法形象。三是积极回应农业行政执法舆情，密切关注网络媒体曝光、群众信访举报等反映的涉农违法违规问题，及时跟踪、核查，坚持依法依规妥善处置，做到信息及时公开，自觉接受社会监督。四是进一步提高行政执法社会满意度，重点围绕农产品质量安全、动植物疫情防控、农业面源污染、农业行业安全生产等领域，组织开展行政执法社会满意度大调查，强化大案要案查处，有案必查、查必见效，对市场主体和群众密切关注、反映强烈、社会影响大、涉及面广的违法案件实行挂牌督办。

B.7
监狱执法管理标准化存在的问题
及改进措施

四川省监狱管理局课题组 *

摘 要： 回望四川监狱标准建设十余年探索历程，坚持标准引领的脉络贯通一体化，标准框架的结构布局一体化，适用施行的执行一体化，目标导向的效能一体化，走出了四川监狱"现代之治"的特色之路。执法标准化已成为现代监狱高质量发展的重要引擎。顺时应势，与时俱进，提质升级，应当在锚定标准结构上加力加码，推进执行上凝聚共识，强化监督上着力细化，使执法标准始终围绕新时代新型现代文明监狱焕发生机，澎湃动力。

关键词： 监狱执法 监狱管理 标准化

监狱执法管理标准，指为保证国家刑罚目的实现，对监狱管理罪犯涉及的各类执法行为与活动实施必要控制的流程规范与操作说明①。监狱执法管理标准化，则是持续推进监狱执法管理标准的动态过程，是在监狱执法管理领域制订并组织实施标准的活动②。监狱执法管理标准化具有鲜明的法治属

---

* 课题组组长：陈波，四川省监狱管理局党委委员、副局长。课题组成员：屈直俊，四川省监狱管理局政策法规处处长、公职律师；何俊芳，四川省监狱管理局政策法规处四级调研员、公职律师；张林，四川省监狱管理局政策法规处四级主任科员；张拥军，四川省雅安监狱七监区副教导员、公职律师。

① 参见齐定安《论监狱执法标准化体系建设》，《犯罪与改造研究》2015年第10期，第67~70页。
② 参见朱志杰《论监狱标准化管理》，《犯罪与改造研究》2012年第4期，第23~27页。

性、明确的价值导向、科学的内在要求、统一的执行规范，是规范民警执法行为和执法活动的有效举措。全面审视四川监狱执法管理标准化演进之路，全面呈现标准成就，全面梳理标准问题，深入研究标准发展内在机理，旨在为全面严格规范文明执法提供有力保障，为监狱治理体系和治理能力现代化提供四川经验。

一 监狱执法管理标准化的演进之路

四川监狱执法管理标准始终紧盯执法目标，紧扣执法主线，紧贴执法实践，坚持不懈推进标准化、规范化、制度化迭代升级，呈现与时俱进与创新精进的鲜明特征，全省监狱硬件面貌脱胎换骨、执法管理长足进步、社会形象大幅提升、监管场所持续安全稳定，标准化成为四川监狱的一张亮丽名片。

（一）脉络贯通一体化

1. 点线结合的建设逻辑

四川监狱执法管理标准化工作时间节点可追溯至 2007 年，在全国率先推行狱政管理、劳动现场管理"两个标准化"试点；2009 年以试行为基础双向拓展，至 2011 年形成了涵盖狱政管理、教育改造、刑罚执行等 11 个标准化体系，汇编成 23 本指导规范；2017 年推动标准管理向精细管理提档升级，构建完善了狱政管理、刑罚执行、教育改造、劳动改造、生活卫生和民警管理 6 个方面的监狱执法管理规范；2019 年，涵盖监狱刑罚执行、狱政管理、教育改造、生活卫生、劳动改造等全业务的 23 项"标准规范"和 18 本"操作手册"一次性高分通过国家标准化委员会对"四川省监狱管理标准化试点"的验收①，标志着四川监狱管理标准化体系构建全面成形。四川

---

① 《四川省监狱管理标准化试点项目以高分顺利通过国家标准化委终期评估验收》，四川新闻网，http：//local. newssc. org/system/20191206/002813535. htm，最后访问日期：2021 年 10 月 29 日。

监狱 14 年的标准化建设之路，始终立足执法这一基点，严格遵循"以点连线，以线扩面，以面筑体"的建设逻辑，充分把握监狱执法规律，做到执法为重先行先试，稳打稳扎稳步构建起一套以公正执法为核心的标准管理体系（见图 1）。

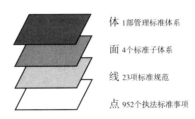

体 1 部管理标准体系

面 4 个标准子体系

线 23 项标准规范

点 952 个执法标准事项

图 1 "以点连线，以线扩面，以面筑体"的建设逻辑

2. 梯次清晰的成长逻辑

四川监狱坚持"试点先行、地标推进、国标升级"的一体化贯通性递进逻辑，在将监狱执法管理规范化一次性整体纳入省级地方标准后，既在区域协同上再加马力，联合重庆、贵州、云南、西藏四省（自治区、直辖市）监狱管理局建立"西南地区监狱工作标准化协作机制"，探索建立五省（自治区、直辖市）协同办案、执法协作系列机制，大力推进提升执法办案质量，使四川监狱标准化工作的影响在全国进一步扩大①。2018 年 3 月，向国标委申请"四川省监狱管理标准化试点"纳入全国第五批社会管理和公共服务项目试点，随后全面清理与监狱工作相关的法律法规、上级文件、内部规章制度 1860 余件，强化制度立改废释力度，将罪犯"收押"到"释放"的 952 个执法事项逐一明确工作依据、流程规范、职责要求及文书表单，使标准结构更加清晰、层次更加分明，标准品质进一步得到提升。

3. 与时俱进的发展逻辑

四川监狱坚持观察时代、结合时代、把握时代，注重执法标准化的持续升级、更新升级、提质升级，使标准更具生命力。2021 年，四川省监狱系

---

① 《西南五省（区、市）监狱共建标准化协作"朋友圈"》，川观新闻，https：//baijiahao. baidu. com/s？id＝1675980519309863111&wfr＝spider&for＝pc，最后访问日期：2021 年 10 月 29 日。

统根据教育整顿核心任务，围绕规范刑罚执行权力、提升执法公信力，着眼打造教科书式执法模式，重点从民警执法权力责任界定、执法工作事项要求、"减假暂"案件办理程序监督以及执法为民相关规范着手，先后制定推出《四川监狱"减假暂"案件办理四查五审六监督标准》《四川监狱民警执法权力责任清单》《四川监狱"减假暂"办案中心工作标准》《四川监狱执法管理标准（图文简编）》，形成一批在全国监狱具有示范性的执法管理标准，为巩固深化教育整顿成果、深入推进政法基础业务规范化建设提供可借鉴、可复制、可推广的成功经验①。

（二）结构布局一体化

1. 要素统一的设计逻辑

标准化是对静态的制度文件确定、运用、评价的动态行为，是系列规范性制度、操作性流程、合理性目标等要素的技术性嵌入。在监狱执法管理标准化实践探索中，我们坚持对执法事项进行分类，对每一执法事项按照"制度、流程、目标、文书"四大要素进行统一设计，使标准形成可资循环、可供遵循的动态图景，使标准要素充分完备，逻辑环节紧密结合（见图2）。制度是标准的依据，其源于法律，包括规章制度、规范性文件等内容，是执法标准化的核心要素。流程是标准化的主体部分，意指执法标准是一个首尾相接的流动环节，促使执法者按照一定路径和方式运转流动，少走弯路，是执法标准化的关键要素。目标是执法管理的功能、目的、职责实现，是执法标准化的价值要素。文书是执法管理内容在文字上的记录与呈现，是执法标准化的载体要素。各要素之间在方向上一致，均是简要描述、精选提炼，使各类共性执法事项可以重复操作，使执法环节简便化、执法效能最佳化。

2. 执法管理的主线逻辑

四川监狱管理标准体系由通用基础标准子体系、监狱执法标准子体系、

---

① 《四川监狱系统"减假暂"案件办理经受住考验》，中国长安网，https://baijiahao.baidu.com/s?id=17149178466300049640&wfr=spider&for=pc，最后访问日期：2021年10月29日。

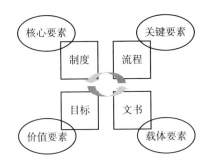

图2 执法事项"制度、流程、目标、文书"四大要素

支撑保障标准子体系、督察考评标准子体系四大子体系组成。监管执法标准子体系是整个监狱管理标准体系的业务核心,包括刑罚执行、狱政管理、狱内侦查、教育改造、生活卫生、劳动改造等6个部分;其余三大体系围绕执法这一核心业务展开,通用基础标准子体系是执法标准的先导,支撑保障标准子体系是执法标准的基础,督察考评标准子体系是执法标准的依托,四大子体系相互融通,构建形成全省统一、内容全面、逻辑清晰、结构严谨的标准体系(见图3)。

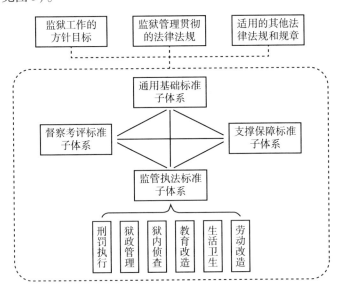

图3 四川省监狱管理标准体系

3. 流程导向的操作逻辑

执法流程能够防止执法缺位、管理移位，能够保证执行者依图作出正确决策。四川监狱执法管理标准重视执法流程图的设计，将"环节、执行、目标、结果"四元素融入所有工作事项，形成首尾衔接的流程图式，对各关键节点逐一细化，并进行逐项说明，便于民警全面正确理解、准确把握、精准执行。流程按照"环节简化、路径短化、执行优化"的原则，基于具体执法事项目标，指引执法民警依图导行，重复执行，方便形成执法事项的记忆能力，培养民警法治意识，全面提升监狱执法管理精细化水平。

（三）贯彻执行一体化

1. 民警应知全员全覆盖

监狱民警熟练掌握执法管理标准是推进标准化的前提，四川省监狱系统采取集中培训、线上培训、业务骨干到监狱组织培训等方式进行标准普及，运用学习会、研讨会、培训会等形式，分批次分层次分岗位分条线组织2万余民警进行标准化业务培训，进一步讲清标准在执行中的重点和难点，纠正执行中的偏差和错误，推动标准入脑入心。开展全员讲标评标活动，民警着重对照标准，结合岗位实际，谈认识、讲体会、找差距、想办法，以讲促练、以讲促思、以讲促效，深化"标准"意识，熟练掌握本岗位标准，熟悉关联业务标准。

2. 民警应试比武常态化

"标准"是业务工作的规范文本和"说明书"，是"规定动作"的依据。四川省监狱系统常态化开展业务技能练兵，大力推进标准规范和操作手册运行，坚持以考促学，统一组织开展全员标准化通用考试，组织各条线岗位民警开展业务标准测评，提升执法管理标准化运用水平和能力。着力加强示范引领，每年动态分级评选管理规范监狱和管理规范监区，组织开展"筑梦新征程·奋进新时代"贯标大比武、"尖兵—2020四川监狱践标提能大比武"等系列活动，评选表彰了一大批业务标兵、岗位能手，促进典型

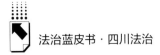

示范领跑作用发挥①。

3. 民警应用推行教科式

涵盖"入监"到"出监"所有业务工作的23个"标准规范"和18本"操作手册",逐一明确工作依据、工作职责、工作流程、关键节点、文书表单等内容,形成了简明实用的执法"教科书",实现了所有监管执法工作流程化、规范化、精细化。政法队伍教育整顿以来,四川省监狱系统进一步完善执法司法制约监督机制、打牢制度"补丁",在现有监狱执法管理标准化成果上,着力构建贯通式一体化"教科书式"监狱执法标准体系②。同时,推进标准流程影像化、口诀化,形成一批具有鲜明特色的标准化流程动画演示、现场教学视频和流程口诀顺口溜,使操作流程更形象、更具体、更顺畅。

(四)效能提升一体化

1. 执法理念得到提升

标准化思维是法治思维的体现。四川省监狱系统紧紧围绕规范刑罚执行权力,聚焦执法链条优化,构建贯通式执法标准体系,以标准强化执法的过程控制,以制度"刚性"遏制权力"任性",减少自由裁量,预防任意性、选择性执法以及带来的执法不严、执法过度,预防司法执法腐败③。同时,监狱执法管理标准化凸显行为导向,为民警提供科学、标准、简明的行为指引,克服习惯型、经验型传统思维和惯性做法,民警法治思维、法治理念得以提升。

---

① 《尖兵集合,四川监狱践标提能大比武复赛之二》,澎湃新闻,https://m.thepaper.cn/baijiahao_9818529,最后访问日期:2021年11月9日。

② 《以"教科书式"执法标准提升执法水平 四川监狱系统"减假暂"案件办理经受住考验》,法制网,http://www.legaldaily.com.cn/index_article/content/2021-10/29/content_8618177.htm,最后访问日期:2021年11月9日。

③ 参见蒋国平《深入推进监狱执法规范化建设研究》,《犯罪与改造研究》2016年第1期,第66~69页。

2. 执法方式得到转变

通过全面清理罪犯收监、申诉、控告、立功、减刑等20项主要执法权力事项，细化为79项具体执法权力，明确了47类违法违纪行为和122种责任追究情形，形成了民警执法权力责任清单，民警执法实施全过程监管，权力运行更加规范。民警执法中更加注重标准运用，注重细节管理，执法方式从"粗放"走向"精细"。主动把监狱执法活动向当事人和社会公开，推行执法信息"指端"可查询，监狱执法方式更加透明。

3. 执法公正得到保证

通过统一制度、规范流程、加强管理、强化监督，使监狱执法管理业务全面迈入规范化管理轨道，极大地防范和减少了监狱执法管理中的不廉洁、不规范行为。已经收官的四川第一批政法队伍教育整顿对减刑、假释、暂予监外执行案件倒查30年（1990年至2020年），发现"四川监狱案件数量居全国前列，但问题案件、瑕疵案件数量远低于全国监狱平均数"①。在全部问题瑕疵案件中，2007年以前的问题瑕疵案件占比为79.4%；2007年以后的问题瑕疵案件占比为20.6%，且多数集中在案卷材料不齐等方面。以2007年（四川省监狱系统标准化建设启动年）为"分水岭"，问题瑕疵案件呈现"前多后少"的突出特点，标准红利在教育整顿中强势凸显。

二 监狱执法管理标准化的问题之探

标准是对法律法规的有效补充，通过制定、实施标准达成统一性是标准化的实质，可以有效促进执法规范化，全面提升法治能力水平。也应注意到标准自身有其局限性，民警对标准的理解程度不一，现实情况千差万别，监狱执法管理标准化仍存在不容忽视的问题。

---

① 《以"教科书式"执法标准提升执法水平》，法制网，http://www.legaldaily.com.cn/index/content/2021-10/29/content_8618176.htm，最后访问日期：2021年10月29日。

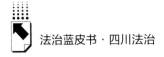

（一）标准制定有失准度

1. 少数标准引用失据

近年来，随着全面依法治国基本方略的推进，中国加快了各领域立法进程，新增、修订、废止法规频繁，法律调适变化让标准面临某些尴尬。一是新法出台导致标准引用不准。例如，《民法典》颁行后，《合同法》等法律已作废，其在标准中应予删除。《社区矫正法》出台后，所引用的《社区矫正法实施办法》两院两部已进行修订，原引用的文件已失效，应重新引用。司法部2021年《关于计分考核罪犯的规定》已废止2016年版规定，诸多新规出台应对原引用依据进行全面梳理。二是《监狱法》自身指引不足。《监狱法》是监狱执法管理标准的基础来源，因条款抽象，指引性不足，内容与程序说明不细致，导致标准援引执法依据不足，加之刑事政策调整快，对标准修订的及时性准确性提出了挑战。以狱内侦查为例，《监狱法》规定了监狱侦查权，但监狱的刑罚执行机关性质与公安的专门侦查机关存在区别，《监狱法》在狱内侦查权的行使上缺乏具体指引，所沿用的狱内侦查规定系1997年司法部制定，在立案标准、办案程序、危险犯的管理标准上与现时情况存在差距，指导性不强。三是制度失效导致标准指引缺陷。标准中引用了大量暂行规定，暂行试行文件应有一定期限，未明确暂行时间的文件有效期最长为五年，而标准中有直接引用失效文件情况，如2010年司法部监狱局印发的《监狱罪犯生活卫生管理办法（试行）》；有制定标准时未过期，经过推行一段时间过期的暂行文件，如2016年印发的《四川省监狱系统科级领导干部选拔任用工作暂行办法》；还有已作废的仍被引用问题，如罪犯危险性评估，手册上依然引用的是宣布作废的MCD评估模式标准，与全省统一采用上海模式作为评估标准现实情况不一致。

2. 个别流程环节欠佳

流程是标准化建设的重要内容，以图式提示民警照章行事，依法执法，确保执法目标的内部控制依法进行。一是流程指向环节与法条衔接不紧密。表现在流程图未按法律规定设计，如《监狱法》第26条明确规定了暂予监外执行后批准机关的文书移送抄送环节，但流程图并无此指向，其后的关键点也无此说明，可能会让不熟悉法律的民警出现执行错误。二是流程设计与实际衔接不紧密。全省各监狱传统习惯、硬件设置、分区布局、押犯结构不一致，而个别标准在流程设计上的区别化、人性化问题体现不充分，如标准对罪犯出入监教育时间进行了明确限定（入监教育两个月，出监教育三个月），一些关押短刑犯的监狱，罪犯入监时剩余刑期就只有一两个月，执行流程就难免出现"跳环""跑环"现象。三是流程设计与认知衔接不紧密。个别流程的设计不符合民警执法场景的认知习惯，如罪犯死亡后的处理流程，家属的异议环节指向检察院后的环节应是独立走向，而不应再次指向监狱内部死因鉴定环节，导致闭环循环，图示与关键点说明亦不符，也不符合实际执法认知，诸如此类问题应进行再梳理，使其更符合一般实践逻辑认知。

3. 某些配套措施乏力

一是缺乏执法保护内容。一方面，监狱作为刑罚执行机关本身在刑罚的惩罚功能上弱化，标准体系上惩罚标准亦是弱化，让民警执法"跛脚"；另一方面，执法标准更多的是对民警执法的限制，标准体系缺乏民警执法保护方面的内容，如民警依法履职免责无标准、民警容错纠错缺乏标准，对基层民警强烈期盼标准回应不够有力。二是缺乏精细化配套内容。以四川省监狱系统亮点项目建设标准为例，公共法律服务中心虽已出台了相关窗口单位的标准，但缺乏精细化运行标准。实践中部分监狱公共法律服务中心将罪犯家属会见、代收书籍、律师会见等便民服务统一纳入"一站式服务"，由于缺乏运行标准各监狱又会自行制定管理办法，执行中形式上、表面上统一性强，内容上、实质上多有偏差，影响亮点项目的推进力度。三是缺乏直观指导内容。标准化是一个活力概念，民警适用标准因个体文化差异、专业差异、能力差异，需要更多措施来激发民警运用动力，但标准化出台后，可视化、具象化、口诀式、口袋书式直观明了的操作指导还不够，"教科书式"执法视频虽已开始拍摄，但深入的现场教学演练培训还不充分。

（二）标准执行空转虚化

1. 适用标准存在认识偏差

执法标准的制订往往基于一种理想化场景，把执法者视为理性人，试图通过执法者的理性选择完成标准预设的执法任务，实际上因执法者认识等问题，运行效果与预期存在偏差。一是效率与规范问题。执法标准偏重执法流程，更重程序正义，而民警执法习惯追问结果，更为重视效率，两者是一对矛盾。个别民警认为标准束缚手脚，未能养成运用标准的自觉、形成运用标准的"惯性"，标准未能得到较好尊重和遵守，未能发挥其应有功效，导致标准运用存在"空转"现象。二是追责与免责问题。一方面，民警对标准化认识不到位，认为标准会成为日后执法不规范的追责依据，视标准为"紧箍咒"，执行过程中存在抵触情绪。另一方面，民警希望标准明确责任与免责界限，能起到降低自身责任风险的作用。期望免责与害怕担责的矛盾心理致使民警标准运用不深不细不实。三是坚守与权变问题。标准化具有重复特性，个别民警认为完全执行标准易导致机械重复，有些标准如果生搬硬套，如对罪犯个别谈话本具有一定灵活性、随机性，一旦固定在某个场合或拘泥于某种形式，个别谈话效果将会受到影响，标准的普遍性问题与个案实际的关系应予以重视，一味强调标准化，个案的灵活性、管理的权变性将会受损。

2. 执行标准存在行动偏差

标准化创设源于执法实践的迫切需要，但标准实施中过度标准化，极易成为形式主义和官僚主义的新变种，束缚基层活力和创造力。一是标准执行变异走形。以监管安全基础制度"互监组"为例，互监组制度对规范罪犯行为养成、维护监管安全稳定具有重要意义，而互监组的编排有一整套严格的要求及审批流程，但在实际执行中互监组的编排，特别是在短刑犯监狱，每年收押和释放人数基本持平，加之生产项目的变化带来互监组不停调整，出现用机位倒排互监组乱象，互监组作用得不到落实。甚至出现短刑犯在同一互监组中故意违规、影响长刑犯改造的现象，导致标准执行不到位。二是标准执行流于形式。个别民警对执行标准存在应付心理，填报资料不及时，有的行为未按流程规定动作进行，如在罪犯出工、收工阶段的搜身检查，认为严格按照标准执行下去会影响生产劳动的组织，出收工搜身如再遇恶劣天气影响，更是成为形式主义，这一点也成为政法队伍教育整顿过程中基层民警认领问题最多的条款。三是标准执行缺乏配合。监狱执法标准有些项目需要得到地方其他执法部门的认可，但外部配合并不流畅，如刑罚执行方面，财产刑履行有的地方法检部门按考核期消费金额计算，有的地方法检部门按近一年履行金额不高于消费金额计算，导致同样的罪犯在不同的监狱服刑是否有悔改表现认定不同。教育改造方面，文化和职业技术教育纳入地方教育体系（简称"双纳入"），亦缺乏相应文件支撑。狱内侦查方面，监狱下大力气捕回的脱逃罪犯，因缺少立案脱逃表（按照当时规定并无此项要求），检察院以"已过追诉时效"为由不予起诉，部门之间配合需要加强。

3. 实施标准存在智慧偏差

标准化和信息化，被比喻为监狱改革创新发展的"车之双轮"。信息化在指挥调度模式、民警夜间执勤模式、疫情防控模式上获得民警及群众高度认可，但与标准化未能同频共振。一是录入负担重沦为形式。以教育改造为例，有的监狱规定了最低录入数据量，为了完成任务，为大数据决策服务的信息录入在执行中变成了复制粘贴。可以节约民警大量时间避免重复录入的移动执法终端功能未能在标准化实践中发挥作用。有的监狱在推行个别谈话中使用录音笔，罪犯在面对录音笔时谈心谈话内容的真实性大打折扣，在标准的目标成效上不足。二是标准化与信息化连接不畅。执法过程中无纸化办公与有纸化签字标准存在冲突。无纸化办公节约了大量的办公经费，资料调取也更加方便，而执法证据的留存大多必须以纸质形式呈现，信息载体与纸质载体同时使用，导致民警工作量翻番，线上线下都要跑，不仅没有省时省力，反而加重了负担。三是联通执行网络不畅。例如，狱政管理方面，远程会见罪犯亲属身份的审核，需要公安部门授权；监狱与公安、国安、法院等部门的情报共享、信息研判机制还未形成常态化，墙外防护网还需要建强。

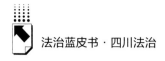

（三）标准监督刚性不足

1.内部监督不力

一是执法领域专业监督不足。监狱内部监督与专门监督没有分层分项、系统推进,将纪检监察部门的监督运用到刑罚执行还处于探索层面,纪检监察监督扩容到执法领域还尚肤浅,内部监督面临执法现实检验。二是狱内侦查缺乏监督机制。狱内案件的办理缺乏类似于公安法制部门的监督,实践中,狱内案件的立案、侦查、撤销等环节往往因为缺乏相应的监督机制导致相关部门扯皮、久拖不决的现象时有发生,嫌疑人长期被隔离审查,给监管安全带来很多不利因素,也极易引发舆情风险。三是法治监督力量薄弱。近半数监狱未独立设置法治专业统筹部门,相关职能混同于办公室或其他部门,法治机构未能有效发挥法治监督作用。法治部门普遍存在人手少现象,专业人员未能用在专门岗位上,监狱公职律师未能在法律事务岗位上发挥作用。

2.外部监督不灵

一是执法监督员作用未能有效发挥。各监狱虽然普遍聘请了执法监督员,但在作用发挥上有限,一般为被动接受邀请,主动到监狱进行监督较少,监督通道缺失,监狱对如何发挥执法监督员的作用办法有限。二是狱务公开进程不一。狱务公开处于各监狱自行探索阶段,大多数监狱以执法公开平台代替狱务公开,没有独立的门户网站,所公开信息存在不全面、不及时、不规范等问题,尤其是依申请公开既无法律依据,更缺制度规范。三是社会监督作用不够。通过开展监狱开放日、帮教活动日、回归走访、“法律七进”等方式加大了监狱开放程度和社会监督力度,但社会监督的实效性还需增强,存在社会监督渠道单一、信息发布机制不健全、舆论监督难以介入等问题,还需要进一步理顺机制,畅通渠道。

3.考评监督不畅

一是缺乏考评反馈机制。监狱执法管理标准化建设不可能一劳永逸,更不可能用标准“包治百病”。法律法规的滞后性,决定了依据其制定的标准同样有滞后性。执法管理标准缺乏反馈机制，难以及时将标准与执法管理的先进理论、基层经验做法进行有效结合。二是智能考评运用不够。在充分运用现代信息技术加强执法标准的适用和监督，切实将科技优势转化为执法权力制约监督效能方面存在短板。监狱执法管理平台建设运用、执法信息网上录入、执法流程网上管理、执法活动网上监督还不平衡、不全面，执法质量网上考评体系缺乏相应机制，考评的科技手段未能充分运用，作用未能充分发挥。三是考评未能全面覆盖。监狱内部执法考评项目设置过多，缺乏科学方法，不能面面俱到，导致考核流于表面重在形式。上级考评一般具有针对性，重点聚焦疑难点案件或问题案件，导致民警执法过程中为避免被"一票否决"，产生"赌运气""不做事就不出事"的想法，束缚了标准执行的主动性和积极性。

三 监狱执法管理标准化的改进之道

习近平总书记指出："制度更加成熟更加定型是一个动态过程，治理能力现代化也是一个动态过程，不可能一蹴而就，也不可能一劳永逸。"① 标准制定出来后，通过实践检验和问题检视后，需要不断对标准进行再健全再完善，使标准更加成熟定型，适用更加精准高效，监督更加严密有力，为监狱公正文明执法提供坚强保障。

（一）对标规范建构，推进监狱执法标准健全完善

1. 立足法律，使标准的法律依据更加准确

制定标准的首要要求是从法条中来，即要立足法律，全面系统梳理法律，从体系上解决标准的及时更新与跌代，使监狱执法管理标准从"有标"向"优标"提升。一是源头修法解决标准依据不足。监狱执法管理标准首

---

① 习近平：《坚持和完善中国特色社会主义制度、推进国家治理体系和治理能力现代化》，《习近平谈治国理政》（第三卷），外文出版社，2020，第127页。

先要解决监狱刑罚执行顶层法律自身不足问题。监狱民警执法标准依据包括《刑法》《刑事诉讼法》《监狱法》等法律法规,主要是《监狱法》,但《监狱法》的唯一一次修订仅是为了匹配《刑法》修订内容,广大民警盼望的修订内容无一涉及。建议对《监狱法》进行系统修订,从顶层立法上解决标准所依据的法律本身存在的制度缺陷;或者出台《监狱法》实施细则之类的细化规章,弥补监狱法律规范不足缺点。二是系统梳理填补法条遗漏缺陷。加强和改进标准制订工作,全面厘清标准制订所依据的法律规章和制度文件,对原标准未引用的法律文件要作规范引用,特别是在全面依法治国背景下,国家加快了立法步伐,要及时将新的法律填补进标准,如《社区矫正法》要纳入刑罚执行标准中假释、暂予监外执行板块,《法律援助法》应在监狱执法管理标准中的监狱公共法律服务板块正确援引。对标准流程图所依据法条的规定要进行修改完善,使流程与法条衔接更加紧密、更有逻辑、更可操作,做到科学制标、依法制标、规范制标,不断提高标准质量。三是全面清理解决法条冲突打架问题。标准修订要做到与时俱进,对于已作修改变更的法律,要在标准中进行修订,将过时的法律条文予以删除,重新引用新的法律法规,如合同签订时原引用《合同法》,在《民法典》已生效实施的情况下予以更正,"七五"普法已结束,所援引的《中央宣传部、司法部关于在公民中开展法治宣传教育的第七个五年规划(2016~2020年)》已过时,应予删除;个别标准引用的试用类文件也面临试用期满后的立改废,诸如此类问题要通过及时更新让民警在执行标准时能做到准确引用。还应考虑标准的应急状况,近三年的标准施行,疫情防控与执法标准的执行有一定冲突,在更新标准时,要考虑标准非常态情境下的调整,使标准更加周延。

2.立足实践,使标准的执行流程更为流畅

"实践是法律的基础,法律要随着实践发展而发展。"① 监狱执法标准制定的目的在于准确执行刑罚,应体现出"流程更简、环节更省、执行更易"

---

① 习近平:《坚持法治国家、法治政府、法治社会一体建设》,《习近平谈治国理政》,外文出版社,2014,第144页。

的要求。一是及时增减不合法条的流程环节。制作流程图在于其能清晰指向执法的步骤、措施、方法，从开始到结束应具备的规定动作和方法指令，环环相扣，执行到位，因此需要全面梳理执法标准的所有流程，使其与法条结合更为紧密。错误设计环节要删除或修改，若法条有规定，则流程图就应有相应设计，做到流程与法相合。二是适时吸纳契合法治精神的实践方法。标准的设定在于执行，而基层民警才是监狱执法管理标准的执行主体，是具体标准的日常运用者，标准好用不好用、实用不实用、管用不管用，应更多倾听基层执法民警的意见，对于基层民警在日常执法中好用惯用的动作，要固化成标准。比如，实践中的合法性审查意见，在设计流程图时就应把合法性审查环节在流程图上体现出来，使其与实践结合更为紧密。三是充分考量流程设计中的逻辑认知。流程的设计更多反映在监狱民警的执法实践中，流程的设计要符合一定的认知习惯，诸如前文提到的罪犯死亡异议环节应进行修改。同时，制订标准的人员应加强与基层衔接联系，多倾听基层执法一线民警的意见，了解流程的使用便捷度情况，消除流程"肠梗阻"。

3. 立足实效，使标准的实际操作更接地气

监狱执法标准应为监狱民警执法量身打造，使其更贴近工作实际，防止标准"内卷"，才更接民警地气。一是标准设计应综合考虑外部因素。监狱执法标准规范化的内在要求是解决民警执法不规范等现象，但监狱执法往往涉及的不仅仅是监狱系统一家，要改变各自敲锣打鼓的现象，还必须将标准的环节既向前端延伸，也向后端递进，如刑罚执行中的"减假暂"案件办理与公检法司机关均有较大关联，实际操作中还没有固化成标准，修改完善标准时应予以充分考虑。二是增加执法保护标准内容。基层民警执法标准是普遍性规范，其针对一般性、常见性执法事项进行规范，既具有指导性，又具有约束性，但同时也要在标准中作出基层民警期盼执法保障性内容的回应，使民警依法履职免责、容错纠错有标准可循。三是标准应体现区别性。打破监狱执法制订标准条线独立、基层民警执法综合应对的现象，各条线应统一协调，做好整合融合，改变标准"一刀切"，给标准减负减压，适当对标准予以调整，以此为基础，将标准中一些相互矛盾甚至重复的内容（如

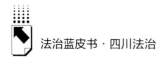

罪犯个别教育、生产任务、互监组设置等）进行充分调整，确保条线执行更加协调、更加统一。

（二）对标制度运转，推进监狱执法标准正确适用

1. 强化标准认识

"制定出一个好文件，只是万里长征走完了第一步，关键还在于落实文件。"[①] 标准运用得当的关键是人，即监狱民警执法队伍在适用标准上的观念转变与主动作为。一是树立"会标"意识，摒弃"废标"言行。继续强化执法标准规范建设，必须强化民警执法标准意识，从标准的构建机制上阐明标准的基础来源于法律、来源于法条、来源于制度，并非无所依据的标新立异。要推进"教科书式"执法教育，形成常态化标准教育机制，开展"会标"行动，形成人人知道标准、人人会用标准的良好氛围。二是坚持"贯标"意识，养成"惯标"作风。在全体民警中开展标准理念教育，培育民警贯标意识，使贯标成为民警自我意识、自发行为、自觉行动，增强民警学习标准的积极性，对照标准制作口袋书，编制口诀书，制作讲解视频，从日常执法活动常态中养成运用标准的习惯，形成"自觉遵守标准、遇事寻找标准、解决问题依靠标准"的良好风尚。三是强化"固标"行动，消除"箍标"误区。标准固化成制是标准化的首要目的，不仅要将标准固化为纸质文件，更应固化为行动指南，要开展标准执行深化活动，防止标准虚置。标准只解决一般性和普遍性问题，要消除标准"包治百病"的错误认识，破解逢问题只会问标准、找标准的"唯标准论"，清除执法中的"紧箍咒""绊脚石"。针对民警在执法工作中不敢大胆管理、思想禁锢，特别是标准让民警执法形成认识障碍的现象，要通过开展标准专题讲座等活动，帮助厘清标准适用范围，需要认真梳理监狱民警执法事项，准确建立权力清单、责任清单，尽可能将所有民警执法事项纳入标准化体系轨道，真正让民警执法

---

① 习近平：《不断提高运用中国特色社会主义制度有效治理国家的能力》，《习近平谈治国理政》，外文出版社，2014，第106页。

有法可依、有章可循、有制可守。

2. 推进标准执行

一是注重程序控制。监狱执法管理标准化以流程图形式清晰展示监狱执法管理程序，其运用程序化的方式描述监狱每一项执法工作的运行轨迹，将监狱执法工作的每一步骤、每一环节形成简化明确的运行图示，注重过程把握和环节控制，具有操作指导作用。执法管理标准化在全系统推广，要把过程控制列为重点，按图索骥，以此强化对民警执法的全环节全过程管控和动态监督，实现监管执法的流程化、规范化、精细化。二是注重基础控制。标准注重程序，执法追求效率，克服程序与效率矛盾，还在于准确运用标准，将执法的基础事项一贯到底。要把监狱执法管理标准的核心体系作为抓执法的基础业务，全业务抓贯彻、全流程抓贯通、全环节抓贯入，大力开展基础业务工作的标准化建设、标准化运用、标准化管理，提升民警执法实务能力水平。三是注重风险控制。监狱执法具有风险性，运用执法管理标准则在于通过流程控制消除执法风险隐患。特别是监狱的减刑、假释、暂予监外执行，广受社会公众关注，而对罪犯的狱政管理、教育改造、劳动管理等工作涉及罪犯权利保障等法律事项，往往其中一项执法不规范，就可能引发"蝴蝶效应"，导致监狱执法形象崩塌。监狱民警反感监狱工作处处留痕，对此需要开展监狱民警执法风险教育，引导民警在执法中树立风险意识，完善执法管理风险排查、评估、防控、整治、验收、反馈等环节安全治理制度，综合利用科技、人工智能等手段，提高风险防控"链式"防范能力，建立监狱执法过程证据收集及证据保全机制，建好民警执法"防火墙"。

3. 深化标准保障

一是智慧保障。探索建立与"智慧监狱"相适应的民警执法执勤管理模式，探索执法管理网络化平台建设，持续推进监狱执法与现代信息技术深度融合，升级监狱监视、情报、报警、处突、调度、指挥等功能，推行5G技术与监管执法管理工作各环节紧密结合。深入推进"智慧监狱"建设，充分运用"信息网络、智能安防、指挥调度、业务软件、协同办公"等六位一体的信息化系统，推进"智慧监狱"在民警执法管理上的智能运用，全面加强民警执法信息化应用培训，促使民警掌握执法信息网上录入、执法证据电子保全、案件办理网上留痕，全面提升监狱智能治理能力水平。二是力量保障。深化执法队伍标准培训体系建设，打造规范执法专业队伍，开展"教科书式"执法视频教育，养成民警"镜头下"执法的习惯，打造专业职业专门队伍，强化监狱公职律师队伍建设，开展执法标准管理法律论证，完善执法标准各环节的流程路径、实体要求和程序规范。以深化标准三年行动为契机，强化民警规范执法引导，编制民警执法典型案例入库建设，筛选正反典型案例进行剖析，强化民警执法标准意识和行为管理，推进监狱高素质执法队伍专业化职业化，为监狱执法提供坚强力量保障。三是协同保障。在规范监狱执法管理内部基础业务工作的同时，围绕规范执法行为、促进执法公正、提升执法公信力，同步配套推进外部执法协同机制的规范化建设和减刑、假释、暂予监外执行案件办理统一制度规定的建立。各条线结合业务标准存在的漏洞或不足，与所涉业务对口单位建立合作机制，制定联合标准文件和联席会商机制，使内部基础业务工作和外部法规制度统一规范协调同步、协同配套，促进全省监狱执法水平规范提高。

（三）对标效能提升，推进监狱执法标准规范运行

1. 完善考评体系

一是增加法治评查内容。依据《中共中央关于全面推进依法治国若干重大问题的决定》《法治政府建设实施纲要（2021～2025年）》和其他有关规定，制定监狱法治督察工作办法，确定法治督察实施主体、考评内容、督察方式等，明确监狱执法标准化建设情况为监狱法治督察重点内容，进一步规范现有考评体系。二是探索执法质量考评制度。全面促使监狱民警按执法管理标准规范履职，按照依法、科学、有效的原则探索建立民警执法质量考评机制，对一些带主观性认识的考核如"不致再危害社会"的评定等不宜进入考评系统，落实民警依法履职保护机制，激励民警在执法工作担当履职、积极作为。三是创新网评机制。评价提升规范中已有日常考评、年度考评内容，增设网上考评内容，探索民警执法网上警示系统，及时提示民警在

法定期限内履职，杜绝超期超限履职等不作为或乱作为现象。

2. 开展执法评查

一是常态自查。监狱层面要组织执法部门开展自查活动，加强对民警执法关键领域、关键节点、关键部门进行重点检查，对民警行使执法职权、履行执法职责、遵守执法纪律情况进行常态化评查，及时发现执法活动中存在的问题及隐患，建立"一案一评议"制度，采取有力措施防止执法案件发生。二是动态互查。开展监狱与监狱互相交流学习与借鉴活动，倡导相邻监狱、片区监狱组织不同形式的互查活动，互相通报案件办理情况，共同探讨疑难案件办理，共同协商规范机制建立，跳出监狱看监狱，形成规范执法好方案好机制。三是动态评查。制定执法评价标准、评价办法，适时组织第三方机构进行评查，研究评估结论，通过外界客观公正地看监狱、评监狱，找到监狱执法工作短板弱项、受制因素等，为提升监狱整体执法效能提供有力参考。

3. 强化制约监督

以现有警务督察、纪检监察、审计监督、安全环保监督等"四大监督"为基础，构建"内外结合、协调联动、公开透明、全程控制"的执法管理监督制约体系。一是强化内部监督。发挥警务督察在民警执法管理标准执行中的重要作用，通过日常督察的"全景式扫描"，随时发现民警在适用执法标准中存在的问题，促使民警注意自身执法规范。同时发挥纪检监察案件办理的法律专责作用，通过"定点式扫描"发现民警执法标准"病灶"痛点，警示民警规范执法。二是强化外部监督。完善执法管理对象和社会监督机制，主动接受执法和管理对象、罪犯及其家属监督以及社会、媒体监督。完善群众举报投诉受理制度，建立健全群众和媒体反映问题反馈机制。健全社会监督机制，持续深化特邀执法监督员制度，适时邀请人大代表、政协委员视察，促使执法管理标准全方位受到监督。三是强化公开监督。坚持和完善狱务公开制度，针对监狱受众面较窄、信息发布的分众化程度不高、传播力不强等缺点，大力推行狱务公开，依法对应公开事项做到全公开尽公开，让社会公众、新闻媒体和罪犯及其家属的知情权回归法治的轨道，更全面、更精准、更及时地回应关切、引导预期。

B.8
四川省加强党政主要领导干部经济责任审计 促进权力规范运行的实践

四川省审计厅课题组*

摘 要: 经济责任审计工作是伴随着我国民主法治建设的推进、经济社会
的发展和干部管理制度的完善逐步建立和发展起来的。针对领导
干部履职过程中存在的问题,四川省党政主要领导干部经济责任
审计聚焦促进权力规范运行,在落实"审计全覆盖"要求、开
展研究型审计、推动智慧审计等方面采取了一系列创新举措。本
文主要针对四川省党政主要领导干部经济责任审计的探索和实践
进行剖析,以期厘清思路、解决问题,形成可复制、可推广的经
验成果。

关键词: 领导干部 经济责任审计 权力规范运行

党的十九大作出了健全党和国家监督体系的战略部署。党的十九届四中
全会明确提出,要充分发挥审计监督的职能作用。习近平总书记在中央审计
委员会第一次会议上指出,努力构建集中统一、全面覆盖、权威高效的审计
监督体系,更好发挥审计在党和国家监督体系中的重要作用。审计机关应以
促进经济高质量发展,促进全面深化改革,促进权力规范运行,促进反腐倡

---

* 课题组组长:陶志伟,四川省审计厅党组书记、厅长。课题组副组长:周兵,四川省经济责任联席
会议办公室主任;李齐辉,四川省审计厅二级巡视员。课题组成员:罗贤明,四川省审计厅二级巡
视员;黄立明,四川省审计厅法规处处长;韩勇,四川省审计厅经济责任审计处处长;薛雾菡,四
川省审计厅一级主任科员;姜琪琦,四川省审计厅四级主任科员。执笔人:薛雾菡。

廉为工作重点，做到应审尽审、凡审必严、严肃问责①。

党政主要领导干部经济责任审计作为加强权力运行制约与监督的重要制度安排，目的是强化对党政主要领导干部的管理监督，促进其履职尽责、担当作为。监督的内容是领导干部权力运行和责任落实情况，这与党中央关于健全党和国家监督体系、强化对权力运行的监督和制约、促进权力规范运行的要求是一致的。

一　党政主要领导干部经济责任审计具有重要意义

作为干部管理监督和审计监督相结合的重要手段，经济责任审计以其独立性、专业性和全面性优势，在强化权力运行监督和制约方面发挥了其他监督形式不能替代的重要作用。通过审计揭示领导干部是否存在重大失职渎职、重大决策失误、重大损失浪费和重大管理漏洞，促进其依法用权、秉公用权、廉洁用权，将有权必有责、有责要担当、失责必追究的要求落到实处，对推进治理体系和治理能力现代化具有重要意义。同时，在审计中贯彻落实"三个区分开来"重要要求，推动建立健全领导干部激励和容错免责机制，保护其干事创业的积极性、主动性、创造性，促进其履职尽责、担当作为。

（一）党政主要领导干部经济责任审计是加强干部管理监督、促进执政能力建设的重要措施

党政领导干部经济责任审计制度有机结合了组织监督、纪检监督和审计监督，不仅完善了干部管理监督制度，也为落实"有权必有责、有责要担当、失责必追究"的监督和问责机制提供了重要依据。中共中央办公厅、国务院办公厅《党政主要领导干部和国有企事业单位主要领导人员经济责任审计规定》（以下简称两办《规定》）特别指出："应按照权责一致原则，根据领导干部职责分工，综合考虑相关问题的历史背景、决策过程、性质、

① 习近平在中央审计委员会第一次会议上的讲话，2018年5月23日。

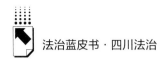

后果和领导干部实际所起的作用等情况，分别界定被审计领导干部履行经济责任过程中所承担的直接责任或者领导责任。"① "建立健全经济责任审计情况通报、责任追究、整改落实、结果公告等结果运用制度。"② 贯彻落实两办《规定》，切实加强经济责任审计工作，明确评价领导干部在履职过程中是否存在失职行为、是否应当承担责任以及责任的性质标准，有效地促进了权力与责任相适应，提升政府的公信力和执行力。

（二）党政主要领导干部经济责任审计是促进领导干部遵纪守法依规，推进依法行政、依法治国的重要途径

依法治国是国家治理的重要方面，依法行政是依法治国的核心内容。实行经济责任审计，监督评价党政主要领导干部是否严格遵守法律法规、是否严格执行党和国家的方针政策，促进领导干部依法履职、依法行政。通过经济责任审计，揭示和处理违法违纪问题，推动了领导干部提高遵纪守法意识和自我约束能力。两办《规定》明确："经济责任审计应当以领导干部任职期间公共资金、国有资产、国有资源的管理、分配和使用为基础，以领导干部权力运行和责任落实情况为重点，充分考虑领导干部管理监督需要、履职特点和审计资源等因素，依规依法确定审计内容。"③ 对领导干部依法行政情况的审计重点、范围、内容有了更为明确的要求，有利于有效监督权力行使和客观评价领导干部的经济责任。

（三）党政主要领导干部经济责任审计是促进领导干部贯彻新发展理念、推动经济社会高质量发展的重要保障

开展党政主要领导干部经济责任审计，尤其是加强对重点地区、重点部

---

① 中共中央办公厅、国务院办公厅《党政主要领导干部和国有企事业单位主要领导人员经济责任审计规定》第39条。
② 中共中央办公厅、国务院办公厅《党政主要领导干部和国有企事业单位主要领导人员经济责任审计规定》第44条。
③ 中共中央办公厅、国务院办公厅《党政主要领导干部和国有企事业单位主要领导人员经济责任审计规定》第16条。

门和关键岗位领导干部的经济行为的监督，一方面，能够约束领导干部的决策行为，推动"三重一大"制度落地落实，促进科学决策、民主决策和依法决策；另一方面，能够为政府及有关部门提供较为准确客观的信息，反映经济运行的实际情况，确保政策措施制定的科学性。两办《规定》提出："经济责任审计工作要认真落实党中央、国务院决策部署，紧紧围绕统筹推进'五位一体'总体布局和协调推进'四个全面'战略布局，贯彻新发展理念，聚焦经济责任，客观评价，揭示问题，促进经济高质量发展，促进全面深化改革，促进权力规范运行，促进反腐倡廉，推进国家治理体系和治理能力现代化。"[①] 有利于促进党政主要领导干部科学合理地思考、规划和安排经济工作，避免"越位"、"缺位"和"错位"，推动经济社会高质量发展。

（四）党政主要领导干部经济责任审计是有效预防惩治腐败，加强权力监督制约的重要手段

当前廉政建设中出现的问题，与少数领导干部没有正确履职行权有关，在一定程度上也反映了对少数领导干部的监管不力，特别是对主要领导干部的权力缺乏行之有效的制约机制。开展党政主要领导干部经济责任审计，对严肃法纪、监督权力、推进反腐倡廉等具有重要作用。面对反腐败斗争的新形势，加强党政主要领导干部经济责任审计工作，从制度层面强化对权力运行的约束，通过揭示和分析违法违纪行为的深层次原因，查找制度和管理上的漏洞，有助于更好地从机制上、源头上预防腐败。

二　当前党政主要领导干部履行经济责任时权力运行不规范的主要表现和问题

多年经济责任审计结果表明，被审计党政主要领导干部履行经济责任情

---

① 中共中央办公厅、国务院办公厅《党政主要领导干部和国有企事业单位主要领导人员经济责任审计规定》第2条。

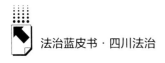

况总体较好，但是在依法行权方面仍然存在一些共性问题，滥用权力、权力运行不规范已成为依法治理特别是基层治理的关键障碍。

（一）依法行权的意识不强

仍有少数党政领导干部依法行权的意识不强，法纪观念淡薄，导致在决策中不严格遵守法律法规和国家政策。例如，审计中发现工程项目建设和政府采购违反招投标法和相关规定的问题仍较为普遍，个别部门（单位）的工程项目采用直接指定、磋商或化整为零等方式规避公开招标，以直接指定、校内招标或磋商等方式代替政府采购。

（二）重大经济事项决策不规范

一是决策范围不清晰。各市县的党委常委会和政府常务会议事规则以及"三重一大"决策制度普遍存在细化程度不高的问题，尤其是对需集体决策的重大经济事项范围界定不具体、不科学。二是决策主体不明确。地方党委、政府的决策主体权限不明、议事与决策功能混淆等问题仍较普遍，如相同投资额度的招商项目，有的由县（市、区）委常委会审定，有的由县（市、区）政府常务会审定。领导干部个人和领导班子决策权限划分不明，增加了决策随意性和廉政风险。协调机构议事与党委、政府决策区分不清，近3年来，有22个县以议事协调机构会议决策重大经济事项423项，党委、政府专题会决策重大经济事项65项，违反了中央关于地方议事协调机构不得决策的规定，地方党委领导作用以及党委常委会、政府常务会的法定决策功能被削弱。三是决策程序不规范。部分县没有对部分重大经济事项应按什么程序进行论证决策作出明确规定，导致一些重大事项缺乏充分的把关论证，同类重大事项以不同程序决策。对于同一地方重大招商协议的决策，有的采取层层把关后报党委、政府集体决策，有的则直接由业主单位谈判签约。

（三）缺少常态化全覆盖的监督

虽然通过经济责任审计和巡视巡察，加强了对基层治理重大经济事项决策情况的集中检查，但普遍缺乏对决策执行情况的日常监督、纠偏和问责机制。一方面，因重大经济事项决策制度的执行涉及层面高，同级和下级监督难，而上级经济责任审计和巡视巡察通常五年安排一次，对地方党委、政府决策制度执行情况缺乏有力的监督检查机制。受多种因素制约，经济责任审计和巡视巡察对重大经济事项决策的监督检查广度、深度存在局限性，对部分不当或违规决策难以发现纠正。另一方面，党纪法规虽对重大违规决策和决策失误的追责问责有原则性要求，但至今未建立专门针对重大经济事项违规决策问题问责的相关规定，加之经济事项决策造成的损失浪费具有隐蔽性，地方重大经济事项面宽量大、权限划分和决策痕迹不明晰，责任界定错综复杂，导致全面精准追责问责难度较大。

三　四川省加强党政主要领导干部经济责任审计的实践与探索

针对党政主要领导干部履行经济责任时权力运行不规范的主要问题，四川审计机关坚决按照党中央国务院、省委省政府的要求和部署，坚持从全面从严治党、依法治国、推动国家治理体系和治理能力现代化的高度来思考和谋划党政主要领导干部经济责任审计工作，紧紧抓住"关键少数"，扭住领导干部权力运行和职责履行这条主线，以促进领导干部"依法、尽责、有为"为目标，审计重点从以资金流向为主线转变到以权力运行轨迹为主线，关注点从资金的管理、分配、绩效转换为权力控制、政策落实、目标实现，实现了从"审财务"到"审权力"的转变。通过审计揭示存在的问题，促进权力规范运行和反腐倡廉，推动依法治国方略落地落实见成效。2018年至2021年，四川审计机关共对3187个单位、3592名主要领导干部进行了经济责任审计（见图1），增收节支共计15亿元；提交审计报告和审计结果报告4521篇，其中被批示采用213篇；审计提出建议10849条，被采纳8503条，占比75.16%；提交审计信息678篇次，其中被批示、采用229篇次。同时，加强与其他主管部门的工作联动，加大对经济责任审计结果的运用力度，强化警示约谈，出台制度规范，形成监督合力，促进权力规范运行。

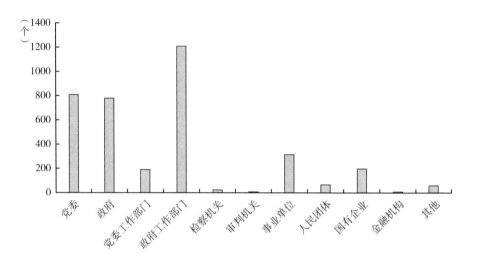

图1 2019～2021年四川省经济责任审计被审计对象分布

（一）以规划为引领，努力扩大经济责任审计覆盖面

为全面落实党中央关于经济责任审计全覆盖要求，中共四川省委办公厅、四川省人民政府办公厅印发《四川省省管领导干部经济责任审计工作规划（2014～2018年）》。2019年4月，在总结经验的基础上，省委审计委员会审议印发了《四川省省本级党政主要领导干部和国有企事业单位主要领导人员经济责任审计工作规划（2019～2023年）》，提出5年内对省本级经济责任审计对象轮审一次的目标。在审计对象确定上，规划提出任中审计为主和党政同审同责的原则，明确重点将任职3年以上且所在地区、部门（单位）5年内未安排过经济责任审计的党政主要领导干部和国有企事业单位主要领导人员作为审计对象，坚持以任中经济责任审计为主；首次将全省183个县（市、区）的政府主要负责人纳入省本级审计对象，与同级党委主要负责人的经济责任审计同步安排、同步审计、分别定责。

（二）以问题为导向，加强对重点领域和关键环节的监督

一是创新开展专项经济责任审计。为解决普遍性、倾向性的共性问题，深入分析问题根源，推动从根本上解决问题，达到审计全覆盖要求，省本级探索实践专项经济责任审计。经过分析研判，选择亟须解决的突出共性问题，作为专项经济责任审计的主题。将查找问题的体制机制障碍作为审计重点，优先将存在潜在问题的地区和单位作为审计对象。2019 年进行了重大经济决策专项审计，抽查了 30 个县的财政管理、政府投资工程、招商引资等五大重点领域 1754 个重大经济事项，深入揭示了决策范围不清晰、决策主体不明确、决策程序不规范、决策能力不够高、决策监督不到位等五个方面的突出问题。2020 年开展了 30 个地方和单位经济责任审计整改专项审计，系统反映了复杂性问题整改不到位、拖而不决整改不及时、整改追责问责不力、部分问题重复发生、整改上报不真实五个方面的问题，为健全经济责任审计整改工作机制奠定了基础。

二是探索开展同行业党政主要领导干部经济责任审计。重点揭示该行业（系统）的共性问题和机制障碍，推动规范管理。2020 年采取省、市、县三级联动，对 80 个水利（务）局长、民政厅（局）长联动进行了行业经济责任审计，揭示了农业水价综合改革、最严格水资源管理和低保、残疾人等特殊困难群体保障政策落实不到位，以及重大水利建设项目和养老、殡葬服务机构建设缓慢等问题。试点开展了法院系统领导干部经济责任审计，揭示了执行案款长期未兑付当事人、未按规定集中保管案物且无法提供案物台账等共性问题，有力推动了行业规范管理。

（三）以创新为动力，提升审计监督的穿透力和精准度

一是实行县（市、区）党政主要领导同步交叉审计。由省委组织部和审计厅联合印发了统筹开展县（市、区）党政主要领导干部经济责任审计工作的通知，规定由省级相关部门统一组织开展对县委书记和县长的经济责任审计，并原则上同步委托（或授权）、同步审计，有效避免了重复审计和

多头委托实施的问题。为加大监督力度，全面采取"跨市交叉"组织方式，授权市（州）审计局组成审计组，对纳入审计计划的县（市、区）党政主要领导干部开展任期经济责任同步审计。实施过程中，通过开展专门培训，统一规范审计内容重点、数据统计口径、问题认定标准、文书格式模板、工作进度要求、集中进场见面和结果反馈，加强上下联动，强化业务指导，确保了审计质量。

二是积极推行"智慧审计"，运用大数据分析方法，提升监督实效。紧扣审计重点内容扎实抓好工作统筹，实现"总体分析、发现疑点、分散核查、系统研究"的数字化审计组织方式。首先，省审计厅统一组织各市（州）审计局有关领导、项目主审和参审人员进行专门培训，统一审计工作方案、审计实施步骤，确保审计内容重点、数据统计口径、数据收集分析方向、问题认定标准的统一规范。其次，根据经济责任审计特点广泛收集被审计领导干部履职信息、行权决策信息、相关关联对比信息等各类基础数据，紧紧围绕全面从严治党、打好"三大攻坚战"等主题以及经济责任审计重点内容，精心选择数据分析重点。安排审计业务人员与数据分析人员一起，对采集的数据按行业、单位、年度以目录方式分类存储，编制数据目录清单方便数据查询使用，为全省经济责任大数据审计分析提供支撑。如以需求为导向与省测绘院深度合作，探索利用 GIS 系统对矢量数据进行图斑比对，初步形成了一套数据获取、数据处理、数据分析、核查取证于一体的大数据运用联动机制。再次，形成初步疑点后下发给相关审计组进行现场核查核实，并在核实中建立整体协调、沟通充分的工作协调机制。派出数据分析人员加强过程跟踪指导，统筹规范疑点线索现场核实工作，确保核查到位。

三是在县（市、区）党政主要领导干部经济责任审计中创新开展财经法纪宣讲。从 2020 年开始，四川在每个县（市、区）党政主要领导干部经济责任审计项目中，由审计组长亲自起草、亲自宣讲一堂财经法纪课，力促审计效能最大化、最优化。截至目前，已分别向被审计的党政主要领导干部及班子成员、人大政协主要领导等共计 660 余人开展财经法纪宣讲 22 场。以主要领导干部这个"关键少数"为支点，把提升财经法纪意识层层传导到基层"神经末梢"，引领上行下效，具有很强的针对性和示范效应，有效发挥了审计的提醒提示和服务预警功能。为使宣讲更直观、更接地气和贴合实际，各审计组将审计发现的带有普遍性的问题进行归纳，用被审计单位的自身事、身边人为事例进行讲解，上升到国家治理、全面从严治党的高度来认识，引导各级干部从审计发现的问题中吸取教训，举一反三，总结提升。同时，坚持以讲促改，有力推动审计整改工作。各地针对审计指出的问题采取领导挂帅、专题研究、专项检查、纳入督办内容等措施，起到了"立说立改、立行立改"作用。针对审计发现的问题立即进行研究，建章立制、堵塞漏洞，建立长效机制。23 个县共已建立和完善相关制度 200 多项，起到了"审计一点、规范一片"的作用。

（四）以风险提示清单为抓手，建立党政主要领导干部行权用权风险预警机制

2018 年初，省委组织部、审计厅在系统梳理近年经济责任审计发现突出问题的基础上，联合印发了《四川省省直部门（单位）主要领导干部履行经济责任重点风险提示清单》《四川省省属高校主要领导干部履行经济责任重点风险提示清单》《四川省市县党政主要领导干部履行经济责任重点风险提示清单》《四川省市县党政主要领导干部履行自然资源资产管理和生态环境保护责任重点风险提示清单》《四川省省管国有企业主要领导人员履行经济责任重点风险提示清单》。针对不同的被审计对象，列出风险点共计112 个，涉及贯彻执行有关方针政策和决策部署不到位，推进本系统（行业）事业发展不力、重大经济决策或决策执行不规范、在财政财务收支及国有资产管理等方面存在违规违法问题、未按规定建立健全内部监督管理制度或相关制度执行不到位、履行全面从严治党主体责任不到位，落实党风廉政建设要求不力等多个方面。突出对"关键少数"的管理监督，督促各级领导干部强化对岗位风险的认识，增强守住底线、不越红线的思想自觉和行动自觉，筑牢防范化解重大风险的思想基石。

为进一步深化风险提示清单的学习应用，省审计厅会同省委组织部编写

了《风险提示清单配套案例》，收集典型案例近 70 个，覆盖风险点 30 个，下发案例教材 4000 册，并在省委党校主体班开设专题讲座，通过鲜活的案例以案说法普及重要政策法规、提高教育警示效果。全省各地各单位认真抓好学习贯彻，积极开展对照检查和整改，较好化解了一大批重点领域的风险隐患和突出问题。广安市结合学习风险清单，自查形成了问题纠正清单，专项督查考核，推动整改问题 10 类 49 项。

同时，各地各部门大力借鉴经济责任风险提示清单的理念，探索加强对其他重要领域的风险防控和规范管理，取得了横向拓展、纵向延伸的效果。省住建厅等部门制定《保障性安居工程风险清单》，阿坝州政府和九寨沟县制定了地震灾后重建责任清单和风险清单，南充市委、市政府制定了政府投资工程重点风险提示清单。有力地推动了风险提示清单在重大经济事项决策中的运用，建立起决策风险审查防控制度，促进领导干部有效防范履职行权风险。

为确保预警机制落到实处，明确将清单纳入干部管理监督、谈心谈话和教育培训的重要内容，要求党政领导干部对照清单进行检查，规范决策行为，学习提高政策法规水平，加强重大风险防控，在全省探索建立起领导干部履职行权的风险警示机制。此做法被中央办公厅单篇刊发报送中央政治局常委等中央领导，并得到中央领导的重要批示。中纪委于 2018 年 4 月组织专题调研组赴四川就清单贯彻学习情况开展了深入调研。

（五）以制度建设为保障，促进市县依法决策

针对市县重大经济决策制度不健全、经济决策权力运行不规范的问题，以党内法规形式出台了《四川省市县重大经济事项决策规定（试行）》（以下简称《规定》），着力探索健全市县重大经济决策制度，积极推进地方治理体系和治理能力现代化。

《规定》结合市县权力运行实际，将重大经济事项的范围确定为重大经济政策制定和经济体制改革、公共资金管理、政府投资项目管理、招商引资项目管理、国有资源管理、国有资产管理以及其他重大事项等七大类 33 项；

全面规范了重大经济事项的决策程序，明确议题须经审核把关，方案应经多方论证、风险评估和合法性审查，研究决定必须以党委政府常委会、常务会或全体会集体决策；在决策要求上重点强调了不得违规担保和举债、政府投资项目不得以公开招商方式代替公开招标、不得违规低价供地和返还出让金，以及重大国有资源资产交易必须以公开竞争方式处置等规定；明确了决策监督和违规决策责任追究的具体情形。

出台《规定》是贯彻中央新部署新要求的重要举措，是落实党的十九届四中全会精神的创新实践，其主要特点如下。一是着力加强党对经济工作的全面领导。《规定》明确了市县开展重大经济决策必须坚持党的全面领导，把党的领导贯穿经济决策全过程，要求政府重大经济事项行政决策出台前应当按规定向同级党委请示报告，须由党委决策的重大经济事项，应经政府常务会审议后提交党委常委会讨论决定，从而从制度上保证了党对经济工作全面领导的落实。二是着力健全地方经济决策制度机制。《规定》明确界定了重大经济事项决策的概念和范围，规定了决策步骤和程序，并要求市县结合当地实际，制定具体标准和细则，确保了《规定》的可执行性，在全省探索建立起了规范的地方党委政府经济决策机制，填补了相关制度空白，迈出了推进市县治理体系和治理能力现代化的重要一步。三是着力防止经济领域违规决策行权。《规定》坚持以问题为导向，针对市县经济决策出现的共性问题，进一步严格规范了决策程序，明确了决策的禁止性规定，强化了决策监督和责任追究，从而较好地织密了制度之网，将市县经济决策权力关进了制度的笼子，从源头上减少经济决策违规违纪问题的发生。四是着力推动领导干部担当作为。《规定》在坚持党的全面领导前提下，进一步厘清了市县党委政府经济决策权责关系，同时按照"三个区分开来"的重要要求，明确责任追究和不予或者减轻处理的情节，既确保决策制度的落地落实，又为领导干部大胆决策、担当作为提供了制度保障。

（六）以成果运用为路径，推动审计监督服务改革发展大局

一是通报经济责任审计发现的问题。将省本级经济责任审计结果报告汇编

成册，并总结归纳审计发现的重点共性问题形成综合报告，系统向省委省政府领导作出书面报告，均得到省主要领导的批示。按照省领导批示要求，将经济责任审计发现的典型问题向全省各级各部门进行了通报，起到了很好的警示教育效果，省纪委、省委组织部迅速跟进对典型问题的处理，审计整改成效显著。

二是结合专题报告综合利用审计成果。相关专题报告为省领导决策与全省建立健全制度提供有益参考。省委主要领导对信息专题"强化审计监督 严肃问责追责 扶贫审计监督效果明显"作出重要批示，促进主管部门积极采取措施整改。利用经济责任审计数据成果，以审计专报形式反映了四川省部分地方医疗废物处置管理存在薄弱环节和四川省自然保护地管理和建设尚需加强两个专题，推动省级有关主管部门强化管理监督。

三是创新开展集体约谈，敦促建章立制。2019 年 4 月，根据省委主要领导重要批示精神，省审计厅会同省委组织部、省纪委监委、省委教育工委、省国资委对 2018 年省本级 59 名经济责任审计领导干部中发现问题较为突出的 26 名被审计领导干部进行了集体约谈，通报了审计发现的主要问题，要求相关地方和部门（单位）切实抓好审计发现问题整改，并认真吸取经验教训，健全长效管理机制。推动相关主管部门制定了规范招商引资工作、惩戒公共资源交易领域严重失信、省级行政事业单位内部控制建设指引等制度，建立了规范目标绩效奖励工作机制。

四 加强党政主要领导干部经济责任审计促进权力规范运行的建议与展望

"十四五"期间，四川党政主要领导干部经济责任审计工作将持续深入学习贯彻习近平新时代中国特色社会主义思想和习近平法治思想，牢牢把握中央、省委推进全面从严治党的部署和要求，贯彻落实新修改的《审计法》，以两办《规定》为基准，继续探索经济责任审计有效途径和方式方法，进一步提升经济责任审计效能，促使各级党政领导干部依法行权，充分发挥审计在推进国家治理体系和治理能力现代化中的作用。

（一）着力把握党政主要领导干部经济责任审计重点内容

一是以经济责任审计重点内容为核心，提高经济责任审计计划制定的科学性。根据不同类别、不同级次、不同地区（部门、单位）领导干部的行权特点，围绕领导干部履职尽责情况，重点关注党和国家重大经济方针政策是否得到贯彻落实，地区（部门、单位）重要发展规划的制定执行情况和效果，落实党风廉政建设责任和遵守廉洁从政从业规定以及财政财务收支、重大经济决策和防范经济运行风险等情况。二是以独立性、客观性、准确性和全面性相统一为基础，规范经济责任审计评价。以查清的事实为依据，以法律法规和政策制度为准绳，认真贯彻落实"三个区分开来"重要要求，考虑历史情况，着眼长远发展，在审计范围内，评价领导干部履职尽责情况，准确界定责任，鼓励探索创新，支持担当作为，力求客观公正作出审计结论，实事求是地处理问题。

（二）着力深化党政主要领导干部经济责任审计结果运用

一是持续深化履职风险提示。坚持将党政主要领导干部履行经济责任重点风险提示清单作为干部谈心内容。强化领导干部权力运行警示教育，扎实推动风险提示清单在重大经济事项决策中的运用，促进领导干部有效防范履职行权风险。二是更新经济责任重点风险提示清单内容，制作经济责任审计教育片和领导干部履行经济责任学习手册教材，着力提升领导干部履职行权能力，切实发挥经济责任审计"防未病"功能。三是继续抓好重大问题线索的移送移交和对问题较为突出领导干部的警示约谈，推动相关主管部门针对行业性、普遍性问题建章立制，努力从更高层面和更大范围发挥经济责任审计监督保障作用。

（三）着力强化党政主要领导干部经济责任审计整改工作

一是深入贯彻落实习近平总书记关于审计整改工作的重要指示批示精神，坚持以推动审计查出问题有效整改、巩固和拓展审计整改效果为目标，

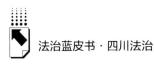

坚持揭示问题与推动解决问题相统一，做实审计监督后半篇文章。二是进一步健全经济责任审计整改机制，把准审计整改责任定位，完善审计整改完成情况认定标准，创新采用审计整改提醒敦促函等形式敦促被审计单位及时整改，采取建立审计整改台账、专人管理、定期跟踪、对账销号等措施，适时开展审计整改"回头看"现场检查。三是推动审计监督与纪检监察、人大监督、司法监督、党委和政府督查协调配合，形成更有效的审计整改合力，促进从更高层面和更大范围发挥经济责任审计监督保障作用。

司 法 建 设

Judicial Construction

B.9

诉源治理的眉山模式

眉山市中级人民法院课题组*

摘　要： 诉源治理是新时代对"枫桥经验"的传承与发展，是社会治理的重要部分，是有效预防化解矛盾纠纷、减缓人民法院受案压力、促进社会和谐稳定的重要举措。四川省眉山市坚持改革创新矛盾纠纷预防化解机制，不断升华多元解纷"眉山经验"，推动矛盾纠纷预防化解工作从"化讼止争"的事后应对向"少诉无讼"的前端防范转型，构建起新时期诉源治理的眉山模式。

关键词： 诉源治理　纠纷解决　眉山模式

　　预防化解矛盾纠纷，是维护社会和谐稳定的前提。中国当前处在社会转

---

* 课题组负责人：易晓东，眉山市中级人民法院院长。课题组成员：蹇峰、刘正国、喻敏、樊俊、罗礼琴。执笔人：樊俊，眉山市中级人民法院诉讼辅导室主任。

型期，社会主要矛盾转化，社会结构、组织形式、利益格局发生深刻变动，社会矛盾纠纷易发多发，纠纷主体、利益诉求、纠纷类型均呈现多样化和复杂化。构建适应当前社会形势的矛盾纠纷预防化解体系，深入推进诉源治理，促进矛盾纠纷的源头预防和非诉前端化解势在必行。四川省眉山市立足矛盾纠纷多元化解机制改革，坚持把非诉讼纠纷解决机制挺在前面，不断创新矛盾纠纷预防化解方式，推动矛盾纠纷从"化讼止争"的事后应对向"少诉无讼"的前端防范转型，探索新时期诉源治理的"眉山模式"，实现大量纠纷化解在早期，化解在诉外、诉前，有力促进了地方经济发展和社会稳定。

一 诉源治理的概念内涵及制度价值

（一）概念内涵

"诉"是指人民法院受理的诉讼案件，"诉源"是指诉讼案件产生形成的根源、来源。"诉源治理"是指从源头治理潜在的诉讼性纠纷①。经过多年实践和完善，诉源治理从地方实践上升为中央顶层制度设计。2021 年 2 月，中央全面深化改革委员会第十八次会议审议通过《关于加强诉源治理 推动矛盾纠纷源头化解的意见》。从该文件可以归纳出诉源治理的内涵：诉源治理是指在党委领导、政府主导下，以提升人民群众法治意识和强化非诉解纷为基本着力点，通过健全完善各项政策制度，整合社会各方力量资源，强化矛盾纠纷的早期预防和非诉化解，采取各种举措防止矛盾纠纷发生、激化以减少诉讼，维护和促进社会稳定和谐的一种社会治理工作机制。

（二）制度价值

预防化解社会矛盾纠纷，是社会治理的源头性、基础性、根本性工

---

① 四川省成都市中级人民法院编著《诉源治理：新时代"枫桥经验"的成都实践》，人民法院出版社，2019，第 1 页。

程。"法治建设既要抓末端，治已病，更要抓前端、治未病。中国国情决定了我们不能成为'诉讼大国'，大大小小的事都要打官司，那必然不堪重负！"① 推进诉源治理，在早期和前端做好纠纷的预防和化解，对于促进社会和谐、提升社会治理水平、维护公平正义、推进司法体制改革等具有重要意义。推进诉源治理工作，在早期和前端介入纠纷预防化解，对于促进社会和谐、提升社会治理水平、维护公平正义、推进司法体制改革等方面均具有重要意义。从社会稳定层面看，矛盾纠纷得到有效预防和化解，能更好地保障地方经济发展和社会稳定，保障人民群众安居乐业；从社会治理层面看，部分纠纷因有效预防而"止于未发"，已发生的纠纷又能及时大量化解在萌芽，柔和的调解方式更有利于实现"案结事了人和"，有利于彻底化解矛盾减少信访，更能有效降低社会治理成本；从司法需求层面看，诉讼源头得到有效治理，纠纷发生率低且化解在诉外诉前的纠纷多，必定会减少进入诉讼的纠纷，遏止法院案件的激增趋势。这不仅可以减少刚性裁判带来的信访风险、减轻法官的工作负担，同时还有利于节约司法资源，有利于推进和保障司法体制改革特别是法官员额制改革。

二　诉源治理的眉山实践历程

（一）实践背景

四川省眉山市于 1997 年从原乐山市分立出来建立地区，2000 年撤地设市。全市面积 7186 平方千米、总人口 350 万，辖东坡区、彭山区和仁寿、洪雅、丹棱、青神四县。眉山是国家级天府新区的重要组成部分，是成都经济区的现代工业新城。自 1997 年建立地区以来，眉山各项建设推进迅猛，

---

① 习近平：《坚定不移走中国特色社会主义法治道路　为全面建设社会主义现代化国家提供有力法治保障》，《求是》2021 年第 5 期，第 13 页。

发展极快，但经济基础较薄弱、社会发展差异大、各类矛盾纠纷突出的状况短时间难以改变，加之各解纷主体自身力量不强，各主体间衔接配合不足，导致各类矛盾纠纷不断累积叠加，进京到省非正常信访增加。2007年，眉山市进京到省非正常上访量跃居全省第二，严重影响眉山社会稳定和对外形象。为此，市委、市政府以问题为导向，积极寻求矛盾纠纷的科学治理之策，探索构建科学、系统、高效的纠纷预防化解体系，先后探索推行"大调解""诉非衔接""多元解纷""诉源治理"等纠纷预防化解工作模式，不断完善升级矛盾纠纷预防化解工作机制。

（二）实践历程

1.1.0版——大调解（2008～2012）

市委、市政府集合仁寿县满井镇"三三调解制"和洪雅县柳江镇"三调合一"工作法，由市委成立工作领导小组，以"一办五中心"，即政法委大调办、司法调解中心（法院和检察院各1个）、人民调解指导中心、行政调解指导中心、信访疏导化解中心为基本工作架构，建立人民调解、行政调解、司法调解"三调联动"机制，强化诉前调解。同时，对以往的信访积案实行领导包案化解。这期间，市委、市政府制定出台《关于构建预防和化解矛盾纠纷长效机制的意见》、《眉山市行政调解工作暂行规定》和《关于进一步加强社会矛盾纠纷大调解工作体系建设的实施意见》，大调解工作体制机制全面建立，省委、省政府在眉山召开全省构建大调解工作体系现场会议，眉山作为全省样板大力推广。

2.2.0版——诉非衔接（2012～2015）

2012年4月，眉山市中级人民法院被最高人民法院确定为"诉讼与非诉讼相衔接的矛盾纠纷解决机制改革"（简称"诉非衔接"）试点法院，眉山遂以"大调解"工作体系为基础，增加建立"二培三接"（"二培"即培育调解组织、培训调解队伍，"三接"即接组织、接机制、接效力）的"诉非衔接"工作机制，强化法院与非诉解纷组织的对接，非诉化解工作成效大幅提升，"党政主导各方推进、解纷网络全面覆盖、司法推动科技助力、辅分调审有序化解"的诉非衔接"眉山经验"在全国推广。这期间，眉山市委成立眉山市"诉非衔接"改革试点工作领导小组，全市围绕矛盾纠纷化解的组织网络、机制建设等出台系列重要文件，即市委办、市政府办印发《关于进一步完善诉讼与非诉讼相衔接的多元化纠纷解决机制的意见》、市人大常委会印发《关于强化多元化解决矛盾纠纷机制的决定》等，眉山矛盾纠纷化解工作迈入常态化、规范化、科学化。

3.3.0版——多元解纷（2015~2019）

2015年4月，最高人民法院在眉山召开了全国法院多元化纠纷解决机制改革工作推进会，标志着全国法院进入全面推进多元解纷机制改革新阶段。眉山以此为契机，进一步健全完善纠纷解决机制，构建起"一核多元"的多元解纷模式，即以党政主导为核心引领，社会各方共同参与化解矛盾纠纷。这期间，市委、市政府出台了《关于完善一核多元矛盾纠纷化解工作体系的实施意见》，各类解纷主体各司其职，相互衔接，"党政主导、各方参与、社会协同、司法保障"的矛盾纠纷多元预防化解体系基本形成。

4.4.0版——诉源治理（2019年至今）

2019年始，眉山开始进一步加强矛盾纠纷预防工作，将工作触角延伸至纠纷发生以前的预防和纠纷解决以后的衍生防范，以预防减少包括诉讼性纠纷在内的各类纠纷为目标，升级完善原有的矛盾纠纷多元化解工作体系，实现从关注纠纷事后化解到重视纠纷源头预防、从追求减少诉讼案件到追求减少各类纠纷发生、从就纠纷化纠纷到融入社会治理、从专注具体做法到构建机制体系的全面转变，探索构建起新时期诉源治理的"眉山模式"。这期间，市委、市政府出台了《关于进一步鼓励社会力量参与矛盾纠纷化解的若干政策》《关于建立健全诉源治理机制　加强矛盾纠纷源头预防和前端化解的实施意见》；市委政法委、市委组织部、市委编办联合印发《关于进一步加强全市矛盾纠纷多元化解协调中心规范化实战化建设的通知》，诉源治理工作机制在眉山全面推进。

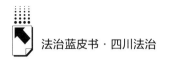

三 诉源治理的眉山模式

（一）全面构建党政主导的诉源治理制度体系

党政主导是多元解纷"眉山经验"得以形成的基础和关键。眉山在推进社会治理现代化中，做到凡是涉及社会治理的重大决策，均由市委、市政府主导推动；凡是涉及社会治理的工作安排部署，均由市委、市政府出台重要文件落实；凡是涉及社会治理的重大工作，均由市委、市政府主要领导挂帅推进，这"三个凡是"为眉山社会治理不断创新突破提供了强大动力。在推进诉源治理工作中，眉山始终坚持以党政主导为核心引领和根本保障，由市委、市政府统揽诉源治理工作全局，在治理体系、工作机制、工作保障上全面统筹、一体推进。市委、市政府先后制定出台《关于完善"一核多元"矛盾纠纷化解工作体系的实施意见》《关于建立健全诉源治理机制 加强矛盾纠纷源头预防和前端化解的实施意见》《关于进一步鼓励社会力量参与矛盾纠纷化解若干政策》等，在全市形成了党政主导、全面建设的诉源治理制度体系。

（二）全面构建整体联动的诉源治理组织体系

全市着力构建形成由党委、政府统一领导、相关部门各司其职、社会各界广泛参与的诉源治理组织体系。一是建立多元解纷协调中心。市委政法委、市委组织部、市委编办联合印发《关于进一步加强全市矛盾纠纷多元化解协调中心规范化实战化建设的通知》，在市、县、乡三级设立矛盾纠纷多元化解协调中心，对矛盾纠纷集中受理、集中分流、集中化解，整合综治中心、群众工作中心、公共法律服务、心理服务中心等工作职能，纠纷较多的相关部门入驻，构建"1+2+N"矛盾纠纷化解体系。二是建立诉调对接中心。在市法院设立独立编制的市委下属部门——眉山市诉调对接中心，配备领导和工作人员，全面负责统筹推进全市诉调对接、多元解纷、诉源治理工作。各县（区）法院也对应成立相关诉调对接工作部门。三是建立各类解纷组织。全市先后"量身定制"建立了泡菜、茶业、奶业、竹编、金融、医疗、食品工业、劳动争议、物业等具有地方特色的行业性、专业性调解组织。在市、县32个重点行政部门设立行政调解中心。全市842个村（社区）、80个乡镇（街道）均建立人民调解委员会；建立小区调解室170个、协会商会调解组织67个、园区景区调解组织29个，社会个人调解工作室16个、律师调解工作室10个。全市法院在乡镇（街道）、村（社区）、行业调解组织设立法官联络（站）点363个。建立集"保、调、赔、防、诉"功能为一体的医疗纠纷调解组织，工作成效显著，眉山部分县（区）已连续两年未发生医疗纠纷诉讼案件。诉源治理基本实现对全市各领域全面覆盖。

（三）全面构建分层递进的诉源治理运行体系

一是深入开展普法活动，源头防范纠纷发生。弘扬社会主义核心价值观，开展法治宣传教育，提升人民群众法律素养和法律意识，减少纠纷发生的可能性。开展"法律七进"、开设农（居）民夜校法治讲座，法院联合市委依法治市办、市经信局、市教体局、市司法局开展《民法典》"三百普法"。创建"七无社区""诉源治理示范村（社区）"，建设法治公园和法治景区等，升级拓展法治宣传阵地。二是创新开展纠纷预防，防止纠纷发生激化。市委政法委印发《眉山市社会矛盾纠纷"四预"机制建设实施办法（试行）》，建立市、县（区）、乡镇（街道）、村（社区）层层负责、整体联动的矛盾风险预测预警预防预置机制，充分发挥基层政法单位、信访部门、群团组织、村（社区）干部、调解员、网格管理员、平安建设志愿者、楼栋治安积极分子等基层纠纷预防化解力量，对矛盾纠纷做到预知在早、防范在先、处置在小。依托四级综治中心设立心理咨询室，及时对存在心理障碍的人员进行心理疏导。三是强力推行多元解纷，前端消除矛盾纠纷。健全各级各部门联动机制，既分工负责发挥各自解纷优势，又相互衔接形成最大解纷合力。整合社会各方力量，由市委政法委统一协调，汇聚行政裁决、行政复议、调解、仲裁、公证、诉讼等各类解纷资源，全面开展纠纷化解。市法院与市司法局共同制发《关于进一步健全完善诉调对接工作机制 深入推进诉源治理实质化的意见》，不断完善诉调对接平台和机制建设。四是大胆探索调解前置，分流化解矛盾纠纷。法院创新建立诉讼辅导制度，引导当事人选择非诉方式解决纠纷。全市法院一审民商事纠纷50%以上在立案前进入了诉前调解。市法院制定出台《民商事案件诉前调解工作规定》，对婚姻家庭、相邻关系、物业、道路交通事故和小额债务等类型纠纷实行调解前置。法院聘任517个特邀调解组织、456名特邀调解员、4名中立评估员，38名人民调解员和行业调解员入驻法院开展调解工作。市法院与全省首家商事调解组织——四川天府商事调解中心签订战略合作框架协议，与中国（四川）知识产权保护中心建立合作机制，设立全国第一个多元解纷工作站。

（四）全面构建多方配套的诉源治理保障体系

从人员、经费、设施上建立全方位的诉源治理保障体系。人员保障上，落实了市、县（区）、乡镇（街道）三级矛盾纠纷多元化解协调中心及市诉调对接中心领导职数和工作人员编制，建立人民调解员库、人民陪审员库、法院特邀调解员库、调解志愿者库、调解联络员库，全市共有财政供养的兼职调解员9903名、专职调解员191名，组建了一支专兼结合、覆盖广泛的解纷队伍。经费保障上，市、县（区）、乡镇（街道）三级按辖区总人口人均分别不低于0.3元、0.5元、1元的标准每年给予诉源治理工作经费；设立了处置重大涉稳问题专项资金、化解涉法涉诉信访问题专项资金。在县（区）全面推行调解个案"以奖代补"制度。市政府出台《关于进一步鼓励社会力量参与矛盾纠纷化解若干政策》，对设立调解组织、个人调解室分别给予3万~6万元启动资金和每年2万元的运行经费。市法院印发《诉非衔接工作经费管理使用办法》，落实调解经费补贴。设施保障上，眉山市各级多元解纷协调中心、诉调对接中心和调解组织均有专门办公场所，配备专用办公设备。全面建设诉源治理信息化平台，综治、法院、公安、司法行政部门、网格化管理中心等均建立纠纷化解管理平台，由市委政法委统一整合、打通端口，构建矛盾纠纷多元化解一体化平台，实现资源共享、信息互通，便利群众解纷，便于解纷人员工作。法院"微法院""人民法院调解平台""道交一体化平台"等信息化平台整合在线调解、在线申请司法确认等功能，为调解员提供类型化案例和法律法规推送、调解指引、调解协议自动生成等智能服务。

（五）全面构建科学严谨的诉源治理考评体系

眉山市坚持把诉源治理工作成效纳入法院系统、综治维稳和市委年度工作目标进行考核，创新建立诉源治理工作考评体系。由市委、综治、法院从三条线对诉源治理工作的各项指标进行考评，重点对最能反映诉源治理效果的民商事、行政纠纷"万人成讼率"①、"人民调解成功率"等可量化指标进行考评，推动各级党委政府抓紧抓实前端社会治理工作，压紧压实各地各部门的矛盾纠纷源头预防责任。

眉山自推行多元解纷和诉源治理工作机制以来，全市80%以上的矛盾纠纷在前端通过非诉方式解决，诉至法院的纠纷近30%化解在立案前（见图1）。

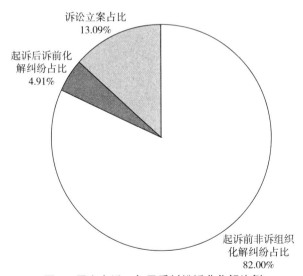

图1　眉山市近三年矛盾纠纷诉非化解比例

数据来源于大调解数据系统、人民法院司法统计系统。

---

①　万人成讼率 =（法院一审民商事案件数 + 法院一审行政案件数）÷当地常住人口数。

全市民商事、行政纠纷"万人成讼率"始终低于全省、全国平均值。全市法院新收案件数总体平稳，2020 年度实现新收一审民商事案件总量两连降，诉源治理效果显著（见图 2）。

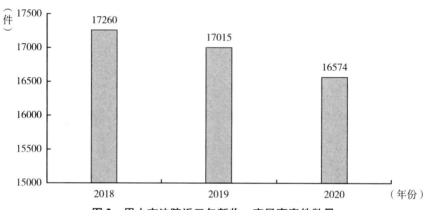

图 2　眉山市法院近三年新收一审民事案件数量

数据来源于人民法院司法统计系统。

眉山市社会、经济快速发展，但社会矛盾纠纷增量始终较为平稳，未出现激增情况，多年来亦未再发生过群体性事件，实现了社会安定有序、经济健康发展、人民安居乐业。眉山自开展大调解以来，全市进京到省信访总量已连续 12 年排名全省末位，连续两届被评为"全国社会治安综合治理优秀市"。

四　推进诉源治理中存在的问题与不足

虽然全国各地已就诉源治理进行了一系列有益的探索，但总体上看，地方党委、政府对诉源治理的重视程度不一，地区发展不平衡、工作机制不完善等问题与不足都还存在。具体表现如下。

（一）对诉源治理的理解存在偏差

诉源治理，若从字面理解，就是诉讼案件的源头治理。基于此种层次的理解，个别地方党委、政府及部分党政部门和社会组织认为诉源治理只是法院的事，参与诉源治理就是帮法院干活、帮法院减压，非诉力量参与纠纷化解的积极性和责任感因此大打折扣，给诉源治理工作推进带来阻力、增加难度。

（二）非诉解纷方式发展失衡

长期以来，在中国中西部欠发达地区，非诉解纷方式的发展都处于失衡状态。以眉山市为例，就调解而言，法院司法调解工作效果较好，但人民调解、行政调解等非诉调解作用有所减弱或未有效发挥，其他纠纷解决方式化解矛盾纠纷的作用发挥也明显不足。行政复议、行政裁决、商事仲裁以及农村土地承包经营纠纷仲裁等方式化解的矛盾纠纷数量偏少。劳动人事争议调解仲裁化解纠纷相对较多，但也存在个别案件处理中法律法规适用与法院存在认识差异等问题。全市公证机关每年赋予强制执行效力债权文书数量较少，最终进入执行程序的数量占比也小，预防纠纷的作用未得到充分发挥（见表1）。

表1　眉山市除调解外其他非诉解纷方式近五年化解纠纷数量

单位：件

解纷方式＼年度	2016	2017	2018	2019	2020
行政复议	89	120	233	512	141
商事仲裁	32	57	68	54	52
劳动争议仲裁（调解）	1952	874	1836	955	886
农村土地承包仲裁（调解）	14	15	7	22	22
公证赋予强制执行效力债权文书	271	927	265	299	483

数据来源于眉山市司法局、眉山市委政法委矛盾纠纷采集统计系统。

另外，由于法院受理的案件中民商事纠纷体量最大，从全国大部分地区来看，诉源治理工作推进中针对的矛盾纠纷主要为民商事纠纷，对行政争议的诉前化解重视程度不够，导致近年来，行政争议始终呈现上升趋势，行政争议前端和（调）解机制不健全的短板日益凸显（见表2）。

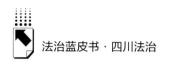

表2 眉山市法院近五年受理一审行政案件数量

单位：件

年度 项目	2016	2017	2018	2019	2020
眉山市一审行政案件受理数	204	217	484	607	1002

数据来源于眉山市司法局、眉山市委政法委矛盾纠纷采集统计系统。

（三）专业化解纷力量薄弱

目前行业性、专业性调解队伍存在发展缓慢、制度机制不全的问题。以眉山市为例，各类调解人员逾万名，但专业化程度不高，参与纠纷解决面广类多，化解矛盾一般只能靠生活常识和日常经验，欠缺专业知识，一旦面对专业性较强的纠纷往往束手无策、缺少底气。大多数调解员因法律专业知识不足，解决纠纷很多时候就像"和稀泥"，难以让当事人感受到公平正义，缺乏解纷公信力。

（四）社会力量参与度不高

目前来看，社会力量参与矛盾纠纷化解主要是靠社会责任感、靠情怀推动，激励机制相对欠缺，导致社会力量在推进诉源治理上整体参与度不高，依赖政府部门主导、发展动力缺乏的特征十分明显。以眉山市为例，市政府虽出台《关于进一步鼓励社会力量参与矛盾纠纷化解若干政策》，但个人调解工作室囿于优秀调解员的稀缺，发展缓慢。社会公益类组织参与矛盾纠纷化解仍无大的进展，效果不明显。律师参与纠纷调解积极性不高，调解案件少，且调解成功率低。心理咨询师参与纠纷化解也未达到预期效果。除医调委外，其余专业性、行业性调解组织尚未充分发挥应有作用。

（五）信息化建设缺少统筹

运用信息化手段助力矛盾纠纷预防化解是大势所趋，但由于缺少统一建设，各类纠纷化解平台参差不齐、割裂分散。综治、法院、公安、司法行政部门、网格化服务管理中心等各有各的纠纷化解管理平台。多个主体多个平台，平台之间未能有效实现数据对接、信息共享和功能互补，导致老百姓不想用、解纷人员不爱用，部分信息化设备几乎沦为摆设。另外，信息化平台更新换代频繁，让当事人和解纷人员无所适从。以眉山市为例，人民法院的多元解纷平台短短数年就先后应用了诉非衔接管理系统→网络调解平台（e调解）→矛盾纠纷多元化解一体化平台→人民法院调解平台等。

五　推进诉源治理提档升级的几点建议

（一）全方位强化党政主导

党的领导是有效推进各项重大工作的根本保证。没有党的领导，诉源治理的各方力量就会散而不聚，且可能相互掣肘。同时，党委领导要靠政府来实施，政府主导是集聚解纷力量、形成解纷合力的关键。全面提升诉源治理水平，必须将诉源治理作为一项系统工程，纳入法治建设、平安建设和社会治理的大格局，从决策部署、制度设计、工作保障等方面全方位加强党政主导力度，全面推进。一是做好总体布局，优化诉源治理制度设计，合理规划整体工作，兼顾诉源治理工作在地区之间、部门之间、群体之间的协调发展。坚持整体推进，重点推进政府治理和社会调节、居民自治的良性互动，实现诉源治理人人参与、人人尽力、人人共享。二是做好统筹协调，健全各级各类利益表达、利益协调、利益保护机制，减少利益纷争，从根本上实现矛盾纠纷源头预防的良好效果。优化调解、行政裁决、行政复议、仲裁、公证、信访等非诉讼资源配置，深化"诉非衔接""公调对接""访调对接""检调对接""裁调对接"，加强纠纷化解方式的衔接联动。三是做好工作保障，全面落实诉源治理所需的人、财、物保障，建立诉源治理工作考评奖惩机制，确保诉源治理工作可持续开展。

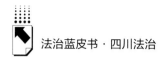

（二）全链条强化工作体系

科学完善的工作体系是持续推进诉源治理创新发展的有力保障。全面提升诉源治理水平，必须建立起覆盖矛盾纠纷源头预防、非诉化解、诉前调解、诉中审理等各个阶段，层层递进、环环紧扣、前后呼应的全链条式工作体系。一是完善矛盾纠纷源头预防机制。建立健全从人民群众法治意识提升、诚信素养养成到纠纷隐患的早期排查、适时处置环节全覆盖的制度机制，让纠纷不发生或解决在萌芽阶段。二是完善矛盾纠纷非诉化解机制。建立健全从非诉解纷队伍培育培训、非诉解纷工作开展到对非诉解纷成果保护、非诉解纷工作保障环节全覆盖的制度机制，让非诉解纷前端化解作用最大化，减少当事人起诉可能。三是完善矛盾纠纷诉前调解机制。建立健全从诉讼辅导、诉非分流到诉前调解、协议确认环节全覆盖的制度机制，在减少进入诉讼的案件的同时，加强案件质效提升，减少衍生案件，实现诉讼阶段的诉源治理。

（三）全领域拓展解纷渠道

评价诉源治理成效，应以是否形成了各部门、各单位、各组织共同推动"诉源治理"的态势，是否促进了各部门、各行业、各主体变被动为主动的认识转变等为核心指标[①]。因此，全面提升诉源治理水平，必须强化社会自治、公民自治的作用，除人民调解、行政调解、仲裁、诉讼等传统化解纠纷途径外，还要广泛吸收社会各方力量参与，全领域拓展纠纷化解渠道。一是建强基层自治组织。健全以党组织为领导、村（居）委会为主导、人民群众为主体的新型城乡基层社会治理框架。建立各领域社会组织、行业组织，依托自治组织形成自我管理、自我教育、自我服务、自我监督的自治体系。二是培育发展社会组织。推动工会、共青团、妇联、残联等人民团体积极参与诉源治理，充分发挥其在服务群众、收集民意、法治宣传、化解矛盾等方

---

① 郭彦：《对深化"诉源治理"十大关系的思考》，四川省蒲江县人民法院编著《诉源治理："五老"调解与衍生案件》，社会科学文献出版社，2020，第28页。

面的作用。三是推进政府购买服务。健全完善相关政策，加快推进政府向社会组织、第三方购买解纷服务，充分激发社会组织在诉源治理中的活力。

（四）全流程提供法治保障

习近平总书记强调，要坚持在法治轨道上统筹社会力量、平衡社会利益、调节社会关系、规范社会行为、化解社会矛盾，以良法促发展、保善治。法治是国家治理现代化的要素之一，更是社会治理现代化的重要标志之一。全面提升诉源治理水平，必须坚持依法治理原则，坚持为矛盾纠纷源头预防到最终化解的各个阶段全流程提供司法保障。一是强化法治宣传。紧紧围绕征地拆迁、房地产、非法集资、食品药品安全、环境保护等群众关心关注的问题确定重点宣传内容，提升法治宣传教育的针对性。创新普法载体和方式，积极营造崇德向善、循法而为的良好社会氛围。二是强化法律服务。加快构建覆盖城乡的公共法律服务体系，打造"互联网＋公共法律服务"平台，建好用好党务政务中心法律服务专区，推动村（社区）法律顾问全覆盖，提供更加便民利民的法律服务。三是强化司法保障。要充分发挥司法的法律规制、社会导向作用，坚持运用司法手段保障非诉解纷的法律效力，用活用足司法确认、赋予调解协议合同效力、实现无争议事实记载等机制，保障非诉解纷法律效力，铸塑非诉解纷社会公信力。

（五）全类型建设解纷队伍

预防化解矛盾纠纷，离不开一支强大的解纷队伍。全面提升诉源治理水平，必须建立起既保证类型多样又具有专业特色的全类型非诉解纷队伍。除传统的人民调解、行政调解队伍外，还要从以下三个方面丰富解纷队伍类型。一是要充分吸收具有法律专长的律师、法律工作者以及在劳动人事、医疗、房产物业、工程建设、消费者权益保护等领域具有专业知识的调解人员，化解专业领域纠纷。二是要充分吸收村（社区）党员干部、离退休老干部、离职村（社区）干部、人民调解员、法律明白人、社会热心人、网格员、志愿者，发挥其熟悉村（社区）情况的优势，积极开展法治宣传、

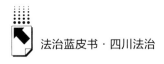

法律咨询服务、矛盾纠纷化解。三是要充分吸收心理学专家、管理专家、技术专家、社会工作者、学者及其他经验丰富的专职人员等参与纠纷解决。

（六）全时空强化科技支撑

提升对人民群众的解纷服务水平以及纠纷预防、化解工作效率必须要从依靠人力向依靠科技转变。大数据不仅是一场技术变革，在本质上也是一场社会变革，这种社会变革伴随并呼唤着社会治理体制和社会治理方式的创新[①]。互联网、大数据、云计算、人工智能等为加强普法宣传、丰富多元解纷方式、提升诉源治理效率、融合诉源治理主体、实现社会治理现代化提供了强大的技术支撑。全面提升诉源治理水平，必须建立跨时段、线上线下全时空现代化信息平台，为纠纷化解提供最强科技支撑。一是实现全时段信息化服务。建立覆盖纠纷预防、化解、保障、管理各个时间段的信息化服务系统，提升各个阶段工作效率，为人民群众、纠纷当事人、解纷人员、管理人员提供信息化服务。二是实现线上线下信息化全支撑。除要不断完善升级在线解纷平台外，线下开展工作也应运用各种信息化设备、解纷小程序等实现科技手段助力。三是实现信息手段便利度全面化。要建立便于人民群众参与的信息化平台，让人民群众愿用、想用、会用；要建立便于解纷人员工作的信息化平台，让解纷人员能从中获得解纷辅助资源；要建立便于工作管理的信息化平台，让大数据真正发挥帮助分析、研判、决策的作用。

正所谓"上医治未病"，早期预防矛盾纠纷，将其消除于未发之时，开展前端处置，将其化解在激化之前，这正是诉源治理的本义所在。我们应立足当前社会转型和变迁的新形势，积极应对矛盾纠纷日趋纷繁复杂的新挑战，坚持以人民为中心，在党委领导和政府主导下，不断健全完善诉源治理、多元解纷制度机制，实现对社会矛盾纠纷的层层过滤、逐级分流和有序化解，共筑公正合理、和谐安定的社会秩序。

[①] 魏礼群主编《社会治理：新思想 新实践 新境界》，中国言实出版社，2018，第300页。

B.10
攀枝花市法院全流程诉讼
服务工作实践探索

攀枝花市中级人民法院课题组 *

摘　要：　诉讼服务是落实司法为民的有效载体，也是推进公正司法的有力举措。攀枝花市两级人民法院面对近年来案件纠纷激增、信访压力日趋严峻、人民群众司法需求更加多元的形势，及时调整工作思路，通过优化内部职权配置，规范审判权力运行，将原来分散的诉讼服务资源集中起来，建立起分工协作、链条式、多方位的全流程诉讼服务新机制，初步实现了诉讼服务工作流程从传统向现代、从单向服务到双向融合、从形式对抗到实质和谐的根本性转变。这既是社会治理创新的具体实践，也为社会矛盾化解构建了全新平台。

关键词：　诉讼服务　全流程　审判职能　矛盾化解

一　背景与目的：司法体制改革对人民法院工作提出新要求

近年来，攀枝花市中级人民法院按照党委及上级法院的安排部署，紧扣"顶层设计"这一关键，把握"统筹推进"这一方法，立足审判实际，结合司法规律，重点关注制约司法公正和影响司法效率的关键环节，全面协同推

---

　*　课题组负责人：黄志勇，攀枝花市中级人民法院党组书记、院长。课题组成员：龚建元、杨绍文、肖秋帆、张丽媚。执笔人：杨绍文，攀枝花市中级人民法院研究室主任；张丽媚，攀枝花市中级人民法院研究室法官助理。

进诉前调解、诉讼服务、审判、执行及司法公开等各流程制度的改革工作，既顺应了人民期待，又维护了公平正义。同时，辖区基层法院立足辖区基础条件、地域特点及案件特点，因地制宜，大胆创新，积极探索诉前重分流、诉中重分忧、诉后重解惑的全流程诉讼服务模式，创出便民服务新路子。既有针对性又有可操作性的司法举措一环扣一环，维护社会公平正义的根基不断夯实，人民群众满意度、获得感日渐提升。

二 现状与实践：攀枝花市法院对全流程诉讼服务工作的有益探索

（一）诉非衔接——探索矛盾纠纷多元化解新模式

1.加强联动调解平台建设

建立健全司法调解与人民调解、行政调解"三联"调解机制，落实人民调解进法院，市法院与市司法局、市政府法制办建立了联席会议制度，与市公安局、市司法局等14个市级部门会签了司法调解与行政调解衔接的相关文件，基本形成司法调解与人民调解、行政调解相互分工、前后衔接的联动对接体系。

2.强化非诉解纷工作保障

充分发挥律师在化解矛盾纠纷中的优势，推行律师驻点参与和代理涉诉信访案件工作，落实法院参与诉前纠纷化解工作，建立法官便民工作室47个、法官便民工作岗49个，落实司法调解员52人，聘请特邀调解员、调解志愿者462人，长期驻法院人民调解员共15人。2021年，全市共立案调解案件4284件。

3.支持各类解纷组织发挥作用

发扬新时代"枫桥经验"，把诉讼服务工作向基层延伸，在全市居住相对集中的街道、偏远乡镇共设置39个诉讼服务站（点）。强化充分发挥诉讼服务点职能职责的平台建设，建立"全市法院与诉讼服务点工作交流群", 畅通诉讼服务点工作人员与法院工作人员的业务交流, 为有序推进老百姓一般事务就近就地办理打下坚实基础。加强对人民调解工作的指导, 强化与行政机关、仲裁机构以及其他解纷组织的协调配合。2021 年, 全市依法办理司法确认案件 888 件, 依法高效执行司法确认后生效的案件 400余件。

(二)"一站式"诉讼服务——打造司法为民第一场所

1. 夯实为民便民服务基石

全市法院以"满足人民群众日益增长的多元化司法需求"为目标, 注重统筹推进诉讼服务中心规范化、信息化、亲民化, 着力将诉讼服务中心打造为"一站式、全方位、多层次"的综合性诉讼服务平台, 实现诉讼服务一体化协同推进。当事人在诉讼服务中心就可以实现立案、查询咨询、联系法官、申诉信访等事项"一站式"办理, 初步实现了将诉讼服务中心建设成"人民群众感受司法印象、司法形象、司法权威"的第一场所。诉讼服务中心作为法院与老百姓的"连心桥", 为切实提升诉讼服务水平和能力, 市中院对大厅休息座椅、饮水机、打印机、复印机等便民服务设施进行了完善和升级, 同时放置医药箱和老花镜, 让诉讼服务更有司法温度; 在大厅增设自助缴费机、开通微信支付等功能简化交费方式, 不仅减轻了窗口业务压力, 也缩短了群众等候、办事的时间, 为快捷、便利的诉讼服务创造了良好的基础条件; 在诉讼服务中心设立档案查询窗口, 配备专人查阅、复印档案, 避免了当事人预约查档的烦扰; 在立案窗口增设农民工追索劳动报酬纠纷、残疾人权益保护纠纷等弱势群体维权的"绿色通道", 对该类案件进行快立、快审、快结。建立起判后答疑预约制, 对有需要判后答疑的当事人, 可以在诉讼服务中心统一预约。

2. 深入推动诉讼服务方式改革

建成信息化程度较高的综合性诉讼服务大厅, 开通诉讼服务网、12368诉讼服务热线, 实现网上立案、网上缴费、网上质证、网上庭审、网上送达等功能; 详尽公开七大类 34 项审判流程信息, 当事人可通过诉讼风险和自动导诉一体机来预评风险，实现立案登记、申请执行、诉前联调等 20 项服务功能网上适时查询，做到"让数据多跑路、让群众少跑腿"。制定《攀枝花市中级人民法院诉讼服务中心工作规范（试行）》，进一步落实定岗、定人、定责，做到责任明确、权责一致。加强管理，严格要求中心各窗口工作人员认真执行纪律作风建设规定，规范工作作风、职业着装、行为礼仪、服务用语、工作纪律。落实进门办事导诉"先行"，在大厅增设导诉台，对前来办事的群众进行窗口指引，补正材料告知诉讼分流等。充分发挥诉讼辅导及导诉岗位在事务分流和咨询服务中的枢纽作用，帮助群众了解诉讼权利义务，高质效进入相应的诉讼处理流程。在诉讼服务大厅的基础上，借助大数据、云计算等信息技术手段，打破传统工作日 8 小时限制，突破实体材料接、转、收必须线上线下操作等模式，延伸司法服务触角，打造"24 小时自助法院"自助终端机，实现线下业务向线上延伸，着力解决当事人诉讼时间与法院工作时间冲突等问题。在诉讼服务大厅设置 12368 服务热线，可以查询诉讼活动进程、法律咨询、联系法官等，并可对法院工作提出意见建议或信访投诉，12368 服务热线在司法为民和司法公开等方面发挥了重要作用。

3.贯彻推动落实立案登记制改革

全市法院深入落实立案登记制改革，全部构建起全覆盖、立体式、多元化的登记立案新模式，形成以当场立案为主体，以网上立案、跨域立案等为支撑的立案新格局。完善和扩大网上诉讼服务中心立案和"四川微法院"掌上立案、跨境跨域立案等自助立案服务。在大厅显著位置摆放微法院二维码，微信扫一扫，立案更方便。从 2015 年 5 月 1 日起全面实行立案登记制以来，全市法院当场登记立案率超过 95%，对符合起诉条件的全部实现当场登记立案，切实保障当事人诉权。

（三）以审判为中心——庭审实质化高位运行

1.着力优化审判权力运行机制

全面完成基层法院内设机构改革，切实加强对各县（区）法院内设机构改革的监督和指导，全面落实上级相关文件精神和工作要求。完善审委会和专业法官会议机制，按照上级法院有关审判委员会和专业法官会议的新要求，进一步修订完善审判委员会工作规则和专业法官会议工作规则，限缩审判委员会讨论具体个案的范围，明确除法律规定的情形和涉及国家外交、安全和社会稳定的重大复杂案件外，审判委员会只讨论重大、疑难、复杂案件的法律适用问题。进一步加强审判委员会在总结审判经验、统一裁判尺度、讨论决定审判工作重大事项的宏观指导职能。强化专业法官的专业指导职能，切实为法官疑难案件的审判提供支持和指导。进一步落实院庭长的办案任务，坚持院庭长办案任务完成情况按月在本院公示并逐级呈报省法院，在全省进行通报，公开接受监督。为稳步推进轻微刑事案件快速办理机制，市中院与检察院、公安局、司法局会签了《快速办理轻微刑事案件办法》，在保障当事人诉讼权利的基础上，采取简化程序、集约审理等方式提升案件审理效率，90%的轻微刑事案件的审理期限缩短在7天内，改革经验在全省法院推广。明确简单案件与复杂案件的区分标准，对案件繁简程度进行识别和分流，实现简案快审，繁案精审，用20%的法官专注审理80%的简单案件，80%的法官专注审理20%的复杂疑难案件，深入推进民事、执行案件繁简分流改革。

2.着力推进刑事庭审实质化改革

为进一步突出庭审在查明事实和保障人权中的作用，坚持证据裁判原则，市法院与市检察院、市公安局、市司法局会签《刑事案件"四类人员"出庭规则》，明确证人、鉴定人、侦查人员、有专门知识的人等"四类人员"原则上应出庭作证。严格落实非法证据排除规则，严把案件事实关、证据关、程序关，切实发挥庭审在查明事实、认定证据、保护诉权、公正裁判中的决定性作用。积极组织全市法院不同法官交叉开展庭审观摩评查，及时梳理分析庭审中发现的问题，有力解决同类问题反复出现的问题，切实提升庭审质效水平。

3.积极探索家事审判改革试点

坚持以人为本，将案件审判由侧重财产权益保护转变为全面关注当事人

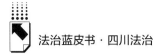

身份利益、人格利益、情感利益和财产权益，充分发挥调解对家庭关系的诊断、修复和治疗作用，实现审判司法功能与社会功能的有机结合。2016年5月，全国法院启动了家事审判方式和工作机制改革试点，攀枝花市东区人民法院大渡口法庭、盐边县人民法院渔门法庭被明确为试点单位后，及时更新理念，创新工作机制，在审判中探索建立心理辅导干预、家事调查、诉前调解、案后回访等制度，取得了较好的效果。

4.强化审判权力运行的监督管理

完善案例指导和类案参考制度，对基本案情和法律适用与最高人民法院发布的指导性案例相类似的，参照指导性案例的裁判要点作出裁判。积极探索建立本地类案检索制度，对与本地已生效案件类似的，尽量做到同案同判。完善案件质量评查制度，围绕影响案件质效的核心指标加强监督管理，常态化推进庭审、裁判文书及裁判结果的评查。加强审判监督管理工作。强化和规范审判监督管理机制，认真落实《院庭长监督管理职责规范》等相关文件要求，细化完善"四类案件"的监督范围、发现机制、启动程序和监管方式，定期通报"四类案件"监督管理情况，确保审判监督管理工作落实到位。严格上级相关要求落实错案责任追究，加强案件质量评查，围绕影响案件质效的核心指标加强监督管理，常态化推进庭审、裁判文书及裁判结果的评查，强化对评查结果的运用。

（四）智慧执行——决胜基本解决"执行难"攻坚战

1.创新执行工作体制机制

健全完善工作制度，严格推进执行权和审判权分离制度改革，在法院内部分别设立执行裁判及执行实施机构，创新团队构建机制，积极探索以执行法官为主导的执行团队模式。深入推进"三统一"执行管理体制改革，形成"统一管理、统一指挥、统一协调"的执行管理新模式。进一步优化内部执行指挥系统，推动形成上下一体、内外联动的指挥运行机制。及时更新执行理念，创新建立涉企案件协同处置机制、涉金融案件协同处置机制、涉特殊主体执行案件约谈机制。根据情势变更及时调整执行方针策略，积极探索执行案件移送破产审查机制构建，着力破解"僵尸案件"执行难等瓶颈问题。重点对涉黑恶、涉职务犯罪、涉民生、涉党政机关等"五类案件"进行清理，逐一建立台账加快化解。认真贯彻善意文明执行理念，找准加大执行力度和灵活采取强制措施的平衡点。一方面，加大财产处置力度、加大终本管理力度、加大拒执打击力度，确保执行高压态势不减。另一方面，对涉企执行案件一律进行实地调查，慎重对生产经营正常、有一定营收能力的企业采取强制措施，充分保障市场主体的正常生产经营活动。

2. 建立网络执行联合查控、拍卖系统

攀枝花市法院与发展改革、公安、工商、银行等多个部门联合建立了网络执行查控系统，在破解查人找物难上创出新路子。依托大数据时代的网络优势，充分借助互联网高效查询被执行人的存款、动产、不动产等相关财产信息，切实达到"一网打尽"的良好效果。从运行情况来看，攀枝花市两级人民法院已通过该系统为近2万件案件冻结资金近3亿元，查询车辆信息700余辆。截至目前，全市法院执行指挥中心均实现互联互通、实体运行，通过"智慧执行"实现案件重要流程节点全程录音录像，实现与执行指挥中心实时对接、实时监控、异地调度。全面运用网上执行办案系统，统一使用全国法院执行案件流程信息管理系统，确保所有案件"一网运行"，移动执行使用率列全省第7位，阳光执行使用率列全省第9位。高度重视涉案款物管理、"一案一账号"应用、传统查控数据回填，做到案款发放方便快捷、全程留痕、有效监控。严格按照上级部门的部署和要求，推行网络司法拍卖改革，规范司法拍卖的基本流程，建立并印发司法拍卖的基本规定，创新形成以网络拍卖为原则、委托拍卖为例外的司法拍卖新方式，最大限度减少拍卖中间环节，杜绝暗箱操作，降低拍卖成本。全市6个法院均已在淘宝司法拍卖网上开设账户，已拍卖标的物270余件，成交额2亿多元，溢价率超过30%。

3. 建立失信被执行人联合信用惩戒机制

建立完善失信被执行人"黑名单"库，联合相关职能部门，共同构建失信被执行人信用惩戒网络。2021年以来，纳入全国法院失信黑名单3600

余人，限制高消费 2600 余人，限制出境近 2000 人，集中曝光 2400 余名失信被执行人信息，集中拘留避执拒执人员 200 余人，近 800 人慑于信用惩戒主动履行了义务，"一处失信、处处受限"的信用惩戒格局初步形成。2021年以来，全市法院共发布失信被执行人信息 249 条，公开曝光失信被执行人 950 人次，采取限制消费措施 7665 人次。依法充分适用罚款、拘留、限制出境等强制执行措施，加大对抗拒执行、阻碍执行、暴力执行行为的惩治力度，采取罚款、拘留 10 人次，移送拒执犯罪线索 2 条，被执行人规避执行、抗拒执行和外界干预执行现象得到有效遏制。

4. 抓牢执行案件质效管理

对全市法院执行案件质效进行常态化管理，紧盯核心指标和重点指标变化情况，以单独考核、工作例会、内部通报等方式，稳固优势指标、提升短板指标，通过质效指标管控案件质量。对有财产可供执行案件，加快资产处置速度，严防流程节点超期，切实提升兑付效率。对无财产终结本次执行程序案件，严格审查结案标准、畅通恢复渠道，有效维护申请人权益。2021年以来，全市法院共受理执行案件 9863 件，执结 9299 件，执结率 94.28%，执行到位标的 17.86 亿元。有财产可供执行案件法定审限内执结率 99.31%，无财产可供执行案件终本合格率 100%，执行信访办结率 100%，执行案件执结率 94.28%，"三个 90%、一个 80%"核心指标持续高位运行。

（五）司法公开——构建公平正义可触可感的阳光司法模式

1. 推动审判信息全程公开

为全面落实"推进审判公开，保障群众参与司法"的要求，全市法院把司法公开作为司法改革的重要工作来谋划安排，有力推进。建成审判流程、庭审活动、裁判文书、执行信息四大公开平台，详尽公开七大类 34 项审判流程信息，庭审直播、裁判文书及执行信息公开实现了信息全面覆盖、实时互联和深度公开。两年以来，全市法院已直播庭审 186 件，以微博等其他方式公开庭审 200 余件；已公开 65890 份生效裁判文书，实现应公开的

100%公开；已公开24257件执行案件信息。

2.推进司法政务公开

全市两级法院均已开通门户网站，同时加强自媒体建设，充分利用抖音、微博、微信、手机App等新媒体平台，创新服务方式，努力为人民群众提供详尽权威的司法信息和更为方便快捷的司法服务。完善新闻发布制度，及时向社会发布重要工作部署、重大案件审理情况。建立审判白皮书制度，自2015年起，每年均向社会发布审判年度报告。建立典型案例发布制度，向社会发布专项审判和年度典型案例。自2020年起，建立司法建议发布制度，每年底向社会公开发布优秀司法建议，助力市场主体及时发现经营管理中存在的问题和漏洞，有效防范法律风险。创新开展"法院开放日"活动，定期邀请社会各界代表深入法院工作一线，了解体会法院工作。完善法院重大事项通报制度，及时向人大代表、政协委员专项报告法院工作。

三 问题与展望：突破全流程诉讼服务工作的阶段性瓶颈路径探索

从攀枝花全市法院的全流程诉讼服务机制运行效果来看，确实发挥了便民、利民的良好作用。但在总结梳理司法实践经验的过程中发现，全流程诉讼服务工作机制依然存在诉讼服务协调运行机制有待进一步优化、人民群众满意度有待进一步提升、软硬件设施有待进一步完善、队伍建设有待进一步加强等短板和问题。目前，全市法院均设立了功能完备的诉讼服务场地、调解中心等设施，两级法院诉讼服务中心均能为人民群众提供更为便捷的引导、查询、立案、信访等核心服务，但是，诉讼服务中心与其他政府机关、政法机关、社会团体等其他单位组织之间尚未形成完善的信息协调共享机制，也未真正建立互通互享的大体系，如何实现各单位、各组织的信息共享共通，尚在探索阶段。大部分诉讼服务中心依然停留在为自身诉讼业务和诉讼服务的层面，与其他部门沟通协调较少。近年来，四川省高院每年均要组织第三方评估，并将评估结果纳入对各地区法院的年终考核。从评估结果看，攀枝花法院的评估情况还不够理想，虽然代表委员的评价分较高，但总分在全省排名仍靠后，人民群众的满意度有待进一步提升。针对人民法院在司法实践中存在的一系列瓶颈问题，综合提出几点推进全流程诉讼服务工作的建议。

（一）加强部门联动，建立信息共享联动机制

转变矛盾纠纷化解思维理念，加快推进各部门、各社会群体的协调解决纠纷工作，健全完善矛盾纠纷化解机制，积极改变政府机关、政法机关、行业协会、社区及村社之间各行其是的局面，凝聚多元力量，切实推动形成深层次、差别化纠纷处理体系。探索建立信息共享协调联动机制，创新思维方式、工作思路和工作方法，进一步加强各部门间的沟通衔接。及时协调解决矛盾纠纷化解工作推进中存在的突出问题和困难，不断提升服务质量；及时共享相关信息，在不改变部门职责权限和管理程序的前提下，针对矛盾纠纷化解工作形成齐抓共管、运转高效的工作推进新格局，做到事前有沟通、事中有协作、事后有结论。

（二）健全服务机制，加快推进司法为民深度融合

切实将实现好、维护好、发展好人民群众的根本利益作为法院工作的出发点和落脚点，让便民利民跑出"加速度"。深入查摆，彻底整治人民群众反映强烈的突出问题。切实发挥人民法院定分止争的"门诊部"作用，深入推进诉讼服务中心实质化运行，围绕"一站式"建设目标，完善一次性告知、网上办理等制度机制，积极为当事人提供立案辅助、自助缴费、诉讼风险评估等智能服务。充分运用涉诉涉法信访"三Ｎ三"工作法，切实推进信访积案化解，结合前期开展的"治重化积"工作，严格落实领导包案制度和院领导接访制度，总结经验成效，着力解决信访人面临的实际困难，切实提升人民群众获得感和幸福感。

（三）完善硬件设施，切实提升司法服务功能便利性

信息化、智能化建设作为诉讼服务发展新动能，借助信息技术提升审判

管理的效率和司法服务水平，是人民法院审判管理的发展方向。目前，全市法院已经全部建立互联网法院门户网站、法院办案综合查询系统和司法统计系统，实现了案件从受理到结案全程跟踪监管。下一步，有必要进一步推进司法审判的硬件设施升级完善，建成数据向上集中、服务向下延伸的智慧诉讼平台，依靠信息技术手段对案件的关键节点、裁判文书质量、结案归档等进行全方位监督和管理，加强数据的精准采集和统计分析，促进审判管理向专业化、科学化方向发展，形成以电子诉讼服务为核心，融"厅、网、线、巡"于一体的"智慧诉讼服务"新模式，提升服务司法审判的便捷性和高效性。为进一步推动法院信息化更好地服务于审判执行工作，加快推进诉讼服务中心的现代化建设进程，在信息化手段运用至司法服务中要因地制宜，依据实践中出现的新情况和新特点及时调整信息建设的方针和策略，避免科技手段与客观实际不相适应。

（四）强化队伍建设，努力提高司法人员综合履职能力

加强司法人员的履职能力，结合"大学习、大讨论、大调研"活动，扎实推进理想信念教育，使法官牢固树立"四个意识"，践行"两个维护"，始终坚持中国特色社会主义法治道路。强化业务能力培训。对现有人员结构、司法工作人员的整体素质和能力等进行充分调研，结合法官工作实际，分条线开展有针对性的专业知识培训，着力提升在审查判断证据、依法认定事实和准确适用法律等方面的能力和水平，增强审判执行业务本领，筑牢履职担当基础。完善聘任制审判辅助人员管理和职业保障机制，在对审判辅助人员减负的同时，强化激励机制，有效提升其工作积极性和工作效率。

B.11
资阳市强制隔离戒毒的检察监督
实践及建议

资阳市人民检察院课题组 *

摘 要： 强制隔离戒毒具有权力的集中性、执行的严厉性等特征，这就要求必须对其进行检察监督，以规范强制戒毒工作、保障公民合法权益。当前，检察机关在多地开展的试点工作已取得显著成效，但仍然在法律依据、部门协调、监督范围、资源保障等方面存在不足之处。本文系统梳理了强制隔离戒毒检察监督工作的发展现状，多角度总结提炼资阳市人民检察院在实务中的亮点做法及成果，厘清实践中发现的问题，并提出对策建议。

关键词： 戒毒 强制隔离 检察监督

作为当前中国最重要的戒毒措施，强制隔离戒毒虽然推动了劳教制度的废除，但两者在制度设计上没有本质差别①，即均无须司法裁判便可限制人身自由。这种行政执法活动大大增加了公权力的自由裁量空间，在理论界和实务界受到了强烈质疑。最近，一些地方的党委政法委明确要求检察机关对强制隔离戒毒场所进行监督，但是检察机关开展监督工作存在法律依据不

---

* 课题组负责人：唐智，资阳市人民检察院副检察长。课题组成员：胡也、钟图、甘露、刘洲、刘如翔、钟利阳、陈华科、周庆、刘珍。执笔人：甘露，四川师范大学法学院副教授、硕士生导师；刘如翔，四川师范大学法学院副教授、硕士生导师。
① 姚建龙：《〈禁毒法〉的颁行与中国劳教制度的走向》，《法学》2008 年第 9 期，第 15 页。

明、监督机制尚未理顺等诸多问题，亟须开展理论研究，以推动强制隔离戒毒检察监督机制的建立健全。

一　强制隔离戒毒检察监督机制的发展现状

强制隔离戒毒是 2008 年 6 月 1 日起实施的《禁毒法》所规定的戒毒措施之一。强制隔离戒毒决定由公安机关下达，属行政强制措施，强制隔离戒毒的期限为二年，最长可以再延长一年。强制隔离戒毒的执行目前分别由公安机关和司法行政机关负责。强制隔离戒毒制度取代了此前分别由公安机关负责的强制戒毒和由司法行政机关负责的劳动教养戒毒，它和自愿戒毒、社区戒毒共同构成现阶段中国戒毒措施的基本体系。

为确保检察机关充分履行法律监督职能、监督司法行政强制隔离戒毒机构依法规范执法、保障戒毒场所安全稳定、维护戒毒人员合法权益，四川、山东、吉林、江苏等省份的检察机关陆续开展了强制隔离戒毒检察监督试点工作。同时，各自出台了相关规范性文件，为试点工作提供制度保障。从现阶段成果来看，监督主体主要是行政检察部门。在监督方式上，以派驻检察为主，巡回检察为辅，绝大部分检察机关在强制隔离戒毒所设立了驻所检察机构，同时定期在强制隔离戒毒所开展巡回检察工作。在监督内容上，主要包括对强制隔离戒毒所场域的监督，以及对执法人员执法活动的监督，如强制隔离戒毒决定、变更及其执行的监督等。检察监督试点工作的开展，有效纠正了强制隔离戒毒决定及执行活动中的不当或违法行为，保障了戒毒人员的合法权益。

二　强制隔离戒毒检察监督的现实必要性

中国现行的强制隔离戒毒是行政强制执行行为，现行法律没有规定强制

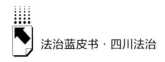

隔离戒毒场所的法律监督主体，更未规定监督的具体内容①。长期以来，强制隔离戒毒处于法律监督的空白地带。各界一致认为强制隔离戒毒需要检察监督的介入，而论证其正当性与必要性便成为探索这一监督机制的前提。

（一）从决定机关的角度来看

根据 2011 年《公安机关强制隔离戒毒所管理办法》，公安机关决定对吸毒人员予以强制隔离戒毒的，制作"强制隔离戒毒决定书"并送达被决定人，决定程序就已完成，强制隔离戒毒措施当即生效②。作为一种执行强度不亚于某些刑罚的行政强制措施，其决定程序非常简单。这种相对独立的程序，并非以司法裁判为依据，作为绝对优势地位的公安机关应当受到制约，以防止公权力滥用。

（二）从执行机关的角度来看

强制隔离戒毒的特殊性决定了对其检察监督的必要性。强制隔离戒毒在执行阶段需要较长时间限制人身自由，同时还有繁复的戒毒流程及诊疗要求，戒毒人员与执法人员明显处于不平等地位，行政权的单向性、直接性和强制性直接影响被戒毒人员的健康、自由等基本权利。如果没有外部强有力的专门监督和有效监督，可能会诱发滥用权力、侵犯戒毒人员合法权益的情况和司法腐败现象③。

（三）从检察机关的角度来看

作为宪法明确规定的法律监督机关，检察机关应当秉承勇于探索、敢于担当的精神，高度重视强制隔离戒毒机制存在的权力高度集中、极易滥

---

① 曾庆学：《强制隔离戒毒的法律监督研究》，《吉首大学学报》（社会科学版）2014 年第 S1 期，第 14 页。

② 包涵：《中国强制隔离戒毒的法律定位及制度完善》，《北京社会科学》2015 年第 5 期，第 110 页。

③ 杨远波、李东军：《强制隔离戒毒检察监督必要性研究——以广西劳教场所强制隔离戒毒情况为样本》，《中国刑事法杂志》2009 年第 12 期，第 92 页。

用问题，加强监督的全面性、深入性和专业性，全力挑起法律监督的担子①。这不仅有利于解决强制隔离戒毒机制缺乏监督的问题，更是行政检察工作顺应司法改革趋势应当具备的自我要求。

三 资阳市检察机关探索强制隔离戒毒检察监督的司法实践

2018 年以来，为应对司法行政强制隔离戒毒司法监督缺位的问题，资阳市人民检察院联合四川省资阳强制隔离戒毒所（以下简称"资阳强戒所"）探索推进司法行政强制隔离戒毒检察监督工作。该探索工作系全省首创，2021 年在最高人民检察院专题会议上进行经验交流，1 个案例被最高人民检察院确定为典型案例。

（一）建章立制，规范有序开展工作

2018 年 6 月以来，资阳市人民检察院和资阳强戒所先后会签《关于设立四川省资阳市人民检察院派驻四川省资阳强制隔离戒毒所检察联络办公室的暂行办法》和《关于建立司法行政强制隔离戒毒检察监督工作机制的意见》。文件规定了依法规范执法、维护戒毒人员合法权益等工作目标，明确了监督工作职责及机构，确定了涉及规范执法、场所安全、权利保障的戒毒人员脱逃、吸毒、涉嫌犯罪、所外就医、非正常死亡等监督重点，创立了现场监督、提前介入、理论研究等 11 项工作机制。

（二）"派驻＋巡回"，灵活实施检察监督

依托派驻检察工作室、检察联络信箱等定人定位常驻。贴近掌握戒毒执法信息，查阅执法案卷 31 件次，实地查看执法现场 17 次，听取执法人员、戒毒人员、医务人员意见 19 次。为便于戒毒人员及其亲属向检察工作室反

---

① 李征、牟鑫：《强制隔离戒毒检察监督的发展进路》，《人民检察》2020 年第 24 期，第 45 页。

映情况，每个大队、会见接待室均设置检察联络信箱，共设置 11 个，收到戒毒人员及近亲属信件、线索 11 件（条），发现戒毒人员违法犯罪线索等 3 条，监督移送戒毒人员涉嫌故意伤害案 1 件，现已判决。通过随机抽查、突击检查等方式开展不定期巡回检察。巡回检察 12 次，调取查看监控录像 21 次，实地现勘 7 次，召开联席会议 3 次，跟进监督戒毒人员非正常死亡事件 6 起，开展对病残戒毒人员收治等事项专项检察 3 次，发现病残戒毒人员分类收治管理、行政强制与刑事司法衔接不畅等问题，督促建立完善相关机制 4 项。

（三）精准监督，联动提升监督质效

针对不同程度、不同类别的问题，检察工作室基于调查核实情况，根据不同情形精准发出检察建议、检察意见。提出检察意见 10 次，发出改进工作书面检察建议 5 份，整改回复率 100%。加强与驻所纪委沟通联系，形成监督合力，针对执法面上问题召开执法监督联席会 2 次，查找问题、分析原因、提出措施；在教育惩戒违纪违法的执法人员和落实检察建议、检察意见等方面形成良好互动，促进执法活动和监督工作提质增效，联合驻所纪委开展事件调查 2 件次。

为深入探索推进司法行政强制隔离戒毒检察监督工作，资阳市检察机关将对外进一步加强与公安机关、司法行政机关的对接联系，对内整合行政检察和刑事检察等部门力量资源，探索跨区域检察监督协作。向前探索对公安机关作出强制隔离戒毒决定的监督，向后对公安机关变更戒毒期限决定、转为社区戒毒进行监督。建立涉强制隔离戒毒决定、社区戒毒的信息共享、工作联络等机制，为强制隔离戒毒全链条、全覆盖的检察监督提供资阳样本。

四 强制隔离戒毒检察监督机制存在的共性问题

资阳市人民检察院通过不断探索，在实务中取得了显著成绩，特色亮点做法众多，积累了丰富的实践经验，强制隔离戒毒检察监督机制已经初步建

立并发挥了积极作用，但在具体工作中也发现了一些具有普遍性和共性的问题，主要包括以下方面。

（一）法律依据欠缺

尽管检察机关是宪法规定的法律监督机关，2014 年，党的十八届四中全会通过的《中共中央关于全面推进依法治国若干重大问题的决定》也明确要求，"完善对涉及公民人身、财产权益的行政强制措施，实施司法监督制度"，但《人民检察院组织法》《行政强制法》《禁毒法》及相关法律法规均未就强制隔离戒毒的检察监督工作作出明确规定。《人民检察院组织法》第 17 条第 1 款规定，"人民检察院根据检察工作需要，可以在监狱、看守所等场所设立检察室，行使派出它的人民检察院的部分职权，也可以对上述场所进行巡回检察"，但"等场所"的表述过于笼统，尚不足以作为检察机关对强制隔离戒毒所进行法律监督的直接依据。

（二）部门协调困难

由于监督机制尚在探索过程中，工作推进很大程度上有赖于相关部门的配合和自愿，包括公安机关、强制隔离戒毒场所及其工作人员等。例如，多地检察机关开展工作的依据往往是与强戒所会签的文件，效力层级较低，监督力度"偏软"。在实际工作中，检察机关所获得的相关信息往往来自戒毒场所提供的"二手"信息，信息滞后且有一定的局限性，检察机关实际监督的范围及深度难免受到限制。这明显背离了检察监督的基本立场与初衷，监督实效大打折扣。

（三）监督范围不明

在监督范围、方式上各界存在不同认识。例如，在范围上，是否包括对公安机关作出相关决定或变更的监督；在方式上，是否有必要在戒毒所设立驻所检察室等。该问题实际上是由于法律依据欠缺导致的，具体对哪些执行环节、行为进行何种程度的监督有赖于法律的明确授权。在试点阶段，执行机关的抵触情绪会对检察工作的推进带来很大障碍。值得注意的是，决定机关与执行机关常常出现跨辖区情况，此时执行地检察机关恐难对决定机关采取有效监督措施。总体来说，各地区的不同情况以及各单位不同角度的认识使该问题尚无定论。在立法滞后的现实困境下，尽可能探索较为规范、高效的监督机制是试点工作的主要任务。

（四）保障资源匮乏

这是各地试点普遍面临的问题。员额检察官数量少、任务重，基层检察机关人员素质还难以适应新的环境。另外，戒毒人员数量庞大，且执法内容、程序较为繁杂，戒毒周期较长。种种原因导致资源力量与任务量难以匹配，一定程度上阻碍了试点工作的推进，人员的数量配备以及素质要求亟待规范化。

五 完善强制隔离戒毒检察监督机制的建议

（一）加强组织建设

1. 明确监督部门

在检察机关内部，应由行政检察部门履行监督职能。最高人民检察院的研究论证认为：一方面，从强制隔离戒毒的性质看，它属于行政强制措施，是一种行政执法行为，并非刑事司法行为，由行政检察部门开展监督更为适宜；另一方面，检察机关机构改革后，最高人民检察院提出，要形成"四大检察""十大业务"全面协调充分发展的新格局。开展强制隔离戒毒检察监督工作，也是进一步延伸检察机关行政执法检察监督触角、拓展行政执法检察监督途径和范围、做实行政检察的有益探索①。

---

① 杨春雷：《在强制隔离戒毒检察监督调研座谈上的讲话》，2021年5月26日，第9页。

2.加快队伍建设

由于试点工作尚处于探索阶段，对人员总体素质应适当提高要求，检察机关应至少配备一名员额检察官总体负责监督工作，其他人员配备应根据强制隔离戒毒所的规模、人数等客观因素灵活调配，以解决资源力量不足的问题。考虑到大部分基层检察院是民事、行政、公益诉讼职能"三合一"工作机制，且员额检察官数量有限，在具体操作时应以市级以上检察机关开展监督试点工作更为妥当。与此同时，需统筹考虑试点检察机关办案人员的能力提升问题，做好针对性培训，加大工作交流力度，开展案例指导，培养一批胜任监督职责的专门人才。

（二）明确监督范围

强制隔离戒毒检察监督工作呈现"点多、线长、面广"特点，除了把控好组织建设工作，更要突出工作重点范围，避免盲目增加工作量，出现"矫枉过正"现象，影响强制隔离戒毒自身工作的顺利进行。关于对强制隔离戒毒过程中行政复议或行政诉讼的监督，《禁毒法》及《行政诉讼法》已有明确规定。因此，检察机关探索对行政强制措施实施司法监督制度的重点，应当是未进入复议或者诉讼程序的强制隔离戒毒决定和所有强制隔离戒毒决定的执行。值得一提的是，强制隔离戒毒应与社区戒毒统一开展检察监督工作，打造"三位一体"的监督模式。

1.关于对执法决定的监督

根据《禁毒法》以及《戒毒条例》等法律法规的规定，公安机关有权作出强制隔离戒毒的决定，也有权作出提前解除强制隔离戒毒的决定或者延长强制隔离戒毒期限的决定。客观来看，公安机关的权力较大，且缺乏有效的外部监督，存在"徇私枉法""权力寻租"的空间，如出现被决定延长戒毒期限的戒毒人员不应延期的情形，此类主体的救济渠道是极其有限的。因此，公安机关作出的决定应当报送检察机关备案，检察机关对事实或程序存疑的决定，如出现适法错误、程序瑕疵等情形的，有权提出检察建议以保护公民合法权益。另外，对应当作出决定或变更而怠于采取相应措施的，检察机关亦有权向公安机关或司法行政机关提出建议。

2. 关于对执法场所的监督

主要是监督司法行政机关的场所环境、设施设备、工作机制是否符合要求，具体可包括以下几个方面。第一，戒所环境。检察机关有权对戒所环境进行监督，尤其是对戒毒人员的住宿饮食环境等生活基本保障是否达标等进行监督检查，发现不当之处可以要求整改。第二，医疗条件。戒毒场所与监狱、看守所在性质上有根本区别。强制隔离戒毒改变了原来劳教戒毒半军事化的管理模式，由管理型向服务型转变，致力于帮助戒毒者脱瘾康复①。因此，强制隔离戒毒的重心并非对犯人的劳动及改造，而是对病人的医疗及帮助。这也意味着强制隔离戒毒所对医疗配套设施有更高要求，因为戒毒人员大多在身体上、心理上存在不同程度的病理性特征。检察机关应当重点审查医疗力量是否充足、医护人员是否具备相应资格、专业性是否全面覆盖戒毒人员常见病状等。第三，教育培训。除了医疗卫生，教育亦是强制隔离戒毒之重点，但此处的教育并非强调劳动改造，而是着重戒毒人员当下的身心健康以及回归社会后适应社会的能力。因而，检察机关应当了解戒毒所的教育力量及教育方式，建议或监督其定期开展专业技能培训活动等，保障戒毒人员的教育及发展权利。

3. 关于对执法活动的监督

一方面，要加强对强戒执行工作各个环节的监督。重视戒毒场所收戒、转送、管理、提前解除、延长期限、解除、变更措施、死亡处理等管理工作在实体上、程序上的合法性，如是否向解除强制隔离戒毒的戒毒人员出具解除强制隔离戒毒证明书并发还代管财物。另一方面，要加强对强戒执行工作中突发事件处理过程的监督。戒毒场所的"服务性"决定着戒治秩序的更高要求，执法人员应当担负起保障戒毒人员人身、财产安全的责任，如发生相关事故，检察机关作为第三方监督单位应当及时介入，查明事故原因，是

---

① 许丰盛：《我国强制隔离戒毒工作现状及其完善》，《辽宁警察学院学报》2016年第1期，第42页。

否存在因执法人员玩忽职守、暴力执法等违法行为导致事故发生。最后，现阶段的强制隔离戒毒措施本身仍然处于探索发展的过程中，从队伍建设、工作推进以及制度建设、人财物保障的角度来看，还未达到戒治规范化的标准①。检察机关在监督过程中发现戒毒工作有任何需要改进之处，亦应通过联席会议或其他合法途径提出合理化建议。

（三）完善工作机制

1. 建立健全联席会议机制

在检察机关和司法行政机关以及强制隔离戒毒所分别设立联络员，具体负责联系协调等工作事宜。派驻检察院与司法行政机关、强制隔离戒毒所应至少每半年召开一次联席会议，通报强制隔离戒毒工作情况和检察监督情况，共同研究戒毒执法过程中遇到的难点、热点问题，并提出应对措施。加强沟通、协调部门对接工作，提高工作效率。

2. 设立驻所检察机构

检察监督工作应以派驻检察为主、巡回检察为辅。这是因为强制隔离戒毒环境的封闭性，执法人员与戒毒人员地位存在差异。从另一个角度来说，巡回检察方式还不足以在检察深度、广度、刚性等问题上切实保障监督工作的落实与推进。2018 年，司法部在《关于加快推进司法行政改革的意见》中提出改革意见，"完善强制隔离戒毒执法审批工作，推动建立检察机关驻所监督制度"，目前已有 16 处试点采取了派驻检察制度，效果明显。因此，在监督方式上，应当设立驻所检察机构，并定期开展巡回监察。关于驻所办公室在环境及设施上的配置要求应当根据驻所检察官的实际需求及不同地区戒毒场所的特殊性来决定。同时，应当在戒毒所设立检察官信箱，公开驻所检察官电话，畅通检察官与强制隔离戒毒人员的沟通渠道，便于强制隔离戒毒措施运行过程的透明化，为驻所检察官顺利开展法律监督提供良好工作平台。

---

① 赖济辉：《戒毒场所加强戒治规范化建设探索》，《犯罪与改造研究》2018 年第 9 期，第 60～62 页。

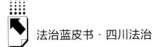

3.实施受理检举申诉制度

在探访室、侯访室、戒毒人员生活区等场所设立检察信箱，公布受理电话，及时受理戒毒人员的各种检举、诉求，了解戒毒人员所思所想，并对其检举、诉求做到逐件及时回复。推行戒毒人员谈心制度，对派驻检察官进行心理学基本培训，及时开导有心理疾病的戒毒人员并掌握其心理状况及动态，帮助戒毒人员正确对待戒毒治疗。

4.建立线索移送跟进机制

面对不当及违法行为，应通过检察意见、检察建议、纠正违法通知书处理。检察机关应当根据事务大小分别采取三种方式处理，对"轻微事件"或偶尔发生的"疏忽事件"采取检察意见监督，并记录在案，合理避免不必要的资源浪费及"矫枉过正"现象。"要想保障检察监督的实效，除了提高审查机构的级别之外，监督手段必须要有力度。"[①] 发现明显不当或违规违法行为应当及时发出检察建议或纠正违法通知书。对涉嫌犯罪的执法工作人员，应当及时移送监察机关处理。

---

① 丁有良：《行政强制措施检察监督制度探析——以涉及公民人身、财产权益行政强制措施为对象》，《天津检察》2016年第1期，第22页。

B.12
律师参与法律职业共同体
建设的四川实践

四川省司法厅课题组*

摘　要：　法律职业共同体建设对于深化全面依法治国实践，推进法治国家、法治政府、法治社会建设具有重大而深远的意义。党的十八届四中全会作出《中共中央关于全面推进依法治国若干重大问题的决定》，提出建设"法治专门队伍"，指明了法律职业共同体建设方向。四川近年来积极推动律师参与法律职业共同体建设，不断深化与法院、检察院的交流协作，着力发挥律师在建设平安四川、全面依法治国、法治四川中的重要作用，逐渐走出了符合四川实际的法律职业共同体建设实践之路。

关键词：　律师　法律职业共同体　地方法治

党的十八届四中全会作出《中共中央关于全面推进依法治国若干重大问题的决定》，提出建设"法治专门队伍"，《法治中国建设规划（2020～2025年)》要求，"建设革命化、正规化、专业化、职业化的法治专门队伍""加快发展律师、公证、司法鉴定、仲裁、调解等法律服务队伍"，为

---

*　课题组负责人：王强，司法厅党委委员、副厅长。课题组成员：丁银兵，司法厅律师工作处处长；徐凯，司法厅律师工作处副处长；李群河，四川恒和信律师事务所执行主任、高级合伙人、省律协战略发展委员会主任；张坤，北京恒都（成都）律师事务所主任、省律协战略发展委员会副主任；颜万军，司法厅律师工作处干部；胡家馨，四川恒和信律师事务所律师助理。执笔人：颜万军、张坤。

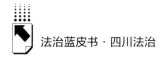

中国法律职业共同体建设指明了发展方向。

法律职业共同体，是以法律为纽带，维系一国法律治理体系的职业群体。法治与法律职业共同体应当是"共生共伴同长同成的关系"。一方面，法律职业共同体的繁荣发达是一个国家法治迈向成熟的重要标志；另一方面，"徒法不足以自行"，一个成熟的法治国家也必然催生并依托具有共同信仰的法律人奉法而行、共同协作推动法律实践和法律运行。从理念和制度层面看，共同的职业教育、职业准入、职业素养、职业追求是法治专门队伍建设的基本要求和发展方向。按照法治专门队伍专业化、职业化建设要求，立足法治四川建设实践，本文关于法律职业共同体的讨论限于狭义说，即律师、法官、检察官三大职业群体。

一 四川律师参与法律职业共同体建设具体做法

截至 2021 年 12 月，四川省共有律师事务所 1839 家、律师 30059 人，律所数量在全国排名第五，律师人数在全国排名第六，2021 年全省律师共承办业务 55 万余件、担任法律顾问 3 万余家。近年来，四川以深化律师制度改革为抓手，依托专业优势、实践优势和职业优势，深化与法检协作，积极推动律师参与法律职业共同体建设，着力提升律师执业保障水平，健全律师违法违规执业惩戒制度，充分发挥律师服务中心大局特别是在全面依法治国、法治四川建设中的重要作用，逐渐走出了一条符合四川实际的实践道路。

（一）维护律师执业权利，畅通平等交流渠道

近年来，四川高度重视律师合法执业权益保障，积极推动建设法律职业共同体良性互动关系，为律师与法官、检察官平等交流奠定了坚实的基础。

一是强化顶层设计，加强制度机制建设。建立联席会议机制。2016 年，由省委政法委牵头制定《四川省保障律师执业权利联席会议工作规则》，从省级层面建立保障律师执业权利联席会议制度，将律师反映的突出问题以项

目清单方式交政法各部门限时改进落实。目前，全省 21 个市（州）和 100余个县（市、区）建立了联席会议制度，先后就保障律师知情权、会见权、调查取证权等出台了民事调查令、阳光沟通机制、快速联动处置机制等制度，切实解决律师反映强烈的"老三难""新三难"突出问题①。建立通报整改机制。2016 年，省法院、省检察院、省公安厅、省国安厅、司法厅 5家省直政法单位联合印发了《关于保障律师执业权利 切实做好律师投诉处理工作的规定》，对加强律师执业权利保障和救济作出规定，进一步建立和完善侵犯律师执业权利行为记录、通报和责任追究等制度。联合推出民事调查令。针对取证难、调查难问题，联合省直 20 个部门印发《关于在民事审判与执行阶段适用调查令的办法（试行）》②，成为全国范围内充分保障律师调查取证合法权益的率先之举。

二是解决实际问题，全面提升保障水平。协调提升硬件保障水平。加强与法院、检察院、公安机关等部门的对接协调，经多年努力，目前四川省大部分法院、检察院在案管大厅设置律师阅卷室和律师接待室、庭前休息室、更衣室，提供停车、上网、复印资料等便利。全省看守所专门设置律师会见室，配置必要设备，营造舒适环境。省检察院研发了电子卷宗系统，在全国率先为律师提供异地网上预约、光盘阅卷、免费复制等新阅卷方式，保障了律师快捷、简便、免费阅卷。提升办案服务保障水平。联合推动实现四川法院系统在全国率先探索建立律师安检"绿色通道"制度。全省律师（包括实习律师、律师助理）依法参与诉讼或履行职责进入法院时，只需要出示相关证件，即免予安全检查，充分体现对律师职业的尊重。争取部分有条件

---

① "老三难""新三难"指律师参与诉讼过程中执业权利无法有效保障的几大痼疾，"老三难"指庭外的会见难、阅卷难、调查取证难，"新三难"指庭审过程中发问难、质证难、辩论难。

② 联合发文单位包括省高级人民法院、省发展和改革委员会、省公安厅、省民政厅、省司法厅、省人力资源和社会保障厅、省自然资源厅、省生态环境厅、省住房和城乡建设厅、省商务厅、省卫生健康委员会、省国有资产监督管理委员会、省市场监督管理局、中华人民共和国成都海关、国家税务总局四川省税务局、省通信管理局、中国人民银行成都分行、中国银行保险监督管理委员会四川监管局、中国证券监督管理委员会四川监管局、省律师协会。

的法院设置了律师出入法院专门通道，进一步方便律师并展示职业认同。联合推动全省法院系统全面建成诉讼服务中心，开展查询咨询、诉讼立案、预约法官、递交材料、送达文书、信访投诉等工作。联合推动部分中级、基层法院试点打造律师网上办事平台，实现网上立案、缴纳诉讼费、提交或交换证据、电子送达、网上信访等功能。协调省检察院制定《检察人员接待律师行为规范》和"律师接待工作流程图"，指派专人负责，确保预约申请、材料接收、阅卷、会见安排等各环节无缝对接，开通电话、短信、QQ及网上预约等多种查询方式，实现"全天候"24小时电子阅卷。协调各级公安机关通过建立会见预约平台、网络预约等方式，便捷实现会见的远程预约。协调省工商局（现已调整为市场监管局）建立律师查询专门制度，由专人接收材料、处理响应并记录备查。协调省公安厅开通设立律师人口查询窗口，并推动在全省铺开，进一步方便律师人口信息查询。协调做好律师维权救济工作。注重发挥律师协会的维权作用，2021年全省律师协会成功协调帮助18名律师解决执业维权问题。注重加强与法院、检察院沟通，形成律师涉嫌犯罪案件需第一时间向司法行政机关通报并听取意见建议的交流机制。2020年以来，在律师涉嫌违法犯罪案件中，检察机关均第一时间主动向司法行政机关通报，采纳或部分采纳了司法行政机关意见，对相关律师作出存疑或酌定不起诉的决定，有力维护了律师合法权益。

三是搭建正当交流平台，促进阳光接触交往。开展业务双向监督。截至2021年，担任法官遴选委员会委员的律师4人，担任检察官遴选委员会委员的律师3人，担任人民法院特约监督员的律师30人，担任人民检察院特约监督员、特约检察员的律师52人，律师与司法人员双向交流更加频繁有力。人才建设双向培养。出台《关于开展申请律师执业人员到法院担任实习法官助理的实施意见（试行）》，2021年推荐117名实习律师到省法院、成都市基层法院等担任实习法官助理，为实现法官与律师的双向良性互动、推动法律职业共同体建设奠定坚实基础。落实联席会议机制。分别与省法院、省检察院联合出台《关于建立法官和律师良性沟通交流机制的意见》《关于建立检律协作常态化沟通交流机制的意见》，定期与法院、检察院召开联席会议，将维护保障律师职业权益情况作为首要议题，建立联席会议、同堂培训、互督互评等机制，引导律师与法官、检察官相互理解、相互支持、相互监督、平等交流。加强互动互评互促。司法行政机关、律师协会开展的"优秀律师评选""十佳代理词、辩护词评选"、律师专业水平评定、律师职称评审等工作中，注重听取法官、检察官的意见。人民法院、人民检察院开展优秀庭审、优秀公诉词、典型案例、参考性案例、优秀法律文书等评选、发布活动，也注重听取律师意见。2021年举办的第一届全省行政检察业务竞赛和第一届全省检察机关民事检察业务竞赛中，省检察院均邀请律师代表作为评委，良性互动进一步加强。

（二）抓好律师负面惩戒，明确接触交往边界

始终注重规范律师与法官、检察官的接触交往行为，确保交往有边界、有底线，推动形成"亲""清"交往关系。

一是抓学习，全力筑牢思想防线。专项活动专门学。坚持突出政治标准，结合教育培训安排，将《律师法》《律师执业管理办法》与"三个规定"等作为学习教育的重点，通过集中学、重点学、自主学，不断深化对习近平新时代中国特色社会主义思想、习近平法治思想的理解，真正入脑入心，切实转化为律师执业的思想红线和行为底线。重点阶段及时学。在实习阶段，将律师与司法人员交往相关规定纳入四川律师学院实习律师集中培训重点内容。成为执业律师后，年度继续教育学习中职业道德、执业纪律也是重点学习内容，实现学习贯彻和教育培训的常态化。执业过程灵活学。压紧压实律所的管理责任和律师协会的主体责任，凡是发现律师可能存在和司法人员不正当交往情节轻微的违纪问题，及时采取约谈、批评教育等措施，做到防微杜渐、处早处小。

二是抓规范，划清接触交往红线。规范法检离任人员管理。司法厅联合省法院、省检察院制定《关于进一步规范法院检察院离任人员从事律师职业的实施意见》。2021年以来，先后排查出全省法官、检察官离任后从事律师职业800余人，法院、检察院人员近亲属在律所从业400余人。梳理管理

薄弱环节，从实习申请、执业审批、律所管理、执业监督、相互协作等五个方面，对法检离任人员到律师事务所从业作出细化规定，全环节无死角堵塞管理漏洞。规范在职人员交往。省律师协会印发《四川律师与司法人员接触交往"六不准"的通知》，明确划清律师与司法人员接触交往的六条红线。司法厅与省法院、省检察院联合印发《关于禁止法官、检察官与律师不正当接触交往实施办法》，明确21条具体的违规接触交往行为，防止利益输送和利益勾连。强化案例警示教育。每年定期发布警示教育案例，强化震慑作用。在律师行业突出问题专项治理过程中，以律师和司法人员不正当接触交往为重点，发布典型案例3批次10余件次，起到了较好的警示教育意义。率先在全国开发律师执业诚信公益平台，对受到处罚处分的律师和律所进行负面记录并向社会公示，倒逼律师与司法人员规范接触交往行为。

三是抓惩戒，全面抓好案件查处。健全律师惩戒机构。省、市（州）律协先后成立律师监督与惩戒委员会，并邀请法院、检察院、公安机关等政法单位人员参与惩戒活动。全省全面建立投诉受理查处中心，建立跨地区案件协调查处机制、律师执业违法违规行为披露制度和惩戒工作衔接机制。强化部门联动共享。注重加强与纪检监察机关、法院、检察院的协同配合，通过去函、召开联席会等方式主动对接交流，加强信息比对、案件倒查、数据核实等摸排手段，及时发现相关问题线索。在2021年政法队伍教育整顿过程中，帮助全省法院、检察院等单位完成法检离任人员和干警亲属从事律师职业信息比对2000余人次。全省司法行政机关建立法检离任人员信息库，定期与当地法院检察院做好动态更新、信息比对等工作，及时发现违规线索。宜宾市司法局和法院、检察院联合开发了"宜宾司法智能预警平台"，精准整治"司法掮客"，是科技赋能的良好体现。相关机关经验被《人民日报》刊载[1]。严格查处违法违规行为。紧盯律师与司法人员不正当接触交往的负面行为，健全负面行为信息收集、处置、追踪、评价机制，综合运用好

---

[1] 徐隽：《政法机关严格落实"三个规定"规范离职人员从业行为》，《人民日报》2021年9月23日，第9版。

行业处分、行政处罚和党纪处分手段，严厉查处相关违法违规行为。2021年以来，查处司法人员与律师不正当接触交往、违规从事律师职业案件60余件，主要表现为律师向法官、检察官行贿、违规宴请法检人员等行为，作出吊销律师执业证处罚6件。

（三）深度融入中心大局，推进法治四川建设

四川律师与法官、检察官一道，紧紧围绕党委政府工作重心，在深化平安四川、法治四川建设过程中不断强化法律职业共同体建设。

一是积极参政议政，助力法治政府建设。目前，全省有30名律师入选川渝两地行政复议专家库，有37名律师获聘省人大常委会规范性文件备案审查律师专家组成员，8名律师获聘省司法厅首届四川省行政立法咨询专家，6位四川律师与省内外法学家、前立法工作者、原司法人员共同受聘为全省共享的四川省立法专家库首批专家，共同助推立法咨询工作。全省律师中，民主党派1246人，无党派5099人，担任"两代表一委员"523人，其中全国人大代表、政协委员各1人，1名律师担任眉山市委委员，四川律师群体政治地位进一步提升。在2021年省两会期间和全国两会期间，四川律师提出建议和提案100余件。四川律师提出的议案和建议内容涉及经济、行政管理、社会公共事务等诸多方面，彰显了四川省律师作为法律职业共同体的参政议政能力和社会责任感。比如，四川省律师代表在2021年省两会上提出《关于制定企业确认诉讼文书送达地址并承诺相应责任的实施意见》的议案，省高院与省市场监督管理局采纳并于同年11月出台正式意见，进一步提升送达效率。

二是深化律师调解，前端化解矛盾纠纷。完善律师调解组织。司法行政机关深化与法院合作，纵向推进律师调解组织全覆盖。截至2021年，全省设立诉讼服务站184个、"三室一中心"527个，其中，在人民法院设立193个，在公共法律服务中心设立160个，在律师协会设立14个，在律师事务所设立160个，覆盖169个县（区、市），占全省183个县级行政区域的92.3%。拓宽调解领域。推动律师调解从传统领域向行业专业领域延伸，在

医疗纠纷、建筑工程、知识产权、金融证券等行业专业领域，创新设立了律师调解工作室 17 个，在成都市设立"一带一路"国际商事调解中心成都调解室，在宜宾市设立长江经济带（四川）律师调解室。加强规范化建设。召开全省律师调解暨律师事务所诉讼服务站试点工作会，发布了《四川省律师调解工作指引》《四川省律师调解工作案例汇编》，对律师调解工作的主要业务流程进行了规范。2021 年，共调解案件 31532 件，调解成功 12221 件，调解成功率 38.8%，充分发挥了律师在预防和化解矛盾纠纷中的专业优势、职业优势和实践优势。

三是积极提供法律服务，助力社会治理。深化刑事案件律师辩护全覆盖试点。试点覆盖全省 90% 以上的县级行政区域。全省刑事审判阶段法律援助案件 3 万余件，其中因开展试点而新增的法律援助案件 2.2 万余件，占 73%。深化同心律师服务团工作。印发《2021 年四川同心律师服务团工作方案》，组织 32 个同心律师服务团 94 家律所、230 余名律师对 34 个民族县（市）开展普法宣传、法治讲座、法律咨询及服务等活动 130 余场次，覆盖干部群众 3 万余人次。着力规范村（社区）法律顾问工作。结合全省乡镇改革"后半篇"文章工作，将成都市新都区等 5 个区县的村（社区）法律顾问服务列入乡镇政府购买服务试点领域。召开工作推进会，指导试点地区县司法局加强与财政部门对接，明确具体的政府购买服务标准、购买服务程序，加强对村（社区）法律顾问的工作培训和业务指导。集中开展公益法律服务专项活动。联合省总工会在全省开展"尊法守法·携手筑梦"服务农民工公益法律服务行动，积极参与"春风行动"，组织指导工会干部及 717 名律师组建 296 个公益法律服务团、律师专业服务团、律师服务分队，深入一线开展法治讲座等活动 1057 场次，重点宣传劳动合同、工伤理赔、工资拖欠、劳务派遣、依法维权以及《民法典》等方面的法律法规知识，发放宣传资料 66 万余份，接受咨询 3.8 万余人次，覆盖职工（农民工）24 万余人，为农民工讨回欠薪、挽回经济损失 4.6 亿元。组织动员 6 名律师参与司法部"1 + 1"中国法律援助志愿者行动项目和"援藏律师服务团"项目，彰显四川省律师良好社会担当。

二 存在的问题

经过多年的法律职业共同体建设实践，目前已基本构建起律师和法官、检察官相对和谐稳定的关系构造，但依旧存在以下几方面问题。

（一）法律职业共同的价值追求须进一步塑造

一是缺乏统一的培训。目前，不同法律职业的入职培训、技能培训均由各自所属系统分别进行，缺乏充分交流的同堂培训，加剧了不同职业的分裂感、派系感和冲突感。二是缺乏互信互重。一方面，组织归属不同在法律职业共同体内部造成了体制内"官"职优越感和体制外"民"职抗拒感的错位；另一方面，律师与司法人员之间不正当接触交往的负面行为严重损害了职业共同体的相互尊重和信任，彼此之间存在防备与猜忌，严重影响了社会公众对法律职业和司法公正的评价。三是缺乏"和而不同"思想，未能形成权力制衡观。追求公平正义是法律职业共同体共同的职业价值内核，但不同职业也有各自独有的价值追求。法律至上、保持中立是法官职业特有的价值追求；法律监督、制约平衡则是检察官职业特有的价值要求；作为受委托参与法律活动的律师，忠实维护案件当事人合法权益是律师职业特有的核心价值。法律职业共同体之间共有和特有的职业价值追求和价值属性，决定了法律职业共同体之间"和而不同"的职业价值旨趣，既为权力对抗埋下了冲突种子，也为权力制衡预设了理性基因。

（二）执业权利保障须进一步加强

在全面依法治国背景下，律师执业环境和执业权利保障有了较为明显的改善，但是参与诉讼过程中律师执业权利遭受限制的情况仍时有发生。一方面，"老三难"问题没有得到完全解决。立案难方面，四级法院审级职能定位改革推开后，基层法院案件激增，以先行调解为由拖延立案的情形并不鲜

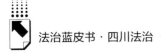

见。会见难方面，因疫情或案情影响，会见难仍是律师执业的痛点，表现为预约难、排队难、会见时间短等突出问题。调查取证难方面，即使持续推进民事调查令，仍然存在申请受限、响应过慢、单位不予配合的情形。另一方面，"新三难"问题仍十分突出。在同案犯众多的刑事案件中，辩护律师辩护职能未得到充分尊重，法官随意制止、打断律师讯问被告人、询问证人、发表质证、发表辩论意见的情况较为常见，甚至当庭要求庭后再书面提交辩论意见，极大影响了庭审实质化改革，破坏了法律职业共同体参与庭审的平等地位和平等权利，也加深了其他诉讼参与人员及旁听人员对法律职业共同体的误解。

（三）阳光交流平台须进一步搭建

近年来，随着国家对法官、检察官与律师不正当交往打击力度的加大，特别是 2021 年最高人民法院、最高人民检察院、司法部出台了《关于进一步规范法院、检察院离任人员从事律师职业的意见》《关于建立健全禁止法官、检察官与律师不正当接触交往制度机制的意见》等一系列规范性文件后，律师与法官检察官不正当接触交往的空间进一步压缩。但这些措施以"堵"为主，缺乏"疏"的渠道，在有效交流平台缺乏的情况下，法官、检察官不敢见、不愿见律师，只会导致彼此之间的隔阂和割裂愈发加深，甚至在客观上可能进一步诱发违规接触，成为律师与司法人员不正当交往案件屡禁不止的又一诱因。

三　工作对策和未来展望

如何弥合职业群体之间的裂痕，是法律职业共同体建设的当务之急，需从共同理念塑造、权益保障、职业流动等多方面对症下药、综合施策。

（一）塑造共同的法治理念、价值追求

共同实现社会公平正义的统一信念的塑造，源于法学教育的起点，更贯

穿于职业培训的始终。从域外经验看，德国法官检察官遴选虽然可以从法科学生中选拔，但需要在毕业后经过 2 次司法考试以及 2 年严格的法律实务训练、预备培训才能成为法官检察官，其中律所也是重要培训场所之一[①]。日本法曹（法官、检察官和律师的总称）的培养体系为一元司法研修制度[②]，司法考试合格者必须到最高院司法研究所参加为期一年半的培训，接受包括基础技能、实务知识、方法技巧以及伦理规范等统一培训，合格者才能选择进入某一法律职业。结合中国实际情况，今后法律职业共同体建设中，要整合法院、检察院、律师协会三方面培训资源，将彼此分立的教育培训转变为统一的职业培训，设立法律职业培训学院，通过持续培育和完善统一职业准入、入职培训、同堂培训、常态化交流机制，塑造维护社会公平正义的共同使命和共同信仰。

（二）加强执业的权利保障、权益维护

一方面，律师执业权利是当事人权利的延伸，也折射出国家对公民权利的尊重与保障。律师职业在法治发达国家普遍拥有较高社会地位。在法国，辩护律师被视为"最具代表性的法律家"[③]，地位和声望甚至高于法官，律师职业保障制度亦十分完善。就中国现状而言，保障律师执业权利是解决职业共同体地位不对等的重要手段，是弥合"官""民"固有冲突的有效方式。不仅需要继续完善律师执业保障制度体系和长效机制，也要注重切实解决现实问题，着力破除"新三难""老三难"痼疾。另一方面，要将律师作为参政议政的后备资源和新生力军，将更多优秀律师选拔为"两代表一委员"，拓展律师进入政府机关和司法执法领域的渠道，发挥律师参与治国理政的优势，实现律师从"法律参与"到"政治参与"的权益保障，也有助于防范和矫正律师行业过度商业化倾向，激发律师积极参与公益服务热情。

[①] 陈云、肖启明著《回归本质：司法改革的逻辑之维与实践向度》，法律出版社，2015，第 68 页。

[②] 参见郝振江《日本司法研修制度的现状》，《人民法院报》2017 年 7 月 14 日，第 8 版。

[③] 张奕平：《法国的律师制度》，北京法院网，https://bjgy.chinacourt.gov.cn/article/detail/ 2011/09/id/883410.shtml，最后访问日期：2011 年 9 月 19 日。

（三）完善互促的交流渠道、沟通平台

强化惩戒教育、规范离任管理、设置交往红线，其目的并非绝对隔离或一味防范。只有阳光交流、正当接触才是增进互信、消除对立的有效途径。从国外法官、检察官产生方式来看，大部分国家都要求遴选对象有相当的实务经验。据统计，美国85%的法官从检察官（美国检察官类似于"政府律师"）、律师中产生，其余则是从法学院教授中选任[①]，而选任条件也极为严苛，一般要求必须具有12年以上法律实践经验并具有良好的社会声誉。中国台湾地区也有类似做法，要求逐步降低直接从司法官训练所（后改为司法官学院）毕业生中任命法官的比例，2021年以后80%以上法官选任都应从律师和其他从事法律工作的专业人才中产生。目前，中国法律职业共同体之间的交流大多还停留在召开联席会、学术交流等浅层次交流上，更加深度和务实的职业共同体交流需要通过职业转换来实现。尽管中共中央办公厅在2016年就印发了《从律师和法学专家中公开选拔立法工作者、法官、检察官办法》，2020年修订的《法官法》《检察官法》也再次进行了明确，鼓励和引导从优秀律师中选拔法官、检察官，但在具体实施上仍任重而道远。下一步，不仅要常态化召开联席会议、同堂培训、业务研讨、文体活动等，更重要的是要进一步加强从优秀律师中选拔法官、检察官力度，推动更多的优秀执业律师通过"职业旋转门"成为法官、检察官，加深职业共同体之间相互理解、相互信任、相互尊重，塑造"风清气正"的新型法律职业共同体关系。

结　语

加快中国法律职业共同体建设是坚持全面依法治国的基本要求和重要保

---

① 参见史春明《美国法律职业共同体实现法律职业的良性互动》，《民主与法制时报》2016年1月21日。

障。"法律的建立与法律职业的诞生如影随形，亦步亦趋。"① 一方面，全面依法治国需要一支革命化、正规化、专业化、职业化的法治专门队伍。尽管处于不同的社会角色和职业立场，但是基于法治信仰、专业知识、职业素养、职业追求的共性，法律职业共同体能够运用法律思维、遵循法律程序，服从于追求社会公平正义的良知良能，通过看似对立甚至对抗的法律程序，共同践行全面依法治国的职业使命。另一方面，唯有大力推动法律职业共同体规范建设、有序发展，才能充分发挥法律职业共同体在建设法治国家、法治政府、法治社会中的中流砥柱作用，形成一个知识共同体、信念共同体、精神共同体、相互认同的共同体，以建立彼此尊重、正当交往、良性互动的关系，共同书写中国特色社会主义法治建设新篇章。

---

① 〔美〕罗伯特·N. 威尔金著《法律职业的精神》，王俊峰译，北京大学出版社，2013，第8页。

B.13
四川法学会推进首席法律
咨询专家制度的实践探索[*]

四川省委党校课题组[**]

摘　要： 四川省法学会坚持把法治建设贯穿于新时代治蜀兴川各领域全
过程，乘势而为、勇于制度创新，通过开展首席法律咨询专家
制度试点，探索建立首席法律咨询专家制度工作模式、咨询范
围、运行方式、工作保障等制度机制，着力构建党政主导、部
门参与，其他社会组织及企业全面协作的法治服务新格局，力
争为全国推广首席法律咨询专家制度提供可操作、可复制的经
验做法，持续为推动经济社会健康有序发展、社会稳定提供有
力保障。

关键词： 四川法学会　首席法律咨询专家制度　六大思维

何谓首席法律咨询专家制度？即依靠基层法学会专家库会员的广泛
参与，进行重大公共决策论证、重大风险防控、重大矛盾纠纷调处、重
大信访积案化解的法治实践平台。其特点有三。第一，首席法律咨询专
家制度是充分发挥广大法学法律工作者治理优势的新平台，是能动推动

　＊ 四川省委政法委、四川省法学会 2021 年度法治实践创新专项联合课题"四川法学会推进首
席法律咨询专家制度的实践探索"（项目编号 SCFXSC2112）阶段性成果。
＊＊ 课题组负责人：郑妮，中共四川省委党校四川行政学院法学部副主任、教授、法学博士、硕
士生导师。课题组成员：王珏玲、龙建军、杨阳、邓运娟、张星鹏、毛荣、蒋丽萍、雷永
辉、杜月平。

法学会实战化实体化的新拓展。第二，首席法律咨询专家制度必须依托基层法学会专家库的建立，该专家库是根据当地实际情况分门别类予以科学构建。第三，首席法律咨询专家制度针对的对象是"四个重大"，即重大公共决策论证、重大风险防控、重大矛盾纠纷调处、重大信访积案化解。

一 实践探索

（一）全省试点实践概况

四川省法学会秉持系统观念，坚持前瞻思考和全局谋划，并率先试点和整体推进，在推进首席法律咨询专家制度工作中取得了可喜的成效。四川省法学会是全国最早响应推进首席法律咨询专家制度的法学会之一，2021年3月，四川省法学会在绵阳市召开了成都、泸州、绵阳、广安、眉山、阿坝6个市（州）试点推行首席法律专家制度工作调研座谈会，制定发布了四川省法学会《首席法律咨询专家制度试点工作》（讨论稿）。4月，四川省法学会组织6个试点市（州）参加了中国法学会在广西梧州举办的全国部分省级法学会"首席法律咨询专家制度试点工作"现场推进会后，多次深入基层调研督促和推动工作。5月，由四川省委政法委、四川省法学会联合印发了《首席法律咨询专家制度试点工作指导意见》（川政法〔2021〕50号）。6~12月，四川省法学会以发布课题、开展试点、专家座谈、评估指导等方式有力推动了首席法律咨询专家制度在全省的试点，得到了中国法学会的高度肯定。为此，中国法学会向全国发布通知"参阅借鉴四川省首席法律咨询专家制度试点工作指导意见"，号召全国法学会向四川省法学会学习，并发出指导案例（全国五家，四川省排名第二，仅次于广西梧州），要求全国借鉴推广四川做法。

四川省法学会坚持以开展"首席法律咨询专家制度"试点工作为抓

手，激发了各试点单位的活力，积极探索具有"四川特色"的法治创新经验，不仅有力助推了各级党委政府决策科学化、规范化、制度化，保障了经济社会的高质量发展，而且为统筹发展与安全建设更高水平的平安四川提供了有力的法治保障。为此，在实践探索中，本报告以广安市、阿坝州、眉山市等三个试点城市为主要研究对象，并展开了跟踪调研和实践论证。

（二）地方试点实践——以四川广安市法学会为样本

广安市法学会在首席法律咨询专家制度试点工作开展以来，以邻水县以及川渝高竹新区作为关键试点区域，认真贯彻落实省委政法委、省法学会部署要求，结合广安实际，转变工作思路，认真组织实施，扎实推进首席法律咨询专家制度试点工作落到实处。

首先，建立完善机制，科学规范试行。一是明确首席法律咨询专家委员会的组建程序。在原有广安市法学法律专家库基础上，从每类专家库中优选 2 名资深学者专家，组建首席法律咨询专家库；从首席法律咨询专家库中推举出 1 名政治素质好、专业素质强、学术造诣高且有权威的专家担任首席法律咨询专家；再组建由首席法律咨询专家库成员组成的首席专家委员会，其中包括首席法律咨询专家 1 名，首席法律咨询专家库每类代表 1 名，秘书长 1 名。二是进一步规范首席法律咨询专家委员会（以下简称"首席专家委员会"）工作模式及议事规则。采取"党委领导、政府主导、部门联动、首席指导、业主参与"五位一体的工作模式，首席专家委员会必须在 7 个工作日内决定是否受理委托事项，若决定受理，需立即组建专家咨询团队，并签订服务协议、明确服务方式；组织召开首席专家委员会，并根据会议决议，形成法律咨询报告，书面反馈申请主体，并向法学会存档备案。三是厘清首席专家委员会功能。首席专家委员会根据上级单位交办或相关职能部门委托，围绕实践中的"四个重大"问题，通过深入细致的调查研究，为广安市党委政府的重大决策提供专业法律参考意见或建议，为维护当地社会稳定和经济发展提供有力的智力支持。

其次，建强人才队伍，选好配齐专家。广安市法学会首席法律咨询专家库的法律专家，遍布家事纠纷领域、医患纠纷领域以及劳动争议纠纷领域等十大领域，截至 2021 年 12 月，上述专家库扩大为 232 人。为进一步整合全市法学法律高水准人才资源，提升法律咨询与服务能力水平，广安市法学会加强对立法机关、行政机关和其他领域的专家分类遴选，切实把政治可靠、对党忠诚、业务过硬的法学法律工作者吸收到首席法律咨询专家团队，从中推选法律知识全面、司法实践丰富、颇有行业影响力的专家人才担任首席法律咨询专家。

最后，抓好关键试点，实现协调联动。为服务保障成渝地区双城经济圈建设，为川渝高竹新区提供良好的法治保障支撑，广安市法学会、邻水县法学会共同发力，以川渝高竹新区作为关键试点地区，与渝北区法学会多次沟通衔接，探索形成灵活高效的跨省域人才一体化引育模式，协调建立双"首席"制度。针对川渝两地不同人群、不同政策给予精准法律咨询建议，为跨区域新区拓展合作方向、挖掘合作深度、积累先进经验，为广安市试点工作全面推广打下坚实基础。

（三）地方试点实践——以四川阿坝州法学会为样本

阿坝州以开展首席法律咨询专家制度为抓手，率先在壤塘、茂县两县开展首席法律咨询专家制度试点工作，创新运用"加减乘除"法，探索出了一条具有地方特色的法治经验，为阿坝经济社会建设与高质量发展提供了有力保障。

一是勤于做"加法"，强化组织领导。阿坝州法学会在首席法律咨询专家制度试点工作中全面推行"六位一体"模式①。首先是成立首席法律咨询专家制度试点工作领导小组。其次是探索创新"两类建设模

---

① "六位一体"工作模式，坚持"党委领导、政府主导、部门联动、专家会诊、首席把脉、公众参与"。

式"①，同时进一步巩固首席法律咨询专家制度，推动法学会专家库人才积极投身基层社会建设。此外，还制定了有关配套文件，完善了各部门协调与配合机制。最后是明确专家报酬，阿坝州采取政府购买服务的形式，给予首席法律咨询专家库的专家一定报酬，解决调研、出差、办公等经费开支问题，激励积极担当、履职尽责。

二是勇于做"减法"，加强专家队伍建设。阿坝州法学会坚持公平公正公开原则，遴选首席法律咨询专家。例如，通过评选优秀中青年法学家，将符合一定条件的法学家纳入首席法律咨询专家库。同时注重对原有专家库进行整合，确保法律咨询专家结构合理化。具体而言，壤塘县实行"一体推进"模式，依靠原有的专家库，遴选多名不同领域、不同法学专业的优秀法律、法学职业者，组建专家团队，积极参与到各项工作中。茂县则依托第三方调解中心，成立法律咨询专家委员会，依据不同研究方向，组建 5 个专业库，目前该库中有 40 余名法律专家和 5 名首席法律咨询专家。

三是精于做"乘法"，积极发挥首席法律咨询专家的作用。主要表现为

---

① 两类建设模式，即壤塘模式和茂县模式。"壤塘模式"，即壤塘县总结推广依法规范民间调解试点工作经验，将首席法律咨询专家制度与基层社会治理、维护社会稳定、信访、多元化解工作和行政裁决、行政复议、仲裁、诉讼有机结合，形成整体合力。壤塘县实行县、乡"一体推进"模式，在县级层面，依托法学会原有专家库，遴选 25 名涵盖法官、检察官、警察、律师及其他专业领域的优秀法学专家组建首席法律咨询专家团队，并对入库专家进行专业分类。目前，该县"三山一界"、婚姻家庭、重大项目建设、乡村振兴领域、民间借贷五大重点领域纠纷调解团队遴选首席法律咨询专家 5 人，并组建首席专家咨询委员会。乡（镇）一级，将全县 11 个乡镇分片区建立 3 个首席法律咨询专家库，遴选专家 15 名。专家遴选过程中，该县大胆尝试，把有威望、有影响、有能力、讲公道、重法律的寺庙高僧大德、"民间"人士等特邀人民调解员吸收到乡镇首席法律咨询专家库中，为全县重大矛盾纠纷、重大疑难信访案件化解增添了活力。"茂县模式"，即茂县依托现有的第三方调解中心，积极推行矛盾纠纷"一站式"服务，证明事项"一步到位"、群众事情"一站通办"、宣传教育"一体推进"，实现群众办理个人事务"只进一扇门""最多跑一次"，切实为广大人民群众提供"综合式""链条式"法治保障和服务。茂县在第三方调解中心基础上，成立茂县法学会会员专家法律咨询委员会，按照行业性质，分别组建法官专家库、诉讼专家库、刑事专家库、律师专家库、综合调解专家库等 5 个专家库，共筛选 40 余名法律专家入库，遴选 5 名首席法律咨询专家，确保重大矛盾纠纷由经验丰富的调解员全程参与。群众遇到需要咨询的专业法律问题，提出"一键求助"专家咨询委员会，问题迎刃而解。

两个方面。一方面，是首席法律咨询专家参与党委政府重点项目会审，并对规范性法律文件提出建议。例如，法学会指定首席法律咨询专家对重大产业项目、大型寺庙佛事活动等开展风险评估与合法性审查，为政府重大决策提供专业法律意见；同时，首席法律咨询专家还对相关部门起草或者拟发布的规范性文件提出法律修改建议。另一方面，创新性推行"首席法律咨询专家吹哨、各要素部门立即报到"工作机制，由首席专家形成"吹哨"清单，及时向相关职能部门（单位）"吹哨"，并对"接哨"单位完成情况进行综合评价，各部门（单位）根据各自职责，细化服务事项清单，保证首席专家能精准"吹哨"，及时有效处理"吹哨"问题。

四是善于做"除法"，提高化解重大矛盾能力和实效。首席法律咨询专家关注安保维稳等重点工作，并与其他部门或组织形成合力，着力防范化解风险隐患，做到防患于未然、化解于萌芽。具体而言，壤塘县法学会联手矛盾纠纷化解组织，整合包括民政、农业、人社以及市场监管等各职能部门力量，防范化解涉及医疗、就业、住房、教育等民生工程或其他重大项目建设的涉稳隐患，营造民族团结、社会和谐的良好局面。茂县坚持条块互动、各级协同，完善首席专班跟进、销号作业等制度，集中治理重复信访难题，并取得重大突破，有3件时间跨度长、化解难度大的疑难复杂案件得到有效化解。

（四）地方试点实践——以四川眉山市法学会为样本

作为省法学会确定的首席法律咨询专家制度首批试点市州，眉山市法学会结合眉山实际，紧紧围绕党政关注、群众关心的"四个重大"问题，以丹棱县、东坡区和彭山区作为试点，开展首席法律咨询专家制度，积极探索眉山法治服务新实践，为平安眉山、法治眉山提供有力保障。

一是成立领导小组统筹推进首席法律咨询专家制度试点工作。眉山市成立以市委常委、政法委书记任组长，市委政法委、市中级人民法院、市人民检察院、市公安局、市司法局、市法学会等单位（部门）负责同志为成员的法律咨询专家制度试点工作领导小组。在市法学会设立领导小组办公室，负责试点工作的统筹协调推进，并在市医调委落实首席法律咨询专家办公场所。同时各试点区县也成立了相应的领导小组、落实办公场所，统筹组织推动试点工作有序开展。

二是以科学分类方式全面优化首席专家库。眉山市法学会以科学分类方式组建高校教授首席法律咨询专家团队、地方首席法律咨询专家团队、"五老"会员首席法律咨询专家团队，并从中聘任专业素养高、行业领域有影响力的同志作为眉山市首席法律咨询专家，组建专家委员会。

三是以健全机制为关键创新推进试点工作。眉山市法学会重点探索首席法律咨询专家制度的组建模式、运行方式、咨询范围、工作平台等有效举措。以东坡区法学会为例，首先建立委托制度。由区法学会法律服务诊所驻班的五老会员负责接收委托事项，按需指派给首席法律咨询专家或组织专项小组人员直接参与疑难纠纷、信访积案、难案化解。其次是健全双向反馈制度。委托方和被委托的专家双方均填写反馈意见表，互相评价，确保法律服务有质量更有温度。最后是完善考核制度。建立以当事人为主的评价机制，对重大积案、难案化解成功的，根据难易程度，给予一定补助。

（五）总结：三个市州首席法律咨询专家制度试点的共性与特点

首席法律咨询专家制度有利于推进法学理论、法治实践、法律制度、法治文化创新，在做好法律咨询、法律服务、法律培训等方面起到关键作用。首席法律咨询专家主动参与社会管理和矛盾化解工作，为党委政府提供法律咨询或建议、解答群众涉法涉诉问题做出了积极贡献，同时其充当党和政府联系群众的桥梁，发挥了重要的纽带作用。课题组通过对三个市州的试点调研后发现，三个市州的首席法律咨询专家制度都在有序推进，既存在共性也具有各自特点。

广安、阿坝以及眉山三个首席法律咨询专家制度试点具有一定共性。第一，在工作模式上，三个市州的首席法律咨询专家制度试点均强调组织领导的重要性。例如，三个市州全面推行"五位一体"或"六位一体"工作模式，成立以市州委领导（或政法委书记）、市州法学会会长任组长，政法各单位及市州法学会有关负责同志为副组长或成员的工作领导小组，对试点工作总体目标、专家组建、运行方式、工作步骤和要求统筹协调推进。第二，在人才队伍建设上，三个市州的试点均将专家库组建与保障当成重点工作加以推进。各个试点均出台了相关"法学会首席法律咨询专家管理办法"等政策文件对首席法律专家的组建与筛选程序、首席法律专家的议事规则以及人才保障机制和激励考评机制等作出规范。第三，在法律专家发挥作用上，三个市州试点法律咨询专家发挥的功能大体相同，主要体现在重大决策事项、重大风险防控评估、重大矛盾纠纷调处、重大疑难信访积案化解等"四个重大"方面。第四，三处试点均有各自特色。例如，在服务新区建设发展方面，广安市法学会立足于成渝地区双城经济圈建设的规划纲要，着眼法治护航川渝高竹新区建设，建立渝广两地"双首席"制度、成立法务服务中心，为新区经济发展、生态保护等方面提供专业化法律建议。再如，在优化民族地区法治建设方面，阿坝州法学会组建法律专家团队，针对农区、牧区特点研究法治方案，充分发挥民间调解力量，强化尊法守法底线，弘扬用法守法文化，积极探索民族地区依法治理新途径。而眉山东坡区的医调委、彭山经开区的专家团队具有专业特色，为首席法律咨询专家库注入专业力量。

二　问题聚焦

试点和推行首席法律咨询专家制度是一项崭新的工作探索，没有具体的可资借鉴和参考的模式。在前期试点工作中，四川省法学会进行了一系列有益探索实践，取得诸多成效，但由于运行时间短，在推进试点过程中仍面临诸多挑战。

（一）理念问题：认识深度有待钻研掘进

一是认识深度还不到位。四川省法学会对市州首席法律咨询专家制度试点工作给予了高度重视，在四川省委政法委、四川省法学会的指导下，眉山市、广安市、阿坝州等地法学会纷纷组织成立了首席法律咨询专家制度试点工作领导小组，并进一步落实了办公场所。但在试点工作中，各地法学会试点工作开展还存在"落差""温差"现象，对试点工作的思考深度还需要进一步钻研掘进。例如，一些地区还存在将"首席法律咨询专家制度"等同于"法律顾问制度"的误区，未能深刻理解首席法律咨询专家制度的制度内涵和重要意义，从而限制了试点工作的拓展。

二是舆论宣传力度不够。制度的良性运转，除了顶层部署、高位推进，还需要精准落地，被公众所知晓。调研发现，当前群众对试点工作的了解程度还有待进一步提升。尤其是在基层街道和社区，本地群众、基层法学会工作人员对首席法律咨询专家制度试点工作了解还不够深入，关注度与认识程度较低。首席法律咨询专家制度的运转依托于委托制度，而委托制度与需求挂钩，对点位打造和制度推广的舆论宣传不够，制约了首席法律咨询专家制度试点工作的响应度，使得委托事项呈现触发性低频需求的特点，与日常性高频需求还有一定差距。

（二）经费问题：经费保障稍显不足

经费保障是首席法律咨询专家制度的重要组成部分，没有经费保障就没有首席法律咨询专家制度的持续健康发展。强有力的经费保障是法学会首席法律咨询专家有效履行职责的重要基础和前提。当前，一些地方对首席法律咨询专家制度工作开展的支持力度还不够，还未建立起完善的经费保障体制。有的地方在现有的财政保障政策下，还无法保障首席法律咨询专家制度试点工作经费，经费的长期性和持续性保障问题较为突出。

此外，在试点工作开展中，对于首席法律咨询专家的经费保障也没有统一的标准，缺乏完善的保障及补贴机制，即使有也主要体现在首席法律咨询专家制度的工作方案中。例如，一些地区拟采用政府购买服务的方式，为首席法律咨询专家制度提供专项经费、单独预算进行保障；一些地方拟通过"以案定补"的方式，根据委托事项的数量进行财政补贴，具体用何种方式提供经费与补贴保障，还需要进一步落实、细化。又如，考虑到层级的不均衡性，省、地、县三级法学会的经费保障情况呈现"倒三角"特点，省法学会和地市级法学会的保障相对区县法学会更加充足，如何平衡各地首席法律咨询专家制度财政经费保障，还需要进一步统筹工作经费，争取在三级层面均得到更有力的财政支持。

（三）人才问题：首席法律咨询专家队伍尚需完善

一是法律咨询专家人才分布不均。调研组走访发现，眉山市、广安市法学会具有良好的会员基础，在此基础上均吸纳了包含法官、检察官、公安民警、司法行政人员、法学教授等专业水平较高的法律咨询专家人才，涉及领域广泛。而在区县法学会，受制于地理区位因素的影响，法律咨询专家人员的涉及面广度与水平均存在一定局限性，人才资源较少、底子较薄。

二是法律咨询专家库构建还需进一步精细化分类。首席法律咨询专家制度应当根据服务对象和服务需求，精准建库，才能确保法律咨询专家制度高效运转。当前各地法学会首席法律咨询专家库分类标准各异，有的是依照法律咨询专家人才资源所属的单位性质进行划分，有的是依照法律咨询专家人才各自擅长、钻研的领域进行划分，有的是按照专家分管的区域进行划分。如何做到结合当地实际，科学分类，避免专家库出现重复或服务空白地带，是当前要解决的一个重要问题。

三是首席法律咨询专家制度人才管理还需进一步加强。为加强首席法律咨询专家制度的人才管理，各地亟须制定相应的首席法律咨询专家委员会管理办法，对职责、权利、义务、组建与退出等作出规定。当前，部分地区已印发《首席法律咨询专家委员会管理办法（试行）》，但总体来看大部分地区法学会还未将管理办法提上议程，或是仍处于探索中。

（四）体制问题：常态化体制机制有待进一步健全

一是议事规则与流程有待优化。首席法律咨询专家制度的规范化运行取决于议事规则的详细程度和流程运行的有效程度。由于首席法律咨询专家制度还在试点探索阶段，各地法学会的相关程序都较为简化，还有待进一步优化升级，同时也缺乏较为完备、细致的相关配套制度或方案，尤其是在议事规则与运作流程上有所体现。例如，对于首席法律咨询专家制度的议事主体、议事原则、议事范围和内容等，都需要明确予以规定。

二是反馈机制还未有效建立。对于首席法律咨询专家制度而言，沟通与反馈机制运行良好与否，关系到首席法律咨询专家制度工作开展的成效。独立高效的沟通反馈机制不仅可以充分发挥其监督作用，而且还能为首席法律咨询专家制度工作的顺利开展提供依据。当前，法学会咨询专家与服务对象之间尚未建立起完善的法律咨询服务沟通与反馈机制。例如，当前该制度尚未对服务对象反馈结果的收集与运用作出制度化规定。

三是考核机制尚不健全。当前全省各地法学会首席法律咨询专家制度试点工作正如火如荼进行，由于各地认识程度存在差异，其考核标准也不尽相同，总体来看尚缺乏首席法律咨询专家制度考核评价的统一指标和成熟经验，考核和监督机制尚未实现体系化。例如，眉山市法学会虽然规定"对重大积案、难案化解成功的，根据难易程度，给予每件 2000～10000 元补助"，但是未对何为化解成功以及谁来认定难易程度等问题作出进一步说明。

三　路径展望

（一）提倡"深化认识"和"制度宣传"并进

1. 法学会层面：把握制度内涵，深化思想认识

推进首席法律咨询专家制度是法学会"两化"建设充实内容、提档升级的重要抓手，有利于推进基层社会治理体系、治理能力现代化。建议各地法学会从战略高度，充分认识开展首席法律咨询专家制度工作的重大意义，加强交流、学习与调研，深化认识，同时注重经验集成，推动首席法律咨询专家制度走深走实。

2.群众层面：加强宣传，提高社会认知度

一方面，深度挖掘首席法律咨询专家制度的宣传重点和亮点。建议各地以此次首席法律咨询专家制度试点为契机，加强首席法律咨询专家制度有关信息的编纂工作，围绕制度重点和亮点，及时发布重大工作动态、总结有关经验成果、分享成功案例，全面加大首席法律咨询专家制度宣传力度。另一方面，加强宣传阵地建设。首席法律咨询专家制度的宣传阵地不能仅仅局限于法学会宣传栏、公告栏等，这些阵地宣传受众较少，宣传效果不明显。应适当突破传统宣传阵地的局限，如开展首席法律咨询专家进机关、进公司、进学校、进社区活动，积极开展法律咨询讲座。再如，开辟新兴网络媒体阵地，在微博、微信上以建立官方微博、公众号等形式进行宣传。通过多元化的宣传渠道，提升首席法律咨询专家制度的社会认识程度和关注度。

（二）探索激活"双轨经费保障机制"

一是公共财政方面。政策制度上，建议地方政府增加公共服务事业财政预算，尽快出台首席法律咨询专家制度财政投入的有关政策。从整体来看，为保障首席法律咨询专家制度良性运转，应提高各地法学会的经费预算。在此基础上，一方面，提高法学会项目支出预算，将首席法律咨询专家制度工作纳入各法学会社会建设专项资金范畴，进行单独预算；另一方面，新增法学会会员参与化解疑难案件政府购买法律服务经费预算，优先保障首席法律咨询服务专家制度工作开展需要。此外，还应对经费预算保障相对较弱的地区法学会在财政支持上给予一定倾斜。

二是公益基金方面。由于首席法律咨询专家制度具有一定公益性，首席法律咨询专家制度的经费保障可以依托当地公益基金会，或是设立公益服务基金会，遵照公益基金的使用规则，采用公益基金购买社会组织服务项目的方式，由各地法学会通过首席法律咨询专家制度提供法律服务，并根据首席法律咨询专家制度工作开展的数量和质量，支付公益服务基金。

（三）加强资源共享和人才保障

一是探索建立咨询专家共享流转机制。搭建首席法律咨询专家共享平台，强化跨层级的信息共享和工作协同，打通省、地、县三级法学会首席法律咨询专家库，尤其是对县级法学会，逐步开放上级法学会首席法律专家库，推动三级法学会共享优质的法学资源。在首席法律咨询专家共享平台的基础上，聚焦重点区域、重点项目的咨询专家需求，建立专家人才需求清单，制定咨询专家向艰苦边远地区和基层法学会流动支持政策，鼓励、支持各地法学会咨询专家进行学习、交流和分享，促进咨询专家顺畅有序流动。

二是健全咨询专家"外引"和"内育"管理使用机制。各地法学会应当根据当前试点工作的开展情况，在充分研判的基础上尽快制定全面翔实的咨询专家人才管理规划和计划，出台切实可行的管理办法。明确咨询专家的选拔条件，推荐采用个人自愿报名、所在单位推荐、发函邀请的方式选拔咨询专家并进行审核认定，在"外引"的同时也要注重"内育"，注重对制度内专家人才的培养，对专家的权利、义务予以明确，同时还需细化人才准入和退出机制，实行总量控制、动态管理，充分释放人才红利。

三是对标需求，精准建库。一方面，探索制定首席法律咨询专家人才分类目录，首席法律咨询专家人才分类目录的制定不仅是加强咨询专家管理的重要抓手，更是科学精准建库的依据所在。首席法律咨询专家分类目录应当破除唯论文、唯职称、唯学历、唯奖项的分类方式，将社会认可、专业方向与深度等因素纳入充分考量。另一方面，在首席法律咨询专家人才分类的基础上，把握各类常见、基础的服务类别，构建与之相对应的首席法律咨询专家库。同时，各地应当因地制宜，在上述几类常见、基础服务类别之外，根据当地的服务对象和服务需求，建立具有当地特色的首席法律咨询专家人才库。

（四）促进首席法律咨询专家制度常态化、制度化

第一，优化升级议事规则与运行流程。要确保首席法律咨询专家制度日

常化、常态化、长效化开展，首先应当建立起一套较为完备细致的制度体系，规范议事规则与运行流程。例如，建立首席法律专家联系指导小组。从各地法学会中选拔政治素质好、责任心强、熟悉法律政策的成员组建首席法律专家联系指导小组，召集咨询专家组建团队、参与协调工作、掌握案件推进情况。又如，在受理事项法律咨询服务开展中制度性嵌入法律意见报告复审这一环节，由专家委员会对咨询专家团队提交的法律咨询报告意见进行审核把关。

第二，优化反馈机制，提升制度效能。应当把握好以下几个反馈与沟通的时间节点，将反馈机制贯穿于咨询服务全过程，并如实记录下来，将反馈信息与考核制度挂钩：首先，法学会在受理委托事项并组建好首席法律咨询专家团队后，应当告知委托人受理团队的信息、联系方式；其次，专家团队启动法律咨询服务应当告知委托人委托事项的办理进度，听取委托人的意见，提高法律咨询服务的质量和效率；再次，专家团队出具经过复核的法律咨询报告意见后，应当及时送达委托人，收集委托人提出的看法，并做好相关解释工作；最后是跟踪反馈，落实委托事项应用成效的回访。

第三，抓实落细首席法律咨询专家制度考核工作。一方面，统一细化考核评价标准，综合运用柔性评判与刚性指标，实现首席法律专家制度考核工作的精细化、规范化。另一方面，法律咨询服务开展情况公示制度与量化考核积分管理相结合，对工作进展情况实行月通报，在显著位置上墙公示，同时，根据每月通报结果结合考核评价标准核算相应的积分。此外，每年领导小组办公室应当会同各单位在核算积分的基础上进一步对法律咨询服务开展情况评级（优秀、合格、不合格），以便进行相应的激励与惩罚。

社 会 治 理

Social Governance

B.14
四川省依法治理拖欠农民工
工资问题调查报告

四川省人力资源和社会保障厅劳动保障监察局课题组*

摘　要： 四川是人口大省、农民工大省，农民工总量多，在建项目基数大，根治拖欠农民工工资工作任务艰巨繁重。开展依法治理拖欠农民工工资问题调查研究是摆在当前经济社会发展中的一个重大课题，不仅对进一步完善治理欠薪政策具有很强的现实针对性，而且对做好"十四五"时期根治欠薪工作也具有全局性和前瞻性意义。本文对《保障农民工工资支付条例》贯彻现状、问题、原因进行具体分析，发现《保障农民工工资支付条例》目前尚有一些制度难以落实，未来应当进一步完善制度体系，搭建制度框架，助推条例落实，推动保障农民工工资支付工作向纵深推进。

---

* 课题组负责人：张开荣，四川省人力资源和社会保障厅劳动保障监察局局长。课题组成员：高喜梅、张涛、彭昌林。执笔人：彭昌林，四川省根治欠薪工作专班工作人员。

关键词： 农民工工资　根治欠薪　依法治理

　　农民工是社会主义现代化建设的重要生力军，为经济社会发展作出了重大贡献。工资报酬是广大农民工最核心、最现实的利益。保障农民工工资按时足额支付，事关人民群众的切身利益，事关社会和谐稳定，事关党和政府的形象。2020 年 5 月 1 日，国务院制定的《保障农民工工资支付条例》（以下简称《条例》）正式实施生效，标志着保障农民工工资支付工作步入法制化轨道。课题组对四川省依法治理拖欠农民工工资情况进行了专题调研，全面掌握《条例》贯彻实施情况，深入剖析存在问题，并就进一步做好根治拖欠农民工工资工作提出对策建议。

一　依法治理拖欠农民工工资问题的四川实践

　　《条例》生效以来，四川各地有关部门全面贯彻落实，切实维护农民工劳动报酬权益。2021 年，全省欠薪案件数、涉及人数和金额比 2016 年分别下降 97%、94%、92%。四川在 2020 年度国务院保障农民工工资支付考核中位列全国第 9、首次进入 A 级，省政府受到国务院通报表扬。根治欠薪工作多次受到上级肯定，被中央、四川省主流媒体宣传报道。

（一）治理体系建设持续深化

　　将根治欠薪工作纳入省委常委会年度工作要点和省政府目标绩效考核体系。成立根治拖欠农民工工资工作领导小组，新增省委宣传部、省委网信办等 13 个成员单位，形成各司其职、各负其责、协同联动的治理格局。建立双重考核机制，对各市（州）政府进行专项考核和政府目标绩效考评，充分发挥考核"指挥棒"作用。将一批"老大难"欠薪问题以"发点球"方式交由有关市（州）和省级部门"一把手"处理，实现历史陈案清仓见底。通过各方共同努力，目前，根治欠薪工作已上升为全省各地各有关部门主要领导亲自过问、亲自部署、亲自推动的"一把手"工程，形成了高位推动的良好工作格局。

（二）重点领域源头治理持续加强

聚焦工程建设领域重点难点，全面推行实名制管理、工资保证金、农民工工资专用账户、总包委托银行代发等《条例》核心制度，将人工费与工程款剥离，着力解决农民工工资"没钱发、发给谁、怎么发"等三大难题。人社、住建、公安、法院等 13 个部门联合开展工程建设领域"零欠薪"专项行动，严肃查处"三包一挂"，严厉打击"恶意欠薪""非法讨薪"，积极化解欠薪"执行难"等问题，下大力气解决"痛点""难点""堵点"。对川藏铁路、天府国际机场等 184 个国、省重点项目，创新建立了"厅（局）级领导挂帅、处（科）级干部联系、社会监督员包片"的"挂联包"制度，打造落实根治欠薪制度"样板"。建设推广农民工工资支付监管平台和建筑工人实名制管理平台，动态监管在建工程项目 4501 个，消除预警信息 54 万条，登记建筑工人信息 195 万条。

（三）法治水平逐步提升

制订《条例》贯彻落实方案，将工作细化为压实"6 个责任"，落实"7 项制度"，分解"20 项任务"，推动条例尽快落地见效。印发《工程建设领域农民工工资保证金规定》《工程建设领域农民工工资专用账户管理暂行办法》，结合四川实际制定保证金缴存比例，规范专户使用管理。创新建立社会监督员和维权服务团制度，从人大、政协、社团、媒体等单位聘请 50 名社会监督员，宣传政策法规，收集社情民意，通报违法行为。成立由政府部门工作人员、高校专家、专业律师组成的农民工法律维权服务团，为农民工提供个性化维权服务，引导农民工理性合法表达利益诉求。

（四）监察执法作用进一步发挥

以"双随机"抽查为抓手，主动监察用人单位 6.11 万户次，办结欠薪案件861件,为2.13万劳动者追发工资25392万元。开展企业劳动保障诚信等级评价,评选A级企业4203户,B级企业4307户,C级企业404户,公布重大拖欠工资违法行为142件,列入拖欠农民工工资黑名单68户,移送涉嫌拒不支付劳动报酬犯罪案件158件。签署川渝、川黔、川青和川南4市、成都平原经济区6市劳动保障监察合作协议,深化交流合作,提高执法效能。

(五)社会氛围更加浓厚

组织开展《条例》宣传"六个一"和实施一周年系列宣传活动,联合新华社、中央电视台、四川发布、四川观察等主流媒体,对条例核心制度及实施一年来的做法和成效进行全方位、多角度宣传报道。在省政府门户网站、四川发布等专题访谈节目中,围绕"聚焦重点难点,以钉钉子精神抓好根治欠薪工作"等主题,宣讲政策、通报工作、互动交流,省政府网站访谈节目观看人数创历史新高。创新建立欠薪舆情联动处置机制,对可能引发重大社会影响的欠薪舆情,实行"2小时内预警通报、12小时内调查处理",坚决守住不发生重大负面舆情工作底线。

二 存在的问题

(一)"农民工"身份认定难,政策适用范围待进一步明确

一是"农民工"身份认定难。《条例》第2条规定,"本条例所称农民工,是指为用人单位提供劳动的农村居民",但《国务院关于进一步推进户籍制度改革的意见》(国发〔2014〕25号)取消了农业户口和非农业户口的性质区分,统一登记为居民户口,导致实际操作中很难界定劳动者是否是"农村居民";随着城镇化的快速发展,个别劳动者口中的"农村"实际已经成为城镇,单从"农民工"户口所在地进行判断,难以界定"农民工"身份。例如,雅安市汉源县反映,该县村民康某在九襄镇某建筑工地做杂工15天,该工地逾期未支付其工资3000元,由于国家已取消农业户口与非农

业户口性质区分，公安机关也不再出具农业或非农业户籍证明。因此康某户口簿和身份证无法证明是否属于"农村居民"，《条例》落实比较困难。例如，绵阳市三台县劳动保障综合行政执法部门工作人员反映，从中国的户籍制度管理看，只有农业户籍和非农业户籍之分，而没有"农村居民"的说法，其他法律法规中也没有对农村居民进行定义，导致基层在利用《保障农民工工资支付条例》调解农民工工资纠纷、核实有关人员身份时，是按照户籍在农村、居住在农村、拥有农村集体承包地，还是参加城乡居民社会保险、排除参加职工社会保险人员等，难以界定。

二是适用范围待进一步明确。《条例》第2条规定，"本条例所称农民工，是指为用人单位提供劳动的农村居民"。但在实际中，城镇居民在小微企业、建筑工地、餐饮服务的从业比例不低，而且和农民工在一起工作的，很多是户口簿上印有城镇居民的人，他们大多居住在乡镇、郊区、小城镇。如果发生欠薪案件，由于法律适用主体不同，需要分别依据不同法律法规分类处理，影响欠薪案件整体推进解决，易造成投诉群体误解，《条例》适用范围有待进一步明确。例如，达州市大竹县劳动保障监察大队2020年8月5日受理的陈某、罗某等人举报四川某建筑工程有限公司拖欠工资的案件中，66名被拖欠员工中有23人为城镇劳动者，占比超过1/3。该大队只能依据《条例》优先帮助43名被拖欠工资的农民工追回工资，另外23名城镇劳动者则根据《劳动法》等有关法律法规进行行政处理，最后出现了同一案件两种处理方法，严重降低了办案效率。例如，遂宁市周某某等18人投诉，其在四川某建筑有限公司承建项目中从事水电安装工作，被拖欠工资153590元，18人中农村居民10人、城镇居民8人，由于城镇居民不适用《保障农民工工资支付条例》，8名投诉人员只能按照《劳动保障监察条例》分案处理，导致城镇居民不理解。

（二）工资清偿制度配套法律法规缺少，政策执行难

《条例》第29条规定："因建设单位未按照合同约定及时拨付工程款导致农民工工资拖欠的，建设单位应当以未结清的工程款为限先行垫付被拖欠的农民工工资。"第30条规定："分包单位拖欠农民工工资的，由施工总承

包单位先行清偿，再依法进行追偿。"但追偿过程应履行的程序、法律文书没有明确规定，操作性不强。同时，《条例》"法律责任"部分内容对应履行的垫付和清偿程序、法律文书没有明确规定，且对下达改正指令书或行政处理决定书适用条款没有明确，导致基层执行困难。例如，2021年2月乐山市金口河区劳动保障综合执法大队执法处理一起因建设总承包公司未及时拨付工程款、未及时代发农民工工资，导致民工投诉拖欠工资的案件，该工程中标后将劳务、工程运输等进行专业分包，但因总包方未拨付工程款、未代付农民工工资，造成拖欠农民工工资的事实。根据《条例》第30条第2款责令由施工总承包单位先行清偿，再依法进行追偿，但总承包公司以劳务公司为用工主体、负担主要清偿责任为由拒绝支付，《条例》无适用条款落实行政处罚，造成执法困难。例如，泸州市某水厂工程装饰装修项目中，施工总承包单位按合同约定足额支付了分包单位工程款，但分包单位还拖欠20名农民工工资13.29万元。人社部门责令分包单位先行清偿，但该公司拒不履行清偿义务，人社部门只能按照涉嫌拒不支付劳动报酬罪向公安机关移送分包单位，而不能追究施工总承包单位责任，从而造成该项条款无法得到全面有力落实。

（三）部分行业短期用工现象难避免，用工实名制落实难度大

《条例》第6条规定，"用人单位实行农民工劳动用工实名制管理，与招用的农民工书面约定或者通过依法制定的规章制度规定工资支付标准、支付时间、支付方式等内容"。但对于建筑等部分行业，工程建设不可避免存在短期用工现象，农民工流动性比较大，地点不固定，普遍存在按日结算工资现象，实名制管理难度较大。例如，成都市金堂县反映，2020年7月，人社部门在办理某商品房建设项目拖欠工人工资案件中发现，两名工人仅在工地从事木工工作一周时间，其个人信息还未及时录入成都市智慧工地平台中，劳务公司方和总包方都无法核实工人信息，为后期劳动关系确定、工资数额核实带来一定难度。例如，广安市武胜县2020年10月对该县两个工程建设项目劳动者流动人数统计发现，仅6~8月，两工地劳动者流动量达200余人，部分劳动者仅工作1天或者两天，实名制管理难以实际运行。

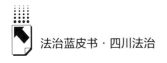
（四）非法讨薪现象存在，处置措施有待明确

《条例》第 52 条规定，"单位或者个人编造虚假事实或者采取非法手段讨要农民工工资，或者以拖欠农民工工资为名讨要工程款的，依法予以处理"。但这一规定并未明确非法讨薪的界定主体和处理部门，加之相关法律并未对非法讨薪的处置措施进行明确，导致非法讨薪现象屡禁不止。例如，2020 年，彭州市发生多起包工头编造虚假事实讨要农民工工资行为，某房地产项目钢筋班组长将私人借款和手下工人其他工地的工资虚造成工资表，鼓动工人集体非法讨薪；另一房产项目水电班组长将无关人员当作民工乱造工资表鼓动工人非法讨薪。因缺乏相关法律法规依据，公安机关对相关包工头仅能批评教育，但还是继续多次纠缠。例如，成都市金牛区反映，2021年 2 月该区人社局在处置邱某某等人向某建筑装饰工程公司讨要农民工工资案时发现，邱某某提交的工资表有异常，后经核实系实际施工承包人冉某为多领工资，指使带班人员李某某、邱某某采取虚报用工数量方式向该公司多报了 3 万余元工资。例如，宜宾市叙州区反映，在 2021 年 2 月办理的叙州区某污水处理厂工程项目欠薪案中，劳动监察部门调查发现，劳务分包单位涉嫌编造虚假材料和扣押农民工工资卡等方式套取资金，并以讨要农民工工资为名讨要工程款项，由于此案件既不属于经济诈骗案件，又不属于违反治安管理行为，无法准确定性，公安机关尚未立案处理。

（五）人工费拨付制度条款落地难，拨付周期问题待完善

《条例》第 29 条第 1 款规定，"建设单位应当按照合同约定及时拨付工程款，并将人工费用及时足额拨付至农民工工资专用账户"，第 24 条规定，"人工费用拨付周期不得超过 1 个月"。实践中建设单位拨付工程款按照工程进度多数会超过 1 个月，与拨付人工费用的周期不一致，落实人工费用拨付周期不得超过一个月的规定给企业增加了工作量和成本。有些建设单位采取一次性拨付多月人工费用的方式，此情况下是否还有必要再强制要求按月拨付人工费有待商榷。例如，眉山市某个工地建设方提前拨付 1000 万元人工

费到工资专户上，农民工工资每月只需 200 万元，足以保障农民工 1 ～ 5 月工资支出，在此情况下要求建设方 2 ～ 5 月仍向工资专户拨付人工费并无必要。

（六）相关配套法律法规缺失，行刑制度衔接堵点多

《条例》规定了较多行政部门和司法部门执法衔接情况，但由于相关配套法律法规缺失，行刑执法衔接堵点多，案件查处问题困难多。例如，乐山市市中区反映，分包方由于管理不善导致拖欠数十名民工工资 100 多万元且拒不支付，劳动监察部门在核查后，拟以涉嫌拒不支付劳动报酬罪将当事人移交司法机关，先期将案件卷宗交公安、检察机关审核，但由于劳动监察部门一边将搜集的案卷交公安、检察机关审核，一边责令总包方清偿，当总包方清偿完后，公安、检察机关以欠薪问题已解决为由不予立案，这种情况导致拒不支付民工工资的分包方没有受到应有法律惩罚。

（七）农民工"避税"增大欠薪风险，后期追偿难度大

中国个人所得税起征点为 5000 元，部分农民工为不缴纳或少缴个人所得税，主动要求劳务公司每月统一按 5000 元标准造工资表，其余部分工资由劳务公司用现金形式发放。一旦劳务公司现金流出现问题，农民工就无法足额领取工资，极易产生欠薪，后期追偿现金部分的工资难度大。例如，宜宾市屏山县反映，屏山县新市镇农民工李某，于 2021 年 1 月起受雇于挖掘机老板张某，双方协议工资为年薪 7.8 万元、月薪 6500 元，由于李某不满足专项附加扣除条件，每年超过 6 万元的个人收入须缴纳个人所得税，双方协议张某每月通过银行卡形式支付李某 5000 元工资，另外 1500 元隐形工资通过现金形式发放。2021 年 3 月初，张某决定将挖掘机转卖，不再雇用李某，李某要求结清 1 ～ 2 月隐形工资共计 3000 元，但是张某却以资金周转问题为借口延缓支付，导致拖欠工资近 2 个月还未结清。例如，雅安市汉源县马烈乡马烈村 2 组饶某在汉源一公司务工，每月工资 6000 元，该公司为避税为他们填写的工资表都不超过 5000 元，并口头承诺民工使用现金支付其余的款项，但是之后该公司并没有依照约定支付，导致人社部门调查取证、协助维权难度大。

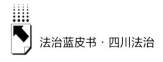
（八）违法成本低，打击惩戒力度不足

依照《条例》相关规定，对拖欠农民工工资违法行为且拒不整改的罚款金额最高限额不超过 10 万元，相较于部分拖欠农民工工资金额在几百万元的情况，处罚力度明显偏弱，打击威慑力度不足，一定程度上使违法行为难以得到有效控制。例如，德阳市罗江区反映，该区以讨要工资为由的讨要工程款案，多为核实销案，处罚几近于无。四川某建设工程有限公司承接罗江区城南综合市场消防系统安装工程项目，32 名农民工反映用人单位拖欠工资 69 万余元，相关部门立案后，要求若拒不执行将予以 2 万元的顶格处罚（虽《条例》规定可处以 5 万~10 万元罚款，但未出台细则，仅能按原规定 2000~20000 元执行），还是未能办结案件，最终只能移交公安部门。

（九）基层劳动保障监察机构力量薄弱

大部分县级劳动保障监察机构配备 1~3 人，个别地区仅有 1~2 名专职监察员，还有的县（市区）无专业机构和专业人员，承担检查、办案、接待举报投诉等多项职责，处于超负荷运转状态。有的县（市区）将劳动保障监察并入综合执法，大量的检查调查工作留在人社部门，权责严重不对等，远不能适应当前工作需要。

三 原因分析

（一）疫情形势对根治欠薪提出了新要求

当前，疫情防控取得了重大战略成果，但疫情发展有很大的不确定性。从国际上看，新冠肺炎疫情仍在全球蔓延，主要经济体生产受阻，进出口下降，全球产业链供应链受到严重冲击；从国内、省内来看，经济恢复基础尚不牢固，企业普遍面临需求萎缩、经济循环不畅等困难，中小微企业处境堪忧。随着经济领域风险向劳动关系领域持续传导，部分企业工资支付能力不足、延期支付和欠薪问题易发多发的矛盾将更加凸显。特别是随着疫情前期积压和疫情引发的劳动者维权诉求集中释放，加上工程建设领域固有的欠薪问题尚未从根本上得到解决，新旧矛盾交织叠加，保障农民工工资支付压力将进一步增大。

（二）"疏堵去痛解难"行动对根治欠薪提出了新任务

拖欠农民工工资问题之所以成为久拖不决的难题、久治不愈的"顽疾"，原因是多方面的。既有宏观经济环境变化、市场主体经营困难、市场秩序不规范、法治不完备、社会诚信缺失等外在原因，也有治理机制不健全、工作落实不到位等内在原因；既有制度设计不合理、源头治理不起底、综合治理不得力等历史原因，又有新就业形态用工主体多元、经济纠纷与工资报酬问题交织、查处过程中劳动关系难认定、调查核实难取证、处理处罚难落实等现实原因。

（三）《条例》本身一些深层次问题需要研究解决

制度建设本身从无到有、从不完善到成熟的发展规律决定根治欠薪制度建设时一个逐步制定、逐步修订、逐步完善的过程，加之根治欠薪是一项长期性、复杂性、系统性工程，牵涉主体多、保障对象复杂、监管难度大，对于农民工身份识别、流动管理、个税征缴和政府部门责任划分、执法权限、处罚标准等问题，亟待深入研究、妥善处理。

四　对策建议

（一）加快完善配套政策体系

针对《条例》存在的理解上有争议、内容上不明确、操作性不强的规定，特别是农民工身份认定、工程款支付担保、执法主体划分不明确、实名制管理等问题，从国家层面制定实施意见或办法，细化操作办法，完善执行措施，形成系统完备的法规政策体系，确保条例真正落地生效。

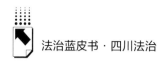

（二）落细落实工程建设领域农民工工资专用账户管理制度

督促指导施工总承包单位按照《工程建设领域农民工工资专用账户管理暂行办法》，严格落实专用账户开户、备案、拨付相关规定。农民工工资按照总包代发制度，由总包单位通过专用账户委托银行直接发放到农民工工资卡（社保卡），严禁挪用和支付其他费用。

（三）探索劳资专管员专项职业培训能力提升

研究出台"工程建设领域劳资专管员专项职业能力规范"，明确培训机构、培训大纲、考核要求，科学制定鉴定标准、鉴定内容、鉴定机构，侧重考评劳资专管员工程项目基础资料管理、农民工工资专用账户管理、劳动用工管理、劳动纠纷管理等方面知识储备和实际运用，全面提升工程建设领域劳资专管员履职能力水平。

（四）强化失信联合惩戒

加大重大欠薪违法行为社会公布力度，按季公布重大欠薪违法行为，强化社会舆论监督。完善拖欠农民工工资联合惩戒对象名单管理制度，实行部门联合惩戒。将工程建设领域欠薪失信行为纳入各行业领域信用信息目录和评价体系，依法依规采取惩戒措施。

（五）持续推进农民工工资支付监管平台建设

将各地住房城乡建设、交通运输、水利等领域工程项目纳入平台监管，加强人社、发改、司法、财政、住建、交通、水利等部门数据共享，实现农民工工资支付全过程系统监管、远程监控、预警研判、移动应用，切实提升监管效能。

（六）严厉打击"非法讨薪"和"恶意欠薪"

对少数绑架农民工维权的善意和政府根治欠薪的决心，打着"讨薪"旗号讨要工程款、材料款，扰乱、破坏根治欠薪秩序的"非法讨薪"行为，严厉打击、绝不手软。对编造拖欠农民工工资的虚假事实、伪造证据、妨碍正常施工、办公秩序讨要工程款或工资的行为，按照治安管理有关规定依法处理。对恶意拖欠农民工工资的单位或个人，依法进行处理处罚，应列尽列拖欠农民工工资失信联合惩戒名单，实行部门联合惩戒，使违法者一处违法、处处受限，形成强力震慑。

（七）加强执法检查力度

把功夫下在平时，强化日常监督检查，规范监督检查行为，细化监督检查的职责、权限操作程序和法律责任，确保《条例》规定的人社部门对保障农民工工资支付情况的监督检查权，对相关单位的金融账户和相关当事人房产、车辆等信息的查询权，在查处拖欠农民工工资案件时发生用人单位拒不配合调查、清偿主体及相关当事人无法联系等情形，将协调公安机关和相关部门协助处理权等落到实处。

（八）强化机构队伍建设

鼓励和支持有条件的地方采取政府购买服务等方式，充实基层劳动保障监察队伍。稳慎推进综合执法体制改革，坚决防止和杜绝以改革为名撤销劳动保障监察机构和挤占、挪用劳动保障监察编制。切实加强劳动保障监察业务培训，提升执法水平，为群众提供有速度、有力度、有温度的维权服务。

B.15
易地扶贫搬迁移民安置点社区
依法治理的布拖县实践

凉山州司法局课题组*

摘　要： 在党的领导下，凉山曾经"一步跨千年"，直接从奴隶社会过渡到社会主义社会。而今，在以习近平同志为核心的党中央的坚强领导下，易地扶贫搬迁让贫困群众从"分散"到"聚集"、从"山头"到"城头"、从"村民"变"居民"，又一次实现了"一搬跨千年"的历史巨变。随着易地扶贫搬迁政策的落地，一个又一个集中安置区在凉山大地应运而生，让老百姓从深山老林搬进了新居，安置对象来自不同的村社和家支，由过去的分散居住变为集中居住，生活环境、生活习惯发生全方位变化。安置对象生活习惯的养成、社区依法治理体系的建立、治理效能的发挥都需要通过不断的探索总结才能实现。为此，凉山州以全省最大的易地扶贫搬迁集中安置点布拖县特木里镇依撒社区为例，探索创新易地扶贫搬迁安置点依法治理模式。

关键词： 易地扶贫　移民安置点　依法治理

布拖县，隶属于四川省凉山彝族自治州，位于四川省西南边缘，凉山州东南部金沙江流域，全县总面积1685平方千米，境内地形以山原为主，占

---

* 课题组负责人：艾裕双，凉山州司法局党委书记、局长。课题组成员：郑波、马旭、罗斌、日力罗毅。执笔人：飞陈，凉山州委依法治州办秘书科副科长；阿加衣布木，布拖县司法局科员。

总面积的 89%，低山河谷占 11%。最高海拔 3891 米，最低海拔 535 米，县城海拔 2385 米。境内山川壮丽，风光秀美，资源富集。有耕地 31 万亩，林地 84 万亩，草地 118 万亩，宜农宜牧。主产玉米、土豆、荞子、燕麦等粮食作物。根据第七次人口普查数据，截至 2020 年 11 月 1 日零时，布拖县常住人口为 185553 人，其中彝族人口占 94%，是以彝族为主体的少数民族聚居县，是彝族阿都的聚居县，彝族火把节的发源地，素有"中国彝族火把文化之乡""中国彝族火把节之乡""火把节的圣地"的美称。2020 年 11 月，经四川省人民政府研究决定，同意布拖县退出贫困县。2021 年 8 月，被列入国家乡村振兴重点帮扶县。

如何加强易地扶贫搬迁集中安置区后续治理，是保障脱贫户"搬得出、稳得住、能致富"至关重要的一环，成为当前易地扶贫搬迁集中安置区治理中亟待解决的问题，值得深思。

一　布拖县易地扶贫搬迁移民安置点社区依法治理现状

（一）布拖县易地扶贫搬迁移民安置点依撒社区简介

四川省凉山州布拖县特木里镇依撒社区是全省最大的易地扶贫搬迁集中安置点，"依撒"在彝语中意为幸福宜居之地，依撒社区占地 300 余亩，建设面积 26.5 万平方米，共修建 114 栋楼 249 个单元 2952 套住房，截至 2020 年底，共安置 2890 户 14230 人（其中，贫困户 1740 户 8818 人，党员 265 名），低保户 3806 人（廉租房低保户 85 户 144 人），五保户 116 人，孤儿 189 人，特殊困难儿童 186 人，残疾 283 人，退伍军人 37 人；60～79 岁老人 785 人，80 岁及以上高龄老人 88 人，16～18 岁人数 818 人，学龄儿童 5618 人（其中幼儿 1812 人，小学 2750 人，初中 1056 人），劳动力人口数约 7440 人（其中，建档立卡贫困户 4572 人，非贫困户外出务工人数 3541 人，贫困户外出务工 2775 人）。安置人员主要是从高寒深山、土地贫瘠、生存条件恶劣、基础设施薄弱的地区搬迁至社区，改变了过去"交通靠走，通信靠吼"的落后局面，通过享受易地扶贫搬迁政策，生产生活条件得到明显改善。同时，各种风险隐患更考验着社区现代化治理能力、综治能力。针对人员结构复杂、数量庞大、整体素质较差等一系列情况，各级领导高度重视，因地、因人制宜，以法治为核心，调动发挥法治作用，以法治为抓手创建平安社区，推进社区基层治理工作。

（二）移民安置点依撒社区依法治理概况

1. 综治中心组织服务架构

成立依撒社区综治中心，将网格化管理站、雪亮工程监管中心、多元化解中心、社区心理疏导室、警务室、法律服务中心、戒毒康复中心、小型消防站等整合为一体。由依撒社区党委书记任依撒社区平安建设工作领导小组组长统筹管理，副书记任依撒社区综治中心主任，分管社区综治工作。在社区党委统一领导下组织开展法治、综治、平安建设等宣传活动，为社区提供普法宣传、法律咨询等服务，充分发挥"法治"作用，以创建平安社区为载体推进基层治理。

政法委整合网格化管理站、雪亮工程监管中心开展工作，聘用专职网格员6人。司法局成立社区矫正中心、人民调解室、法律援助中心三个服务站点，人员3人。禁毒站针对社区吸毒人员开展社戒社康工作，禁毒办下派1人为站长，聘用专职辅警3人。警务室针对社区治安管理等一系列工作，公安局下派民警2人，聘用专职辅警14人。

2. 综治中心社区治理模式

针对安置点"党员作用发挥难""有效治理难""长远发展难"，创新开展"旗帜引领"工程，以党建引领安置点新型社区发展和治理，实现搬得出、稳得住、风气好、能致富。坚持党委统揽全局、支部划片负责、党员认领楼栋，选优配强社区党委、支部书记、楼栋长三支队伍，在依撒社区集中安置点设立社区党委1个，有7名委员，支部28个，共有党员265人。

构建"党委统揽全局、支部划片负责、党员认领楼栋、部门双报到帮带"治理体系。积极探索"党建引领、社区服务、综治保障、产业支撑"的基层治理新模式。

二 依法治理存在的问题

（一）群众法治意识淡薄，维权能力不足

由于搬迁群众曾经生活在交通闭塞、环境艰苦的大山中，没有受到良好的法治教育，法治意识淡薄，在生活中受到侵害也不能很好地运用法律来维护自己的合法权益。目前依撒社区安置点居民文化程度低，80%以上为文盲，在面临欠薪、侵权、伤害等情况时，缺乏依法维权意识和能力，容易走向极端，特别是在外务工人员合法权益难以得到充分保障。加之搬迁户人口基数大，就业岗位不足，就业渠道较少，社会不稳定因素突出。亟须建立健全社区依法治理模式，把维护群众合法权益放在突出位置，建立健全覆盖全时空、全业务的公共法律服务体系，引导群众依法、理性、有序维护自身合法权益。

（二）基础公共设施配套建设不够，保护不力

当前，尽管按照既定工作目标完成了易地搬迁"搬得出"的主要任务，但从安置区入住情况来看，水、电、路、网、污等配套基础设施建设仍亟待完善，基本医疗、公共卫生服务、养老保障体系无法满足群众愿望。社区环境、基层治理、乡风文明、生态环保面临诸多管理问题，社区公共设施（如健身器材、公用电话、邮箱、报栏、座椅、花草、路灯等）遭到人为破坏，功能缺损，不能正常使用，需要因地制宜、精准施策、逐一解决。

（三）矛盾纠纷多元预防调处化解机制不够完善

党员、干部下访和群众上访结合不够紧密，群众矛盾纠纷调处化解工作

不够规范，不能把矛盾解决在萌芽状态、化解在基层。一方面，社区内的群众因在偏远山区长期生产生活，受习惯和文化风俗等影响，一些搬迁群众对融入新的生活环境有畏难情绪，易地扶贫搬迁居民安置点打乱了原来的村舍邻居，很多人和素不相识的来自不同乡镇的农户做了邻居，很难适应，各种邻里矛盾在所难免，无法及时化解，易造成纷争扩大。另一方面，由于一些社区群众的农耕观念一时无法改变，寻找工作有一定困难，存在偷取粮食作物等行为，形成新搬迁群众与原居民的纠纷，矛盾极易扩大。

（四）民族落后习惯在一定程度上制约了社区依法治理进程

在彝区，传统观念根深蒂固，人们更愿意用约定俗成的方式解决问题。优秀的民族传统和民族习惯在一定程度上弥补了民族地区法治力量薄弱和公共产品供给不足，民族习惯中朴素的传统道德观念也有利于维护婚姻家庭和社会和谐稳定，但以血缘为基础、思想意识相对保守等家支观念的存在，弱化了法治的主流主导作用，容易出现非理性、非法参与或处理纠纷的情况，容易出现家支干预基层政权、大家支欺压小家支、违法违规调解刑事纠纷等情况，成为影响社区稳定的新隐患。

三　依法治理对策

（一）突出党的建设，深化党的领导

要加强法治统筹，坚持党政推动、部门发力、社会参与，发挥依法治州（县）办公室总揽全局、协调各方、谋划推进的具体作用。要抓住"关键少数"促提升，找准法治建设推进中的短板瓶颈，深入开展社区基层干部学法、用法、述法工作，履行好法治建设第一责任人责任，解决干部法治观念"有而不强"、法治业务"有而不专"问题。要着力建强基层党组织，注重吸纳政治素质好、法治意识强、办事能力优的人员到安置点社区两委中。

要建立安置点党建与基层治理领导定点联系制度，开展定点联系指导，

提升安置点党的建设规范化、科学化水平，确保基层治理始终保持正确的政治方向。在依撒社区集中安置点健全"党支部＋党小组＋党员楼栋长＋党员"四级组织体系，确保党的领导落实、工作推进有序。全面推行安置点社区党组织书记、居委会主任、集体经济组织负责人"一肩挑"，"两委"班子成员交叉任职；扎实开展组织生活，紧紧围绕深入学习贯彻习近平新时代中国特色社会主义思想，树牢"四个意识"，坚定"四个自信"，做到"两个维护"，对标新时代党的建设总要求和新时代党的组织路线，认真组织社区党员参加"不忘初心，牢记使命"专题组织生活会，常态化开展"筑底强基　凝聚民心"党建月会。

（二）覆盖法治宣传，营造法治氛围

一是加强宣传。做到普法宣传全覆盖，提升安置点法治环境。按照"谁执法谁普法"原则，指导牵头部门深入开展安置点送法进社区活动。大力向群众宣传社区安置点的各方面优势，让群众尽快融入新的生活。创新宣传方式，采用通俗易懂、群众喜闻乐见的方式，宣传与群众生产生活密切相关的法律知识，发放法律援助便民卡以及法治宣传一本通到帮扶的每一户脱贫户手中，为他们送去最便捷的法律服务。积极开展"八五"普法、"法律七进"，借助"一月一法""疫情防控""森林草原防灭火""法治进乡村""宪法进万家"等活动，健全社区宣讲团、社区彝汉双语宣讲队、法律援助志愿者、普法小分队、社区常职干部等五支"普法队伍"，深入社区实施"明法带头人"工程，确保法治宣传入户全覆盖。二是创新载体。努力构建具有创新特色的多元化纠纷解决体系。深入开展集中法治宣传教育、提供法律援助、收集社情民意、化解矛盾纠纷、开设巡回法庭为一体的普法活动，切实提高全民尊法学法守法用法意识。三是突出重点。以农民工、妇女儿童、老年人等群体权益为保护重点，集中在工地、学校、街道、村社等人流聚集地开展法治宣传活动，深入百姓家门、田间地头面对面、心贴心、实打实做好法律服务，充分保障群众切身利益。四是因地制宜。成立依撒社区综治中心，集网格化管理站、雪亮工程监管中心、多元化解中心、社区心理疏导室、警务室、法律服务中心、戒毒康复中心、小型消防站等为一体的社区综治工作中心。在社区党委统一领导下组织开展法治、综治、平安建设等宣传活动，为社区提供普法宣传、法律咨询等服务。

（三）健全规章制度，保护民生设施

社区依法治理依据的规章制度要全面、完整、科学，具有可操作性。规章制度要与时俱进，及时修订，制度的执行要公平公正公开。始终坚持党对法治工作的绝对领导，通过社区党委书记任平安创建领导小组组长、党委副书记兼任综治中心主任的方式，整合司法、政法、公安、禁毒等部门专兼职人员定期开展治安巡查，检查公共设施完好情况，严肃惩处违法违规人员。同时，组织社区居民开展保护公共设施知识讲座，让每一位居民都懂得，依法保护公共设施和依法制止破坏公共设施的行为既是每个公民的权利，也是应尽的义务；邀请公职律师为居民讲解有关保护公共财物的法律条文，让居民对自己的行为是否守法有初步的辨别和分析能力。坚持运用法治方式解决问题、化解矛盾、推动发展，充分发挥法治在社区治理中的引领、规范和保障作用，构建共建共治共享的安置社区治理格局。

（四）改革工作方式，落实"三抓三促进"工作模式

"一抓"矛盾纠纷调处工作，促进安置点和谐稳定。继续强化安置点调解组织队伍建设，优化调解组织人员结构，夯实调解队伍根基。进一步规范调解委员会上墙制度，推动调解组织机构的层层覆盖，积极指导调委会及时排查化解涉及易地扶贫搬迁安置点的邻里矛盾、环境保护、劳动关系等方面的矛盾纠纷。"二抓"法律服务职能，促进安置点法律服务水平提升。加大网络平台建设，依托公共法律服务微信平台，完善安置点法律援助工作站，方便困难群众就近提出申请。开通法律扶贫"绿色通道"，对脱贫户及安置点的来访群众实行一对一单独接待，优化法律援助受理流程，畅通办理渠道，受理群众咨询，积极为群众提供优质高效的法律服务。开展公证入户便民工程，对脱贫户及安置点的来访群众办理公证业务减免收取公证费用，对

行动不便人员提供上门服务。"三抓"特殊人群服务管理，促进安置点的社会稳定。积极协调各相关部门解决社区服刑人员和刑满释放人员的生活、生产、就业、家庭等方面的实际困难，使其顺利融入社会。对有心理问题的社区服刑人员和刑满释放人员提供心理咨询，进行心理疏导。在社区党委统一领导下组织开展法治、综治、平安建设等宣传活动，以创建平安社区为载体推进基层治理。

（五）有效引领民间"法律＋德古"的调解作用

在凉山彝族地区，有一部分人被尊称为"德古"，意为德高望重、具有较高调解和调处能力的人。一直以来，在彝族地区发生民间纠纷时，彝族群众往往习惯请"德古"来调解。他们调解的纠纷，注重说服教育，极少用强硬措施，侧重以传统判例为依据，引古博今，晓之以理，动之以情，在现实生活中发挥着解决群众间矛盾纠纷的桥梁作用。他们是彝族人维护社会秩序、调解各类纠纷不可缺少的主持人，更是彝寨能长期维持团结和睦的正义力量，为此凉山州探索将彝族习惯、训世经中公正合理、与现代法治精神契合的部分加以提炼总结，通过两项措施规范民间"德古调解"行为。一是整合"德古"资源，建立各级"德古"。将村里原有的"德古"进行集中，创新吸收民族优秀法治文化传统，推动优秀古老法治文化、民族文化、乡土文化与现代法治融合发展。进一步规范彝区民间"德古"调解行为，通过法律法规专题讲座、政策讲解、调解有关事项等一系列培训，将符合条件的"德古"聘用为人民调解员和仲裁员，依法有序调解民间纠纷，弥补民族地区司法资源不足。形成一支懂法、守法、学法、用法的社区"德古＋法律"民事纠纷调解队伍。二是坚持德治为先，培树基层治理新风。以传承美德、弘扬新风为目标，通过整合社区 30 名"德古"助力移风易俗，倡树新风。确保社区居民遵教化、知廉耻、讲文明、守公约。30 名"德古"提供背靠背的"菜单式"服务，由矛盾双方自己选定"德古"主持纠纷调解工作。探索建立调解前置程序，引导当事人选择调解方式解决纠纷。以优良的民族传统习俗和现代化法治开展调解工作，提升自治德治水平。

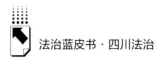

（六）完善村规民约，加强公民法治建设

保障人民群众在法治社区建设中的主体地位。健全完善社区居民自治、两委议事、村民红白理事会等章程，增强合法合规性和对村民的引导约束作用，以自治增活力、法治强保障、德治扬正气，促进法治与自治、德治相辅相成、相得益彰。坚持从实际出发，严格按照"四议两公开一监督"等要求开展工作，根据社区自然环境、经济状况、人口结构、风土人情等不同情况，因地制宜开展法治社区建设，勇于探索创新，注重工作实效。丰富道德宣讲形式，大力培育文明新风。宣传党的方针政策、传递文明风尚。进一步丰富理论宣讲的方式方法，用身边人讲身边事，以"乡音"传递"新声"，加强公民道德建设，以道德滋养法治精神。

（七）坚持智治为基，创新基层治理模式

推进信息化建设，综合利用大数据、人工智能等方式优化办事程序、合理配置资源、提高办事效率。通过在社区建成 525 个监控探头、100 个巡更卡点、13 个报警立柱，实现社区全覆盖无死角监控。203 个高抛摄像机对 114 栋楼房高空抛物的全覆盖监控。其余探头对所有进出小区的车辆、人员进行车辆信息和人像以及人员轨迹信息采集。通过多措并举，稳步推进，创新基层治理新模式、新方法。不断筑牢和谐稳定的法治根基，实现政治效果、社会效果和法律效果的有机统一。

（八）坚持产业发展，鼓励创业增产增收

要通过拓宽搬迁群众就业渠道，促进产业发展，提高个人收入，保障社区稳定。一是大力开展技能培训。结合安置点用工需求和搬迁群众培训就业意愿，分工种针对性培训，提升就业务工能力。二是加大就业力度。依托东西部协作和省内对口帮扶机制，加强输出输入地信息对接，建立就业需求、岗位需求"两张清单"，促进人岗精准对接。充分发挥劳务公司、劳务经济人作用，逐步提高外出就业的组织化、专业化、品牌化、市场化程度。三是

促进就近就业。引导园区、企业、农业生产经营主体吸纳搬迁劳动力就业。因地制宜实施一批以工代赈项目，拓宽搬迁群众就业渠道。按需设岗，统筹抓好社区公益性岗位。

四 安置点依法治理工作取得的成效

（一）遇事找法成为常态

社区驻点法律服务单位通过开展针对性的法治讲座、典型案例讲法释法、法律案件办理、"12348"法律援助热线咨询等活动，进一步树立完善"办事依法、要事找法"制度，有效缓解了安置群众"信访不信法""案了事不了""官了民不了"的问题，群众遇事找法成为社区常态。

（二）矛盾纠纷及时化解

社区党委积极参与群众日常矛盾纠纷化解，最大限度防止群众"因访致贫、因案返贫"问题。驻点法律服务单位和"德古"利用相对中立的优势，积极参与具体纠纷调解。截至 2021 年 9 月，社区受理民间纠纷案件236 件，调解成功 234 件，调解成功率达到 99%，共组织开展矛盾纠纷排查215 次，预防矛盾纠纷 96 件，防止民间纠纷转化为刑事案件 2 件 6 人次。2021 年以来，"德古"调解员参与调解的民间矛盾纠纷有 76 起，占所有调解案件的 32%，为化解邻里矛盾、维护社区稳定、构建和谐法治社会作出了突出贡献。

（三）产业发展得到保障

开展对经济产业发展项目的"法律体检"是社区驻点法律服务人员的专业优势，他们全程参与社区的重要经济活动，积极在社区引进项目、流转土地、外出务工、专业合作组织建立和生产经营等方面提供法律支撑。重点聚焦为民办实事、为民解难题，按照应援尽援惠民生原则，对困难家庭、特

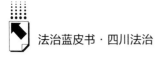
殊群体、青少年、农民工等弱势群体免费提供法律援助，结合农民工讨薪难问题开通绿色通道。2020 年以来，驻点法律服务单位为集体经济发展和外出务工等审查把关合同 100 余份，办理法律援助案件 172 件。

（四）民主法治有序推进

通过法治建设有力推进了社区"四议两公开一监督"工作，为重要管理活动提供了法律保障。2020 年以来，社区法律服务人员参加社区会议 20 余场次，为两委决策提供参考法律 6 余条；协助起草、审核、修订自治组织章程、村规民约及其他管理规定 5 余条；培训法律明白人 60 人，深入社区实施"明法带头人"工程，确保法治宣传进村入户全覆盖。

五　结语

易地扶贫搬迁移民安置点社区依法治理是一个系统而宏大的工程。需要社会各界久久为功、持之以恒，以更积极的工作态度和更饱满的热情投入到易地扶贫搬迁移民安置点社区依法治理工作中去。凉山州将进一步深化思想认识，主动履职尽责，以学法用法的紧迫感、尊法护法的使命感、推动法治的责任感，勇于担当、积极作为，推动社区依法治理在探索中发展、在继承中创新，做深做实乡镇行政区划和村级建制调整"两项改革"后半篇文章，以法治的力量切实保障脱贫攻坚成果，接续推进乡村振兴，增强人民群众的获得感、幸福感和安全感。

B.16
乡村振兴战略背景下民族地区
法治新寨建设探索

中共乐山市委全面依法治市委员会办公室课题组*

摘　要：　四川省第十四个五年规划和 2035 年远景目标建议明确了"城乡
基层治理制度创新和能力建设取得新成效"等奋斗目标。随着
后脱贫攻坚时代乡村振兴事业纵深推进，民族地区、易地扶贫搬
迁集中安置点、城乡接合部新型社区等区位的建设规划、生态环
境、综合治理和产业发展等问题容易堆积发酵，成为"三农"
问题全域解决的难点堵点。本文针对以上问题，遴选峨边彝族自
治县茗新村作为试点，在 2021 年对建设"彝家·法治新寨"助
推乡村振兴模式开展了"项目式"课题研究和实践探索，以期
在大小凉山地区形成可复制、可推广的乐山经验。

关键词：　乡村振兴　民族地区乡村治理　法治新寨

一　茗新村"彝家·法治新寨"的建设背景

（一）茗新村的基本情况

乐山市峨边彝族自治县新林镇茗新村，位于峨边彝族自治县南部，距峨

---

* 课题组负责人：杨伟，中共乐山市委依法治市办主任，乐山市司法局党委书记、局长；李代
敏，中共峨边彝族自治县县委副书记、县委依法治县办主任；谢红霞，中共乐山市委依法治
市办副主任、乐山市司法局机关党委书记。课题组成员：武晓杰、曾兴琴、钱晶、左棋慧、
李井祥、袁加君、王丽芳。执笔人：邱家胜，中共乐山市委党校法学教研室主任、教授；文
逸豪，乐山市司法局干部。

边县城 7 千米，辖区面积 5.2 平方千米，截至 2022 年 3 月，该村辖 4 个村民小组，户籍人口 246 户 1218 人。茗新村地处深丘地带，海拔高度在 1200 米至 2200 米，全村耕地面积 2300 亩，林地面积 6000 亩，土地属性均为国有土地，主要以种植和养殖业为主。村级主导产业为 820 余亩白及、400 余亩脆红李、122 余亩木本金银花等。

（二）茗新村的建制沿革

茗新村原属四川省沙坪茶场劳教所驻地，2005 年沙坪劳教所搬迁至四川省眉山市后，陆续有来自大小凉山美姑、昭觉、甘洛等 7 县和峨边本县的村民自主移民搬迁集中聚居，自然形成了纯彝族聚居村落，当地人称该村为"八县村"。"八县村"在形成之初，因属自主移民搬迁形成的村落，且所在地又是原省劳教所驻地，事实上处于四川省劳教所无力管、峨边县乡两级地方党委政府无权管和无自治组织管的"三不管"地带。村落组织管理混乱、贫困程度较深、安全隐患突出、儿童入学困难、土地违法租用等问题突出。2014 年，针对"八县村"的治理盲点，峨边县委、县政府多次与省劳教所沟通协调，接管了原来的沙坪茶场，主动担当属地管理责任，在"八县村"设立临时村级党组织，峨边县担负起聚居村落的组织管理职能职责。2017 年 11 月茗新村经批准成立，是四川省最晚成立的建制村。

（三）茗新村"彝家·法治新寨"建设的现状分析

2020 年 3 月，中央全面依法治国委员会印发的《关于加强法治乡村建设的意见》指出："根据乡村自然环境、经济状况、人口结构、风土人情等不同情况，因地制宜开展法治乡村建设，勇于探索创新，注重工作实效。"遴选峨边彝族自治县新林镇茗新村作为乡村振兴战略背景下"彝家·法治新寨"建设的试点村，符合法治乡村建设必须坚持因地制宜的基本原则。

1. 茗新村区位特征明显

2020 年 12 月 16 日，中共中央、国务院《关于实现巩固拓展脱贫攻坚成果同乡村振兴有效衔接的意见》明确要求，建立健全巩固拓展脱贫攻坚成果长效机制，做好易地扶贫搬迁后续扶持工作。2005 年劳教所撤离后，陆续有大小凉山彝区 8 县 1200 余名彝族群众自主移民搬迁至此，茗新村是山区村、纯彝村、自主迁移搬迁村，曾是深度贫困村，属于"民族地区、易地扶贫搬迁集中安置点、城乡接合部新型社区"三类地区。

2. 茗新村的法治建设与经济发展不均衡

茗新村依托东西部扶贫协作，打造白芨、乌天麻、中药材、果树园林 4 个支柱产业，2019 年农民人均可支配收入 5900 元，166 户 824 名贫困群众全部脱贫。农旅融合、生态民宿等项目已列入年度计划，经济发展初具规模。但随着全面实施乡村振兴战略的纵深推进，茗新村作为民族地区、易地扶贫搬迁集中安置点、城乡接合部新型社区，在乡村建设发展规划、人才队伍建设、生态环境保护、乡村综合治理和产业发展法治环境等方面的问题堆积发酵，成为"三农"问题全域解决的难点堵点，基层治理短板弱项逐渐显现并呈现放大趋势。加强茗新村的法治建设，用法治巩固保障茗新村脱贫攻坚成果，接续推动脱贫地区发展和乡村全面振兴，成为茗新村当务之急。

3. 茗新村的典型示范作用强

2014 年起，峨边县委县政府结合脱贫攻坚，创新治理模式，昔日脏乱差"八县村"蝶变靓美新"明星村"，2019 年被评为"四川十大最亮眼村居"，2020 年获"年度省级'三无'平安村""乐山市脱贫攻坚奋进奖"，2021 年获评全国乡村治理示范村、省级"六无"平安村、省级民族团结进步示范村。2021 年 1 月以来，乐山市委依法治市办牵头，联合市委党校、市国资委、市法学会、市法律援助中心、乐山农投集团、峨边彝族自治县委依法治县办采取信息整理、实地走访、座谈交流、会商研讨等形式，对在茗新村开展"彝家·法治新寨"建设进行可行性研究。2021 年 3 月，茗新村

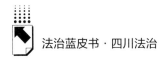

法治新寨建设列入市委全面依法治市重点示范项目及峨边彝族自治县县域法治建设示范试点重点工程项目。

二　面临的主要问题

当前，中国乡村法治社会建设取得了长足进步，但是从全面推进乡村振兴战略，推进基层治理法治化，促进基层治理体系和治理能力现代化建设的目标来看，茗新村在法治建设方面还存在较大差距。

（一）民主法治意识不强，法治建设能力不足

在中国，个别民族乡村地区长期受传统民族文化、管理与服从理念双重影响，民主权利意识淡薄，法治能力不强。调研发现，茗新村大多数村民未能形成"有事找政府"的法治意识和法治思维，由于广大民族群众法律知识匮乏，加上过多依赖自身习惯法，在产生矛盾纠纷后第一时间想到的是找村里、家族里有威望的人。同时，峨边县民族乡村地区茗新村自治组织以及新林镇党委政府民主法治意识较为淡薄。在推动农村经济社会发展工作中往往强调管理，轻视服务，群众参与度较低，不利于在全面推进乡村振兴战略背景下建设充满活力、和谐有序的乡村社会。此外，普法宣传存在形式单一，针对性、实效性不强等问题。

（二）村民文化程度较低，法治建设基础薄弱

全面推进乡村振兴战略，需要一支优秀的乡村法治人才队伍。但从茗新村实际情况看，村民文化水平相对较低，法治人才资源不足。截至2021年5月，茗新村有村民1223人，均是自2005年起从大小凉山八个县自主搬迁而来，调查他们易地搬迁的原因，主要是原住地"没有学校，公路不通、行动不便，海拔偏高地区，没有电、生活困难"。易地搬迁而来的村民原住地教育资源极度匮乏，受教育机会不多，茗新村村民文化程度总体较低，综合素质不高，包括法治人才在内人才资源短缺。据统计，茗新村20岁以下

的村民共有 605 人，文化程度为小学和初中，21～39 岁的村民共 326 人，文化程度为小学、初中或中专，40 岁以上的村民共有 292 人，文化程度为半文盲。全村党员 20 名，大学文化程度 1 人、大专文化程度 6 人、初中及以下文化程度 13 人。茗新村现有 9 名村组干部，大专学历 1 人，中专学历 3 人，小学学历 5 人（见表 1、表 2）。

表 1　茗新村村民年龄结构及文化程度状况

村民人数	年龄结构	文化程度
605 人	20 岁以下	小学、初中
326 人	21～39 岁	小学、初中或中专
292 人	40 岁以上	半文盲

表 2　茗新村村组干部及党员文化程度状况

单位：人

村组干部及党员人数	文化程度			
	大学	大专	中专或高中	初中及以下
村组干部 9 人	0	1	3	5
党员 20 人	1	6	0	13

（三）专业法律人才缺乏，法治服务能力低

当前，民族地区农村法律人才队伍建设不断加强，如推进法治副校长制度、入驻社区警备室等，但相对于城市社区而言，茗新村专门服务农村的专业法律人才仍然缺乏。调研发现，2019 年之前，峨边彝族自治县无律师事务所，只有 1 个法律服务所，法律服务从业人员不足 20 人，2021 年 3 月之前茗新村无公共法律服务站，也未聘请村法律顾问，导致村民遇到矛盾纠纷时无法得到法律服务机构或人员的专业咨询和帮助，只能用民族习惯法应对生产生活中遇到的矛盾纠纷，影响了茗新村村民对国家法律的关注和热情。同时由于茗新村道路崎岖、交通不便等特殊地理环境，"一村一法律顾问"制度没有实质运行，村民很难在第一时间找到专业法律人员咨询法律问题，

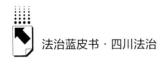

更不会走诉讼程序。以上困难问题使村民觉得法治离自己生活很遥远，大大减弱了村民用法的自觉性。

（四）法治工作重视不够，法治建设投入不足

近几年来，打赢脱贫攻坚战是党和国家的中心工作，峨边县新林镇茗新村则是脱贫攻坚战的主战场。新林镇党委政府和茗新村"村两委"的工作重心主要是解决贫困村民的"两不愁""三保障"等问题，完善和发展交通设施，带领村民脱贫致富，发展农业经济，提高村民生活水平，但忽视了营造良好的法治意识氛围，用法治方式推动茗新村产业发展、生态环境保护和村级治理能力的提升，客观上影响了村民法治意识的提升。同时，新林镇和茗新村对法治建设投入有限，用于法治建设的费用不足，茗新村法治乡村建设工作有时流于形式，存在乡村法治建设就是拉横幅写标语等片面认识。此外，民族地区乡村条件艰苦，新林镇司法所人员配备较少，承担镇政府大量烦琐的基层事务，没有足够的精力指导茗新村制定和实施法治建设规划。

三 茗新村"彝家·法治新寨"建设的实践与探索

2021 年 3 月以来，在全面推进乡村振兴战略背景下，茗新村结合基层治理实际情况，特别是法治建设方面的短板弱项，在市、县、乡三级党委政府领导和支持下，以创建"彝家·法治新寨"示范试点工作为契机，创新"12348"工作法，即建设 1 个彝家法治新寨，打造法治宣传、法治教育 2 类文化阵地，研究法治促进农民增收、法治助推农业发展、法治保障农村稳定 3 大课题，建强法律顾问、法律明白人、德古调解员、法治副校长和法治辅导员 4 支队伍，健全土地赋能、控辍保学、禁毒防艾、"双高"治理、民俗保护、生态环保、平安建设、法纪监督 8 项机制，大力加强法治乡村建设，为乡村产业振兴、人才振兴、文化振兴、生态振兴和组织振兴提供有力的法治保障。

（一）法治助推产业振兴

1. 依法规划促进发展

一是建设集中安置点住房，促群众"安居"。统筹易地扶贫搬迁和财政扶贫资金近 3200 万元，实施 153 户贫困户易地扶贫搬迁和彝家新寨住房建设。探索农村保障性住房新模式，由县城投公司出资 260 万元，装修 62 套原沙坪茶场安全住房作为农村廉租房安置非贫困户居住，茗新村 195 户群众全部"住上了好房子"。二是完善基础设施配套，促群众"乐业"。编制村级规划，新建 6 米宽村道，建成连户路、产业路、通组路 15 公里。高标准建成村幼儿园、文化室、卫生室、警务室等，村级配套功能实现全覆盖。争取浙江省台州市椒江区东西部扶贫协作资金 800 万元，建成占地面积 5200 平方米的峨边椒江区太阳坪小学，可容纳 500 名儿童入学。三是推动村级产业发展，促群众"致富"。实行"党支部 + 合作社 + 基地 + 农户"发展模式，成立"茗巅"集体经济合作社，与县农投公司合作，流转农户土地 1300 亩，种植 122 亩金银花、8 亩芍药、820 亩白及、400 亩脆红李，建成建筑面积 6000 平方米的药材加工厂，增加产品附加值。2021 年带动 163 户贫困户户均年增收 6000 元，解决近 400 名村民就近务工问题。

2. 积极营造法治环境

一是制定"三项清单"。制定村级依法履职事项、协助办理事项、负面工作事项"三项清单"，以一个口子代办理念，建立村级民事代办清单，覆盖农业生产等方面 36 项民生服务内容，力促"办事不出村"。二是加强村级法治化营商环境建设。探索建立乡村振兴、产业提升等特色巡回法庭，高标准建设村级公共法律服务站，建立基层立法联系点。三是配强法律顾问。按照"一村一法律顾问"要求，配齐配强村法律顾问，积极促进作用发挥。根据村党组织需要，及时介入土地流转、投资招商等集体经济活动，提供合同前置审查、项目法律论证等服务。通过开展履约辅导，在保证本方全面正确履约的同时，催告和监督对方合格履约。2021 年以来，法律顾问规范村级经济行为 7 次，参与调解、处理集体经济纠纷 27 件，审查工程合同 5 份，涉及金额累计数千万元，为村民提供各类法律咨询 190 余件次，代写文书54 份。四是成立农业专家服务团队。指导移民群众发展生产，为群众量身定制"一户一策发展规划"，指导群众科学发展小种植、小养殖、小务工、小刺绣、小作坊"五小产业"，解决移民群众的吃饭问题。在指导群众发展生产的同时，宣传、解读涉农法律法规，确保社会治安稳定。五是出台激励政策。结合精准扶贫工作，出台"奋进计划""巩固增收""五好家庭""好婆婆""好媳妇"等奖励政策，在激励群众发展生产的同时，推进培育和践行社会主义核心价值观。

3. 全面监管集体经济

一是以《农村集体经济组织示范章程（试行）》为准则，参照《四川省农村集体经济组织条例》规范，以维护集体成员权益、实现共同富裕为宗旨，坚持集体所有、合作经营、民主管理，实行各尽所能、按劳分配、共享收益原则，充分发挥《四川省农村集体经济组织条例》的规范指引作用，在完善监管制度上下功夫，打造一流管理团队。二是完善村集体经济组织章程，健全民主管理机制和资产状况、债权债务、财务收支、收益分配、预算决算执行等公开公示制度，村党组织书记通过法定程序担任集体经济组织理事长，设立监事会，加强审计监督，依法履行职责。建立集体"三资"（资金、资产、资源）监管平台。三是支持村集体经济组织依法独立自主开展经济活动，保障其合法财产权和其他合法权益。依法委托村集体组织持有、管护和经营财政投入建设形成的国有资产。

（二）法治助推人才振兴

1. 引进法治人才

针对当前法治建设人才短缺的问题，茗新村创新健全法治人才资源共享机制，如产业协会组织法律顾问分片区监管服务，村办合资企业聘请专业法律顾问，通过向外积极引进专业人才，弥补人才资源缺漏。

2. 赋能公职岗位

注重提升校园等公职岗位人员法治素养，设置法治副校长、法治辅导员以及双语法治教师，专门为乡村振兴提供法律服务以及法律教育，通过各岗联合，共同建立好乡村法治人才培养机制，为乡村村民、乡村企业提供法律援助，同时定期对村干部和全体村民进行法律培训。

3.组建服务团队

2021年3月，组建法律志愿服务团队，有效改善茗新村法律人才流失问题，法律志愿服务团队由东西部扶贫协作、司法系统对口援助、市法律援助中心优秀律师、对口联系律所、高校法学教授、机关单位公职律师、国有企业法律顾问、乐山师院政法系学生等专业人才组成，通过志愿者对口服务，提升乡村的法治服务水准，补上缺乏人才的短板，持续推进乡村法治建设。充分利用现有人才资源，将本村德高望重的毕摩、老党员等聚集起来组建宣传队伍，在田间地头通过"以案释法""以案为戒"等形式积极向村民宣传党的政策、法律法规。同时，结合茗新村生产生活实际，邀请相关部门给村民讲解相关法律法规、移风易俗政策等，全方位提升村民法治意识。

4.培养法律明白人

在企业法人、产业致富带头人、村组干部以及村民代表中，选出种子选手进行培养，在基层培养法律明白人，让法律明白人在实际工作中发挥模范效应，为广大村民提供法律服务教育。

（三）法治助推文化振兴

1.建设法治文化阵地

一是因地制宜，建设特色法治文化阵地。2021年3月以来，茗新村依托现有村民文化广场，以"德与法"为主题，按照"点、线、面"相结合方式，打造成法治文化广场，沿村道旁设置法治宣传牌、宣传小贴士，在广场设置6块标准法治文化宣传专栏，张挂10处法治宣传标语，大力宣传宪法、民法典、社会主义核心价值观、法律小故事、以案释法等内容。二是依法治教，打造特色校园法治文化阵地。将预防、减少青少年违法犯罪工作纳入德育教育、精神文化教育、小学生日常行为规范教育内容，建设特色"法治文化校园"。2021年6月，以"崇德·尚法"为主题，设计茗新村椒江小学广场主体宣传墙，建成法治文化走廊 2 处，在原有法治校园文化的基础上巧妙融入法治文化等元素，设立法治文化石、法治宣传牌和法治展板等 12 块，内容包括《宪法》《民法典》《未成年人保护法》《禁毒法》《种子法》《农产品质量安全法》《农药管理条例》和"十年禁渔""森林防火"等与村民生产生活密切相关的法律法规及政策知识、案例、法治标语、名言格言警句等。三是整合资源，打造法律服务中心阵地。全面推进茗新村法律服务咨询中心建设，规范村法律服务工作室外观标识、工作流程和设施设备，向广大群众公布法律服务联系电话、发放法律服务联系卡等，充分利用现有律师、法律援助和基层司法所的法律服务资源，把整合的司法行政工作资源延伸到茗新村，为群众提供综合的基层法律服务平台，为村集体和村民义务提供法律援助、政策咨询和矛盾纠纷调处服务。

2. 提炼民族法治品牌

一是"点亮火把"照亮彝区孩子前行路。乐山市检察机关以金口河区、峨边彝族自治县、马边彝族自治县三地检察院为核心，创建"点亮火把"未成年人检察品牌。2021 年在茗新村椒江小学开展彝区禁毒防艾和未成年人犯罪预防等工作 3 次，为彝区未成年人照亮前行的路。二是"坝坝会"提升村民法治观念。坚持每周召开坝坝会，增进村干部与村民、村民与村民的感情，及时化解矛盾纠纷，学习宣传法律知识。三是保护传承彝族传统法律文化。近年来，峨边彝族自治县加强对牟赫略赫（矛盾纠纷的调解）规矩和彝族民间禁忌、独特的婚俗文化、节日文化、酒文化等的保护。弘扬善良风俗、家规家训等优秀传统文化中的法治内涵，把不违背法律、不违背公序良俗作为家风家教的重要内容，让社会主义法治精神在家庭中生根。四是创建符合茗新村特点的普法形式——阿依普法。针对茗新村村民文化程度低、汉语水平低、法治意识低"三低"的实际情况，椒江太阳坪小学老师每天坚持对学生进行法治教育——讲解 1 条法律或 1 个法治案例或 1 个法治故事，茗新村小学生在学习理解老师普法内容的基础上，回家用彝汉双语给家里的成年人讲解该普法内容，促进提升茗新村村民的法治意识和法治水平。

3. 提升普法宣传实效

一是充分把握彝寨法治宣传教育的规律和特点，确保村民学法时坐得住、听得懂、学得进。充分发挥彝族毕摩教化作用，邀请村里的 6 名"毕摩"，结合彝历新年、春节、国庆等节日期间村里举办大型节目时机，将村规民约用彝语经文说唱形式诵读给广大群众，通过风俗教化，变被动接受为主动接受，实现村民自我教育管理"更精准"。二是从农民切身利益和关注热点难点问题出发。把涉及农民生产生活的法律法规印制成小册子、普法挂历、挂图等，让村民一看就懂、一学就会。三是充分发挥村法律顾问作用。2021 年 3 月以来，四川得助律师事务所重点帮扶茗新村，律师团队向全体村民进行普法宣传教育 3 次，按照村民的具体需求，结合茗新村法治建设实际，通过以案说法形式，进行精准普法。

（四）法治助推生态振兴

1. 赓续生态法治观念

一是深入挖掘彝族生态平衡方面的传统观念，彝族文献《尔比尔吉》记载，关于"万物有灵"原始崇拜，就是把自然界的一切人格化，如书中提出"高山有灵云雾升"，就是以敬畏依赖自然的传统信仰模式，形成了生态环境保护的传统。二是传承人与自然和谐相处的环境保护理念，如"天人合一"与"自然至上"观、敬畏自然与尊重生命观、万物平等观等。三是禁食野生动物习俗已形成，彝族文献《勒俄特依》《玛牧特依》中有大量论述人与人和谐、人与动物和谐、人与植物和谐的内容，如人是猴子变的，人不能以猴子为食，不能猎捕野生动物。在对彝族社会生态环境保护习惯法的发掘提炼基础上，与"绿水青山就是金山银山"理念、环境保护法规和"三大革命""三大保卫战"等行动深度融合。

2. 加强生态环境治理

一是采用节水、节肥、节药、节能等先进种植养殖技术，推动种养结合、农业资源综合开发，发展生态循环农业，推进农作物秸秆、畜禽粪污的资源化利用。二是实施最严格的环境准入标准，依法强化环评审批前置，在企业入驻全过程进行环保资质评审。同时，加大环保监管力度和问责力度。三是结合峨边县实际率先在民族地区立法，推进人居环境治理。加大农业面源污染防范和整治，在农业生产养殖中禁用限用剧毒、高毒、高残留的农药、兽药，因地制宜推广卫生厕所和简便易行的垃圾分类，治理农村垃圾和污水，加强乡村无障碍设施建设，鼓励和支持使用清洁能源、可再生能源。深入开展清河、清渠、清沟、清路、清院"五清"行动，持续改善农村人居环境。

3. 推进生态环境保护

一是加强生态环境司法保护，构建"检察＋"野生动物保护联盟协作配合机制，探索巡回开庭模式，以案释法说理，通过发放宣传册、播放公益广告，突出宣传鬣羚、白腹锦鸡等珍贵、濒危野生动物保护。二是持续打好蓝天、碧水、净土"三大保卫战"，立足现有资源，做好减排、抑尘、压煤、治车、控秸"五大工程"，推进农业投入品减量化、生产清洁化、废弃物资源化、产业模式生态化。三是积极宣传地质灾害政策法规，定期开展应急避险演练，投资建设人防广场，推进依法防疫、森林防火、生产安全。依法打击违法用地破坏公共设施等行为。

（五）法治助推组织振兴

1. 切实发挥"定盘星"功能

一是基层阵地不断巩固。2017 年建立建制村后，茗新村迅速成立村党支部，整合资金 60 万元新建村党群服务中心，推选出优秀返乡农民工担任党支部书记，选举产生村民委员会、村务监督委员会，制定"廉洁公约"，党员干部带头"守约""履约"，依法决策、管理村级事务，并将12 名在峨党员、8 名大凉山零散失落党员全部纳入村党支部管理，建成一支带领全村群众脱贫奔小康的先锋党员队伍，村级基层政权进一步加强。二是"党建月会"顺应民意。融合"三会一课"、"主题党日"、"阳光问廉"坝坝会、"四议两公开"等建立"党建月会"制度，党支部每月通过月会平台让干群现场提问交流、问政问廉、民主讨论。2021 年以来，清单式收集解决反馈群众问题诉求 87 个，村民广泛参与村级事务，有效增强党支部凝聚力。三是"村务公开"持续深化。全面落实"村务公开五个必须"，无论大事小事，凡涉及群众利益的经济社会发展规划、村集体收支情况、"一事一议"筹资筹劳项目等，均在村务公开栏主动公开、在交通要道和村民聚居处张贴，以明白纸发放到户、在村广播站广播、通过手机微信发布到人，由村务监督委员会全程监督，不断增强村级事务管理透明度。

2. 标定落细"指南针"作用

一是"三议群众"深化基层民主。推行"三议"群众工作法，村级事务决策由村"两委"提议、村民议事会审议、村民代表会议或村民会议决议，积极发挥群众在村级事务决策中的主体作用，强化提议、审议、决议的事前、事中、事后管理，通过民主决策，强化群众"主人翁"意识，群众获得感和满意度不断提升。二是"村规民约"强化自我约束。深化基层民主，结合彝区实际，围绕执行党委政府决策、两委民主决定，个人家庭公共卫生，疫情防控，家庭邻里关系，红白喜事等 12 个方面，由村民共同参与制定并及时修改著新村村规民约和村民自治章程，充分发挥 6 名彝族毕摩、驻村工作队"六大员"和党员干部作用，通过传统节日彝语说唱、大喇叭小喇叭宣传、下沉田间地头和村民家中、围火塘宣传等形式，法治宣传 1.2 万余人次，每季度举办"洁美星、和谐星、守法星、致富星、孝爱星"等"五星"户评选活动，累计评选"五星"户 88 户，以榜样力量带动群众破除陈规陋习，倡树新风传播美德，广大群众逐渐养成"比、学、赶、超"的良好习惯，实现村民自我教育管理"更精准、无时限、添温度"。三是"积分超市"激发内生动力。通过集体经济收入注资、县级财政、帮扶单位、爱心人士捐赠创新打造"积分超市"，对全村年满 18 周岁的村民实行积分管理，制定积分管理实施办法，将村民参与村级治理五大类 53 个小项的行为表现转换成积分，1 个积分可在"积分超市"兑换 1 元人民币实物，村民讲卫生、扬文明、树新风等实绩，均可积累积分兑换相应物资。对违反适龄学生辍学、越级无理上访、违纪违法、婚嫁礼金"双高"等事项实行积分清零。同步建立村组干部与村民积分相挂钩机制，村民发生积分清零或受表彰表扬，相应加减村组干部积分。2021 年上半年，全村已兑换 9 万多积分，有效激发了村民内生动力，推动形成文明村风、良好家风、淳朴民风。

3. 系统提升"主心骨"水平

一是家支组织持续规范。充分发挥家支带头人作用，鼓励村"两委"干部主动参与本家支内部决策，制定家支家规族规，把热爱中国共产党、弘扬社会主义核心价值观等内容作为家支行为规范，积极引导和规范家支成员管理，约束家支成员行为。同时，村"两委"干部积极争取工会、妇联、团委等部门和社会公益帮扶力量，对各家支中老人、妇女、儿童提供亲情守护服务 366 人次，家支成员幸福感、凝聚力不断提升。二是"德古"调解不断深化。将法治精神融入传统习惯法，推广"德古工作法"，聘任村内 2 名在家支组织中具有法律知识、威望较高、公道正派的"德古"为人民调解员，同时兼任社情民意观察员、矛盾纠纷调解员、义务普法员、法律援助联络员，依法参与村内民事调解，对当事人及家属进行教育、解释和劝导，及时化解矛盾纠纷 45 件。针对婚嫁中高聘金、高礼金"双高"突出问题，茗新村按照"政府引导 + 德古会盟 + 村民自治"治理模式，按照"德古"会盟倡议，约定聘金、礼金最高不超过 7 万元，"双高"现象得到有效遏制。三是文明乡风有效倡导。建立村级红白理事会，鼓励家支组织重要成员担任其成员，梳理村民结婚、生子、建房、升学、老人过世等红白喜事办理等自治制度，约束村民攀比炫富、铺张浪费行为。每逢村内有"婚丧嫁娶"等人员集中重要活动，村干部、红白理事会成员主动走"亲戚"赶"人情"，在融洽和谐的氛围中，倡导树立勤俭节约的文明新风。

四 茗新村"彝家·法治新寨"建设的未来展望

2021 年以来，根据中央、省、市对新时代法治乡村建设的目标要求，在市、县、乡三级党委政府坚强领导下，课题组牵头揽总，相关职能部门通力协作，结合茗新村法治建设的现状，坚持法治理论与法治实践相结合，推进落实了"彝家·法治新寨"建设项目的实地调研、会商论证、规划设计、具体实施等工作，完成了茗新村"彝家·法治新寨"项目建设，茗新村治理现代化成效初显。2021 年 9 月，茗新村被农业农村部确定为"第二批全国乡村治理示范村"，实现了从昔日的"脏乱差"到今日的"靓美新"蝶变。

全面推进乡村振兴是国家长期战略，长期的、稳定的法治保障是全面推进乡村振兴的重要基础。党的十九届六中全会指出，"全面依法治国是中国特色社会主义的本质要求和重要保障，是国家治理的一场深刻革命"。乐山市第八次党代会也指出："要加强民主法治建设，加强民主政治建设，广泛凝聚智慧力量，全面推进依法治市，推进市域社会治理现代化，巩固发展安定团结的政治局面。"因此，在后脱贫攻坚时代乡村振兴战略背景下，法治乡村建设永远在路上，茗新村"彝家·法治新寨"建设只有起点没有终点。

（一）查漏补短，提升成效

茗新村"彝家·法治新寨"建设过程中暴露的一些短板弱项，需要在今后的法治乡村建设中加以解决，进一步推进"彝家·法治新寨"建设，助推乡村治理现代化。一是不断提高基层党委政府、村级自治组织的领导干部运用法治思维和法治方式深化改革、推动发展、化解矛盾、维护稳定、应对风险的能力，有效发挥示范带动作用。二是深入推动解决彝区群众文化程度低、汉语水平、法治意识低带来的民主权利意识淡薄、法治能力不强问题。三是深入推动解决彝区村级专门法律工作人才和法律服务人才缺乏问题。

（二）提炼特色，推广亮点

通过项目化、实体化打造茗新村"彝家·法治新寨"，课题组积累了彝区村级治理一线经验，形成了系列制度机制，构建了在大小凉山彝区具有较

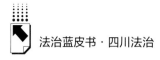

高普适性的基层依法治理理论。一是扩大"阿依普法"品牌影响力,提升大小凉山彝区法治文化宣传的时代感、针对性、主动性、实效性。二是加大茗新村太阳坪禁毒微基地建设,在全县各中小学推广并实质化运行。三是法律顾问定期在服务村镇举办法治讲座,将茗新村作为典型示范,结合当地实际进一步推广"茗新做法"。

(三)加强宣教,典型带动

乡村振兴,法治先行。全面推进乡村振兴,对法治建设的需求也比以往更加迫切,更加需要充分发挥法治对农业农村高质量发展的支撑作用、对农村改革的引领作用、对乡村治理的保障作用。一是制作关于茗新村的"蝶变"短视频,用于 LED 屏播放,进一步推动实干与宣传的"双剑合璧",塑造品牌形象。二是利用线上平台——峨边法治微课堂,将茗新村在依法治理中的突出亮点编辑为短视频,利用抖音等线上平台推广。三是建立健全尊法学法守法用法村级干部提拔任用体系、年终目标考核制度,提升村级干部依法履职能力和法治建设水平,推动干部依法办事落地落实。

法治保障创新驱动高质量发展

Innovation-Driven and Law-Based High-Quality Development

B.17

四川推进天府中央法务区
建设的实践探索

四川天府新区党工委政法委课题组*

摘　要： 天府中央法务区是全国首个省级现代法务集聚区，四川省、成都市、四川天府新区足履实地，全面立体探索，突出特色创新，用改革的思路和办法走出现代法务集聚区建设新路子。四川天府中央法务区创新规划，项目引领，建设法务区文化圈、生态圈、产业圈，形成现代法律服务产业群；整合法务产业链各方面全过程，健全管理机制和政策体系，明晰功能定位和主体布局，推进多项司法领域改革试点，加速汇集高能级法务资源，加快打造"立足四川、辐射西部、影响全国、面向世界"的天府中央法务区，服务保障"一带一路"建设、成渝地区双城经济圈建设等

---

* 课题组负责人：袁登强，四川天府新区党工委政法委副书记。课题组成员：柏晓明，四川天府新区党工委政法委司法行政和法治处处长；黄泽勇，四川省社会科学院研究员；袁小莉，四川天府新区党工委政法委工作人员；田越，四川省社会科学院研究生。

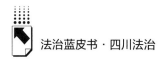
国家重大战略实施，为市场经济、营商环境、对外开放提供全链条专业化法律服务，打造具有国际影响力的法律服务金质名片，以高水平法治护航高质量发展。

关键词： 天府中央法务区　法律服务　法治名片

2020 年 8 月，四川省委、省政府决定打造"立足四川、辐射西部、影响全国、面向世界"的天府中央法务区，确定"近期建平台，聚资源；中期提功能，升业态；远期优机制、强辐射"的战略路径。经过一年多的发展，天府中央法务区围绕实现"政商学研企"融合和法务业态全链条发展，聚合、培育优质法务资源，营造更加稳定、公平、透明、可预期的法治化营商环境，正成为宜居宜产、高端高效、全面全能的国际化法治平台、法治四川的新名片。

一　高质量推进天府中央法务区建设，
打造现代化国际化法治高地

习近平总书记深刻指出，"法治是最好的营商环境"。天府总部商务区良好的社会主义经济秩序和营商环境，需要天府中央法务区提升法律服务和法治保障水平，二者相辅相成，进一步推进成都市高质量发展。

（一）一个服务于成渝双城经济圈、面向全国的法律服务机构共享空间正在形成

建设天府中央法务区，是贯彻落实习近平总书记全面依法治国新理念新思想新战略、贯彻落实宣传习近平法治思想、深入实施成渝地区双城经济圈建设国家战略、推动四川省高质量发展的探索创新。聚焦建设高水平法务聚集区，需深度融入成渝地区双城经济圈建设国家战略。成都市和四川天府新

区加大政策创新、制度创新力度，大胆开拓，将更多政策和资源向天府中央法务区倾斜，吸引更多"国际号""国字号"专业机构落户。天府中央法务区拥有辐射全球法律服务，孕育成熟的法律服务产业，实现司法及司法行政服务机构，公证、律师、仲裁、司法鉴定等法务资源的高度集聚。法律资源高度聚集的法律服务共享空间支撑法治成都建设，助推地区城市经济社会高质量发展。

（二）形成全链条、全方位、特色鲜明的法律服务生态圈，用法治化营商环境助力经济发展

城市的兴盛离不开企业的发展，筑得高质量营商环境，引来高品质企业，建设高水平法治天府。天府中央法务区发挥政府统筹引领和市场自主配置作用，推动各类法律服务机构和人才有效聚集，促进法治元素高效融通，不断优化法律服务制度和体系，支持创业、创新，保护企业和企业家的合法权益，全面服务企业在经济、政治、文化、社会、生态文明等方面开发建设。通过打造规模化法律服务集群，创新引领法律服务高地，逐步形成以法律服务和法治创新为特色的四川样板，以法律服务业推动产业发展。

（三）发挥法律服务集聚能效，涵养法律服务生态，提升法治保障水平

四川是西部大开发、成渝地区双城经济圈、长江经济带等重大国家战略的重要一极。建设天府中央法务区，吸引一批在全国具有模范引领作用的"龙头"法律服务机构入驻，提升中央商务区所需的公司法务、金融证券等高端法律服务水平，为四川乃至中西部地区参与经济全球化进程提供法治护航。建设天府中央法务区，激发市场主体获利，调动社会各方面积极性，加快落地一批高水平、代表性、引领性的法律服务机构和项目，以点带面营造浓厚的法治氛围。天府中央法务区成为聚合公共法律服务、法治理论研究、法治文化交流、法治教育培训、商事纠纷解决的法律资源总部；升

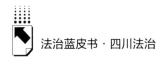

级智慧法务，整合涉法务全链条服务，深度融入国家发展战略，辐射带动西部乃至国家高质量发展，推动四川法律服务高速发展，高质量建设法律服务强省。

二 找准自身定位，厚植法治底蕴，扎实推进 四川天府中央法务区建设落实落地

天府中央法务区在系统梳理新区产业结构、区域规划和要素禀赋的基础上，依托成都法律服务产业"规模大、发展快、素质高、门类齐"的比较优势，提出"打造一流法律服务高地"的总体思路和发展定位，并大力推进实践。

（一）政府主导，因地布局，立法规划建设天府中央法务区

天府中央法务区位于天府总部商务区东北部，规划用地面积约 315 亩，是全国首个在省级层面提出和推动实施的法律服务聚集区。天府中央法务区规划立足现实、展望未来，确定了"三步走"产业发展目标：2020 年，法务区功能架构粗具雏形；到 2025 年，落户国际商事仲裁中心、国际法律学院等高能级法律服务机构，成为具有区域影响力的法治平台；到 2030 年，聚集法律相关就业人口约 4.5 万人，成为具备国际影响力国际领先的法治平台。

司法部、司法厅出台《四川天府新区推动天府中央法务区加快发展若干政策》等文件，司法部批准 17 个项目，鼓励高端法律服务机构入驻天府中央法务中心、鼓励法律人才引进培育、支持全链条法治生态圈构建。

实行开放的律师政策，提高律师服务质量。准予天府中央法务区享受与上海自贸区一致的法律服务业开放政策：外国律师事务所在天府中央法务区内与中国律师事务所开展合作型联营，在天府中央法务区设立代表处的外国律师事务所与中国律师事务所互派律师担任法律顾问。在四川境内开展律师事务所聘请外籍律师担任外国法律顾问试点工作，外国法律顾问在规定的执

业范围内以律师事务所外国法律顾问的身份为律师事务所客户提供法律服务。支持国家律师学院入驻天府中央法务区，整体搬迁或者设立分院，打造法律服务产业孵化基地，从律师人才、创业、管理模式、项目产品、形塑品牌进行全方位孵化。

培养高层次公证员队伍，提升公证涉外服务能力。天府中央法务区吸纳多个公证组织入驻：设立合作制公证处——天府公证处，开展知识产权保护、金融、电子商务等公证业务；设立"国际公证研究院"，聘请国际国内的公证专家和法学教授开展国际公证交流活动；预备设立"国际公证与中国论坛"，建立"国际公证联盟"常设办事机构，开展大型、高端的国际公证研讨活动；支持中国公证协会建立中国公证与法国公证的国际交流和联络机制，设立常设性联络机构，开展公证业务跨国协作、外国法查明、公证员培训、业务交流、理论研究等工作。

推动司法鉴定行业发展。对天府中央法务区的司法鉴定机构在申报国家级资质认定或 CNAS 认可、司法部重点实验室等方面予以倾斜，重点关注。引荐和协调上海司法鉴定研究院在天府中央法务区设立西部分院，鼓励国内高校、研究机构在天府中央法务区建设实验室、科研中心、鉴定人教育培训基地。引荐、协调和支持在天府中央服务区开展国内外司法鉴定行业学术交流、专业教育培训等活动。

提高国际商事仲裁服务水平，提供专业、优质的仲裁服务。允许四川自贸区作为中国内陆自贸区，帮助争取国务院政策支持，探索国际仲裁机构入驻天府中央法务区，同时支持推荐聘请国际仲裁员在现有仲裁机构中担任仲裁员。

（二）整合优势资源、拓展领域，持续优化法治化营商环境，推动产业高端发展

高端的法律服务机构共享空间需要以高度聚集的空间布局和便捷的交通为依托，天府中央法务区遵循高需求的产业特质，实施以公共交通为导向的空间布局策略，沿贯穿天府总部商务区东片区的地铁 6 号线，整体形成

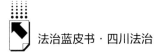

"一心一带多点"① 的总体结构。

构建高端法律服务孵化中心。天府中央法务区致力于打造具有国际影响力的法律服务创新策源平台，联动四川各级法院、检察院等司法机关、国家律师学院、"一带一路"国际法律教育学院、律所、知识产权服务机构等，形成"政商学研企"相互辉映的法律智库中心。最高人民法院第五巡回法庭审判点和成都市五个专业审判法庭②及五个人民法院③整合、深耕，入驻天府中央法务区，形成"五院五庭"布局；检察服务中心、知识产权检察办公室、警务服务中心、中国（四川）知识产权维权援助中心、四川天府新区企业融合服务窗口相继入驻。国家律师学院、"一带一路"国际法律教育学院等教育研究机构先后落户天府中央法务区。天府中央法务区税收法律服务中心由四川省税务局、成都市税务局、天府新区税务局三级税务机构统筹推动设立运行。据此，天府中央法务区综合服务中心、公共法律服务中心成立，并设置综合窗口、公证窗口、鉴定窗口、法律咨询窗口、法律服务自助服务、公共法律服务、天府法务网站、法治宣传、公共法律服务中心等服务窗口。各类法务机构、法律服务机构入驻，各类法务人才，包括司法人员、公职律师、税收法治人才等聚集，最大限度发挥各方资源优势，成为高端法律服务人才培养皿和产业孵化器，发挥法律智库中心作用。

形成高端法律服务产业发展带。结合成都地铁6号线沿线公共交通站点，天府中央法务区自北向南可划分为四大功能片区，与天府总部商务区功能相辅相成，形成高端法律服务产业发展带。天府中央法务区综合法律服务片区挂牌入驻机构有基因格司法鉴定中心、四川省司法厅·上海司法鉴定科学研究院、司法鉴定公信力联合研究中心、四川省成都市律政公证处、国际

---

① "一心"即公共法律服务中心，"一带"即高端法律服务产业发展带，"多点"即法治文化交往节点。

② 即成都金融法庭、成都破产法庭、成都互联网法庭、四川大熊猫国家公园生态法庭、知识产权审判庭5个专业法庭。

③ 即四川省高级人民法院、成都市中级人民法院、天府新区法院、成都铁路运输第一法院、成都铁路运输第二法院五个人民法院。

公证联盟天府中央法务区论坛等机构。成都仲裁委员会、成都国际商事仲裁院、"一带一路"律师联盟、中国（四川）知识产权维权援助中心、国家海外知识产权纠纷应对指导中心四川分中心等机构已经进驻，形成国际仲裁、涉外高端法律服务、知识产权法律服务、国际法律文化交流等核心功能，建设具有全国影响力的科技创新中心。法律服务延伸配套，依托区域共享办公空间承接培训，聚集高知化、中龄化、高收入、高压力的法务人群，同步配套居住、商业等综合服务功能。

法治文化发展重点突出。区域高密集的总部企业和西博城等高能级对外交往载体，形成商事法律服务片区和法治文化交往片区，分别聚焦法治文化教育与法治宣传功能。天府中央法务区以满足人民群众法治文化需求为目标，形成浓厚的法治文化，建设法治主题公园、法治文化博物馆、法治历史文化长廊等，让社会各界能够直观了解中国法治的发展历程、核心内容、制度框架等，更好地理解、遵守和运用法律，形成集大众普法宣传、专业法治培训、大型法制博览等功能于一体的景观化、开放型、沉浸式法治文化展示场景，让社会公众在潜移默化中受到法治文化的熏陶。国家律师学院、高校法学教育和研究中心、学生实习基地入驻天府中央法务区，打造"一带一路"国际法律教育学院、天府法律人才培训中心、国家法律服务实习基地等，铸造天府中央法务区法治文化教育底色。有效传播是法治文化生生不息的动力之源，法治日报社四川记者站、法制网天府中央法务区频道、《人民法治》三家融媒体入驻天府中央法务区。

提升法治理论研究水平，法律智库引领。由省教育厅牵头，天府中央法务区积极整合各高校法律教育服务资源，同高等院校及科研机构共同签署省校合作协议，将法学理论研究同实务部门实践活动有机结合；各高校明确细化专班职责，围绕天府中央法务区总体定位与教育板块专项定位，统筹各高校规划项目，突出强化优势特色，实现省委省政府指示要求、法务区目标定位、院校自身发展规划三者有机统一，助推天府中央法务区理论研究板块高质量、可持续发展，打造法治文化教育与理论研究功能片区。天府中央法务区探索建立国际商事仲裁研究中心、国际商务研究中心，护航天府总部商务区繁荣发展；争取设立国家毒品实验室四川分中心、国家人口资源备份数据中心等国家级重点实验室或研究中心（院），捍卫四川地区千家万户的安定与幸福。天府中央法务区开展的极具创新性、模范性和多样性的法治研究实践，强化和提高了其在"一带一路"法治研究、西部数字法治研究的理论研究水平和作为西部法律智库的引领作用。

（三）完善配套服务，汇集高端法律服务产业，打造专业要素高度集聚的法律服务生态圈

天府中央法务区坚持"以产定城"理念，以产业策划为先导，以空间落位为支撑，聚焦做强"公共法律服务、专业法律服务、法治研究和交流"等方面功能，以"政学研"协同驱动为内生动力，汇聚一批知名的、在业内有影响力的高端法律服务机构入驻，加快构建"平台驱动层＋核心产业层＋关联功能层＋衍生配套层"法律服务产业生态圈（见图1）。

平台驱动层，牵引集聚法律服务。平台驱动层依靠司法系统及司法行政服务机构及时进驻，以公共法律服务为核心，搭建国际化公共法治创新平台，以此形成对法律服务的牵引集聚。随后，法院、检察院、公安相继在天府中央法务区综合服务中心设立服务中心和服务窗口；省高院、市中院和四川天府新区法院三级法院集中入驻，提供一站式诉讼服务。省、市、区检察院设立的检察服务中心，实现三级检察院职能融合，提供辩护与代理服务、案件程序查询服务、国家赔偿一体化服务；受理司法赔偿案件、实施法律文书远程送达等，最大限度提供便捷高效的检察服务。设立知识产权检察办公室，办理知识产权刑事案件，开展对法院知识产权民事案件和行政案件的诉讼监督。在中央商务区配套推进建设天府中央法务区，让司法工作人员"身临其境"感知经济的飞速发展、社会的急剧变迁，为司法工作人员跟上经济发展新节奏、体悟新思想创造了必要条件。而法律服务的融合创新和高端要素的牵引集聚，让司法工作人员更能紧握时代发展脉搏、精准提供司法服务，增强司法工作队伍的自信，真正提升司法机关及司法行政机关服务经济社会发展的水平，为建设具有全国影响力的科技创新城市提供法治支撑，

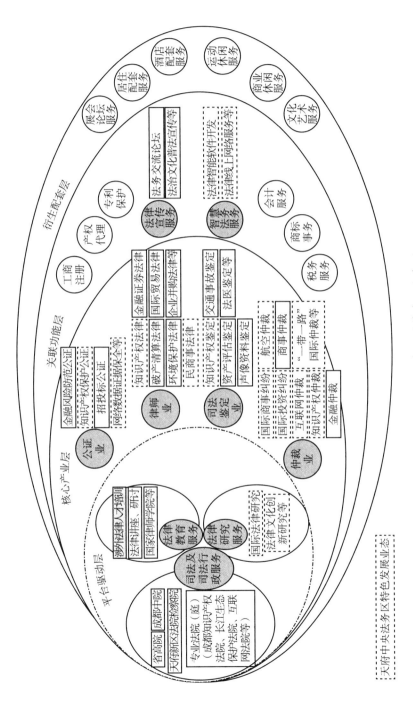

图 1　天府中央法务区法律产业生态圈

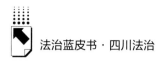

实现社会整体获益。

核心产业层，融合创新服务提档升级。天府中央法务区核心产业层以促进职业共同体共同发展为导向，着眼律师、公证、仲裁、司法鉴定四大法律服务产业，瞄准知识产权保护、国际商事纠纷等领域，招引在国际国内具有影响力、知名度的法律服务机构，加速汇集优质法律服务资源，拓宽法律服务领域，提升法律服务效能。北京通商律师事务所、泰和泰律师事务所等知名"红圈所"入驻天府中央法务区，初显虹吸效应；"一带一路"律师联盟成都中心、国家律师学院西部分院筹备办公室在天府中央法务区成立，开展涉外法律、证券发行、公司并购等律师高端业务培训，与学术团体举办研讨和学术交流活动，开展律师工作调研、律师法学理论研究等，并举办全国性业务研讨会，着力打造律师高端业务培训基地、高端法律人才培养基地和法律人才创新创业孵化实践基地，促进"一带一路"有关国家和地区律师及律师组织间的交流与合作，推动涉外法律服务发展。"一带一路"商事调解中心在天府中央法务区挂牌设立，积极服务"一带一路"国际合作，依法妥善化解"一带一路"建设过程中产生的商事争端，平等保护中外当事人合法权益，努力营造公平公正的营商环境。四川省知识产权服务促进中心牵头建设的中国（四川）知识产权维权援助中心、国家海外知识产权纠纷应对指导中心四川分中心，在天府中央法务区设立的知识产权咨询窗口正式投入运行。知识产权海外纠纷应对和维权援助中心，在天府中央法务区主要提供四个方面的知识产权服务：提供维权援助、检索查询、纠纷多元化解，为"走出去"企业提供海外知识产权纠纷应对指导，开展各类专利快速审查、快速确权、快速维权等知识产权快速协同保护，为政法部门、行政执法部门等提供技术支持。司法鉴定领域，天府中央法务区已有基因格司法鉴定中心、四川省司法厅·上海司法鉴定科学研究院天府中央法务区提增司法鉴定公信力联合研究中心挂牌入驻。成都仲裁委员会、成都国际商事仲裁院已经入驻天府中央法务中心，高效能、高质量化解国际商事纠纷。在核心产业层构建创新融合的法律职业共同体，各个主体各司其职、各尽其责，能够更加便捷有效地拓展沟通交流的深度，推动天府中央法务区法律服务整体提档。

关联功能层，坚持大手笔筑巢引凤。在日益繁荣的市场经济活动中，法律服务不再局限于商业纠纷，逐渐成为商业活动中不可或缺的部分。天府中央法务区关联功能层以提升服务质效为导向，补全会计、税务、审计等与商业活动密切相关的产业功能，应用大数据、云计算等新兴信息技术，创新发展法律网络服务与智慧法务，构建形成全产业链的生态系统。天府新区为保障产业发展，提供1000万平方米楼宇资源，与粤港澳大湾区金融研究中心有限公司、深圳法大大网络科技有限公司、武汉天宇宁达科技有限公司等公司签署了合作协议。此外，天府中央法务区还将继续引入高端财务顾问、会计、工商注册、税务、商标、专利代理、资产评估、招投标代理、产权代理、拍卖、海关等法务专业机构，争取设立中国地理标志产品进出口中心和知识产权金融生态示范区，设立"国家版权创新发展基地"。由四川省税务局、成都市税务局、天府新区税务局三级统筹推动成立的天府中央法务区税收法律服务中心在天府中央法务区揭牌运行，履行提供"个性化"涉税指引的重要职能。天府中央法务区招商推介会、首届法律科技联盟论坛等活动引起业界热烈反响。关联功能层着眼法律服务及关联产业业态规范发展、规模发展、联动发展，有效提升法律服务的质量和效率，降低服务成本，节约社会资源，以专业高效服务赢得当事人和社会公众的信任。

衍生配套层，与公园城市建设相得益彰。芳树笼高楼，春流绕新区，天府中央法务区将与天府总部商务区比邻共建，共享天府新区山"一水二田四森林，三分城市嵌其间"的生态本底。中央法务区衍生配套层基于新区公园城市基础，着眼法律服务人群对生活配套设施的个性化需求，加快布局酒店、会议会展生产配套服务，构建与持续完善功能完整、高端优质的生产性服务系统。针对高知化、中龄化、高收入、高压力的法务人群的需求，明确法务人群对行业竞争及休闲交往、消费、减压的需求。根据培训教育、办公交往、商业消费、文体娱乐、酒店住宿等五类主题，进行38项个性化的公共服务设施体系建设，建设法治人才培育中心、法治历史文化长廊、森林会议酒店、科技智慧运动空间、人才公寓、商务酒店等，建设多元化、复杂化天府中央法务区。在天府中央法务区举办国际国内高端法务论坛、研讨、会展、学术交流活动，并争取成为永久会址，中心已经开展了首届法律科技联盟论坛，获得业内认可；与国际公证联盟衔接磋商，在天府中央法务区设立"国际公证中国论坛"，建立常设办事机构，开展大型高端国际公证研讨活动；天府中央法务区税收法律服务中心开展税收法律服务中心"涉税问诊会"，企税共话税收法务改革。积极承办各类会议、会展，能够聚集法律界及相关领域有影响力的学者交流思想、群策群力，推动中国法治创新发展，同时又能宣传天府中央法务区，吸引更多的法律服务机构和其他高端法律及相关产业入驻（见图2）。

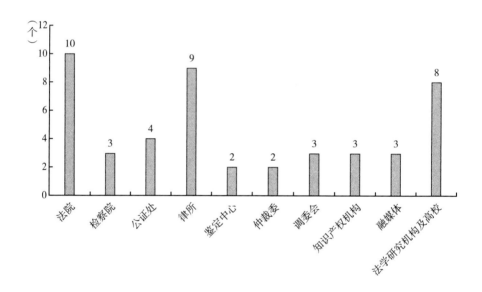

图2 天府中央法务区已入驻机构数量

数据来源：四川天府新区党工委。

（四）研发智能法务，拓宽法律服务领域，形成现代化法律服务产业群

天府中央法务区建设实施中，省司法厅、四川天府新区党工委牵头会同省法院、省检察院、公安厅、成都市委政法委等单位联合建设天府法务网站，作为天府中央法务区的门户网站，向全世界宣传展示天府中央法务区和

天府总部商务区，提供全时空、全领域、全链条法务服务。

网站集聚国内外高端法务和涉法务资源。网站为各类市场主体、企业法人提供服务，努力打造成为影响全国、面向世界的一流线上法律服务高地。网站有公、检、法、司等公证、仲裁、知识产权等方面内容，为个人和中小微企业提供咨询、查询、代理等法律产品。天府法务网站利用互联网及移动互联平台，汇集法律服务资源，通过设置法律服务产品相关标准，使法律服务价格和内容公开透明、法律服务资源丰富多样、法律服务网络触手可及。天府法务网站集聚国内外高端法务和涉法配套资源，服务各类市场主体，依托大数据、云计算、人工智能等新技术建设法律信息服务中心，努力打造成为影响四川、面向全国、联通世界的一流线上法律服务平台，实现法律服务的信息化、网络化、智能化、专业化。

平台创建示范智慧法务。天府中央法务区综合服务中心整合了省法院、检察院、公安厅、司法厅各自主要的便民法务服务系统，并融入图文智能分析和区块链溯源技术，提供在线合同审查、翻译、签订、存证取证等司法科技服务，结合智能搜索引擎，使群众能通过平台一站式便捷办理各类综合法务业务，实现"让数据多跑路，群众少跑腿"，以提升和展示天府新区的整体法治能力和服务形象，体现入驻优质企业的风采，引领企业法务服务发展的新方向。

领先的智慧检务。天府中央法务区检察服务中心自主研发了"天府微检察""天府检律通"等智能辅助软件，实现辩护与代理业务微信"一站式"预约办理等服务，做到让辩护人、诉讼代理人和案件申请人"只跑一次腿、只进一次门、只找一个人"。到外地阅卷是很多律师办案时遇到的难题，针对这一问题，天府中央法务区检察服务中心创新性提出解决办法，律师在提出异地阅卷申请后，可以在三小时内领取到电子卷宗，且仅须在领取卷宗时来一次，大大缩短了律师的时间成本。全国第一台律师自助阅卷刻录一体机也设置在天府中央法务区检察服务中心，该一体机可以在五分钟之内将所需卷宗材料刻录光盘，并可自动打印包含案件信息的凭条，供律师办案标记用；使用该服务仅须律师在12309中国检察网上提前预约，待收到阅卷通知即可前往检察服务中心，通过先进的"讯眼"人脸识别系统验证身份，便可根据机器的语音提示进行自助操作。检察服务中心"一键式"自助阅卷服务范围现阶段虽限于省内，但省检察机关正积极与重庆市人民检察院开展合作沟通，争取最高人民检察院支持，未来有望从省内扩大至川渝，逐步实现全国范围内"一键式"自助阅卷。

智慧诉讼服务。天府新区法院（四川自贸区法院）以天府中央法务区诉讼服务中心为载体，创新一站办理、一网通办、一体共享工作机制，通过全省三级法院"共同入驻、一体运行"，打造以"非接触式"为核心的"智慧诉讼服务"新模式，可以完成除庭审外所有的诉讼事务。在天府中央法务区，当事人可以向全国任何一家法院申请跨域立案，且耗时不超过30分钟。天府中央法务区诉讼服务中心还将借助大数据、5G等信息技术，提升当事人在线办理诉讼事务体验。

数字经济基础服务。四川作为国家数字经济创新发展试验区，截至2021年10月，数字经济企业如雨后春笋，仅成都、德阳、眉山、资阳4个市就有互联网企业3400余家。为顺应数字经济企业对司法实务提出的更高要求，新天府中央法务区积极推动大数据、云计算、区块链等新兴信息技术与法律服务的高度融合，创新发展智慧法务新格局，设立起成都互联网法庭等专业法庭。成都互联网法庭将统一管辖成都、德阳、眉山、资阳四市辖区内应由基层人民法院受理的第一审互联网民事、行政案件，以先进的智慧法律服务助力数字经济企业发展；成都互联网法庭创新性制定了互联网借贷纠纷审查规则；2021年5月，互联网法庭云审理"小米公司诉某大V名誉权纠纷案"，推动网络空间治理法治化。

三 提升四川天府中央法务区品质，积极发挥法治示范区引领带动功能

（一）对标先进，借鉴提高，形成高能级法律服务产业群

对标提升全球世界级城市高能级、国际化法律服务能力。纽约、伦敦

等世界级城市都有成熟的法律服务产业作为支撑，辐射全球法律服务功能。全纽约市近九成律师事务所聚集在纽约曼哈顿法律服务集群，其中跨国律师事务所百余家，可以为曼哈顿区域内高能级金融及其他产业提供辐射全球的法律服务；伦敦金融城法律服务集群是欧洲法律服务中心，汇集了 2/3 的世界知名顶级律所，可以为区域内超过 2.5 万家企业提供完善的、全球化的法律服务；亚洲范围内值得对标学习的是新加坡滨海湾法律服务集群，其汇聚了近 900 家律师事务所，其中外资律师事务所就高达百余家，可提供辐射全亚洲乃至全球的法律服务；新加坡有保持中立的国际争议解决中心，得到国际社会广泛认可，成为世界上最受青睐的仲裁地之一。

对标推进高水平法商融合建设。坚持以习近平法治思想为指引，深入贯彻省委省政府决策部署，持续深化改革，强化实践创新。创新推动涉外法律服务行业发展，创新法务机构运营发展体制机制，创新推动法务产业集聚发展，创新发展智慧法务新业态，创新知识产权全链条保护体系，创新打造"法商融合发展"复合商圈，努力营造更加稳定、更加公平、更加透明、更可预期的法治化营商环境，为建设具有全国影响力的科技创新中心提供法治支撑。

对标高端服务业提供法治产品。围绕专业化、国际化、规模化、高端化发展方向，以银行、保险、法律、咨询管理、广告和会计六大服务业发展情况为指标的世界城市名录排名为依据，选取具有高能级法律服务产业的世界级城市为重点对标案例，探索天府中央法务区的提升路径，以确保建设的科学性、规范性、精准性和操作性。

（二）奇思妙想，创新创业，打造法治化营商环境示范区

为建设"功能产业、产业生态、空间形态、配套环境"四个维度具备的世界级法律服务集群，要全面开展以下工作。

功能定位层面更强。法律服务是世界级城市发展的重要基础性支撑功能，与高能级国际商务区存在显著的伴生关系。在 GaWC 体系排名为

Alpha＋＋、Alpha＋①的城市，都具有完善的法律服务功能和良好的法治化营商环境。高能级的法律服务功能是建设世界级城市的重要保障，法治化营商环境是世界级城市发展水平的评价尺度。

产业生态层面更准。"政商学研企"是构建产业生态圈的核心推动力。伦敦金融城、纽约曼哈顿和新加坡法律服务产业生态的发展，与司法机关、知名法律高校、法律专业分工协作和国际知名法律事务所的高度集聚密不可分，形成了构建国际化法律服务集群的核心驱动。门类齐全、链条完善、融合发展是打造高能级法律服务产业集群的共性特征。

空间形态层面更宽。高能级法律服务集群与高能级商务区伴生存在。高能级法律服务集群位于核心商务区，集中分布在城市 CBD、地标景观周边和轨道交通沿线，全方位满足各类市场主体的高端法律服务需求。

配套环境层面更优。高知人群汇聚的法律服务集群偏好高品质人本化的城市配套环境。依托构建优良的生态环境，提供多元配套服务，营造友好慢行环境，持续汇聚法律服务业高知人群。

（三）支持配套，产业环绕，加速成为全国法律服务新地标

加快引进法律机构。依托省市法律服务资源，重点针对公证、律师、仲裁、司法鉴定四大核心领域，以及财务顾问、知识产权保护、互联网仲裁等特色专业领域，加快引进、落户一批法律服务头部企业，促进高端法律服务业聚合，持续提升服务能级。抓紧制定相关政策，就法律服务机构在办公用房、人才保障、规模化发展、国际化发展等方面提供支持，尤其要激励较大规模的律师事务所在天府中央法务区建设中起带头作用。

大力引进法律关联产业。积极引进税务、会计、审计等与法律服务关联密切的产业，创新发展功能完善有序的法律服务网络；顺应信息时代对法律服务提出的新要求，集成应用大数据、云计算、区块链等新兴科技，创新发

---

① 根据 GaWC2020 年排名，Alpha＋＋：伦敦、纽约；Alpha＋：香港、新加坡、上海、北京、迪拜、巴黎、东京。

展智慧法务、线上法律服务新格局，为构建形成全产业链的法律服务生态系统提供强劲有力的脉冲。

积极完善配套设施。法律服务机构有其个性化的商务需求，天府中央法务区的基础设施建设应当针对其个性化的需求，加快建设会展、酒店等场所配套，在此基础上构建功能完善、高端优质的生产性服务体系。着力完善道路交通体系、公园景观体系、公共服务配套体系，加速织密区域路网，加快提升区域通达水平，推进人才公寓及优质医疗教育配套设施建设，推动形成吸引法律服务领域高端人才为主的高品质生活社区。

加快经验交流与推广。大力推动设立全国性中央法务区联盟，为推动中央法务区立法及各个法务区建设经验交流提供便利。以他山之石，攻我之璞玉，借鉴其他中央法务区建设经验，找准自身地位，合理规划自身的发展路径；与其他中央法务区签署战略合作协议，联合全球中央法务区共同建设法治化营商环境。从国内一流法学院、法学研究会等从事法学理论研究的专家学者与律师事务所、法务机构、司法机关等从事司法实务的高级人才中聘请专家顾问，受聘专家顾问可根据自身工作经验，从天府中央法务区建设实际情况出发，充分发挥专业知识技能，为天府中央法务区建设和发展广献良言，助力打造现代化国际化一流法治金名片；比肩虹桥国际中央法务区，通过举办各类高质量、高规格、国际化的法治论坛、研讨会议，打造有影响力的国际法治论坛；通过发展法律科技，实现法务的互联网、信息化、数据化、智能化，推动天府中央法务区的法务不仅能够服务于全国、全球的纠纷解决与治理，还能及时跟踪法律的最新动向。

B.18
四川法院服务保障创新驱动引领
高质量发展调研报告

四川省高级人民法院课题组[*]

摘　要： 四川法院持续加强知识产权审判工作，通过精准服务大局、精品审理案件、深化改革创新、完善审判体系、升级保护格局、延伸审判职能等方式，为四川省创新驱动引领高质量发展提供有力的司法服务和保障，但在保护效果、治理效能、队伍建设等方面还存在一些问题和困难。下一步，全省法院将在持续强化理念和意识、筑牢基础和根基、提升效果和效能上持续发力，为四川省创新驱动引领高质量发展贡献司法智慧和法院力量。

关键词： 创新驱动　高质量发展　知识产权司法保护

当今世界正经历百年未有之大变局，新一轮科技革命和产业变革突飞猛进，创新已成为重塑全球和区域竞争格局的关键变量。党的十八大以来，习近平总书记高度重视创新，提出"创新是引领发展的第一动力""抓创新就是抓发展，谋创新就是谋未来"等重要论断。在谋划"十四五"时期发展路径时，党的十九届五中全会把"创新"放在首位，旗帜鲜明作出"坚持创新在中国现代化建设全局中的核心地位"等重大战略部署。长期以来，

---

* 课题组负责人：刘楠，四川省高级人民法院党组成员、副院长、一级高级法官。课题组成员：杨丽、韦丽婧、梁晨、张天天、鲁虎。执笔人：杨丽，四川省高级人民法院民三庭庭长、二级高级法官；梁晨，四川省高级人民法院民三庭副庭长、三级高级法官；鲁虎，四川省高级人民法院民三庭一级法官助理。

中共四川省委以高度的政治自觉、扎实的政治行动深入贯彻习近平总书记关于创新发展的重要论述,并召开中共四川省委十一届九次全会,审议通过、及时印发《中共四川省委关于深入推进创新驱动引领高质量发展的决定》,推动创新在巴蜀大地蔚然成风。全省法院深入贯彻落实中央、省委关于创新发展的决策部署,狠抓执法办案第一要务,纵深推进知识产权审判领域改革,妥善化解知识产权矛盾纠纷,不断强化知识产权司法保护,持续优化创新发展法治环境,为四川省创新驱动引领高质量发展提供有力的司法服务和保障。

一 四川法院的主要做法和成效

全省法院牢固树立保护知识产权就是保护创新的理念,采取一系列务实管用举措,切实提升审判质量、效率、效果,不断优化创新创造创业法治环境。2021 年,全省法院受理各类知识产权案件 23481 件,同比上升 39.21%,审结 21762 件,同比上升 35.95%。其中,审结专利案件 987 件、著作权案件 15251 件、商标及不正当竞争案件 4648 件、技术合同案件 169 件。

(一)注重服务大局精准化,加强创新驱动引领高质量发展的司法保障

四川省高级人民法院自觉担负围绕中心、服务大局的神圣使命,紧扣四川"建成创新驱动发展先行省"的目标要求,找准司法服务保障大局的切入点、着力点,出台一系列审判指导文件,指导全省三级法院提高政治站位和战略站位,明确工作思路和方法步骤,勠力同心服务保障四川创新驱动引领高质量发展。

1. 主动跟进省委中心工作

四川省高级人民法院紧扣中心工作,在主动印发《关于审判工作服务保障知识产权强省建设的指导意见》《关于发挥审判职能作用 服务保障中国(四川)自由贸易试验区建设的意见》,推动省委、省政府出台《四川省关于加强知识产权审判领域改革创新若干问题的实施意见》的基础上,于

2021 年 7 月出台《关于全面加强知识产权司法保护 服务保障创新驱动引领高质量发展的意见》，指导全省各级法院深入贯彻落实省委十一届九次全会精神，准确把握四川省创新发展"四个提升""两个高于""一个倍增"工作目标，在审判工作中坚持"以我为主、人民利益至上、依法公正保护"理念，并从加强关键核心技术、数字经济、中医药传承创新、植物新品种权等的司法保护等 16 个方面，提出具有较强针对性的工作要求。

2. 加快推动区域协同创新

与重庆市高级人民法院联合签署《川渝地区人民法院知识产权司法保护交流合作协议》，推动川渝两省（市）高级人民法院、知识产权局共同签署《关于建立成渝地区双城经济圈知识产权保护合作机制备忘录》，建立六项知识产权司法执法合作机制，开启川渝两地司法、执法知识产权一体化保护新阶段。四川省高级人民法院、重庆市高级人民法院连续两年联合发布知识产权司法保护白皮书和十大典型案例，联合开展知识产权和涉外商事审判培训，联合举办川渝知识产权保护研讨会，共同研讨新技术的高速发展和应用引发的著作权保护领域新情况、新问题，创新建好"知识产权双城保护圈"，有力推动川渝两地知识产权保护迈上新台阶。

3. 加大对下审判指导力度

指导适用《关于民事审判、执行阶段适用调查令的办法》，强化当事人、律师依法调查收集证据的作用，规范知识产权案件调查取证行为。下发《侵害商标权案件审理指南》《侵害信息网络传播权纠纷案件审理指南》《关于审理涉小商品侵犯商标权纠纷类型化案件赔偿标准问题的意见》《关于确定 KTV 经营者侵害音像作品著作权案件赔偿数额的法官会议纪要》等，定期分析改判、发回重审案件，促进全省法院裁判标准和法律适用统一，推动全省法院以鲜明的裁判规则为四川创新市场和竞争秩序树立明规则、破除潜规则，切实优化四川知识产权保护法治环境。

（二）注重案件审理精品化，着力打造四川知识产权司法保护高地

全省法院坚持高标准严要求，妥善化解知识产权矛盾纠纷，以精品的裁

判、鲜明的导向、严厉的举措，依法全面严格保护知识产权，在服务创新驱动发展、推进品牌强省建设、维护良好市场环境、促进扩大对外开放等方面发挥了积极作用。2017年以来，10余件案例分别入选"中国法院50件典型知识产权案例""四川省知识产权保护典型案例""全省法院十大典型案例"，4件案件庭审被评为"首届全国法院百场优秀庭审""全省法院优秀庭审"，5篇裁判文书分别被评为"全国知识产权优秀裁判文书""全省法院首届十佳裁判文书""全省法院优秀裁判文书"。

1. 依法审理涉外知识产权案件，营造四川对外开放良好营商环境

全省法院坚持平等保护原则，公平公正审理涉外知识产权案件，依法保护中外法人、自然人的知识产权，提升知识产权国际竞争力和市场价值，服务保障四川省自贸区及"一带一路"建设。深入调研自贸区建设中出现的转运过境、平行进口、定牌加工等涉外知识产权问题，既考虑自贸区"境内关外"的监管特点、便利贸易自由和国家产业政策，又考虑防止知识产权侵权和维护市场秩序需要，妥善解决各类纠纷，努力把四川法院打造成为当事人信赖的国际知识产权争端解决"优选地"。四川法院审理的"霍尼韦尔商标案""山特商标案"入选中国外商企业优质品牌保护十佳案例，充分展示四川省知识产权保护的良好司法形象。

2. 依法审理著作权案件，促进四川文化产业繁荣发展

全省法院稳妥办理著作权案件，严厉制裁电视剧、电影、游戏、图书、KTV等领域的盗版侵权行为，保障作品原创者合法权益，保护和激发文化创新活力。注重对著作权新业态保护，促进以数字内容、虚拟娱乐、新媒体等为主题的文化科技融合产业发展。在被告人刘某某等犯侵犯著作权罪一案中，对主犯判处主刑有期徒刑四年的基础上，依法判处1000万元罚金的附加刑，将四川法院知识产权犯罪罚金额度首次提至千万元，充分彰显全省法院依法保护智力成果、严格打击知识产权犯罪的鲜明导向。

3. 依法审理商标和不正当竞争案件，促进四川品牌经济发展

依法审理侵犯商标、不正当竞争等知识产权案件，严厉打击恶意假冒名牌、窃取泄露商业秘密、损害竞争者利益的行为。依法保护川菜、川茶、川酒等四川特色品牌、商业标志、地理标志等，宜宾、泸州、成都等地建立"酒麒麟"等知名品牌司法保护机制，有效制止侵犯五粮液、泸州老窖、"郫县豆瓣"、竹叶青等侵权行为，擦亮四川金字招牌，服务保障城乡经济协同发展，促进脱贫攻坚与乡村振兴有效衔接。在成都市郫都区食品工业协会与成都市郫香园食品公司、乐陵市金川食品公司侵害商标权纠纷案中，依法判处制造、销售"郫县豆瓣"、冒充"郫县豆瓣"的乐陵市金川食品公司停止侵权并赔偿成都市郫都区食品工业协会经济损失及合理开支 100 万元，成都市郫香园食品公司在 60 万元范围内承担连带责任，有效维护了权利人合法权益，充分体现了人民法院通过依法惩治侵权行为，加大对地理标志产品保护的鲜明态度，以实际行动助力创新主体品牌创建、地方特色产业发展。

4. 依法审理技术类案件，促进四川科技创新发展

结合四川不同创新领域技术特点、产业政策、新业态发展实际，妥善审理涉专利、技术秘密、植物新品种等知识产权案件，保护新能源、电子信息技术、机械制造等重点领域的发明创造，带动科技创新产业发展。成都知识产权审判庭依法适用行为禁令，在腾讯科技（深圳）有限公司、深圳市腾讯计算机系统有限公司、腾讯数码（天津）有限公司与北京字节跳动科技有限公司、成都天翼空间科技有限公司不正当竞争纠纷案中，及时应申请作出四川首例数据抓取禁令，制止在互联网等新领域正在实施的侵权行为，为权利人提供及时有效的救济，防止权利人损失进一步扩大。

5. 不断加大对恶意侵权、不诚信诉讼的制裁力度

严格贯彻实施《民法典》、新修订的《专利法》《著作权法》以及最高人民法院关于适用惩罚性赔偿制度的司法解释，有效发挥惩罚性赔偿制度阻遏侵权、充分补偿、激励创新的制度功能。在"小龙坎"商标特许经营侵权案中，对行为人的恶意侵权行为课以顶格 5 倍的惩罚性赔偿。大力倡导诚信诉讼，严厉打击虚假诉讼，在建发酒业公司陷阱取证、恶意起诉案中，驳回建发酒业公司的虚假诉讼，并给予 5 万元的制裁罚款；在红粮液商标侵权案中，对红粮液公司的伪证行为给予 50 万元的罚款，对知识产权领域诉讼诚信体系建设起到良好的示范作用。

（三）注重资源配置优质化，深化改革创新破解知识产权保护难题

全省法院坚持以改革思维破解难题，以创新方式保护创新成果，探索全方位知识产权司法保护新制度新机制，在解决"举证难、周期长、赔偿低、成本高"等知识产权维权难题上取得明显成效，知识产权司法保护能力和水平得到显著提升。

1. 加大科技成果运用

全省法院积极探索互联网司法新模式，进一步加大"微法院"、互联网庭审等网络平台运用力度，有效降低当事人诉讼成本、维权成本，提高司法解决知识产权纠纷的便捷性、高效性。全省部分法院推动区块链技术与审判活动紧密融合，为当事人在线数据存证、验证提供技术支持，有效破解了网络知识产权案件的取证难问题。成都市郫都区人民法院打造西部首个区块链电子存证平台，建立区块链执行和解平台，形成可记录、可追溯、防篡改的执行信息存储系统，该经验做法入选最高人民法院《区块链司法存证应用白皮书》应用参考典型案例。成都市高新区人民法院全面使用知识产权案件证据智能比对系统，运用感知哈希算法的图像对比技术，有效提升著作权侵权案件审理效率。

2. 深化繁简分流改革

指导成都知识产权审判庭探索"知识产权案件快速审判机制"及"省级行政区专利等专业技术较强的知识产权案件跨市区审理"，作为四川独创经验，被国务院作为支持创新改革经验向全国推广。召开现场推进会，向全省法院推广"知识产权类型化案件快审机制"，知识产权案件"繁案精审、简案快审"效果显著。2020年以来，全省中院一审知识产权民事案件审理周期大大缩短，知识产权纠纷解决效率显著提升。

3. 着力破解举证难题

积极探索适用符合知识产权诉讼规律的证据规则与裁判方式，着力破解"举证难"等问题。四川省高级人民法院、成都知识产权审判庭在遴选知识产权技术专家、专家陪审员的基础上，积极探索在编制内聘用选任与交流兼

职相结合的技术调查官选任、管理和培养机制；加强与科研院所、国家知识产权局专利局专利审查协作四川中心等机构的合作，由其派遣专业人员作为技术调查官参与知识产权案件技术事实查明工作。截至2021年，专家陪审与调查、鉴定、咨询"四位一体"技术事实查明机制已经建成，技术事实认定的中立性、客观性、科学性得到明显提升。2019年以来，技术事实查明机制在成都知识产权审判庭办理的"飞跃管辖"案件中适用，技术类案件二审改发率低于1%，审判质量更有保障。

4. 深化审判模式改革

2014年以来，四川法院出台指导意见和实施方案，指导全省法院构建"三级联动、三审合一、三位一体"的知识产权审判模式，以专业化审判提高知识产权司法保护的质量效率，使法院分配正义的方式更加高效，实现正义的途径更加便捷。为深入推进知识产权审判"三合一"改革，进一步解决民事、行政和刑事保护衔接不够顺畅的问题，四川省高级人民法院与省人民检察院、省公安厅联合调研、充分沟通，拟会签出台意见，从省级层面推进知识产权刑事案件批捕、起诉集中管辖，促进民事维权、行政查处、刑事制裁有效衔接，进一步形成知识产权司法保护合力。

（四）注重审判能力专业化，完善知识产权审判体系提升司法保护效能

审判体系决定着审判能力，制约着人民法院服务大局的成效。近年来，全省法院积极向最高人民法院汇报，在省委、省政府及其相关部门的大力支持下，不断优化完善审判体系，有效提升全省法院服务保障创新驱动引领高质量发展的能力。

1. 优化知识产权案件管辖法院布局

经最高人民法院同意，设立四川省跨区域管辖专利、植物新品种、集成电路布图设计、商业秘密等第一审知识产权民事和行政案件的成都知识产权审判庭（已于2021年12月更名为成都知识产权法庭），充分发挥其辐射示范作用，指导其审理了一大批标杆性案件，为打造知识产权诉讼优选地奠定

了良好的工作基础。2018 年 7 月，四川天府新区成都片区人民法院、四川自由贸易试验区人民法院正式挂牌设立，2019 年最高人民法院授权其管辖一般知识产权民事一审案件，四川知识产权案件管辖法院布局进一步优化。

2. 优化涉外商事案件管辖法院布局

2019 年，最高人民法院批复同意授予四川天府新区成都片区人民法院（四川自由贸易试验区人民法院）部分涉外商事案件管辖权。截至 2021 年，四川共有 13 个法院拥有涉外商事案件管辖权。2021 年 10 月，最高人民法院批复同意成都市中级人民法院内设专门审判机构并跨区域管辖四川省范围内应由中级人民法院管辖的第一审涉外民商事案件，成都国际商事法庭是全国首家省域范围全覆盖、跨行政区划集中管辖的国际商事法庭，全省涉外商事专业化审判格局全面形成，有效回应了四川由内陆腹地向开放前沿转变带来的日益增加的司法需求。

3. 优化知识产权、涉外商事案件审判队伍结构

结合司法责任制改革要求，建立上下级法院、同级法院人员交流制度，将政治素质好、业务能力强、外语水平高、具备理工科背景、精通知识产权政策、熟悉技术和自贸区法律政策的复合型法官充实到知识产权、涉外商事审判队伍，有效提升审判能力和水平。目前，全省法院知识产权和涉外商事队伍中，本科学历占 54.69%，硕士、博士研究生学历占 33.33%，知识结构、年龄层次等不断优化，基本满足四川创新发展、开放发展的司法需求。四川省高级人民法院民事审判第三庭、成都知识产权审判庭等集体和全省多名法官荣获"国家知识产权战略实施工作先进集体""全国法院先进集体""全国法院知识产权审判工作先进个人"等荣誉称号。

（五）注重全链条集约保护，源头共治构建知识产权保护大格局

知识产权保护是个系统工程，绝对不可以单打独斗。全省法院主动强化协同配合，持续构建知识产权保护"大格局"，奏响知识产权保护"大合唱"。

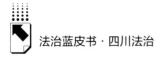

1. 注重司法执法衔接

四川省高级人民法院与省人民检察院、省委宣传部、省公安厅、省司法厅、省知识产权局、省知识产权服务促进中心等六部门联合发文，建立联席会议、线索通报、案情通报、信息共享、案件移送等五项制度，加强行政执法与刑事司法衔接。四川省高级人民法院与省知识产权局共同印发意见，建立知识产权案件会商、案件协助、信息交流、培训宣传合作、学术研讨等制度。成都市中级人民法院与国家知识产权局专利局专利审查协作四川中心签署合作协议，共建知识产权保护合作会商制度、服务需求联络机制、培训和研究机制。自贡、泸州、达州等法院与当地知识产权行政执法部门签署合作协议，在知识产权信息共享、协作保护等方面同向发力，推动司法审判与行政执法良性互动，促进行政执法标准与司法裁判标准相统一。

2. 强化纠纷源头化解

坚持把非诉讼纠纷解决机制挺在前面，整合行政部门、仲裁机构、行业组织等多方力量，优化完善诉讼与仲裁、调解对接机制，为当事人提供多渠道、多途径解决知识产权纠纷的方案。针对侵犯知识产权案件较集中的音像传播、小商品等领域，成都、德阳等中院主动与政府、行业组织等沟通协商，构建类案纠纷解决联动平台，促进诉前协商，批量化解纠纷。成都市中级人民法院仅 2020 年一年就委托相关行业性、专业性调解组织委派诉前调解知识产权案件 910 余件，结案率 100%，调解率高达 90.1%。

3. 共建多元解纷机制

2020 年 12 月，四川省高级人民法院与省司法厅、省财政厅、省市场监督管理局、省知识产权服务促进中心会签《关于加强知识产权纠纷人民调解工作的意见》，为四川知识产权纠纷多元化解机制提供了有力保障。各地法院主动作为，积极与知识产权行政保护机构建立诉调对接工作机制。眉山市中级人民法院与中国（四川）知识产权保护中心签订合作协议，在眉山设立全国首个知识产权保护中心多元解纷工作站，为全市各类企业、高校及科研院所提供知识产权快速确权、快速维权、快速解纷等协同保护服务。四川省高级人民法院、四川自由贸易试验区人民法院等法院积极与文化、知识产权部门和行业协会、调解组织等建立联动处理和委托调解机制，共同化解纠纷、合力保护知识产权。

（六）注重主动延伸审判职能，优化知识产权司法保护外部环境

全省法院主动延伸审判职能，着力满足知识产权保护多元司法需求，切实营造"尊重知识、崇尚创新、诚信守法"的社会风尚。

1. 强化法治宣传工作

每年在"4·26"世界知识产权日前后开展知识产权宣传周活动，2011年至2021年，连续11年发布《四川法院知识产权司法保护状况》白皮书及十大典型案例，并发布《2017～2018年四川省民营企业知识产权司法保护状况》白皮书及典型案例、《四川法院自贸区知识产权司法保护状况（2017～2019年）》及典型案例、《四川法院著作权司法保护状况（2018～2020年）》，形成品牌效应，加强以案释法，营造尊重创新、保护创新的社会氛围。创办《四川知产与涉外商事审判》电子期刊，以崭新的形式宣传知识产权司法保护正能量。

2. 主动接受各方监督

全省法院通过裁判文书公开、庭审直播、组织旁听庭审、发布典型案例等形式，加大司法公开力度，扩大知识产权审判影响力。积极邀请人大代表、政协委员、专家学者、行业代表旁听重大案件庭审，开展以"保护知识产权 优化营商环境"为主题的特约监督员专项联络活动，通报全省新时代知识产权审判事业的新进展、新风貌、新经验、新成效。主动召开座谈会，听取民营企业家等人员的意见建议，不断改进司法工作，积极营造激励自主创新的良好司法保护法治环境，获得充分肯定。

3. 完善司法服务模式

深入长虹、中国二重、五粮液、泸州老窖等企业开展"送法进企业"活动，深入科伦药物研究所和海特集团公司、郫县豆瓣集团股份有限公司、字节公司、腾讯公司等创新企业调研，发送司法建议百余份，促进创新主体、行政主管部门、行业协会等增强知识产权保护意识，提高知识产权风险防范能力。

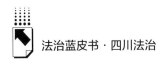

二　存在的问题和困难

虽然全省法院在服务保障创新驱动引领高质量发展方面取得一定成绩，但还存在以下问题和困难。

（一）知识产权司法保护职能作用有待进一步强化

随着科技创新的不断发展和国家机构改革的持续深化，新领域新业态知识产权司法保护规则亟须进一步明确和健全，传统文化、传统知识等领域知识产权保护亟须进一步加强和提升，互联网领域不正当竞争和垄断行为亟须进一步有效规制和正确引导，平台经济反垄断裁判规则亟须进一步更新和完善，滥用知识产权权利、妨害研发创新的裁判救济机制亟须进一步健全和落实，等等。这些难题都是摆在全省法院面前的新情况新问题。

（二）知识产权领域突出问题治理实效有待进一步提升

网络作品、小商品等领域侵权假冒现象易发多发，个别领域重复性纠纷居高不下，一旦处理不善就会影响中小微企业的发展。司法裁判对重点领域打击力度还不够大、整治深度还不够彻底、震慑强度还不够到位，知识产权案件诉前调解存在专业性、权威性不足现象，多元化纠纷解决机制作用发挥不够。个别权利人通过引诱他人侵权、制造虚假证据等方式恶意提起知识产权诉讼，滥用权利的现象依然没有杜绝，需要在知识产权诉讼诚信体系建设上进一步发力。司法审判与行政执法衔接协调有待加强，行政执法标准与司法裁判标准有待进一步统一。

（三）吸引、培养、留住具有国际视野的高素质知识产权法官的保障机制有待进一步健全

有的法官在办理新型、复杂案件方面存在本领恐慌，服务国家战略的司法能力有待进一步提高。知识产权复合型审判人才比较缺乏，尤其是懂信息

技术及其应用的审判人才更加匮乏。近年来,专业法官因辞职、调动等原因而流失的现象在一些法院较为突出。全省法院知识产权审判人才储备、梯队等方面的建设亟待加强。技术调查官覆盖的领域不够齐全,激励机制相对欠缺,在知识产权审判中作用发挥还不够到位。

三 下一步工作思路和打算

全省法院将持续强化跳起摸高意识,自觉强化自我加压,立足知识产权和涉外商事审判职能,不断增强工作的主动性、前瞻性、创造性,以"司法资源"盘活"创新资源",以"司法创新"服务"企业创新",以"司法环境"改善"创新环境",以"司法活力"激发"创造活力",为四川创新驱动引领高质量发展贡献司法智慧、法院力量。

(一)持续强化服务保障创新驱动引领高质量发展的理念和意识

进一步认真学习、反复研读、深入贯彻习近平总书记关于知识产权保护工作的系列重要论述,努力吃透核心要义、把握精髓实质,深刻认识"两个确立"的重大意义,不断增强"四个意识"、坚定"四个自信"、做到"两个维护"。自觉提高政治站位,善于从构建新发展格局、推动高质量发展的战略高度,全面加强知识产权审判工作,切实加强对"卡脖子"关键核心技术、四川本土品牌以及新兴产业、重点领域、种源种业等知识产权的司法保护,在执法办案中实现政治效果、法律效果、社会效果有机统一,服务高水平知识产权强省建设。

(二)持续筑牢服务保障创新驱动引领高质量发展的基础和根基

持续纵深推进司法体制改革,不断优化知识产权、涉外商事案件审判体系,持续提升知识产权、涉外商事案件审判能力和水平。积极争取在四川设立层级更高的成都知识产权法院,推动成都国际商事法庭早日在天府中央法务区挂牌并实质化运行。按照最高人民法院统一部署,积极稳妥推进四级法院审级职能定位改革试点工作，有序推进部分知识产权、涉外商事一审案件下沉到基层法院，逐步推动准确查明事实、实质化解纠纷在基层人民法院实现得更加充分，二审有效终审、精准定分止争在中级人民法院实现得更加彻底，再审依法纠错、统一裁判尺度在高级人民法院实现得更加完美。持续加强队伍建设，着力提升知识产权、涉外商事法官专业化水平，完善知识产权、涉外商事审判人才储备、晋升晋级、逐级遴选等工作机制，努力锻造一支政治立场坚定、大局意识强烈、法律素养较高、技术应用熟练、国际视野开阔的专门审判队伍。

（三）持续提升服务保障创新驱动引领高质量发展的效果和效能

坚持咬定工作目标不放松、对标工作效果不懈怠、查找问题不遮掩，着力补齐短板和弱项，狠抓执法办案第一要务，切实提升服务保障创新驱动引领高质量发展的效果和效能，对群众反映强烈的知识产权侵权易发多发领域重拳出击、震慑到位。持续建立健全、全面贯彻落实知识产权行政职能部门沟通协调机制，推进行政执法标准与司法裁判标准有机衔接、相互统一。坚持矛盾纠纷综合治理、源头治理，主动向前端延伸审判职能，持续健全多元化纠纷解决机制，优化升级知识产权纠纷在线诉调对接工作，切实提升治理实效。把知识产权诉讼诚信体系建设摆在更加突出的位置，对滥用权利、恶意诉讼等行为依法严厉惩处、鲜明打击态度。不断总结提炼制度创新经验，力争推出一批高质量典型案例，有针对性打造精品案例系列、诉讼指南系列、审判白皮书系列、类案裁判方法指引等品牌。充分发挥司法大数据优势，从多发易发领域的知识产权、涉外商事案件中发现社会治理方面的问题，主动向相关单位和部门提出司法建议。继续深化川渝两地法院司法协同创新合作，共同推出一批高质量的研究成果，为全国创新驱动引领高质量发展提供四川智慧、四川方案。

B.19
新发展理念下名酒企业
知识产权保护实务研究

四川省国资委课题组*

摘　要： 进入新发展阶段，知识产权保护工作如何为贯彻新发展理念、构建新发展格局、推动高质量发展提供更加有力的保障，是企业经营发展面临的重大课题。本文通过梳理新发展理念下名酒企业知识产权保护的发展趋势，总结名酒企业知识产权保护的特点和实践经验，结合新发展理念下名酒企业知识产权保护面临的挑战和困难，提出新发展理念下名酒企业知识产权保护的工作措施，为名酒企业知识产权保护高质量发展提供支撑，进一步增强名酒企业综合竞争力。

关键词： 新发展理念　名酒企业　知识产权保护

在以习近平同志为核心的党中央坚强领导下，中国知识产权保护事业不断成长和完善，走出了一条中国特色知识产权发展道路，全社会知识产权保护意识显著提升。国家出台一系列有力举措，加大知识产权保护和宣传力度，对激励创新、打造品牌、规范市场秩序、扩大对外开放

* 课题组组长：任兴文，四川省国资委党委委员、副主任。课题组副组长：蒋佳，五粮液集团总经济师。课题组成员：张敏，四川省国资委政策法规处处长；邓爱平，四川省国资委政策法规处副处长；周倩，五粮液集团战略发展部副部长；严杰，五粮液集团战略发展部综合管理主管。执笔人：张秋阳，五粮液集团战略发展部合同管理工作员；李念，四川省国资委政策法规处三级调研员；冉语涵，五粮液集团战略发展部法律事务工作员。

发挥了重要作用。为更好适应新发展新形势，本文通过文献资料研究、访谈等方式，对新发展理念下名酒企业知识产权保护工作进行了深入研究，着力为名酒企业品牌建设和高质量发展提供坚强有力的支撑和保障。

一　新发展理念下名酒企业知识产权保护的发展趋势

在白酒行业向优势产区、优势企业、优势品牌集中的大趋势下，加强知识产权保护是名酒企业寻找新发展、谋求新格局的落脚点，也是名酒企业不断提升自身及白酒行业竞争力的重要手段[①]。总体而言，新发展理念下名酒企业知识产权保护发展趋势如下。

（一）坚持创新，知识产权保护手段走向多元

名酒企业探索将创新贯穿于知识产权保护的全过程，实现知识产权保护手段持续创新，落实以创新手段保护创新的新要求。名酒企业从多角度、多层次积极探索各种知识产权保护手段。比如，打破过去单打独斗的局面，加强与白酒行业和其他行业尤其是互联网行业的交流合作，充分利用各自优势资源，拓展知识产权保护方式；创新技术手段，利用信息技术手段，实时监测、管理、识别和预警知识产权侵权线索，充分发挥新技术新手段优势，实现知识产权保护工作提质增效。

（二）全面从严，知识产权保护力度持续加大

在知识产权从严保护、强保护的大背景下，国家积极完善知识产权领域法律法规，如最高人民法院出台《关于审理侵害知识产权民事案件适用惩

---

① 吴汉东：《中国知识产权制度建设的思想纲领和行动指南——试论习近平关于知识产权的重要论述》，《法律科学》2019 年第 4 期。

罚性赔偿的解释》，以司法解释的形式落实知识产权惩罚性赔偿制度。名酒企业顺应从严保护新趋势，积极构建知识产权从严保护新格局。一方面，建立公司主要领导负责，知识产权管理部门牵头，其他职能部门配合的上下联动工作机制，配置专兼职知识产权保护人员，落实从严保护工作；另一方面，进一步扩展知识产权保护范围，从传统以商标保护为核心，扩展到以商标保护为重点，全面兼顾著作权、专利、商号等全方位、多层次的知识产权保护体系。

（三）协同发力，知识产权保护效率显著提高

名酒企业坚持内外联动、多管齐下，充分利用资源，协同发力，全面保护知识产权。一是强化名酒企业和不同行业的合作。通过资源整合，建立和完善长效合作机制，形成合力，增强打假维权力度，降低维权成本，提升维权效果。二是充分利用外部资源。在企业知识产权管理机制中引入律师事务所和知识产权代理机构，充分利用其专业技能优势、工作经验优势和信息渠道优势，协助知识产权管理部门开展知识产权保护工作，以最优的保护方案和策略提升知识产权保护质效。

（四）布局海外，知识产权保护地域不断延展

在名酒企业"走出去"的发展战略下，中国酒文化与世界酒文化交流过程中，知识产权保护地域也不断延展。茅台远销欧美等60多个国家和地区；五粮液成立亚太、欧洲、美洲三大营销中心，在100多个国家和地区实现落地销售。名酒企业在不断拓展海外业务的同时，也将知识产权的保护地域不断延展，保护程度向纵深发展。名酒企业通过商标和专利的提前海外申请注册、跨国境诉讼以及商业调查等方式，在海外掀起知识产权保护的浪潮。五粮液集团早在2003年便对第三人在韩国恶意抢注"WULIANGYE"商标的行为，向韩国知识产权局提出了商标异议，最终该抢注商标被驳回了注册申请，成功维护了五粮液集团在海外的商标权利。

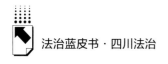

二 新发展理念下名酒企业知识产权保护特点

在新发展理念下，名酒企业不断加大知识产权保护力度，全面提升知识产权保护水平。总的来说，名酒企业知识产权保护呈现以下特点。

（一）名酒企业品牌商标保护是核心

商标作为重要的品牌资产，是品牌的主要表现形式，也是对品牌进行法律保护的重要载体。商标特别是驰名商标已成为名酒企业市场竞争的核心战略资源。知识产权保护的现实要求推动名酒企业持续开展品牌建设，加强商标保护工作，坚持把商标保护尤其是驰名商标保护放在核心位置，增强名酒企业市场竞争力，促进高质量发展。

（二）名酒企业原创技术保护是关键

名酒企业作为白酒行业标杆，始终坚持以知识产权保护为先导走自主创新的发展道路，把原创技术保护摆在关键位置，增强创新能力，推动名酒企业高质量发展。比如，五粮液申请保护利用梭状芽孢杆菌提高浓香型白酒丢糟酒质量的方法，解决当前白酒丢糟酒质量不高的问题[1]；泸州老窖申请保护多元线性逐步回归鉴别白酒储存时间的方法专利，快速精准鉴别白酒储存时间[2]；茅台申请保护一种基于风味维度的白酒相似度评价方法专利，科学量化表达、客观有效反映白酒风味相似度，与感官品评实现优势互补[3]。通过积极开发原创技术，申请专利保护，名酒企业核心竞争力不断增强。

---

[1] 五粮液股份有限公司：《利用梭状芽孢杆菌提高浓香型白酒丢糟酒质量的方法：中国》，CN113186055A. 2021 - 7 - 30。

[2] 泸州品创科技有限公司、江南大学、泸州老窖股份有限公司：《多元线性逐步回归鉴别白酒储存时间的方法：中国》，CN113203803A. 2021 - 08 - 03。

[3] 贵州茅台酒股份有限公司：《一种基于风味维度的白酒相似度评价方法：中国》，CN11334 1020A. 2021 - 09 - 03。

（三）名酒企业外观专利保护是特色

包装设计的创意与创新逐渐成为抓住消费者眼球的重要条件，基于酒产品的特殊性，外观设计专利成为名酒企业的一张"名牌"。作为名酒企业，对于外观专利的保护，不仅是保护自身产品的脸面，也是在保护与消费者直面沟通的渠道。重视外观设计专利，一方面有利于产品的推广、促进消费升级和提升产品竞争力；另一方面有利于盗版产品防治，提升知识产权保护水平。根据2021年企查查公布的《企查查白酒专利20强企业榜单》，五粮液、丰谷酒业、古井贡酒位列外观设计专利前三强，分别是850件、274件、228件。

（四）名酒企业文化遗产保护是根本

名酒企业大多拥有国家级传统酿造技艺，具有悠久历史和独特风格的老窖池群，并作为国家文物进行重点保护。白酒工业是中国传统工业的典型代表之一，集物质、精神、制度于一体。白酒传统酿造工艺更是富有中国特色的活态非物质文化遗产，是文化多样性的重要体现。推进白酒文化申遗是名酒企业知识产权保护的重要内容，也是进一步丰富名酒企业品牌内涵的重要保障。

三 新发展理念下名酒企业知识产权保护实践经验

名酒企业积极探索知识产权保护新路径，形成了丰富的实践经验，具体表现为以下几个方面。

（一）健全制度体系，全面筑牢知识产权保护屏障

加强知识产权保护需要通过健全完善知识产权制度体系，更好满足不断发展的知识产权保护需求，进一步提高知识产权保护水平和效率。当前，名酒企业通过积极落实机构建设和制度建设，进一步筑牢了知识产权保护

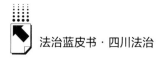

屏障。

一是名酒企业均建立专门的知识产权保护机构。名酒企业围绕知识产权从创造到管理的全链条、多环节，组建了专门的知识产权保护机构，负责牵头管理知识产权保护工作，基本形成权界清晰、分工合理、权责一致的工作机制，促进知识产权保护工作有序开展。

二是名酒企业知识产权保护制度网络基本形成。名酒企业立足自身发展需求，制定一系列知识产权保护管理制度，将知识产权保护纳入系统化、规范化的工作轨道，形成了全面的知识产权保护制度网络。以五粮液集团为例，先后制定《专利管理实施办法》《商标管理实施办法》《著作权管理实施办法》等知识产权管理制度，建立了专业化、标准化的知识产权管理模式，深入推进"企业知识产权标准化"工作做深做实做细。

（二）强化政企合作，持续增强知识产权保护力度

知识产权保护工作范围广、难度大，积极寻求政府、检察院和法院等单位的支持是名酒企业强化知识产权保护的重要途径。比如，宜宾市成立了五粮液驰名商标知识产权保护领导小组，研究五粮液知识产权保护工作，会商重大疑难案件；贵州省知识产权局组织省、市、县三级联动，开展茅台酒市场整治专项行动，打响茅台酒集群战役，打击假冒伪劣产品[1]；泸州市检察院对全市侵犯"泸州老窖"商标权、"郎酒"商标权等名优白酒刑事案件的指定管辖，通过"内联外合""跨地区协作"等方式，加大惩治制贩假冒名优白酒违法犯罪行为的力度[2]；泸州市场监督管理局深入开展"春雷行动""铁拳"行动等专项执法行动，探索酒业保护"三化模式"，进一步强化市区（县）联动、部门联动、区域联动的立体保护格局，积极打造"酒麒麟"知识产权保护品牌。

① 贵州省市场监督管理局：《贵州省知识产权保护发展状况》，2021年5月8日。
② 雷蕾：《护酒歌：知产审判泸州模式2.0》，《人民法院报》2018年4月29日。

（三）注重企业合作，有效提升知识产权保护成效

知识产权保护不仅需要企业加强自身能力建设，还需要名酒企业间通力合作，特别是在知识产权保护工作经验交流，以及进行跨区域跨品牌知识产权联合保护等方面，需要通过紧密合作净化白酒消费市场，创造良好的市场环境和市场秩序，推动白酒行业健康有序发展。比如，2018 年五粮液集团主持召开中国名优白酒品牌知识产权保护工作联席会议，名酒企业间就建立案件线索互通机制和名优白酒知识产权保护领域业务研究、分享交流机制达成共识；2019 年，五粮液、泸州老窖、剑南春、郎酒、舍得、水井坊共同发起成立"四川名优白酒联盟"，积极推动名酒企业知识产权保护工作迈上新台阶①。

（四）注重内外协同，不断凝聚知识产权保护合力

名酒企业在知识产权保护工作中充分利用外部优质资源，提高知识产权保护效能。一方面，为适应互联网领域侵权的新特点，名酒企业积极与阿里巴巴、高德地图等互联网平台企业合作，积极保护知识产权。另一方面，为充分借助外部专业资源，引入外部专业团队和机构，名酒企业引入专业机构配合企业知识产权保护管理部门，对知识产权相关法律风险进行科学、系统管理，增强知识产权保护的科学性和规范性。比如，五粮液、茅台、泸州老窖等纷纷建立知识产权保护外聘律师库，通过多元协作，推进知识产权保护工作开展。

（五）统筹两个市场，积极延展知识产权保护范围

在加快构建"国内大循环为主，国内国际双循环"的新发展格局下，白酒国际化再次摆到行业面前，加强名酒企业知识产权保护国际化也成为题

---

① 周伟、郑茂瑜：《四川名优白酒联盟成立 川酒"六朵金花"将携手构建 6 大体系》，《四川日报》2019 年 2 月 27 日。

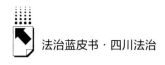

中应有之义。

一是积极推进"白酒申遗"。2012年，以宜宾五粮液老作坊为代表的中国白酒老作坊，成功入围首批《中国世界文化遗产预备名单》。2021年6月，中国酒业协会、工信部工业文化发展中心与中国文物交流中心等，与五粮液、泸州老窖等7家名酒企业达成申遗共识，共同推动中国白酒申报世界文化遗产相关工作，组建了中国白酒联合申遗筹备会，负责推进申遗工作开展。

二是申请纳入中欧地标保护协定。2020年7月，根据欧盟理事会授权签署的中欧地理标志协定，五粮液酒、茅台酒、绍兴酒、剑南春酒等白酒地理标志保护产品成功入选首批中国100个受欧盟保护的地理标志。中欧地理标志协定对地理标志产品设定了高水平的保护规则，有效阻止了假冒地理标志产品进入市场。

四 新发展理念下名酒企业知识产权保护的挑战与困难

名酒企业在不断加强知识产权保护的过程中取得了一系列显著成效，但同时也面临诸多挑战与困难，制约知识产权保护工作进一步推进。

（一）专业性人才队伍建设缓慢

知识产权保护工作作为知识密集度高、专业难度大、创新性强的领域，对知识产权保护工作相关人员的知识背景和业务能力提出了更高要求和标准。当前，名酒企业知识产权保护人才队伍建设缓慢、人才结构不合理，与新形势下知识产权保护专业人才标准还存在一定差距。在实践工作中，除专职知识产权保护人员具备相关知识外，在生产、经营等其他部门，负责知识产权的兼职工作人员往往不具备知识产权保护能力，难以及时有效维护企业合法权益。专职知识产权保护工作人员大多仅具备法学单一知识背景，不具备复合能力，难以适应当下知识产权保护新要求。

（二）互联网侵权行为维权难度大

随着互联网和各类消费业态的深度融合，以"互联网＋"为主要内容的电子商务发展迅猛，互联网领域侵犯知识产权现象层出不穷，制售假冒伪劣商品违法犯罪行为也呈多发高发态势，特别是名酒成为假冒、仿冒的重灾区。针对名酒品牌的仿冒、假冒等知识产权侵权行为，也逐步从传统的线下转移至线上，特别是互联网电商平台已成为山寨产品、仿冒产品、假冒产品新的聚集地。2019 年施行的《电子商务法》对电子商务的健康发展提供了一个框架性指引，但针对电商平台知识产权维权难的痛点依然存在。侵权假冒行为碎片化和隐蔽化等特点突出，侵权证据难以固定、维权周期长、侵权事实难以认定、刑法震慑作用不强的局面还有待进一步改善。

（三）海外市场知识产权保护难度大

随着国家"一带一路"建设的持续推进，名酒企业也纷纷加大拓展海外市场力度，但在"走出去"过程中遇到了很多困难。

一是驰名、知名商标被恶意抢注。2021 年在印度尼西亚出现了抢注国窖 1573、五粮液、洋河等商标的情况，抢注商标的类别从驰名商标的核心类别扩展到强关联类别。

二是申请注册商标屡遭驳回。在进行商标海外注册的过程中，时常出现名酒企业驰名商标缺乏显著性被驳回的情况。比如，五粮液被泰国、柬埔寨等国商标官方部门认定为缺乏显著性，并且当申请人提供了五粮液在中国大量使用的证据以及驰名程度材料后，依旧被驳回，这给名酒企业拓展海外市场带来极大阻碍。

三是应对海外知识产权纠纷能力不足。名酒企业"走出去"的步伐虽然越来越快，但是对于海外知识产权保护制度和维权途径知之甚少，导致海外维权时常遭遇成本大、信息渠道窄等情况，维权频频受挫。

（四）信息技术应用程度有待提高

随着名酒企业不断发展壮大和移动互联网、云计算、大数据、人工智能等新兴技术快速向社会经济领域渗透发展，数字化也成为名酒企业转型升级的重要引擎。一方面，在日常知识产权管理工作中，公司商标、专利等数量庞大，接收的党政机关公文、待整理的内外部文件资料繁杂，可能出现文件丢失、数据无法查询、信息难追踪等情况。目前，在知识产权保护工作中，绝大多数资料为纸质材料并且都是人工管理，缺乏系统化沉淀，交接工作具有一定难度，管理可控程度较低，导致知识产权管理工作效率低下且容易出现法律风险。另一方面，名酒企业没有充分运用新技术健全数字化系统，不能根据大数据建立知识产权保护模型精准打击侵权行为，无法适应知识产权保护新要求。

五　新发展理念下名酒企业知识产权保护的优化措施

企业作为知识产权保护的主体和直接受益者，应当充分发挥主体作用，激发创新活力，积极适应新发展理念下知识产权保护的新形势、新要求。名酒企业知识产权保护工作已经取得较大成效，但知识产权保护任重而道远，各类侵权行为层出不穷，需要针对新问题新情况，采取新举措，不断提升名酒企业知识产权保护能力和知识产权保护质效。

（一）提高政治站位，进一步增强知识产权保护战略意识

名酒企业应当坚决贯彻落实习近平总书记关于加强知识产权保护工作的重要讲话精神，深刻领会知识产权保护的重大战略意义，认真贯彻落实《知识产权强国建设纲要（2021～2035年）》，加强知识产权保护工作顶层设计，将知识产权保护上升到企业战略高度，全面参与国家建设中国特色和世界水平的知识产权强国的宏伟蓝图，把知识产权作为企业参与市场竞争的重要战略资源，将知识产权工作从追求数量向提高质量转变，在经营战略中以品牌建设为核心，激发技术创新活力，重点做好商标、专利等核心知识产权保护，增强名酒企业市场竞争能力。

（二）规范组织实施，进一步提升知识产权保护管理水平

一是持续健全知识产权保护组织架构。建立健全以公司第一责任人为主要负责人，知识产权保护管理部门统筹负责，各部门配备专兼职知识产权保护专员的自上而下的全链条立体保护机制，明确知识产权岗位职责，优化人员配置，压实主体责任。

二是不断完善知识产权保护管理制度。为规范、有效开展知识产权保护，名酒企业应当以国家法律法规为依据，结合各企业知识产权保护的重点和难点工作，设计制定商标、专利、著作权和白酒文化申遗等范畴的知识产权保护管理制度，保障知识产权保护工作有章可循。

三是深化推进知识产权保护标准化工作。名酒企业已基本完成知识产权管理规范的贯标工作，通过完善知识产权管理体系，知识产权保护综合能力得到有效提升。同时，名酒企业在完成《企业知识产权管理规范》贯标工作基础上，还应该在第三方认证机构每年对《企业知识产权管理规范》进行监督审核时，及时整改审核中发现的新问题，使知识产权保护工作更加体系化、规范化和常态化，提高知识产权保护工作效率和质量。

（三）聚焦技术赋能，进一步提高知识产权保护智慧水平

深化数字化转型是引领知识产权保护工作高质量发展的重要保障。将数字技术广泛运用于知识产权保护，以数字化转型推动知识产权保护方式变革，是增强名酒企业知识产权保护能力的新方法。

一是及时汇总企业信息。及时汇总企业公开数据、线下数据、代理机构数据等分散信息，形成更加翔实和准确的历史记录，全面掌握名酒企业商标、专利等知识产权基本信息和动态。通过平台减少人工重复工作，确保日常工作有迹可循，增强协同分配功能，提高工作效率，提升管理便捷性。

二是健全完善信息监测系统。顺应"互联网＋"发展趋势，利用互联网、大数据、人工智能等信息技术，运用知识产权侵权假冒线索在线识别、

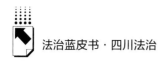

实时监测、源头追溯等技术手段创新知识产权保护方式，提升名酒企业打击知识产权侵权假冒行为的效率、力度和精准度，最大程度降低企业损失。

（四）紧扣多元共治，进一步加大知识产权保护合作力度

知识产权保护面临的信息不对称、维权难等问题，要求政府与企业之间、企业与企业之间、企业与第三方之间共同发力，促进知识产权保护工作有效推进。

一是深化合作，发挥资源整合优势。一方面，深化名酒企业间合作，进一步完善名酒企业信息共享机制，联合打击各类侵权行为，尤其是在大案、要案中发挥联动作用，降低维权成本，提升维权效果；另一方面，名酒企业要不断推进与其他行业，尤其是互联网行业的合作，通过商家认证、平台协助等多种方式应对网络维权难问题。

二是政治联动，推动政府积极支持。在国家不断推进多元治理手段、全面保护知识产权的大背景下，积极争取政府在政策、技术和打假维权力度等方面的支持，是名酒企业解决维权难问题的破局之道。比如，积极争取政府在知识产权转化运用方面的财税激励政策，为高价值专利、高价值商标等知识产权获取专项资金支持；积极推动政府创新监管模式，推动名酒企业知识产权跨区域协作保护，加强知识产权行政和司法保护，特别是在互联网、电子商务、智能终端等第三方应用平台等名酒企业维权最为棘手的新兴领域，更应当寻求政府支持，只有政府拓宽监督渠道，配置相应的监督人才队伍，才能切实解决名酒企业的痛点和难点。

（五）强化基础能力，进一步加大知识产权保护队伍建设

名酒企业应当营造尊重知识、崇尚创新、诚信守法、公平竞争的知识产权人才培养氛围，构建内容新颖、形式多样、融合发展的知识产权人才培育方式，持续改善和调整知识产权保护队伍结构。

一是鼓励多元化学习。知识产权保护人员不仅要加强传统领域的学习，还要有针对性地加强对新兴领域和特定领域知识产权规则体系的学习，特别

是加强与名酒企业生产经营相关的互联网领域、大数据算法、商业方法、人工智能等方面的知识产权保护理论和实务学习，不断丰富和提升知识产权保护人员知识体系。

二是鼓励多形式学习。根据业务需要和知识产权保护工作需求，围绕知识产权保护手段、侵权信息分析等内容，定期或不定期举办知识产权保护能力提升班，增强相关人员知识产权保护意识和保护能力。

三是鼓励多途径学习。采取"走出去、请进来"的方式，通过参观观摩、会议研讨、国际交流合作等途径开阔视野、开拓思路。通过组织开展名酒企业间知识产权保护队伍的交流合作，分享工作经验和做法，相互借鉴，提升知识产权保护效率。

（六）坚持国际发展，进一步加快知识产权海外保护进程

在国家积极参与知识产权全球治理体系改革和建设的过程中，名酒企业应当抓住国家深化与共建"一带一路"国家和地区知识产权实务合作的机会，拓展海外专利和商标布局，塑造中国名酒商标品牌良好形象。

一是加强调研，充分了解情况。在布局海外时，企业要着眼大局，谋划长远，要加强对目标国知识产权尽职调查，充分了解和掌握其知识产权制度规则和文化习惯，尤其是与本国相比存在的差异；在申请注册商标时，注意针对白酒行业专用词语的翻译，尽量避免因海外审查人员理解不到位等将商标申请驳回。

二是积极应对，有效利用资源。名酒企业要充分利用国家和各省市提供的海外维权渠道等资源，不断提升海外维权实力，探索全面、灵活的海外知识产权保护路径。比如，可以充分利用企业知识产权海外维权援助中心资源，掌握知识产权保护信息，了解相关国家和地区的法律法规和政策规定，有效利用商务部组建的知识产权保护海外维权网站，掌握专利和工业品外观设计等知识产权国别环境指南，以及海外维权救济指南等，切实保护知识产权。

B.20
知识产权检察职能集中统一
履行的改革与探索

四川省人民检察院课题组*

摘　要： 四川省三级检察机关坚持以习近平法治思想为指引，充分发挥检察履职专业优势，结合实际，整合资源，扎实推进知识产权检察职能集中统一履行工作，取得良好的知识产权法律监督效果。本文详细介绍了四川省检察机关深入推进知识产权检察职能集中统一履行改革的努力探索，从理念思路、制度保障、司法运行、机构队伍等方面深入阐述知识产权检察工作的经验做法，并剖析存在的问题，提出完善和优化知识产权检察履职的对策，力争为服务培育鼓励和保护创新的法治生态、优化四川营商环境提供检察助力。

关键词： 知识产权检察职能　集中统一履行　司法改革

2021年来，四川省检察机关在省委、最高人民检察院的正确领导下，坚持以习近平法治思想为指引，密切结合实际，扎实推进知识产权检察职能集中统一履行工作，围绕知识产权刑事、民事、行政检察职能统筹综合履行和知识产权刑事案件相对集中统一管辖等重点工作聚焦发力，着力提升知识

---

* 课题组负责人：吕天奇，四川省人民检察院检委会委员，检委会办公室主任，法律政策研究室主任，二级高级检察官，博士（后）。执笔人：贺英豪，四川天府新区成都片区人民检察院干部；吕泓佼，四川师范大学法学院学生。

产权检察办案和监督质效。2021 年 1 月至 11 月，四川检察机关共受理知识产权刑事案件 242 件 593 人，2020 年同期为 130 件 350 人，人数同比上升 69.43%。其中，共受理审查逮捕 92 件 237 人，审结 92 件 248 人，批准逮捕 166 人，不批准逮捕 82 人，不捕率 3.46%。共受理审查起诉 150 件 356 人，审结 89 件 255 人，提起公诉 87 件 234 人，不起诉 21 人，不诉率 5.90%，办案质效持续提升。与此同时，四川省人民检察院加强重点案件研究，充分发挥对下监督指导作用，积极回应各类市场主体保护创新营商环境的需要，探索综合运用检察司法手段加强知识产权司法保护，维护公平有序的市场竞争秩序。

一 提高站位，科学谋划，着力加强知识产权检察工作专业化建设

谋划知识产权检察工作总体思路。四川省人民检察院以高度的使命感责任感，高位谋划，主动将知识产权检察工作融入全省法治工作大局。一方面，深入贯彻中央的知识产权保护纲要等相关文件精神，强化知识产权综合保护。另一方面，以最高人民检察院推行的刑事、民事、行政检察职能集中统一履行试点工作为契机，实施"三检合一"深化履职，积极推进知识产权相对集中统一管辖试点工作，坚持统筹一体、协同推进知识产权检察职能改革，取得了良好工作成效。

夯实知识产权检察工作规范制度。四川省人民检察院结合四川省知识产权审判案件、检察案件数量、管辖情况及司法保护现状，制定并印发了《四川省检察机关知识产权检察职能集中统一履行试点工作实施方案》。方案明确成都市、泸州市、德阳市、绵阳市、宜宾市、达州市人民检察院 6 个市级检察院，天府新区成都片区（四川自贸区）、成都高新区、成都市武侯区、成都市郫都区、泸州市江阳区、绵阳高新区人民检察院 6 个基层检察院为全省知识产权检察职能集中统一履行试点院。全省各试点地区检察机关也在省人民检察院指导下陆续建章立制，如成都市检察院与成都市中级法院、成

都市公安局会签了《关于知识产权刑事案件相对集中管辖若干问题的意见》；绵阳市人民检察院与当地多部门就加强商业秘密保护会签文件；成都天府新区人民检察院制定出台《知识产权检察职能集中统一履行试点工作意见》《知识产权刑事案件集中管辖区域联系工作办法》等系列规范性文件，上述规范性文件为各地知识产权检察工作规范开展提供了坚实的制度保障。同时，为加强知识产权检察工作跨区域合作，促进成渝双层经济圈知识产权法治建设，四川省人民检察院与重庆市人民检察院会签《川渝地区跨区域知识产权快速协作保护机制》，有效解决了成渝两地知识产权执法司法标准统一和办案监督一体协作等问题，有效促进了两地知识产权检察司法保护水平的提升。

搭建知识产权检察专业工作平台。一是搭建知识产权专业办案组织平台。四川省人民检察院2020年12月下旬成立知识产权检察办公室后，迅速部署开展工作，要求各地结合本地实际，组建知识产权办公室或知识产权办案专业团队。同时，四川省人民检察院还依托天府中央法务区，组建省市区三级知识产权检察办案组，不断加强知识产权办案的专业组织建设。从全省各地组建的知识产权办案组织看，虽然形式各有不同，但组织的专业性、尖子性特征明显，即各地检察机关大多组建了涵盖民事、行政、刑事多名专家型、业务尖子型的检察官办案团队，为高质量办理知识产权检察案件提供了组织保证。二是加强知识产权信息化平台建设。加快办案智慧辅助系统建设，促进知识产权办案和监督信息化、便捷化。例如，成都市人民检察院依托"两法衔接"和知识产权刑事案件侦查监督信息平台，及时发现知识产权案件相关线索，提升立案监督和侦查监督质量。天府新区人民检察院自主研发的知识产权检察企业服务平台正式上线，通过线上线下开展咨询服务、普法讲座，为企业提供个性化、定制化服务，为企业知识产权保护提供检察法治保障。

二　注重实操，强化创新，推动知识产权检察职能统一集中履行走深走实

知识产权检察职能统一集中履行是最高人民检察院力推的重要改革试点

工作，没有现成经验可借鉴。自最高人民检察院提出加强知识产权刑事、民事、行政检察职能集中统一履行以来，四川省三级检察机关深化认识，加强调研，广泛听取意见建议，厘清工作思路，形成如下工作做法。

依托知识产权刑事检察履职，一体履行知识产权民事、行政检察职能。一是刑事与民事检察协同履职。在办理知识产权刑事案件时，注重厘清案件民事法律关系，特别是刑民交叉法律关系。注重审查权利归属、行为性质、法益保护等主客观事实，准确区分刑事犯罪与民事侵权。二是注重多种制度措施的综合运用。摒弃"就案办案"的狭隘思维，综合运用刑事和解、认罪认罚从宽、刑事附带民事以及检察听证等制度，寻求最佳办案处置方案。针对事实证据清楚、民事赔偿到位、追赃挽损良好的案件，依法不予起诉，充分注重"三个效果"的有机统一。例如，泸州市检察机关通过对侵犯商标权犯罪嫌疑人实施认罪认罚从宽制度并促成和解达成赔偿，帮助某知名酒企获赔300余万元。德阳市检察机关办理4起涉商标犯罪的刑事和解案件，有效维护被侵权主体的合法权益。三是刑事、行政检察职能协同履行。建立刑事、行政案件办理衔接机制，对于办案中不构成犯罪、未追究刑事责任的涉案人员，及时依法移送行政执法机关追究其行政责任，积极督促其履职尽责。成都市人民检察院逐案清理刑事案件中的行政违法线索，及时跟进行政处罚情况，进一步规范不捕、不诉后的反向移送工作，2021年向行政机关移送行政处罚线索6件6人，已落实行政处罚2人。绵阳市高新区人民检察院办理的销售假冒注册商标的商品不起诉案中，通过制发检察意见向市场监督管理局移送被不起诉人的行政违法线索。

依托知识产权民事检察履职，强化刑事或行政检察线索挖掘。基于目前基层检察机关依申请监督知识产权民事案件线索极端匮乏的现状，省人民检察院主动履职，指导各地检察机关大胆探索多种监督方式，克服被动监督困境。各地主要做法如下。一是聚焦重点专项领域，拓宽线索来源。例如，四川天府新区人民检察院从裁判文书网针对营业性歌厅著作权侵权、连锁经营民事欺诈等领域梳理相关民事乃至刑事监督线索。乐山市检察机关在与当地法院构建民事行政检察工作协作机制过程中，对法院某专项领域案件进行抽样评查，发现了审判程序违法问题线索。二是深入分析研判类案规律，准确发现监督点位。主要从类案不同判，如同类案件法院判决赔偿金额相差甚远；程序适用错误，如审理超过法定期限以及未公告即缺席审理等方面，精准发现监督点位。天府新区人民检察院通过对法院 2019～2020 年审结的983 件知识产权民事案件进行审查，精准发现审判程序违法等相关点位。泸州市区两级检察院开展知识产权行政非诉执行监督专项活动，持续深化行政非诉执行监督工作，摸清 2018 年以来涉知识产权行政处罚案件底数和行政非诉执行等情况。同时，紧盯行政机关怠于申请法院强制执行、法院怠于受理执行申请、法院作出执行裁定后怠于执行、法院执行不规范不到位等关键环节开展监督。

创新工作机制，发挥检察职能司法保护的最大效果。一是在办案模式上创新。成都市人民检察院指导天府新区人民检察院探索"三集中一统一"知识产权检察办案模式。"职能集中"：刑事、民事、行政检察职能集中履行。"管辖集中"：除高新、郫都、锦江、武侯等 17 个区县检察院知识产权刑事案件审查起诉集中由天府新区人民检察院办理。"层级集中"：省市区三级检察机关知识产权办案组设置在天府法务区检察服务中心。"一统一"：统一知识产权执法办案标准，各试点地区公安、检察、行政执法机关联动协同，无缝对接，按照统一的专业化执法司法标准开展工作，强化办案和监督职能，提升知识产权综合保护能级。2021 年，天府新区人民检察院办理集中管辖区域内审查起诉案件 11 件 21 人，办案工作平稳有序推进。二是在区域共建上发力。2021 年 5 月，四川省人民检察院与重庆市人民检察院会签《关于加强川渝知识产权检察协作的意见》，共建沟通联络、案件协作、协同保护、人才交流培养、宣传保障等五项机制，加强川渝知识产权检察保护协作力度，完善跨区域知识产权协作保护机制。成都、德阳、眉山、资阳四地检察机关签署《关于加强知识产权检察协作　保障成德眉资同城化发展的工作意见》，细化 11 条具体措施，明确知识产权犯罪跨区域、全链条打击、异地委托调查取证、民行检察监线索互移等多项协作内容。三是在部门协同上积极作为。2021 年 4 月，四川省人民检察院与四川省律师协会签订

《关于建立知识产权司法保护检律协作机制的意向合作协议》，双方通过建立知识产权司法保护检律协作、信息共享协作机制，合力共促形成四川知识产权检律合作新成就。成都市人民检察院、天府新区人民检察院、天府新区海关、天府新区市场监管局与中国（四川）知识产权保护中心联合签署了《知识产权协同保护合作协议》，共同构建知识产权大保护格局。

三　延伸职能，综合治理，营造知识产权检察保护氛围

发挥检察建议、意见的标本兼治作用，助力营商环境优化。泸州市人民检察院专题分析酒类企业常见知识产权侵权现象，梳理"注册近似名优酒商标、酒企员工偷盗包材、网络侵犯著作权、真包材装假酒、快递实名寄递落实不力"等突出问题，向当地党委政府专题汇报并提出建议，为酒业发展出谋划策。还通过检察建议纠正1起当事人未在法定期限内申请行政复议或者提起行政诉讼，又不履行行政决定，且市场监管部门未依法申请人民法院强制执行的案件。市场监管局书面回复表示，自收到检察建议后立即部署整改工作，对辖区内行政执法案件进行全面清理，避免类似情况再次发生。

精准服务高新技术企业，防范化解市场风险。各地检察机关积极走进高新科技园、行业协会、重点企业，调研了解知识产权保护需求，提供针对性服务。成都市人民检察院和天府新区人民检察院利用区域内高新技术企业集群优势，创新推出"知识产权法律体检服务"，以企业知识产权保护体系构建完善和亟待解决的问题为服务导向，为企业提供"随案会诊"式的法律服务，先后发出13份知识产权保护法律体检报告，帮助企业完善知识产权管理体系及法律风险防控体系。宜宾市人民检察院联合公安、法院、市场监管、科研院校等力量，积极探索在三江新区建立知识产权综合保护工作站，发挥检察机关综合性服务作用。

扩大知识产权宣传，提升知识产权检察履职社会公信力。结合"4·26"知识产权日，开展形式多样的主题宣传，大力提升检察机关知识产权保护工作社会知晓度和影响力。省人民检察院适时发布《2019～2020年四

川检察机关知识产权保护工作情况报告》及四川检察机关知识产权保护优秀案例；加强典型案例培育与报送，报送的"刘某某等侵犯著作权案"入选最高人民检察院"2020 年度检察机关保护知识产权典型案例"、"杨某等人销售假冒注册商标的商品案"入选"四川法院 2020 年知识产权司法保护十大典型案例"。省检察院联合省法院、中国（四川）知识产权保护中心共同举办"走进天府中央法务区 感受知识产权全链条保护宣传活动"。天府新区人民检察院在第 104 届全国糖酒商品交易会现场设立"知识产权一站式服务中心"，针对糖酒会展领域开展相应知识产权法律宣传活动，获得参展企业一致好评。

四 当前知识产权检察职能履行中存在的主要问题

知识产权检察职能集中统一履行改革是一项全新工作，需要在实践中不断摸索前进，当前这些工作面临的主要问题如下。

一是知识产权检察工作制度机制还需进一步完善。从知识产权检察办案层面看，部分检察机关未能建立有效的引导侦查工作机制。当前主要是结合案件特征特别是证据特征加强引导侦查不足，如在提出侦查方向和侦查要点建议上做得不够规范化、精细化，难以确保刑事侦查取证的高质高效。从知识产权检察监督层面看，立案和侦查监督力度彰显还不够。2021 年共监督公安机关立案侦查知识产权刑事犯罪案件 4 件 4 人，要求公安机关说明不立案理由 5 件，监督公安机关撤案 9 件 9 人，书面提出纠正 9 件，纠正漏捕 4 人，纠正漏捕后起诉 1 人。目前，检察监督中面临的问题主要还是线索收集机制和监督配合机制比较滞后，导致监督线索发现难与监督协同效应不足，较大影响了知识产权检察监督的效果和权威。

二是知识产权检察职能的综合保护效果发挥不足。在知识产权检察办案中，落实认罪认罚从宽与推动刑事和解相结合还不足。2020 年全省检察机关知识产权认罪认罚从宽案件适用数量为 72 件 177 人，而 2021 年认罪认罚从宽案件适用数量为 72 件 192 人，人数同比上升 8.47%。各地检察机关综合运用认罪认罚从宽和刑事和解制度办理知识产权刑事案件还有较大的增长空间，这有利于检察机关更全面快捷地保护知识产权当事人的合法权益。

三是跨区域、跨部门协作尚存在困难。各地对于如何依托"两法衔接"推进知识产权跨部门协作的举措仍然不多，主要受制于执法信息和司法信息不贯通，信息壁垒仍然存在。同时，检察机关在办理跨行政区域的知识产权集中管辖案件时，如何深度发挥民事、行政、刑事检察职能统一集中履行优势，与不同区域行政机关、侦查机关、检察机关高效进行工作衔接，更好更快地办理知识产权刑事案件，特别是如何激发当地行政机关、公安机关以及检察机关履职尽责的积极性，仍然是检察办案实践中面临的重要难题，亟须统筹解决。

四是知识产权检察队伍素质能力有待提高。一方面，当前知识产权检察办公室等专业平台作用发挥还不够充分，办案和监督中高效精准地引智和借力还不够，特别是专门人员参与办案机制还没有顺畅运转起来。另一方面，检察机关还缺乏复合型、专家型的知识产权检察办案人才，一些检察办案人员对刑事检察业务更为熟悉，而对民事、行政检察业务相对陌生；对法律知识比较娴熟，知识产权以及经济学方面的知识比较欠缺。特别是少数检察人员在办案中化解知识产权相关矛盾纠纷的能力还不足，难以适应试点工作要求。另外，知识产权检察队伍能力水平的地区差异较大，经济发达且知识产权案件量相对多的地方，检察人员能力水平较高，经济欠发达且知识产权案件量相对较少的地方，检察人员能力水平相对较低。因此，有必要在知识产权检察职能集中统一履行的大背景下加强对各地知识产权检察队伍的统筹培训，提高整体队伍素质。

五　紧盯问题，善作善成，力争知识产权
检察职能改革取得更好成效

四川省检察机关坚持问题导向，将着力从以下几个方面全力做好知识产权检察改革工作，力争打造四川特色的知识产权检察工作品牌。

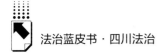

一是创新制度机制，打造四川知识产权检察保护品牌。知识产权检察制度机制建设要跟上形势，解放思想，改变传统思维定式，敢想敢试。要在综合保护上强化制度机制建设。坚持以检察办案和监督为中心，结合知识产权案件特点，综合运用司法办案、抗诉、纠正意见、检察建议等工作机制，加强对知识产权执法、司法活动的全面监督。统筹用好刑事、民事、行政检察职能，总结知识产权司法保护规律，从国家利益、社会利益、人民利益出发，依法从严保护知识产权。特别是要促进综合运用行政、经济、法律手段加大知识产权保护力度，对于构成犯罪的，不仅要用好自由刑，也要重视用好财产刑，让违法者付出应当、必须付出的代价。要在形成合力上注重机制建设。建立与公安机关、审判机关、知识产权行政管理部门的沟通交流常态机制，共同在保护创新上发挥职能作用，提高知识产权保护效率和水平。要充分发挥案例指导机制作用，总结、发布系列知识产权典型案例，通过案例指导和案例宣传等提升知识产权执法司法公信力，形成良好的知识产权保护法治氛围。

二是强化案件办理，总结提炼好试点经验。针对试点时间短、案件少的特殊背景，各试点地区检察机关要高度重视知识产权检察办案，对每一个案件以求极致的精神，全力挖掘案件价值，争取一案一谋划、一案一总结，把工作思路与办案实践有机结合，形成试点经验多点开花的良好局面。持续在创新履职办案上下功夫，既要办好涉知识产权检察监督案件，也要通过知识产权检察办案、监督，发现、总结普遍性问题，总结经验做法，积极提出立法建议，促进完善相关法律、制度，降低知识产权保护维权成本，提高违法侵权犯罪成本。

三是加强机构建设，夯实改革试点工作基础。2021年8月24日，最高人民检察院已决定将最高人民检察院知识产权检察办公室按照机关临时内设机构进行管理。最高人民检察院要求，各试点省检察院及部分市检察院也应比照最高人民检察院将知识产权检察办公室作为临时内设机构管理，确保专门机构和人员从事知识产权检察工作。目前，四川检察机关知识产权专业化办案团队建设仍然不足，对新经济新业态新问题的研究也不足。建议按照最高人民检察院要求，进一步加强组织保障，比照最高人民检察院将知识产权检察办公室作为独立内设机构管理并增设人员岗位。

四是加强队伍能力建设，提升办案水平。充分发挥知识产权检察办公室等专业平台作用，通过检察官联席会议、聘请有专门知识的人才参与办案等形式，让不同专业背景、知识结构的专家、检察官等共同参与案件讨论，发挥各自专业优势，整合刑事、民事、行政检察职能，形成工作合力。从长期看，需建立知识产权办案统筹培训培养方案，加强复合型人才引进和培养，注重业务骨干培养，适当保持知识产权检察办案队伍稳定，为知识产权检察办案提供人才支撑。

B.21
德阳公证参与知识产权
保护的实践与探索

德阳市司法局课题组*

摘　要： 德阳市高度重视知识产权保护工作，充分发挥公证在知识产权保护中的服务保护、公证预防、监督保障、沟通媒介等作用，搭建平台、统筹资源推动公证参与知识产权保护，支持和引导公证机构充分发挥公证职能作用，探索出了公证服务知识产权保护的"德阳模式"，取得了初步工作经验和发展成效。同时，针对问题，从加强公证保护知识产权宣传、完善拓展平台渠道、加强工作力量、建立研究机制等方面提出进一步完善措施。

关键词： 创新发展　公证　知识产权

保护知识产权就是保护创新。《知识产权强国建设纲要（2021～2035年)》明确提出，公证在知识产权保护和加快建设知识产权强国中有重大作用。众所周知，经过公证证明的事项具有法定的证据效力、强制执行效力和法律行为成立要件效力，因此，公证这一服务知识产权发展和保护的重要法律手段，对知识产权的保护已经贯穿于知识产权创造、交易、管理、运用、服务等全过程和各环节。近年来，德阳市高度重视知识产权保护工作，积极

---

* 课题组负责人：唐华，德阳市委依法治市办主任、德阳市司法局党委书记、局长。课题组成员：康琼，德阳市司法局副局长；阳文东，德阳市司法局区域发展服务科科长。执笔人：李静，德阳市诚信公证处公证员。本文数据来源于德阳市司法局。

推动公证服务参与知识产权保护，形成了公证参与知识产权保护的"德阳模式"，取得了初步工作经验和发展成效。

一 德阳市公证参与知识产权保护的基本情况

自 2016 年成为国家知识产权示范城市以来，德阳市知识产权事业发展势头迅猛。与此相适应，公证参与知识产权案件大幅上升，增势喜人。2018 年涉知识产权公证 103 件，2019 年达 289 件，2020 年为 412 件，2021 年为 435 件。

（一）近年来德阳公证参与知识产权案件情况

从涉知识产权公证的类型来看，近四年德阳知识产权公证的保护对象涵盖著作权、专利权、商标权、商业秘密、地理标志、计算机软件以及反不正当竞争。其中，商标权公证最多，占 72.3%；著作权公证次之，占 14.7%；专利权公证排名第三，占 9.6%，计算机软件公证最少，仅占 0.08%（见图 1）。

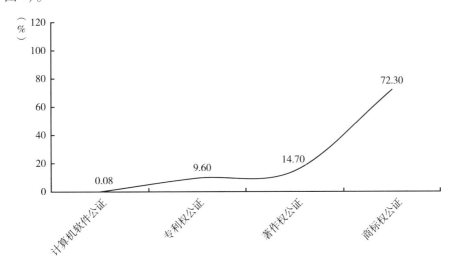

图 1　德阳知识产权公证对象占比

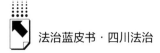

从涉知识产权公证业务种类看，近四年德阳办理的涉知识产权公证业务主要包括民事法律行为类公证、有法律意义的文书类公证、保全证据类公证、公证保管和出具公证法律意见书。其中，保全证据类公证一枝独秀，四年合计达到1128件；有法律意义的文书类公证增幅最大，2018年为3件，2019年为9件，2020年达21件，2021年也有22件。

从办理涉知识产权公证的当事人看，近四年德阳知识产权公证的服务对象涉及企业、自然人等。其中，企业92家，涵盖文化、旅游、出版、游戏动漫、机械制造、信息技术、电气工程、餐饮娱乐等行业领域；为自然人办理的公证143件，均在专利权和著作权领域。

从涉知识产权公证的办理平台看，近四年德阳知识产权公证线下办理1120件，线上办理119件，其中2018年为2件，2019年为24件，2020为42件，2021年达51件。

从涉知识产权公证案件来源看，当事人直接申请办理涉知识产权案件703件；接受德阳市市场监督管理局、德阳市知识产权维权中心等其他部门委托办理536件，其中2018年5件，2019年46件，2020年218件，2021年267件（见图2）。

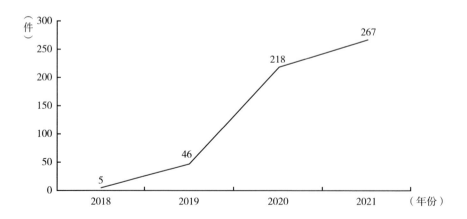

图2　接受协作部门委托办理公证数量

（二）公证参与的知识产权案件特点

一是以传统的著作权、商标权和专利权为主。诉讼案件中商标权案件高达75%，著作权案件次之，为5%，偶有商业秘密、地理标志案件；非诉讼案件中商标权案件比例略低，为73%。

二是所涉公证中保全证据公证、合同和声明公证占绝大多数。其中，行为类保全证据公证最多，达到涉知识产权公证的91.2%；书证类保全证据公证次之。商标权诉讼案件凡有以公证书为证据的，均以胜诉结案。

三是在预防和减少纠纷方面成效显著。公证尤其是赋强公证把可能发生的知识产权纠纷消灭于无形。在德阳，仅有3.7%的公证债权文书进入法院执行程序，多数债务人履行了债权文书确定的义务。

四是诉讼案件中知识产权人利益更易受到法律保护。通过公证方式取证使多数民事案件中的侵权证据得以及时固定，因此公证机构依职权、按程序出具的规范的公证文书也基本上能为法院采信。德阳知识产权纠纷中公证证据为法院采信的占98%。

五是公证机构的执业方式多元化。顺应信息社会的需要，公证机构从单一的线下执业发展为公证云网上办证平台、微信公众号预约服务等线上服务与线下服务并存，为方便、快捷地提供公证服务搭建了良好平台。

六是信息技术发展对公证业务的冲击逐步显现。实时监控、大数据等技术对传统的公证方法有所冲击，保全的难度加大，简单的拍照、录音、摄像、网页截屏等，已不能有效满足当事人的实际需要。同时，其他行业开始渗透到公证领域，科技类企业对公证机构提出新的挑战。

（三）公证参与知识产权案件的趋势预测

一是案件总量呈增长趋势。目前知识产权公证办件量总体尚小，不到公证业务总量的1%。但互联网时代信息传播极其便利，导致知识产权侵权案件大幅增加。与此同时，随着国家对知识产权保护的日趋重视和权利人对知识产权保护意识的增强，知识产权案件必将呈现大幅增长趋势，且整体发展

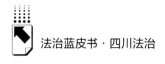

潜力较大。

二是公证服务前移。对近四年德阳公证参与的知识产权案件分析发现，绝大多数公证是事后救济型，尤其以侵权之后的行为保全公证居多。但当事人选择在自身权利产生时就请求公证参与主动保管证据的比例逐年增大，实现动态监控、实时记录。

三是公证的难度加大。随着"互联网＋"时代的到来，信息传播、使用、再创造，传播途径增加、传播速度变快、表现形式和利用方式更为丰富，公证文书稍有不慎就会由于记录不完整、程序不规范等，导致公证文书证据效力降低。

四是对公证人员的综合素质提出了更高要求。随着文化形态的多样化和科学技术的复杂化，需要公证的知识产权案件也越来越多样和复杂。这就意味着仅有法律专业素养还不足以从事与信息技术相关的公证业务，信息技术水平和综合服务能力是优秀公证人员的必备技能。

五是跨界业务呈增长趋势。为实现公共服务的标准化、规范化和网络化，公证行业需要与各大信息技术企业、科研院所跨界合作，尝试建立与法院、律所、高校法学院等相关知识产权服务群体更为有效的服务对接，探索创新公证融入知识产权保护体系的新领域、新方式。

六是公证在金融活动中的作用日益突出。近年来，随着中国金融市场的飞速发展，供给侧结构性改革不断深化，金融市场对预防金融风险与化解金融纠纷的需求与日俱增。涉知识产权的债权文书赋强公证提高了金融领域债权的实现效率，知识产权质押融资面临的估值难、风控难、流转难问题均在公证的参与下得以缓解。

二 德阳市公证参与知识产权保护的主要做法

近年来，德阳市围绕成渝地区双城经济圈建设和成德眉资同城化发展战略，聚焦法治化国际化营商环境，充分发挥公证在知识产权保护中的服务保护、公证预防、监督保障、沟通媒介等作用，引导和规范公证服务机构发挥专业优势、积极主动履职，推动公证参与知识产权保护工作取得实实在在的成效。

（一）注重顶层设计，推动形成公证参与知识产权保护的"一体化"工作格局

市委市政府高度重视。打造全省主干新高地，加快建设西部现代化典范城市，必须坚持创新赋能。为此，市委市政府始终坚持创新驱动引领高质量发展，把知识产权保护作为国家科技成果转移示范区和世界级重大装备制造基地创新策源地建设的重要支撑和有力保障。市政府常务会议专题听取公证参与知识产权保护情况汇报，研究部署有关工作。

分管市领导具体负责。成立了由分管市领导任组长的领导小组，具体负责公证参与知识产权保护工作。市司法局、市市场监管局（知识产权局）主要领导具体牵头负责，市级知识产权相关工作主要部门为成员单位，统筹推进公证参与知识产权保护的各项工作，督促、检查、落实公证参与知识产权保护有关工作。

各成员单位统筹联动，各司其职。深入研究推动公证参与知识产权过程中的问题，提出有关工作意见和建议，制订相关配套政策措施，认真落实领导小组议定事项和任务分工，构建起市委市政府牵头抓总、各部门协调配合、全市上下一盘棋的工作格局。

（二）高质量建设德阳市知识产权公证服务中心，打造实体化服务平台

为深入贯彻落实国务院关于"建立提供全方位证据服务的知识产权公证服务平台"的全面创新改革经验，充分发挥公证制度在知识产权中的功能及优势，德阳市创新建立知识产权公证服务中心，并推动公证服务中心与维权援助中心、产权交易中心相互配合、联动发力，打造公证服务知识产权的实体化平台。2021年3月26日，"德阳市知识产权公证服务中心"正式揭牌成立，这是四川省成立的首个为创新主体提供知识产权原创认证、纠纷

解决等公证的服务中心。

中心充分考虑便民、利民、及时、高效等综合因素，将办公地点设在德阳市政务服务中心"德阳市公共法律服务中心"，依托专家资源，线上线下相结合，为各类组织及个人解决知识产权纠纷提供高效的公证法律服务，并积极探索知识产权纠纷预防和调解的有效方法。一方面，中心建立德阳市知识产权公证法律服务团队，由市市场监管局、市知识产权局、市司法局及相关公证处选派优秀人员，组成德阳市知识产权公证法律服务团队，全面负责"德阳市知识产权公证服务中心"的相关事务。另一方面，建立"德阳市知识产权公证服务中心"网上服务平台，实现"公证云网上办证平台"和"德阳市知识产权维权援助服务平台"的系统对接和数据共享，为知识产权业务申办开辟绿色通道，提供服务链接，为社会公众提供24小时电子数据存证服务，形成集申请、存证、办理、维权援助于一体的线上服务平台。

中心着力打造"智慧公证"知识产权品牌，"集合一支团队"，即集合公证员、知识产权专家和中心工作人员，形成集团优势，重点研发和办理以知识产权为主的授权公证、合同协议公证、证据保全公证以及电子数据存储事宜。"成立一个中心"，即成立"德阳市知识产权公证服务中心"，实行统一管理、统一调配，最大限度发挥人员优势，使业务发展和理论研究并行。"服务一方经济"，即服务"知识产权保护"这一中心，将公证法律服务覆盖知识产权研发、预防、维权全过程；最大限度发挥公证"息讼、减讼"和预防侵权作用。"打造一块品牌"，即通过"德阳市知识产权公证服务中心"的建设和运营，服务德阳市科技创新计划，打造德阳市"智慧公证"知识产权品牌。

同时，成立成都知识产权交易中心德阳服务中心、完善中国（德阳）知识产权维权援助中心，构建起以公证服务中心为龙头，以交易服务中心为支撑，以维权援助中心为保障，德阳市知识产权交易和保护逐步迈入良性循环轨道，实现了知识产权保护数量和质量双提升。

（三）着眼"三服务"跟进，推动全周期全链条公证服务

在知识产权的众多法律保护手段中，公证是集事前预防、事中监管和事

后救济于一体的司法证明制度，具有随着公证事项发展进程而同步跟进的特点。为实现对知识产权的最好保护而进行公证，必须围绕取得、创造、流转、权利保护与救济和知识产权的域外保护提供全方位的服务。为此，德阳市知识产权公证服务中心根据知识产权主体资格、专利授权（委托书）、标权转让协议、保全证据、涉外涉港澳台等，聚焦事前、事中、事后三个阶段，有针对性地开展公证服务。

一是抓事前公证服务。事前公证服务即事前预防公证，主要是针对时装潮流、产品设计等迭代更新较快，而专利证书申请时间相对较长的知识产权保护。公证机构在受理证据保全公证申请后，采取一系列合法合规操作，出具公证书；基于公证机构的公信力，其所保全的证据因法律直接赋予了较高的证明力，实现纠纷发生后提供强有力证据促进纠纷尽快解决。例如，德阳市诚信公证处充分运用公证具有的预防纠纷功能，推动公证法律服务向知识产权的形成端、知识产权纠纷的预防端延伸，积极适应客户需要，大力开展事前公证、过程公证，采取预登记、及时保全等方式，实现图片、设计方案等的原创保护，通过对与申请人的权益有关的、日后可能灭失或难以取得的证据采取一定措施，先行收集、固定并辅之以存证手段，确认创作在先的事实，给予申请人最有力的保障，既能在一定程度上制止侵权行为，还可以在诉讼中起到证明自己享有相关权利的作用，为权利主体处理知识产权保护案件提供证据支持和后期获取侵权赔偿提供更有力的砝码。德阳某企业长期与德阳市诚信公证处合作，对企业在申请专利前的技术创新成果办理证据保全公证，对涉及技术秘密的相关实验数据文件及档案材料、生产工艺流程及半成品、成品进行提取、收存、固定。保护研发过程中的阶段性成果，用于证明技术研发的时间及技术的在先使用。

二是抓事中公证服务。积极推动知识产权融资合同的赋强公证，根据自然人、法人或其他组织的申请，依照法定程序对符合条件的债权文书的真实性、合法性予以证明并赋予其强制执行效力。以全面创新改革实验区建设为主线，以国家知识产权局把德阳列入专利质押融资试点工作城市为契机，发挥全省唯一一个商标质押受理点优势，创新"协商估值＋公证赋强"新模式，变"权益"为"利益"，实现了无形资产的有形化，有效拓宽了企业的融资渠道。德阳的公证机构与德阳市旌阳区信用联社、罗江农商行等金融机构合作，对知识产权质押合同进行公证，助推知识产权资产"有形化"。2016年10月至2019年12月，德阳市为72户民营企业、科技型中小微企业实现知识产权质押融资10.2亿元；7家银行对德阳境内7家工业园区专利质押融资授信22亿元，推动了知识产权资源与金融资源的深度融合，为民营企业、科技型中小微企业发展提供了有效保障。

三是抓事后公证服务。借助知识产权公证服务中心，通过事后公证保全对当事人进行法律救济。其内容主要包括网络页面、电子邮件、电子通信等记录保全公证，网络和实体平台购物、邮寄送达、现场状况等过程保全公证，影视资料、商用软件等侵权证据公证等。通过第三方公证机构取得的相关证据具有更高法律效力，不仅在诉讼过程中更容易得到采信，在调解过程上也对侵权主体产生强大警示和威慑，促使其主动承担赔偿责任，有效保护当事人的合法权益。同时，德阳市知识产权公证服务中心与德阳市知识产权交易中心、市小微市场主体资产流转服务中心建立合作机制，探索将"三书模式"——以律师事务所出具的法律意见书、公证处出具的公证书、知识产权交易中心出具的交易鉴证书三个不同类型的文书为载体——引入知识产权交易保护，推动知识产权规范交易、有序流转。

（四）注重"全领域"覆盖，形成公证参与知识产权保护的立体化保障体系

一是多形式加强法治宣传。将公证、知识产权相关法律纳入德阳市"八五"普法规划，积极贯彻落实机关干部会前学法制度，在党委会会前学法和职工会会前学法中，认真组织学习《公证法》《著作权法》《商标法》《专利法》等相关法律。组织司法行政工作人员、公证员、律师、基层法律服务工作者建立法律服务小分队，通过"法律七进"等活动向广大群众宣传知识产权领域相关法律法规知识，利用法治公交专线、德阳市司法局官网、法治德阳微信公众号推送相关法律知识。开展"3·15"消

费者权益保护日、"4·26"知识产权宣传周活动，知识产权保护宣传标语在市区主干道的电子显示屏上24小时滚动播出。在走访企业活动的同时，注重宣传《商标法》《专利法》等法律法规，增强企业的知识产权保护意识，积极营造有利于知识产权事业健康发展的法治环境，促进经济创新驱动跨越发展。

二是多层面服务对接。按照《人民调解法》《人民调解委员会规范化建设办法》，成立由公证员、律师、知识产权专家等组成的德阳市知识产权纠纷人民调解委员会，为化解涉及知识产权矛盾纠纷工作奠定了组织基础。积极与德阳市民营企业公共法律服务站对接，选派公证员为企业和商会提供定制法律服务，为企业提供品牌保护、专利保护、投融资等方面存在的法律风险识别、分析和评价，并制订解决方案。拓展业务合作，注重主动对接知识产权相关部门、机构，与法院执行部门加强沟通，强化合作，对不同的侵权行为制订相应的保全方案，共同推动公证服务知识产权工作迈上新台阶。

三是多举措创新工作机制。针对保全公证的时效性，要求公证员尽可能通过在线通信方法在线收取证明材料，在线受理，通过微信向保全当事人一次性告知办理公证需要准备的材料，对需要线上保全的电子数据做到由公证员操作实时办理。对需要外出保全的公证，在线预约办理，真正实现公证的"最多跑一次"。积极推进公证服务进园区、进企业，全市公证机构踊跃开展公证法律服务进园区、进企业专项活动，为企业知识产权保驾护航。组建专业团队，线上线下结合，在知识产权创造设立、运用流转、权利救济、域外保护和纠纷调解等环节，为企业和个人提供专业化、精细化、全方位的公证法律服务，取得了良好的社会效果。

三　存在的问题和不足

近年来德阳市委市政府高度重视公证参与知识产权保护工作，在体制机制建设、平台建设、业务拓展、工作队伍建设、新技术运用等方面取得了显著成绩，但是对照国家建设知识产权强国的战略部署、德阳作为世界级重大装备制造基地的战略地位、德阳高新技术企业和高校较为集中的现状，德阳市公证服务知识产权保护工作还存在以下问题和不足。

一是权利主体运用公证维护自身权利意识不够。权利主体对于知识产权保护中公证可以提供哪些服务、如何进行公证了解不够，信任度有待增强。很多企业和个人即便运用公证服务保护自身权利，也主要集中在专利申请和保护上，并且往往把公证作为一种侵权救济措施，以事后公证的形式出现，侵权行为证据保全业务占比超过50%，权利形成过程中的事前公证、权利使用交易中的事中公证占比较低。权利主体对公证服务知识产权特别是对公证事前预防的功能重视不够。

二是体制机制还不够顺畅。公证服务知识产权保护主要集中在市场监管、知识产权、司法行政等部门，各成员单位的统筹联动、深度融合、深度合作还不够。知识产权保护数据尚未实现在职能部门、公证服务机构之间共享。成员单位部分工作人员的行政思想、本位意识还比较浓厚，对公证作为第三方机构的中立性服务认识不足，对公证参与知识产权保护积极性不高。

三是业务拓展不够深入。对新形势下知识产权保护的新领域新业态，如不正当竞争、垄断纠纷、植物新品种、技术合同及禁令纠纷、商业秘密、电商等新领域公证服务知识产权开展工作少，研究不够。结合地方经济社会发展大局，对于关系国家战略利益的重点企业、高价值知识产权项目，对公证服务如何提前介入、主动介入这一部分业务长远规划不够。对如何服务涉外知识产权需求，支持大型央企走出国门、成德地区作为"一带一路"倡议重要枢纽地位需要进一步加强公证服务。

四是工作队伍还需进一步加强。专业化服务队伍还须加强，特别是在公证员数量本身就不足的情况下，要抽出专门力量参与公证服务知识产权，人员队伍面临巨大挑战。对于区块链技术取证、大数据技术预警等新技术手段的关注与探索不足，公证服务队伍技术储备有待加强。

四　前瞻与对策

（一）加强公证保护知识产权宣传

在已有的普法、讲座、公证保护知识产权指南等形式宣传公证服务知识产权的基础上，增加面向重点群体、重大项目知识产权维权正反案例推送、公证保护知识产权知识竞赛，强化全社会尤其是重点群体、高价值知识产权项目运用公证保护自身知识产权意识，培育市场，服务国家知识产权强国战略。进一步发挥公证具有的预防纠纷功能，推动公证法律服务向知识产权的形成端、知识产权纠纷的预防端延伸，为权利人提供更为全面、周延的法律保护。

（二）完善拓展平台渠道

整合域内公证工作力量，通过执行全国公证机构工作标准，实现与其他公证机构协同提供线上线下一体化知识产权保护服务。一是完善现有渠道的易用性，在已有的"德阳市诚信公证处"官网、官方微信公众号上增加"知识产权保护"业务导流标签；二是拓展业务信息渠道，如在重点企业、科研单位、院校等重点涉知识产权群体官网增加"知识产权保护"专栏，设置"公证服务知识产权保护"标签导流；三是积极寻求与法院、知识产权创业园、知识产权代理机构及律师群体更有效地服务对接，以公证服务为龙头，形成全方位知识产权保护服务体系。

（三）加强工作力量

加强知识产权公证工作力量培训，优化公证保护知识产权作业流程，进一步提高知识产权证据保全的及时性、有效性和便利性。加强对电子数据商业秘密等新兴业态和领域的知识产权保护、新形态权利侵权行为新存证技术应用培训。引进新技术领域专家、公司，形成"公证员＋技术专家""公证

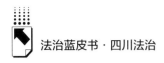

处 + 技术公司"结合团队，积极面对业务中出现的异地公证、取证软件取证等挑战。加快培育专业化、复合型知识产权公证服务团队，使之既精通知识产权法律，又能熟练运用新技术手段，并且具有相应国际视野，通过进一步提升公证服务知识产权水平，更好地服务知识产权事业。

（四）建立研究机制

探索建立案例数据库，将历史案件、在办案件、外地典型案件纳入数据库管理，运用大数据技术分析研判，总结既往案例得失、提示在办案件风险、提示客户潜在风险，进一步做到防患于未然。

成渝地区双城经济圈建设法治保障

Legal Protection in the Construction of the Chengdu-Chongqing
Economic Circle

B.22
成渝双城经济圈建设背景下反腐败工作面临的新挑战与对策建议

成都市纪委监委课题组*

摘　要： 成渝地区双城经济圈建设是习近平总书记亲自谋划、亲自部署、亲自推动的国家重大区域发展战略，为新时代成渝地区高质量发展擘画了美好蓝图、提供了根本遵循。围绕"成渝地区双城经济圈建设"这一主题，立足成都反腐败工作实践，梳理作风建设、惩治和预防腐败、协同协作等反腐败工作中面临的问题与挑战，吸收借鉴国内先发地区在区域协同建设背景下推进反腐败工作的先进经验，并针对性提出三个方面的对策建议。

---

* 课题组负责人：陈海和，成都市纪委监委研究室主任。课题组成员：阳小勇、曹誉峰、熊涛、杨彪。执笔人：曹誉峰，成都市纪委监委研究室三级主任科员；杨彪，成都市纪委监委研究室工作人员。

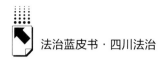

关键词： 成渝地区双城经济圈　反腐败　协同协作

一　围绕成渝地区双城经济圈建设
开展的反腐败工作实践

成渝地区双城经济圈建设战略部署的推进落实，具体体现在重大项目高效落地、重点行业领域积极参与、重点区域跨越发展上。而纪检监察机关作为政治机关，需要着力发挥监督保障执行、促进完善发展作用。基于这一认识，成都市纪委监委前期紧紧围绕党风廉政建设和反腐败工作重点积极开展探索，取得一定成效。

（一）围绕重点项目，强化精准监督

制发《关于围绕市委重点工作强化督查督办转作风促落实的通知》，结合职能职责确定重点项目，上下联动开展监督检查，初步积累了经验。聚焦成渝地区双城经济圈建设，坚持"任务更明确、重点更突出、工作更聚焦"的理念，紧紧围绕天府国际空港新城、简州新城等项目建设，采取实地察看、调研督导、走访座谈等方式开展精准监督，有力助推重点项目落地落实。

（二）创新体制机制，推进东进巡察

坚持将成渝地区双城经济圈建设有机融入巡察任务并作为工作重点，聚焦东进区域特点创新开展东进巡察，通过"大组＋小组"、市县混合编组形式上下联动开展工作。从2020年3月开始，对包括空港新城、简州新城、淮州新城、简阳城区、龙泉山城市森林公园、成都经济技术开发区等在内的新城、园区开展专项巡察，同时对东部新区九大片区综合开发工作开展专项督察。通过发现问题、及时纠正、激励作为，促进干部群众深化认识、凝聚力量，共同担当历史责任，推动解决建设发展过程中面临的突出问题，推动形成同心同向的整体格局。

（三）立足行业领域，完善监督体系

聚焦发展改革、国资国企等重点行业领域，通过发挥派驻监督作用，推动相关部门切实履行主体责任，推动构建完善监督管理制度机制。驻市发展改革委纪检监察组等派驻机构，以政府性工程建设项目规范化管理为重点，有力督促驻在部门党组强化重点项目策划，推进廉洁风险防控。建立派出东部新区纪工委和监察工委，做好东部新区建设过程中的监督工作。大力推进市属国企廉洁建设，推动制订试点企业项目监督工作三项清单，建立联动监督、协同推进、问题线索查处协作机制，构建市国资国企纪检监察工委、市属国企党委纪委、项目一线"统筹联动、分类推进"精准监督格局。

（四）着眼战略主题，深入调研思考

将调查研究作为服务保障成渝地区双城经济圈建设决策部署落实的"先手棋"，积极主动开展高质量调研，找准纪检监察工作的结合点和切入点，聚焦成渝地区双城经济圈建设，立足纪检监察机关职能职责开展专题调研，形成了"1+5"系列调研报告。其中，第九纪检监察室基于查办典型案例开展的"领导干部违规插手工程项目建设"等调研，明确反映了工程项目领域存在的腐败风险，对推进双城经济圈建设背景下的反腐败工作具有一定的实践转化价值。

二 成渝地区双城经济圈建设背景下反腐败工作面临的新挑战

结合巡视巡察、监督检查、审查调查情况和经验，成渝地区双城经济圈建设的推进，将极大考验党员干部的思想政治意识，也给反腐败工作提出了新的困难挑战和更高要求。

（一）作风建设方面

1. 成渝两地发展目标不够协调可能诱发慢作为不作为的风险

成渝两地当前在城市定位、产业布局、人才吸纳等方面存在一定的同质

化竞争，当自身发展的短期目标和国家长期战略要求不协调时，两地博弈可能导致抓政策落实有顾虑、不坚决，甚至出现慢作为不作为问题。比如：在交通廊道建设领域，成都东出、重庆西联的对外铁路建设协调不够；内部交通衔接还存在线路不相衔接、道路等级和建设标准有差异等问题，两地尚缺乏协调性和包容性。

2. 市场化因素可能诱发一些不正之风

从近年来中央纪委通报的违反中央八项规定精神案件分析，国有企业领导干部占比较大，一些国有企业领导干部持有"国企特殊论"。随着成渝地区双城经济圈建设项目的落地、市场竞争加剧，国有企业存在通过违规宴请、赠送礼品礼金等行为赢得市场的风险，也容易出现违规公款吃喝、违规发放津补贴、违规公款旅游等享乐主义、奢靡之风。

3. 面临党风廉政建设社会评价满意度下滑的风险挑战

大规模建设涉及群众切身利益，在征地拆迁、医疗社保等领域可能出现干部处事不公甚至腐败等问题，容易引发群众纠纷、激化干群矛盾。比如，2021年9月启动建设的成渝中线高铁，大量的土地征收、拆迁安置等工作涉及群众利益问题，各地政策不完全一致，容易引发群众不满。

（二）惩治和预防腐败方面

1. 面临腐败问题容易滋生的重大风险挑战

从近年来查处的案件分析，国企、工程建设、金融等领域都是腐败重灾区，成渝地区双城经济圈建设工程密集、资源集中、资金量大，和这些领域密切相关，一旦监督制约不到位，将面临滋生腐败的巨大风险。比如，成都东部新区2020年5月6日举行项目集中开工仪式，现场开工51个项目，计划总投资2385亿元。巨额的资金投入，加之涉及审批、规划、招投标到施工、质量监理、验收评估等多个环节，容易留下权力寻租和腐败空间，滋生围标串标、收受贿赂、吃拿卡要等违纪违法问题。

2. 面临权力运行监督制约更难的风险挑战

成渝地区双城经济圈建设目前还处于起步期，相关监管制度建设还处于探索完善阶段，一定程度上还存在漏洞或空白。有的党员干部谈道，"工程建设、项目开发、商务合作等工作需经常外出，对党员干部特别是基层党员干部的日常监督管理容易缺位，纪律松弛的情况极易出现"。成渝地区双城经济圈建设过程中相关人员权力集中，紧盯政策制定权、审批监管权等关键点，看牢权力运行全过程各环节还需探索。

3. 面临确保制度刚性执行和激励先行先试矛盾的挑战

深化改革是成渝地区双城经济圈建设的重点内容，改革创新过程中，容易出现打"擦边球"、钻"空子"，甚至突破制度限制，规避规定程序等情况，鼓励担当作为、先行先试的尺度不易把握。

（三）协同协作方面

1. 协作监督机制有待完善

成渝地区双城经济圈建设区域内纪检监察机关监督协作机制有待完善，监督协作频率不高、程度不深、合力不够。比如，重庆荣昌货运机场至成都天府国际机场高速公路建设项目，涉及不同地区建设主体，需要区域内的纪检监察机关协作配合，但当前各地纪检监察机关尚未形成有效监督合力。

2. 协作办案机制还不完善

成渝两地纪检监察机关在问题线索移送、协同审查调查方面尚未建立紧密的协作配合机制，面对成渝地区双城经济圈建设中可能会出现的成渝两地党员干部共同违纪违法问题，协作不畅会给调查取证等审查调查工作造成困难，影响审查调查工作的正常开展。

3. 廉洁建设融合度较低

成渝两地纪检监察机关在廉洁文化协同建设方面比较欠缺，在切实发挥廉洁文化潜移默化作用、共同推动建立健全"不敢腐不能腐不想腐"制度机制方面探索较少，在加强党性教育和警示教育的共建共享、推进廉洁一体化建设方面仍需持续探索。

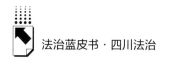

三　国内先发地区在区域协同建设背景下
推进反腐败工作的先进经验

党的十八大以来，以习近平同志为核心的党中央先后提出实施京津冀协同发展、长三角一体化发展、粤港澳大湾区建设等重大国家战略，各地立足区域发展实际推进反腐败工作的实践经验为我们提供了借鉴和启示。

（一）京津冀在区域协同发展背景下推进反腐败工作的先进经验

京津冀把协同监督作为推进反腐败工作的重要内容，出台《京津冀纪检监察机关协同推进监督工作机制》，建立了纪检监察工作联席会议机制、问题线索移送机制、审查调查协作配合机制、联合开展警示教育机制和交流学习机制等，旨在加强纪检监察机关的协作配合，形成推动京津冀协同发展的监督合力。比如，北京市纪委监委与河北省纪委监委联合对 2022 年冬奥会冬残奥会筹办及扶贫协作开展监督执纪问责，协力加强对京津冀地区大气污染防治、密云水库水源地保护工作的联合监督检查。三地纪检监察机关聚焦推进雄安新区建设、打造城市群骨架、生态协同治理强化协同监督。

（二）长三角在一体化建设背景下推进反腐败工作的先进经验

长三角地区各省市坚决贯彻落实《长江三角洲区域一体化发展规划纲要》，不断构建完善一体化合作机制，加强协同、精准衔接、相互赋能，充分发挥"3 + 1 > 4"效应。比如，早在 2011 年 11 月，出台《关于建立上海江苏浙江安徽四省市纪检监察机关案件查处和预防协作配合工作机制的意见》，努力打造跨区域协作配合的"绿色通道"。浙江省嘉善县等县区联合召开长三角一体化示范区纪检监察工作交流会，协同打造廉政文化、廉政教育"共建共享"机制。上海金山枫泾等基层街镇共同发布"毗邻党建"共识，打造毗邻一体化"党建综合体"，探索将党风廉政建设和反腐败工作作为毗邻党建重点内容。

（三）粤港澳在大湾区建设背景下推进反腐败工作的先进经验

聚焦《粤港澳大湾区发展规划纲要》提出的加强大湾区廉政机制协同、打造优质高效廉洁政府要求，粤港澳三地持续深入推进廉洁建设合作。比如，2019年5月15日，香港澳门廉政公署代表团访问广东省纪委监委，粤港澳三方共同探索构建大湾区反腐败协作机制，探讨在廉政机制协同、廉洁文化建设、个案协查、交流互访、人员培训等方面加强反腐败合作，携手维护大湾区廉洁建设环境。深圳立足毗邻港澳、经济发展活跃的实际，出台《关于进一步营造良好政治生态的意见》，制定全国首个反贿赂管理体系地方标准，以反腐败工作新举措新成效助力打好推进大湾区廉政机制协同基础。

（四）国内先发地区在推进区域协同建设背景下反腐败工作的规律性启示

京津冀、长三角、粤港澳等国内先发地区坚持把协同协作作为推进反腐败工作的重要内容，强化政治保障、政治引领作用，形成了以下五条规律性启示。

1. 坚持以习近平新时代中国特色社会主义思想领航区域协同发展，始终保持正确政治方向

只有坚持以新思想领航区域协同发展，持续增强用党的创新理论武装头脑、指导实践、推动工作的坚定性自觉性，反腐败工作才能在新时代沿着区域协同新路子纵深推进。

2. 坚持强化党的全面领导，始终把践行"两个维护"贯穿区域协同发展全过程

在区域协同发展背景下纵深推进反腐败工作，必须充分发挥各级党组织的领导核心作用和战斗堡垒作用，为实现区域协同发展目标提供坚强的政治保障。

3. 坚持围绕区域协同发展中心任务，始终注重发挥纪检监察机关监督保障执行、促进完善发展作用

纪检监察机关要在做实做细政治监督上探索区域协同，推动党中央关于

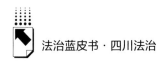

协同发展的重大部署和目标任务落实；通过监督发现问题症结、提出整改意见、倒逼深化改革、完善制度机制，推动取得更大治理腐败效能。

4.坚持实事求是，始终结合区域发展实际探索更加精准科学有效的反腐败工作新路径

沪浙两地充分尊重毗邻地区实际，形成了"借党建模式之创新，破区域行政之壁垒；融党建联建之资源，解跨界治理之难题"的共识，充分证明在区域协同建设背景下推进反腐败工作，必须依靠精准科学的思维方式和工作方法，坚持实事求是的工作生命线。

5.坚持强化制度执行力，始终以纪律的硬约束推进区域协同发展与反腐败工作相得益彰

京津冀协同推进监督工作机制、长三角案件查处和预防协作配合工作机制之所以能有效发挥作用，重点在于有较强的制度执行力。在区域协同发展背景下推进反腐败工作，必须强化制度执行问责，确保党的纪律规矩、法律法规时时生威、处处有效。

四　成渝地区双城经济圈建设背景下推进反腐败工作的对策建议

成渝地区双城经济圈建设既是重大战略机遇，也是重大政治责任。成都市各级党组织和纪检监察机关应当主动适应面临的新形势新任务新挑战，一以贯之纵深推进反腐败工作。重点任务是：坚持以锻造过硬作风、高压惩贪治腐为发力重点，以深化全方位合作构建多领域协作机制为强力支撑，加快健全完善成渝地区双城经济圈建设反腐败工作体系，不断营造廉洁高效建设环境。具体有以下对策建议。

（一）坚持以人民为中心，着力锻造优良党风政风

坚持把人民群众作为推动成渝地区双城经济圈建设的根本依靠，持续加强作风建设，以优良党风政风引领带动社会新风正气，激发人民群众参与建

设的积极性、主动性、创造性，让其切实感受到建设成果。

1. 着力整治形式主义、官僚主义，确保各项工作有力有序推进

大力整治成渝地区双城经济圈建设过程中贯彻党中央、省委、市委决策部署表态多调门高、行动少落实差，不担当不作为，脱离实际、弄虚作假，文山会海、过度留痕等形式主义、官僚主义问题，持续为基层减负。建立科学的目标考核体系，推动树立正确的政绩观，大力整治和防范"政绩工程""面子工程"问题。推动领导机关和领导干部科学决策、合理部署任务，优化督导考核方式方法，避免上级的官僚主义逼出下级的形式主义。强化责任清单管理，对关键性项目推行"一个项目、一名领导、一套方案、一抓到底"模式，坚决防止责任不明、任务不清造成的推诿扯皮、敷衍塞责等问题。

2. 持之以恒纠治"四风"，弘扬干事创业新风正气

坚决落实中央八项规定精神，严肃查处建设中的违规超标准接待、违规公款吃喝、违规承包工程项目、收送电子红包等问题，持续加大典型案例通报曝光力度。拓宽"四风"问题监督举报渠道，开设成渝地区双城经济圈建设"四风"问题信访举报专区，深化阳光问责问廉，在建设项目现场、相关村（社区）广泛召开坝坝会，收集问题反映、意见建议。压紧压实成渝地区双城经济圈建设相关单位作风建设责任，督促其密切关注本领域本系统享乐主义、奢靡之风滋生萌芽和隐形变异问题，定期开展实地督导。建立健全作风建设长效机制，推动相关部门对问题漏洞开展联合研究，针对性出台监督管理制度。

3. 常态治理"微腐败"，集中整治民生领域损害群众利益突出问题

聚焦土地征用、房屋搬迁、社保医疗等群众密切关注的热点难点问题开展集中治理，坚决查纠民生领域损害群众利益突出问题。持续深入开展巩固拓展脱贫攻坚成果与乡村振兴有效衔接中腐败和作风问题专项整治，对贪污侵占、吃拿卡要、优亲厚友的从严查处，促进建立解决相对贫困长效机制。加强扫黑除恶监督执纪问责，坚决查处成渝地区双城经济圈建设中的强揽工程、阻挠施工、恶意竞标等背后的涉黑涉恶腐败问题，深挖细查"保护伞"

"关系网"。推动建立施工单位、管理监督单位等小微权力清单，加强过程管理和动态管控。进一步强化基层党组织纪律意识、责任意识、服务意识，提高查纠问题能力，发挥近距离监督作用。

（二）坚持标本兼治，持续营造廉洁高效建设环境

切实把"严"的主基调长期坚持下去，一体推进"不敢腐不能腐不想腐"，同时，旗帜鲜明为担当作为、干事创业者撑腰鼓劲，营造风清气正的建设环境。

1. 突出重点惩贪治腐，释放不敢腐的震慑效应

紧密聚焦成渝地区双城经济圈建设中的重点项目、重大平台、重大改革等，紧盯"关键少数"、重要岗位，严肃查处审批监管、资源开发等重点领域和关键环节腐败行为。加大国企反腐力度，准确分析国企建设中面临的诱惑多、考验大、风险高问题，紧盯投融资、产权交易、工程招投标等重点环节，严肃查处靠企吃企、设租寻租、利益输送、内外勾结侵吞国有资产等问题。突出重点完善问题线索分类管理机制，建立成渝地区双城经济圈建设信访举报、问题线索专门台账，快查快办违纪违法行为，对案情复杂、涉及面广的适时进行提级办理。

2. 健全完善监督体系，强化权力运行的监督制约

强化对建设过程中权力运行的监督和制约，紧盯权力运行各环节，持续完善发现问题、纠正偏差、精准问责的有效机制。探索出台向市属高校、国企派驻纪检监察组试点的实施意见，完善国企监督制度。完善成都东部新区纪检监察组织和巡察机构建设，探索向建设一线派出监察专员，近距离、全天候监督权力运行。强化监督制度体系建设，推动审批监管、执法司法、工程建设、资源开发、金融信贷、公共资源交易、公共财政支出等重点领域监督机制改革和制度建设。建立健全"大数据＋"监督体系，将大数据智慧监督平台扩展运用到成渝地区双城经济圈建设相关工作的监督管理中。

3. 深入推进源头治理，巩固发展良好政治生态

探索推进以案促改制度化常态化，用足用好纪律检查建议书、监察建议书，深入分析案件暴露的相关领域、单位存在的根源问题、制度漏洞，提出

意见建议。对典型违纪违法案件开展"一案一警示"，要求案发单位及时召开专题民主生活会和警示教育大会，推动关联单位以及同系统同行业对照问题反思整改。深入开展廉政教育、警示教育，加强对参与一线项目建设单位的党风廉政教育，增强拒腐防变、廉洁自律意识。创新党风廉政宣传，在成渝地区双城经济圈建设一线展示反腐败工作成果，营造崇廉尚实的浓厚氛围。突出以文化人，建好用好廉洁文化基地，持续深入开展系列家风文化活动，坚决抵制圈子文化、码头文化、"袍哥"文化。

4. 旗帜鲜明撑腰鼓劲，营造担当作为浓厚氛围

充分考虑成渝地区双城经济圈建设具备的协作创新特性要求，持续健全完善容错纠错机制，坚持"三个区分开来"，实事求是运用监督执纪"四种形态"。建立完善公开为干部澄清正名的有效机制，采取谈话函询方式处置涉及成渝地区双城经济圈建设一线的党员干部问题线索，对问题反映不实的实行采信告知；探索通过到建设项目现场召开干部大会、支部党员大会等方式，为党员干部澄清是非。细化完善查处诬告陷害的制度规范，对打击报复、诬告陷害、造谣传谣、恶意中伤相关党员干部的，严惩不贷。加大对受处理处分人员的关心关爱力度，定期开展谈心谈话和回访，让其放下心理包袱，全身心投入成渝地区双城经济圈建设。

（三）坚持协同协作，不断汇聚反腐败工作合力

牢固树立一体化发展理念，找准找实反腐败工作的结合点和切入点，强化协同合作意识，增强协作创新能力，构建完善协作机制，推进反腐败工作向纵深发展。

1. 增强协作意识，有效汇聚共识合力

全面理解党中央作出推动成渝地区双城经济圈建设战略部署的深刻考量和重大意义，牢固树立"巴蜀一家亲"理念，强化"成渝一盘棋"思维，增强战略意识、全局意识和协作意识，加强工作对接，共同推动提升两地反腐败工作水平。强化对成渝两地反腐败工作情况的分析研究，明确需求和方向，研究制订协同协作清单，分类梳理具体事项，为下一步工作提供目标参

考。组织动员各方力量，汇聚协作创新强大合力，加强与省委、省纪委监委的对接沟通，争取上级部门支持；强化本级相关部门的联系协调，共同推进两地反腐败工作协同协作。

2. 深化沟通衔接，全面增进交流了解

探索定期召开由两地纪委监委相关领导牵头参加的工作沟通会议，形成常态化沟通机制，互相通报反腐败工作情况，交流各自特色经验，协调解决存在问题。向省委、省纪委监委研究提出加强川渝两地反腐败工作交流的意见建议，推动德阳、眉山、资阳等成都平原经济圈城市以及遂宁、内江等邻渝地区强化与相关重庆地区党委和纪检监察机关的对接沟通，巩固发展川渝风清气正的良好政治生态。探索成立成渝反腐败理论政策研究基地，充分挖掘和利用两地高水平专家学者资源，联合开展反腐败重大课题调研，为协作创新发展提供智力支持。

3. 加强机制建设，推动协作创新发展

强化成渝两地党风廉政建设和反腐败工作合作交流机制建设，推动建立完善全面覆盖、上下联通、左右协同、运行高效的协作体系。探索建立协同监督机制，由两地纪检监察机关、目标督查部门等组成协同监督组，围绕成渝地区双城经济圈建设重点任务开展监督检查。探索建立问题线索移送机制，明确沟通方式、移交程序、办理情况反馈等重点环节，对于发现的涉及两地党员领导干部或监察对象违纪违法行为的问题线索，及时进行移交。探索建立跨区域协作办案机制，在涉案款物查询、涉案人员查找、证据调查收集、跨区域调查合作、追逃防逃追赃等方面加强协作配合，打造成渝地区双城经济圈建设案件查处"绿色通道"。建立完善信息互通、资源共享机制，推进警示教育资源共享，以两地联合推出警示教育宣传片、编印宣传读本等形式，构建廉政大教育格局；共同挖掘廉洁文化元素、家风文化资源，推进廉洁文化基地建设，建立"廉洁文化示范线"。探索建立人员互访学习机制，强化干部培训交流合作，邀请两地反腐败工作相关的专家学者、业务骨干互相授课，联合举办异地培训，选派优秀干部组成联合培训班赴外地学习交流，提高创新推进反腐败工作的能力水平。

B.23
成渝毗邻地区公路车辆超限
超载治理协同执法路径探索

四川省交通运输厅　重庆市交通局课题组*

摘　要： 经过多年来的治理，四川省公路车辆超限超载问题得到有效解决，治超执法形象明显改善，服务水平不断提升，但还存在一些突出问题，尤其是异地超限协同执法联动机制不完善、治理科技化水平不高等。本文在深入分析成渝地区双城经济圈毗邻地区公路车辆超限超载执法现状及存在问题的基础上，从优化公路超限检测站点布局、构建全链条式协同治理工作体系、提升协同治理规范化水平、推动协同治理信息化发展、协同开展普法宣传等方面，提出了促进成渝地区双城经济圈毗邻地区公路车辆超限治理协同执法路径，为进一步规范公路治超执法行为指明了方向。

关键词： 成渝地区双城经济圈　超限超载　协同执法

推动成渝地区双城经济圈建设，是习近平总书记亲自谋划、亲自部署的重要国家战略，为四川省和重庆市交通运输行业发展带来了新动能、新机

---

* 课题组负责人：张勇，四川省交通运输厅党组成员、副厅长。课题组成员：黄朱林、孙秋明、陈晓艳、陈兴影、颜芳芳，四川省交通运输厅；官建华、肖建，重庆市交通局。执笔人：孙秋明，四川省交通运输厅政策法规处副处长；陈晓艳，四川省交通运输发展战略和规划科学研究院高级工程师。本文中所有数据均来源于四川省交通运输厅和重庆市交通局。

遇，同时也提出了新问题、新任务。为深入贯彻落实习近平总书记重要指示精神，大力推进成渝地区双城经济圈一体化法治建设，提升毗邻地区超限超载行政执法管理水平，推动执法制度标准"趋同化"、执法检查"协同化"，加强执法信息"互联互通"，促进成渝地区双城经济圈毗邻地区公路车辆超限治理协同执法，特开展本研究①。

一 基本情况

（一）执法模式

1. 高速公路

目前，四川省和重庆市均实行高速公路入口和出口称重检测制度，通过让货车在收费站驶入货车专用检测通道接受检测来完成对车辆超限超载的监督。高速公路收费站工作人员入口发现超限超载货车后，拒绝其驶入高速公路；出口发现超限超载货车后，通知高速交通执法人员和高速交警到场联合执法，其中高速交通执法人员负责监督消除违法行为，高速交警负责实施处罚和记分。

2. 普通公路

目前，四川省和重庆市主要依靠超限检测站和流动执法对超限超载违法行为进行治理。四川省 6 市 14 县（市、区）与重庆市区县毗邻，毗邻的普通公路超限检测站共有 24 个，具体情况见表 1。

---

① 超限和超载是两种不同性质的违法行为，超限是指货运车辆的载货长度、宽度、高度和载货质量超过公路的限度，违反《公路法》保护公路的有关规定，对超限的核定，主要研究的是车辆装载与公路的关系，特别关注的是公路的正常使用；超载是指汽车装载货物时超过汽车额定装载，违反《道路交通安全法》的有关规定，对超载的核定，主要关注的是汽车性能以及由此而引发的行车安全性。按照法律规定，超限由交通运输部门治理，超载由公安机关交通管理部门治理。由于职能职责不同，本文主要针对成渝地区双城经济圈公路车辆超限治理的协同执法进行研究。

表1　四川省与重庆市毗邻地区的公路超限检测站情况

市(州)	县(市、区)	超限检测站
达州市	万源市	石冠寺站、官渡站
	宣汉县	天台站、水井湾站
	开江县	讲治站
	大竹县	思茅坝站、水口庙站
广安市	华蓥市	油炸沟站、石岭岗站、天池站、庆华站
	邻水县	坛同站、大佛寺站、城南站
	岳池县	齐福站
	武胜县	万隆站
遂宁市	安居区	
资阳市	安岳县	毛家站
内江市	东兴区	盘龙冲站
	隆昌市	高洞桥站
泸州市	泸县	立石站、福集站、嘉明站、奇峰站
	合江县	匡坡站

（二）执法依据

1. 违法行为认定方面

四川省与重庆市对超限超载违法行为的认定标准均执行《交通运输部公安部关于治理车辆超限超载联合执法常态化制度化工作的实施意见（试行）》（交公路发〔2017〕173号）规定的《公路货运车辆超限超载认定标准》，主要判定依据见表2。

表2　高速公路超限超载判定依据

轴数	最大允许总质量限值（千克）	轴数	最大允许总质量限值（千克）
3	25000	5	43000
4	36000	6	49000

2. 行政处罚裁量方面

四川省与重庆市针对车辆超限超载均制定了专门的行政处罚裁量基准，分别为《四川省交通运输行政处罚裁量权标准》和《重庆市公路路政行政

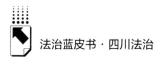

处罚裁量基准》。两地的裁量基准均对车货外廓尺寸超限、车货总重超限等涉及超限超载的违法行为的不同违法情节规定了处罚裁量基准。

（三）治理主体

四川省道路交通安全综合治理领导小组负责协调指导全省治超工作，省公安厅、省交通运输厅、省财政厅、省农业厅、省发展改革委等19个单位为成员单位。重庆市治理车辆超限超载办公室（简称"重庆市治超办"）负责协调指导全市治超工作，成员单位包括市交通局、市公安局、市公路局等8个单位，办公室主任由市交通局分管领导担任。各区县（自治县）人民政府分别设置相应治超工作领导机构和办公室。

四川省和重庆市交通运输行政主管部门负责牵头全省（市）治超工作，四川省市（州）、重庆市区（县、自治县）交通运输行政主管部门负责牵头组织本行政区域内治超工作，其所属的交通综合执法机构、路政（公路）管理机构和道路运输管理机构具体负责超限治理工作。

（四）执法对象

依据《四川省交通运输行政处罚裁量权标准》，四川省主要查处涉及公路车辆超限超载的行为有5类，分别为车货总重超限，车货外廓尺寸超限，租借、转让超限运输车辆通行证，使用伪造、变造的超限运输车辆通行证，以及超限运输车辆型号或运载物品与通行证内容不一致。依据《重庆市公路路政行政处罚裁量基准》，重庆市主要查处涉及公路车辆超限超载的行为有4类，分别为车货总重超限，车货外廓尺寸超限，租借、转让超限运输车辆通行证，以及使用伪造、变造的超限运输车辆通行证，不包括超限运输车辆型号或运载物品与通行证内容不一致的情况。

二　协同执法实践

近年来，为促进成渝地区双城经济圈交通一体化发展，成渝地区双城经济圈各级相关部门就超限治理在搭建协同发展框架、开展联合执法行动、推进构建协同执法机制等方面采取了一系列举措，取得了良好成效。

（一）高层互动，搭建协同发展框架

1. 签订执法管理协同发展合作备忘录

2020 年 7 月，四川省交通运输厅和重庆市交通局签署《成渝地区双城经济圈交通执法管理协同发展合作备忘录》，明确了合作"时间表"、"路线图"和"任务书"，以"优势互补、资源共享、共同发展、合作共赢"为原则，学习借鉴长三角、粤港澳大湾区、京津冀地区协同发展先进经验，确定了统一执法标准、加强执法协作、推进交流研讨、健全协作机制等五大方面的合作事项。

2. 印发执法管理协同发展事项清单

2020 年 8 月，四川省交通运输厅与重庆市交通局召开专题会讨论并印发《推进成渝地区双城经济圈交通执法管理协同发展事项清单（第一批)》的通知，明确了立法、管理体制机制等协同发展进程，分批次、分层次推动第一批七大方面 18 项具体事项，通过项目化、清单化手段扎实推动议定合作事项加速落地。

3. 印发执法管理协同发展工作通知

2020 年 9 月，四川省交通厅和重庆市交通局分别印发加快推进成渝地区双城经济圈交通执法管理协同发展工作的通知，细化厅（局）内任务分工，明确责任单位和时限要求，挂图作战，抓细抓实，推动第一批协同事项落地落实。

4. 印发执法管理协同发展例会工作办法

2020 年 12 月，四川省交通厅和重庆市交通局联合印发《成渝地区双城经济圈交通执法管理协同发展例会工作办法》，规范参会人员、时间地点、主要任务、会务要求等内容。

5. 共同推行轻微违法行为告知承诺制

2021 年 3 月 22 日，四川省交通运输厅、重庆市交通局联合印发《关于在交通运输领域推行轻微违法行为告知承诺制的意见》，在川渝两地共同推行轻微违法行为告知承诺制，对当事人首次轻微违法行为，经批评教育，若当事人自愿签署承诺书，立即改正或在约定时间内及时改正，则不予行政处罚，进而从源头减少行政争议，引导行政相对人树立诚信观念，增强法律意识和责任意识。

（二）共同发力，开展联合执法行动

2020 年 11 月 11 ~ 13 日，四川省交通运输厅、重庆市交通局携手推进成渝地区双城经济圈交通执法管理协同发展，川渝两地首次跨区域组建交通运输联合执法队伍，共同开展执法专项整治行动，全面开启了"跨界 + 联合"执法新模式，得到中央、省、市各级主流媒体高度关注和报道，取得了良好的社会反响。此次以建设人民满意交通为切入点，既严执法也善普法、既强监管也重服务、既有力度也有温度，川渝两地共出动执法人员 609人次，查处涉嫌违法违规行为 542 起，其中打击违法超限 12 起，全面打响"跨界 + 联合"执法第一枪。11 月 14 日相关部门召开了交通执法联席会议，及时总结执法成效，分析研判存在问题，有效调整行动策略，安排下一阶段的联合执法工作，为构建共享、共治、共赢的一体化交通运输治理格局迈出坚实步伐。

（三）各级协作，推进建立多层次协同机制

1. 建立省级执法联系机制
早在 2017 年，重庆市高速公路交通执法总队与四川省高速公路交通执法总队、四川高速交警就建立了川渝省际高速公路区域协作联席会议机制，双方轮流主办，半年开展 1 次。此外，川渝省界高速公路管理部门间建立了联络员制度，承担日常联系、月度信息通报、商请工作协助、突发事件信息互通等职责。

2. 建立地方执法协同机制
2021 年 6 月 23 日，四川省交通运输厅高速公路交通执法第一支队先行

先试，与重庆市交通运输综合行政执法总队高速公路第五支队签署《成渝地区双城经济圈毗邻地区高速公路交通执法管理协同发展工作协议》，通过加强执法协作、推进交流共建、强化应急联动等，推动构建一体融合、安全高效、规范有序、公平公正的高速公路治理模式。6月30日，四川省交通运输厅高速公路交通执法第一支队三大队与重庆市交通运输综合行政执法总队高速公路第五支队九大队签订《成渝地区双城经济圈高速公路交通运输行政执法管理协同发展工作实施方案》，建立了信息联络制度、联席会议制度、恶劣天气应急处置联动制度，超限超载治理、信息发布和宣传引导协同机制。此外，重庆市高速公路交通执法总队还与成都市交通运输综合行政执法总队定期召开年度座谈会，就超限超载治理等内容进行交流。

3. 建立毗邻区县执法协作机制

川渝两地区县层面在普通公路执法方面也开展了大量的执法协作。一是重庆市荣昌区、大足区、永川区、铜梁区、潼南区与四川省东兴区、泸县、安岳县、隆昌市九区县签署了合作协议，开展了渝西川东"7＋2"区域治理超限超载联动合作，重点整治载重货运车辆边境驳载、避站绕行、冲关逃逸等违法行为。二是重庆市城口县交通执法部门与四川省万源市地方公安和交通运输执法部门建立了联动机制，建立起信息共享、联勤联动、联席会议三项常态化执法协作机制。三是重庆市梁平区交通执法部门与四川省达州市达川区、大竹县、开江县公路路政管理大队开展路政巡查和交界路段路域环境整治，成立梁平、大竹联动治超领导小组，按照交叉治超管理模式，开展跨区域联合治超。四是重庆市其他区县交通执法部门与邻近的四川省市县交通执法部门围绕打击超限运输零星召开片区会、业务交流会，在执法个案办理中开展了执法协作。

4. 初步建立执法互认机制

高速公路川渝省界收费站撤除后，双方省际高速公路一线执法机构依托重点服务区和省界联合执法点，采取"互检互管"方式，联合开展专项行动与常态化检查，按照属地原则进行处罚，尽量减少省际卡口交通动脉因多头、重复执法导致的拥堵缓行，提高执法效率，减轻群众负担，服务经济发展。

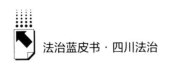

三　存在问题

（一）治超站点布局不合理

公路治超检测站建设及运营成本大，需要投入大量的人力、物力和财力。两地在治超站点布局和建设过程中未能统一规划、共同建设，导致部分线路固定超限检测站点存在重复布设现象，既在站点建设过程中浪费财力，又需要大量的工作人员维系运转。由于交通运输综合执法改革后部分地区执法人员大量减少，部分治超站因为人手不足而未能正常运转。

（二）查处标准存在差异

四川高速公路超限处置标准与重庆等其他省份还存在不一致的地方，四川省对入口检测超限的车辆一律不得驶入高速公路，重庆等其他省份入口检测超限5%以内的可以驶入高速公路，四川省内进站的车辆在四川省内出站时超限1吨以内的经教育后放行，从重庆等外省份高速公路进站的车辆在四川省内出站时不超过5%的教育放行。

（三）联动机制不完善

目前成渝地区双城经济圈毗邻地区的车辆超限超载协同执法尚未形成稳定的深度合作模式，缺乏长效机制，仍旧停留在突击式、集中式的大检查层面，一旦专项行动结束，超限运输又会死灰复燃，达不到"根治"的效果。同时从现有的地方政府合作情况来看，多数还停留在会议层面，基本上是靠地方政府和部门领导之间的协商来推动，缺乏制度化的机制与组织。

（四）科技化水平不高

川渝两地引进超限运输路面检测、预警、抓拍等系统的比例较低，执法科技化与信息化程度还不够高。部分高速公路收费站仍使用动态称重设备，部分治超站设施设备老化，导致称重数据误差较大、执法取证不够准确，受到货车驾驶员的质疑。同时，信息一体化建设滞后，目前川渝两地间的道路运输管理系统、执法管理系统未能实现互联互通，导致货运车辆数据查询、执法结果互认、两地"红黑名单"共享互查等工作的开展难以有效进行。

四 路径探索

为推进成渝地区双城经济圈交通运输一体化发展，营造更加公开透明、规范有序、公平高效的运输市场营商环境，成渝地区双城经济圈毗邻地区应当在公路超限超载治理领域进一步深化合作，着力解决超限超载协同执法的各项问题，坚持全链式协同治理，为加快提升成渝地区双城经济圈交通运输治理体系和治理能力现代化水平，助力川渝合作高位实施、全面深化，形成双核驱动、全域共兴的协同发展新格局提供经验。

（一）优化布局，推进超限检测站点共建共用

超限检测站是为保障公路完好、安全和畅通，在公路上设立的对货运车辆实施超限检测、认定、查处和纠正违法行为的执法场所和设施，对于普通公路超限超载治理具有重要意义。成渝地区双城经济圈毗邻地区应当进一步强化协同，对超限检测站点适当调整优化，逐步实现共建共管共用，充分发挥站点效用。

1. 合理布局

成渝地区双城经济圈毗邻的区县，应当按照"统一规划、合理布局、总量控制、适度调整，功能互补、注重实效"的原则，围绕交通运输部、四川省和重庆市治超工作重点，通过科学的调查评估，对现有超限检测站综合指数和合理规模进行测算与对比，在此基础上，调整优化毗邻地区治超检测站点布局，适当增设超宽超重大件车辆计重检测等设施设备，逐步搭建布局合理、结构优化、互相衔接、控制严密的毗邻地区干线公路综合治超网络。

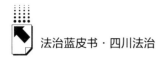

2.站点共用

对经调查评估需延续使用或今后新建的超限检测站点，充分考虑毗邻地区公路路网总体情况，合理安排勤务人员，结合开展毗邻地区道路交通安全综合治理工作，不断提升超限检测站点利用率，实现毗邻地区交界区域站点共用，执法人员双边共管，提升执法效能，节约行政资源，提高成渝地区双城经济圈毗邻地区省际执法监管能力。同时，深入践行以人民为中心的发展思想，对延续使用或今后新建的检测站，配套设置"暖心之家"或"温馨驿站"，免费向货车司机提供热水、应急常备药、货车加水、法律咨询、临时休息、手机充电、如厕等服务，并有效利用站内视频设备或纸质资料开展路政普法宣传，在关爱司机的同时抓好引导，进一步发挥站点的服务效能。

（二）健全机制，构建全链条式协同治超工作体系

成渝地区双城经济圈毗邻地区公路超限超载协同执法需要坚持系统观念和成渝地区双城经济圈一体化发展模式，两地交通运输执法部门要进一步健全工作机制，构建全链条式协同治超工作体系，推动协同治超执法工作系统有序开展和高效顺畅运行。

1.搭建完备的政策规范体系

目前，川渝两地超限超载治理主要依据交通运输部等部门印发的《关于进一步做好货车改装和超限超载运输治理的意见》《关于治理车辆超限超载联合执法常态化制度化工作的实施意见》等政策文件在裁量标准、执法流程等方面的差异。为尽快落实公路超限超载运输协同治理，四川省交通运输厅和重庆市交通局要进一步强化政策研究，制定并联合出台统一规范的执法标准和高效协调的执法程序，进一步梳理行政执法裁量标准，减少两地在违法行为认定、处罚裁量基准等方面的差异。

2.搭建有力的治理实施体系

四川省和重庆市均在开展成渝地区双城经济圈交通一体化、发展交通强国建设试点中明确提出，要建立跨区域交通运输规划建设、运行管理、信息动态交换机制以及路政与运政许可协同机制，推动信息资源、指挥调度、执

法管理、运营管理一体化。成渝地区双城经济圈毗邻地区交通运输部门应当牢牢把握交通运输一体化发展机遇，协同共建治超常态化工作制度和重大事项协调沟通机制，共同擘画治超同心圆、打造治超共同体，推动协同治超执法的有力实施，全面提升区域交通运输行政执法管理水平。

3. 搭建顺畅的沟通协商体系

成渝地区双城经济圈毗邻地区的相关区县超限超载执法部门应当联合成立公路超限超载协同治理工作小组，通过建立微信群等方式搭建有效联系途径，协调推进毗邻地区超限超载治理日常工作。川渝两地各级执法部门应当建立联席会议制度和专题会议制度，联席会议定期召开（省级原则上每半年召开一次，地方各级根据实际情况可每半年、每季度、双月或每月召开一次），专题会议不定期召开，针对超限超载执法过程中遇到的典型案例、热点难点问题，展开讨论交流。成渝地区双城经济圈毗邻地区交通运输主管部门定期或不定期组织执法人员举办业务交流会、执法业务技能比赛等活动，开展执法规范化和案卷评议等执法业务交流，加强区域执法人员交流学习。

4. 搭建高效的执法协作体系

国家及省市各层级高度重视优化营商环境，提出要不断完善事中事后监管，提高管理效率，降低管理成本。成渝地区双城经济圈毗邻地区也应把握发展大势，推动执法线索、执法证据、执法信息等共享互用，更高效地进行超限超载治理。一要建立线索移交互认机制。针对两地交通执法部门在执法检查、日常工作等活动中收集的涉及对方管辖的问题线索，原则上逐级上报至市（州）交通运输执法机构，由市（州）交通运输执法机构移送至毗邻市（州）交通运输执法机构，再下发至具体执法部门，便于及时启动调查处置程序，最大限度防范或查处违法行为。二要建立证据互认机制。两地交通执法部门在办理超限超载违法案件时，依职权调查收集的各类证据材料，包括现场检查笔录、询问笔录、检验检测报告等，符合法律、法规、规章关于证据规定的，原则上两地交通执法部门互相认可，互相援用，必要时实地核查证实。三要建立处罚互认机制。两地交通执法部门经过充分调查取证，按照执法办案程序，依法作出的行政处罚决定，在未发生行政复议被撤销或

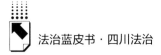

行政诉讼败诉等情况下，原则上两地交通执法部门互相认可，在执法办案过程中可以互相援用，并纳入信用监管实施联合惩戒。

5. 搭建严密的信用奖惩体系

两地相关主管部门应协同探索推进信用立法，建立信用管理制度，对信用主体实施分级分类的差别化管理，建立健全以信用为基础，以信用承诺和信用公示为特点的道路运输市场主体新型监管机制，推动川渝毗邻区域建设信用协同治超新高地。联合探索建立跨区域交通运输市场信用监管、承诺、评价和奖惩机制，协同建立交通运输领域市场主体信用档案，建立严重违法失信市场主体失信行为、违法行为公示机制，开展关联企业信用大数据风险监测和动态预警等工作。协同建立交通运输市场领域红黑名单，规范红黑名单的认定、发布、应用、修复和退出，建立红黑名单管理与应用制度，实施信用信息共享互动、失信行为标准互认、惩戒措施路径互通的交通运输领域跨区域信用联合惩戒制度。

（三）完善举措，提升协同治超规范化水平

成渝地区双城经济圈毗邻地区公路超限超载治理是一项复杂的系统性工作。川渝两地协同治超执法过程中要坚持问题导向，进一步聚焦工作重点，实化细化工作举措，推进毗邻地区超限超载的规范治理。

1. 加强货运源头监管

川渝两地应当深入研究道路货物装载源头超限超载运输管理机制，系统性梳理研究两地货运源头单位的位置分布、运输线路、发展趋势，编制川渝两地重点货运源头企业清单名录，进一步落实货运车辆合法装载的企业主体责任，严把三关（货物装载关、车辆称重关、车辆出厂关），从源头上遏止超限超载。协同建立异地运输企业监管机制，加强协查联动和对异地企业运输企业的监管力度，实现货车进出和货物装载记录留痕。共同研究完善源头管控和责任追究机制，强化全过程监管，对监管不力的单位及人员依法依纪依规追究责任。

2. 开展路面联合执法

成渝地区双城经济圈毗邻地区应当严格落实交通运输部和公安部联合印发的《关于规范治理超限超载专项行动有关执法工作的通知》相关要求，在大件运输管理、流动执法、驻站执法、自由裁量标准、法律适用等方面积极对接，统一执法标准，规范执法行为，加强联合联动执法。分层级组建协同执法小组，建立联合执法对接机制，定期常态化在交界毗邻区域开展联合执法行动，打击跨界超限超载运输行为。深入研究跨界违法超限超载治理工作，建立高效配合的执法体系，构建全方位联合执法格局，提升联合治超水平。

3. 实施人性化执法

落实"首违不罚、轻微免罚"等柔性执法措施，川渝两地应充分协商，合作梳理制定"首违不罚、轻微免罚"清单，依法将"不予处罚"的情形具体化、明确化，破解基层执法人员不会免罚、不敢免罚的问题。推广说理式执法，寓执法于服务中，坚持教育与处罚相结合，让货车驾驶员及时预知违法后果，降低违法风险，从源头上预防和减少违法行为，让交通运输执法既有力度也有温度。

4. 压实责任

川渝两地各级治超工作牵头机构要进一步细化并明确各自成员单位的职能职责，完善督导检查、约谈通报、考核评价等相应机制，推动各部门由被动履职转变为主动监管，加大超限超载协同治理力度。要持续紧盯"四类企业""四类场站"等重点货运源头单位，灵活运用各项措施与手段，督促其按相关文件要求，加快安装称重检测和视频监控等设备，在联网运行的基础上实现两地数据互通、信息共享，提高异地溯源取证和当地线上检查的便捷度。

（四）整合资源，推动协同治超信息化发展

成渝地区双城经济圈作为中国经济发展的第四极，应该遵循现代信息技术发展规律，探索人工智能、大数据等新技术在协同治超执法过程中证据收

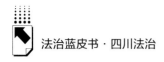

集、行政执法数据资源分析等方面的运用，努力打造科技治超新模式，推动协同治超信息化发展，提高治超执法的智能化智慧化水平。

1. 充分运用科技治超利器

成渝地区双城经济圈毗邻区域交通运输部门应当深入实施大数据发展战略、统一标准、整合资源、打通系统，以数字化智能化助推公路超限超载治理实现高质量转型发展。在两地省（市）级现有治超信息网络平台的基础上，加强信息软件系统建设和数据共享，逐步实现对联合治超数据的智能化统计分析和处理。结合公路治超非现场执法特点，依托现代化非现场执法治超系统，联合建立跨区域非现场执法工作机制，提升检测精度，提高工作效率，推动公路治超工作由"传统治超"向"科技治超"跨越。深入推动"互联网＋治超"，推进成渝地区双城经济圈毗邻区域非现场治超点位的统一规划布局，探索形成两地非现场治超"一张网"，结合非现场执法点位采集信息与重点货运源头单位分布情况，利用数据分析的方法高效开展热点线路归纳、高频时段研判、轨迹查询追溯等工作，对勤务力量的投入进行科学指导，有效提升路面治超执法精准度。

2. 强化信息共享交换

推动建立健全川渝毗邻地区公路超限超载执法数据收集和信息资源共享机制，统一规范两地治超执法数据标准，明确共享数据的范围和使用方法，推动数据收集高效化和数据有机整合。借助川渝通办平台，在确保信息不泄露的情况下，加快推动实现跨部门、跨区域的信息共享，对已经投入使用的信息系统，要着力强化业务协同，打通信息壁垒，消除"信息孤岛"。要建立公路超限超载执法数据库，全面梳理基础数据，将货运企业、货运车辆、驾驶员信息、行政执法主体信息、办案信息、权责清单信息以及监督信息等相关信息纳入数据库，逐步建立集数据存储、数据分析、资源共享等多种功能于一体的治超协同执法数据中心。

（五）加强宣传，营造治超执法良好环境

建好路，更要管好路、护好路。维护好公路路产路权，既是交通运输执法队伍严格公正执法的决心与形象的展现，也是保障人民群众生命财产安全，促进经济社会发展的必然要求，更是全社会共同的责任。宣传具有劝服、引导等多种功能。成渝地区双城经济圈的各级交通运输执法部门，要进一步加强普法宣传合作，共享普法宣传资源，教育引导广大货车驾驶员和交通参与者，自觉遵守法律法规，主动拒绝超限超载运输行为，为成渝地区双城经济圈治超执法营造良好的舆论环境。

1. 共同开展普法宣传

坚持"谁执法、谁普法"，高度重视成渝地区双城经济圈毗邻地区公路超限超载治理的宣传工作，双方共同制作区域协同治超工作简报，定期发布重要工作动态，共享普法宣传信息资源，充分利用传统媒体和新媒体开展宣传，展示超限超载治理工作成效。

2. 聚焦热点宣传

川渝两地交通运输执法部门要聚焦货车驾驶员重点关注、反响强烈的热点问题，共同从政策法规、执法流程、执法依据、超限超载治理成效等方面进行广泛宣传，注重宣传形式的创新性、时效性、互动性，让驾驶员充分认识到超限超载对行车安全的危害性和对道路的破坏性，呼吁广大驾驶员切实提高安全防范意识，将安全理念深植心中，引导驾驶员关心运输安全，共同筑牢安全防线，自觉抵制超限超载运输行为。

B.24
四川法院服务保障成渝地区
双城经济圈建设的调研报告

四川省高级人民法院课题组 *

摘　要： 为认真贯彻落实习近平总书记关于推动成渝地区双城经济圈建设的
重要指示精神，充分发挥审判职能作用，四川法院深度融入成渝地
区双城经济圈建设，提供高水平的司法服务和保障。在此过程中，
四川法院学习借鉴区域经济司法保障的各种经验，总结得出未来应
当深化成渝司法协作指挥协调机构职能，推动区域司法协作常态化，
通过建设共享、流动、协同的信息联络平台和人才交流平台，实现
法院服务保障成渝地区双城经济圈建设的目标任务。

关键词： 双城经济圈　司法改革　司法协作

一　四川法院服务保障成渝地区双城
经济圈建设的基本情况

自中央部署推动成渝地区双城经济圈建设以来，四川法院闻令而动，第
一时间主动与重庆法院对接，商议合作事项，印发《关于推进成渝地区双
城经济圈司法协作的责任分工方案》，及时制定《关于贯彻落实〈最高人民

---

* 课题组负责人：刘楠，四川省高级人民法院党组成员、副院长。课题组成员：李照彬，四川
省高级人民法院研究室主任；罗梅，四川省高级人民法院研究室副主任；张慧东，安岳县人
民法院法官助理。执笔人：谢凡星，四川省高级人民法院研究室综合调研组副组长。本文中
所有数据均来自四川省高级人民法院，未作特别说明的，统计截止时间为 2021 年 12 月。

法院关于为成渝地区双城经济圈建设提供司法服务和保障的意见〉的实施方案》，为四川法院融入成渝地区双城经济圈建设提供了制度保障。

（一）协议签订情况

四川高院于 2020 年 2 月起草完成《成渝地区双城经济圈司法协作框架协议》，主动对接重庆高院，积极推动协议签署，确立了 8 个方面的司法协作，构建了川渝法院司法协作框架，明确了合作方向。截至目前，全省法院共签订各类合作协议 93 份，在诉讼服务、执行联动等多个合作领域取得实效。

1. 中基层法院参与签订协议情况

整体而言，全省法院积极参与服务保障成渝地区双城经济圈建设，参与签订协议情况与其地理位置、经济发展程度大致呈正相关。参与次数排名前五位的法院为：成都（26 次）、达州（10 次）、内江（9 次）、泸州（8 次）、广安（8 次）。其中参与次数最多的是成都地区法院，符合成都作为成渝地区双城经济圈中心城市的战略定位；还未参与协议签订的分别是攀枝花、阿坝、甘孜、凉山法院，这与其地理位置较为偏远有关（见图 1）。

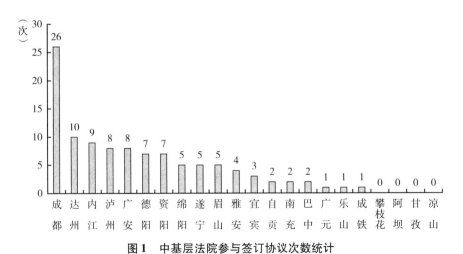

图 1　中基层法院参与签订协议次数统计

2. 协议类别

目前全省法院签订的协议类别呈现整体合作趋势良好、单项工作发力不足的态势。已签订协议多为综合性质的合作协议（共65份），内容包含审判执行各方面工作，指导性较强。而针对专项工作的合作协议较少，共28份，其中，诉讼服务类协议10份、环境资源类协议8份、执行类协议5份、知识产权类和诉源治理类协议各2份、金融类1份（见图2）。

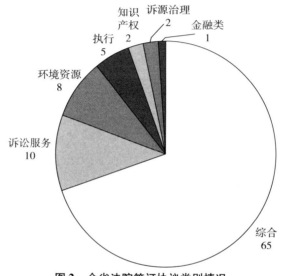

图2　全省法院签订协议类别情况

3. 签订合作协议形式

大部分合作协议为点对点签订，即两家法院单独签订，"单兵作战"情况较为明显，共73份协议属于此类情况；3个及以上单位（含其他部门参与的）共同签订协议的仅有20份（见图3）。例如，《关于建立长江上游珍稀特有鱼类国家级自然保护区川渝司法协作生态保护基地的框架协议》为重庆五中院、泸州中院、合江县法院、重庆市江津区法院、江津区石蟆镇人民政府等5个单位共同签订，区域合作形势还不够明显。

4. 川内合作情况

为更好地服务成渝地区双城经济圈建设，形成"集聚效应"，四川各中基层法院也积极开展合作、抱团取暖，共有8份协议为四川法院之间签订的协议。例如，成都中院、德阳中院、眉山中院、资阳中院签订

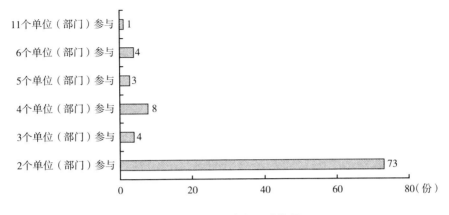

图3　单份协议参与法院数量

了《为成德眉资同城化发展提供高质量司法服务保障的合作框架协议》。

（二）重点协作领域

全省法院以重大项目、重点领域发展法治护航为牵引，推动相关工作落地落实。

1. 深化天府中央法务区建设

天府中央法务区是四川推动成渝地区双城经济圈建设的一张响亮名片，目前四川法院系统已在天府中央法务区设立成都知识产权审判庭、成都金融法庭、成都破产法庭、成都互联网法庭、四川大熊猫国家公园生态法庭等5个专业法庭①，将与四川高院、成都中院、成都天府新区法院、成都铁路第一运输法院、成都铁路第二运输法院等共同构成入驻天府中央法务区的"五院五庭"布局，并向着"一点""五院＋""五庭＋"②的深远布局

---

① 成都知识产权审判庭于2017年1月挂牌成立，成都破产法庭、成都金融法庭、成都互联网法庭、四川大熊猫国家公园生态法庭于2021年4月挂牌成立，并印发了《关于实行大熊猫国家公园四川片区环境资源案件集中管辖的意见（试行）》《关于成都市、德阳市、眉山市、资阳市辖区内互联网案件集中管辖的通知》等，明确专门法庭的管辖范围。

② "一点"是指最高人民法院第五巡回法庭四川审判点；"五院＋"是在五院的基础上，推进成渝金融法院建设；"五庭＋"是指在五庭的基础上，推进成都国际商事法庭建设。

迈进。

2. 深化知识产权合作

一是签订交流合作协议。2020 年 4 月，四川高院与重庆高院签订合作协议①，从法律适用统一、信息共享等七个方面加强交流合作。同年，四川高院与四川省市场监督管理局联合印发《关于建立知识产权保护协作机制的意见》，与四川省检察院、公安厅等六家单位建立知识产权行政执法与刑事司法衔接机制。二是落实常态化工作机制。与重庆高院联合召开新闻发布会，共同发布知识产权司法保护白皮书和十大典型案例；联合举办中国知识产权法官讲坛、"网络游戏知识产权司法保护"主题研讨会，研究知识产权审判工作中的热点难点问题；联合举办两期知识产权、涉外商事审判业务培训班，300 余名法官参加培训。三是签署合作机制备忘录。2021 年 2 月，四川高院牵头相关单位共同签署知识产权保护合作机制备忘录②，建立会商研讨、保护协作、多元保护等六项机制，进一步拓展优化知识产权司法执法协作机制。

3. 深化环境资源保护协作

一是建立保护基地。指导泸州法院与重庆五中院等联合建立长江上游珍稀特有鱼类国家级自然保护区川渝司法协作生态保护基地，加强生态环境司法协作，推动形成长江上游生态环境保护共建共治共享的治理格局。二是发布典型案例。四川高院在广元市主办"嘉陵江流域环境资源保护司法协作启动仪式"，川陕甘渝四省市 11 家中级法院聚焦嘉陵江流域环境资源和绿色发展，举行新闻发布会，发布十大典型案例，以期统一法律适用标准，规范裁判尺度。三是建立人才专家库。四川高院筹建环境资源审判咨询专家库工作已经进入收尾阶段，将尽快与重庆法院专家库实现共享，以便两地法院均可在专家库中聘请相关专家担任人民陪审员、特约调解员

---

① 2020 年 4 月，四川高院与重庆高院签订《川渝地区人民法院知识产权司法保护交流合作协议》。

② 2021 年 2 月，四川高院与重庆高院、四川省知识产权局、重庆市知识产权局共同签署《关于建立成渝地区双城经济圈知识产权保护合作机制备忘录》。

或进行技术咨询。

4. 深化审判执行协作

与重庆法院探索建立"云上共享法庭",联动化解川渝高竹新区涉企纠纷,依法审理涉成渝中欧班列等涉外商事案件 459 件,妥善审理成渝中线高铁、天府国际机场等重大项目建设案件 2.30 万件,标的额 680.20 亿元,双翼护航"蜀道难"变"巴蜀通"。加强执行工作,助推社会信用体系建设,签订《川渝地区执行工作联动协作协议》,构建执行协调、交流研讨、案件会商三项协作机制,携手服务保障成渝地区双城经济圈建设。两地法院常态化开展联合惩戒、委托执行等工作,实现执行办案"同城效应"。成都市青羊区法院与重庆市合川区法院联合开展执行协作,扣押涉案直升机,被《人民法院报》称赞为"最强执行"。2020~2021 年,川渝两地法院开展跨域立案 419 件次,相互办理委托执行案件 2.78 万件。

5. 深化理论调研协作

连续两年举办西部自贸司法协同创新论坛,来自四川、重庆等地法院的法官代表,西南政法大学、四川大学等高校的专家学者,律师代表,企业代表参加论坛,为成渝地区双城经济圈建设提供理论智慧。四川高院全程参与最高人民法院咨询委组织的"人民法院服务保障成渝地区双城经济圈建设调研"。四川高院将"成渝地区双城经济圈相关法律问题研究"确定为全省法院重点调研课题,指导成都、自贡中院开展理论调研,并已完成结项。

总体来看,在顶层设计的推动下,两地高院已构筑起司法协作的整体框架,区域内的中基层法院也在此框架下初步建立了协作关系,开展了具体实践,取得初步成效。但司法协作的整体水平相对不高,与司法协作需求还有差距,有待在实践中不断探索完善、创新优化。从实践探索可以看出,当前川渝两地法院的司法协作主要呈现以下特点。一是自发性较强。司法协作多是各协作主体间自主沟通交流,协作形式单一、规模较小,地域特色和品牌意识不够突出,影响力较小。二是协作框架设计较为粗放。协作框架的设计对于协作是否深入有效具有决定性作用,多数法院虽然签订了框架协议，对协作内容进行了规划，但结合区域实际的内容较少，可操作性不强，实质项目推动上还存在"一头热一头冷"现象。三是实践呈现零碎化特征。目前的司法协作多以点对点模式出现，未形成常态化协作模式。四是运行机制非制度化。虽然签订了较多数量的框架协议，但并未突破行政辖区框架，协作双方难以站在全局一体化角度对待彼此间的合作。

二 成渝地区双城经济圈司法协作的必要性和不足

（一）协作的可能性与紧迫性

一是司法协作是区域一体化的必然要求。从国家战略来看，从2011年国家发展改革委印发的《成渝经济区区域规划》到2016年国家发展改革委、住房和城乡建设部联合印发的《成渝城市群发展规划》，再到2021年中共中央、国务院印发的《成渝地区双城经济圈建设规划纲要》，可以解读出国家对于"双城经济圈"连接国内外、契合长江经济带与丝绸之路经济带的战略性区位优势的认定。因此，推进两地事务统筹是区域一体化的必然选择。推动成渝地区双城经济圈建设，司法协作要跳出行政区划的框架，由两地党委政府统一全面规划，形成一套行之有效的机制。

二是司法协作急需形成制度化运行体系。司法协作制度化是指在两地党委政府共统共筹的考量下，通过统一立法设规、统一法律适用标准等方式将协作制度化，让协作在实践中看得到、用得顺。目前，成渝地区双城经济圈建设正处于"创新试错期"，可根据双方司法需求，促进政策法规对接对标。若依旧囿于行政区划的限制，错失国家政策给予的"试错期"，后期的发展掣肘将更加难以摆脱。通过形成制度化运行体系，打破行政壁垒、明晰协作分工、提高司法效率，是川渝司法协作破解目前协作不深、可操作性不强等困境的有效途径，越早探索构建，则越能降低制度革新的社会成本。

三是司法协作已有良好现实基础。经过一年多的探索,川渝两地法院已开展了一定程度的司法协作,可在实践中发掘出可行性成果,通过制度进行固化,同时,针对不足进行分析,找到改善方法与路径。当前,就川内而言,成都、德阳、眉山、资阳已开启同城化发展,可为川渝司法协作提供相当程度的协作经验。

(二)存在的不足

一是落实《成渝地区双城经济圈建设规划纲要》有待共同发力。《成渝地区双城经济圈建设规划纲要》要求设立长江上游生态保护法院、金融法院、破产法庭、知识产权法庭(四川法院已完成破产法庭、知识产权法庭的设立),但因设立专门法院(庭)属于中央事权,涉及成渝地区双城经济圈建设重大国家战略和"十四五"期间改革任务,影响面广、政策性强、难度高,仅靠法院难以推动,需要川渝两地党委政府和法院共同努力,携手争取中央支持。

二是统一法律适用标准有待共同平衡。从立法上看,省级层面存在大量授权性地方立法,因各地经济社会发展状况存在差异,地方立法在具体标准上仍存在差异。例如,侵权损害赔偿、工伤保险待遇的具体计算标准和方式不同。再如,两地对盗窃罪的构罪标准不一致,移送法院后造成的审判效果也会有差异。从实践上看,法官在理解适用法律上仍有不一致之处,特别是在商事审判领域尤为突出。例如,在合同效力认定以及建设工程、商业保险、融资租赁等方面裁判尺度把握存在不一致的情况。

三是破解两地信息化系统壁垒有待共同协作。川渝两地法院目前已分别建成司法智库大数据中心(成都)、法智云中心(重庆)等。但尚未完全实现数据管理、案件信息、电子送达、律师服务等方面的协作,因两地法院的办案办公系统不是由最高人民法院统一建立,而是分别由不同的技术公司设计、维护(四川法院是通达海公司,重庆法院是交大慧谷公司),导致两地法院打通数据堵点的技术难度相对较大,一定程度上制约了人工智能、大数据、区块链等技术的融合运用。

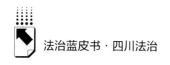

三　我国重大区域战略司法协同保障的经验及启示

京津冀、长江三角洲等区域的建设起步早、发展好，开展了多层级、跨区域、高规格的司法协作实践，已有可以复制学习的司法协同保障经验，这对于成渝地区双城经济圈建设而言，在立足区域现状的基础上又存在广泛的普遍意义上的借鉴价值。

（一）国内重大区域战略的法治保障经验

1. 京津冀区域司法协作模式及亮点

在京津冀区域一体化背景下，三地法院系统在 2015 年至 2016 年陆续出台相关司法协作指导意见，明确要摒弃地方保护主义，建立常态化司法协作。同时，2015 年 3 月，京津冀三地高院共同签署《北京、天津、河北法院执行工作联动协作协议书》，极大简化异地执行手续。同年 12 月，京津冀三地 19 家法院共同签署《北京、天津、河北（廊坊）19 家毗邻法院执行事项委托及操作细则》，逐步实现京津冀区域执行办案"同城化"。在中央的推动下，京津冀的发展方向确定为协同发展，其司法协作模式为"顶层设计 + 自主探索"，由三地高院联合组成联席会议，负责京津冀所有司法协作的设计、推动，区域内其余法院在此框架内根据需要开展具体的司法协作。

2. 长三角区域司法协作模式及亮点

早在 2008 年，上海、江苏、浙江就共同签署了司法工作协作交流协议，正式启动了司法协作。2009 年，上海、江苏、浙江三地高院再次签署 13 项司法协作工作规则，尤其细化了异地调查取证、异地执行等方面的合作规定。2014 年，安徽、上海、江苏、浙江高院就执行联动信息共享开展合作，一定程度上破解了执行难题。同时，长三角各级法院还就维护金融安全开展了积极合作。目前，长三角司法协作形成的协调机制较为突出，1993 年组织开展的由 13 家法院组成的环太湖地区司法协作会议，演变为近 50 家法院参与的司法协作会议，为之后的司法协作提供了参考与借鉴。

3. 泛珠三角区域司法协作模式及亮点

2004 年，广东高院与广州海事法院加强在年度业务通报、重要信息和重大案件报告、联合调研培训等方面的协作，进一步统一了裁判尺度、提高了案件审判质量。2009 年，广州中院与佛山中院签订同城化建设司法框架协议，开启国内以协作协议形式开展城际司法协作的先河。该协议在司法标准上进行了统一，对审判执行协作中的管辖、审理、送达等进行了细化，自此泛珠三角区域司法协作成为常态。泛珠三角区域在司法体制改革中选取了深圳、佛山、汕头、茂名作为试点，试点法院积极探索开展跨区域审理，进一步拓展了司法协作的深度。同时，随着最高人民法院第一巡回法庭在深圳挂牌成立，广东、广西、海南三省区的跨域矛盾纠纷得到了实质性化解，有效促进了区域内法律适用的统一。

（二）启示与借鉴

1. 跨域司法协作深度发展与区域一体化相辅相成

随着区域一体化规划的推进，区域间的合作领域不断扩张、力度不断加大，资本和劳动力流动愈加频繁。从长三角司法协作模式来看，区域一体化导致有的法院不能同之前一样自主控制人员和物品的流动，有的法院还需要管辖一些本应由其他法院管辖的案件。区域间的法院需开展深度合作，以突破在送达、执行等方面的限制，从而有效节约司法资源。川渝司法协作的深度发展需要进一步提升协同意识，在区域一体化进程中的多发案件上下功夫，加强协作。

2. 司法深度协作需要建立有序、统一、协调的治理机制

在区域一体化的基础上，司法协作不仅具备了统一的协同理念，还建立起了规范的支持机制。长三角城市群发展进程中，法院通过签署协议，每年召开会议通报协作情况，督促各法院履行司法协作协议，建立起了跨域协调机制，形成互相联动、共同推进的态势。京津冀同城化发展则是形成了京津冀三城统揽下，通州、雄安联动的治理体系。成渝地区双城经济圈建设过程

中，成都和重庆主城的发展领先，可发挥其先进性，将其领头羊作用纳入司法协作运行体系打造，推进协作深度运行。

3.司法深度协作需要不断扩大协作范围

从现有典型来看，随着时代发展和区域一体化进程，调查取证、协助执行等传统司法协作模式已不能满足人民群众的诉讼需求。在这一背景下，跨区域立案、统一裁判尺度、类案集中管辖、司法资源互通互融、矛盾纠纷多元化解等成为区域司法协作新的内容①。川渝司法协作不应局限于传统的内容，要结合区域实际、法治化营商环境、信息化平台构建等方面作出积极探索，不断扩大司法协作的范围。

四 深化成渝地区双城经济圈司法协作的对策建议

中国的传统治理模式是"行政区行政"，成渝地区双城经济圈建设应突破固有范围限制，在"区域"范围内对事务进行整体考量。川渝司法协作也应响应这一要求，以"事务全局统筹、政策法规对接对标、信息共建共享、人员共育共享"为目标，达到"案件处理及时、判决公平公正、服务便民利民"的效果。因此，协作单位应当突破司法机关这一主体，将政府、政法委、司法局等党政部门及高校、法学会等团体吸纳进司法协作的建设单位，建设内容应该包含协作运行监督考核、协作平台搭建、协作内容细化等。综上，建议构建由政法委统筹，司法机关具体协作，政府部门、人民团体协同配合的司法协作运行模式。具体建议如下。

（一）统筹监督——深化川渝司法协作的指挥协调机构职能

考虑到统筹工作安排的必要性和持续性，有必要深化现有领导小组的职能。小组基本职能为根据成渝地区双城经济圈建设需要，解读司法协作政策

---

① 王兆忠、孙晨：《长江中游城市群司法协作模式选择与构建》，《长江论坛》2018年第3期。

目标，对工作职责与任务进行安排，统筹工作执行的监督与考核。

首先，由领导小组根据《成渝地区双城经济圈建设规划纲要》要求，紧紧围绕建设具有全国影响力的重要经济中心、科技创新中心、改革开放新高地、高品质生活宜居地战略定位，积极向中央、最高人民法院及相关部委争取设立金融法院、长江上游生态保护法院等专门法院（庭）。

其次，在统一法律适用标准上，由领导小组对涉及环境保护、市场经济规范、知识产权保护、社会治安管理等区域内具有共性的立法项目进行统筹联合调研，再推动川渝两地人大统一立法，逐步形成一系列有利于川渝地区协同发展的法律法规。同时实现具体标准的统一，为"同案同判"提供法律基础。

最后，领导小组对上级部门负责，对司法协作中的经验和问题进行收集，再以工作安排或政策的形式下发至基层执行，并促成更高级别更大范围的协调沟通，推动协作运行机制制度化。

（二）执行落实——构建区域司法协作常态化机制

川渝两地法院应当在协调监督小组的统筹下，执行落实协作事项，推动协作常态化运行。该协作应当是全方位的，从体系论的角度出发，关键是要建立"立—审—执—调"的司法联动保障体系。

一是推动诉讼服务一站式协作。借助网上诉讼服务中心、移动微法院、12368热线、诉讼服务窗口等平台和渠道，进一步加强协调联动，推进智能化、网络化、数字化"非接触式"诉讼服务，共同构建川渝两省市跨域立案等诉讼服务事项无缝衔接机制。同时，积极探索文书异地打印、委托送达、调查取证、保全鉴定等审判辅助事务跨域协作机制。

二是推动审判事务全领域协作。深化民商事、知识产权、环境资源等审判领域协作，充分发挥审判职能作用，加强审判信息互通，及时传递法律适用规范性文件，及时通报涉两地重大影响案件、重大敏感案事件，为两地共同实施创新驱动发展战略、携手推进经济社会发展提供更高水平的司法服务

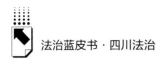

和保障。

三是推动执行事务跨区域协作。开展川渝两地法院资源共享、优势互补、发展互助、合作共进的执行协作，加强两地法院执行工作信息共享，建立两地法院执行信息化协作平台，强化异地执行统一协调指挥和协助，完善跨区域执行联动机制的协调配合，逐步实现川渝两地办案的同城效应。

四是推动边际纠纷诉源治理。建立以边际司法机关为主，地方党委政府、社会调解组织参与，共同确定矛盾纠纷排查主体、受理主体、回访主体的"一体化"模式。在此，可充分发挥人民法庭的"桥头堡"作用，主动对接毗邻区域乡镇党委政府及协作法院下设的人民法庭，加强对苗头性矛盾纠纷信息的分享、社会风险的评估，确保纠纷及时发现、及时排除，发挥毗邻区域司法协作的最大力量。

（三）沟通联络——构建共享、流动、协同的信息联络平台

在川渝两地司法协作中的政策对接、法律统一适用、立审执调的基础上，建设信息联络平台成为可能和必要。建议两地政法委牵头，组织政法各单位，深化在技术领域的合作，打通技术堵点，实现数据管理、案件信息等方面一体化运行，推动大数据、区块链等技术的交互运用。

一是要明确平台信息共享内容。从区域司法协作的体系和内容出发，需要打通立审执间的沟通障碍。在立案方面，对跨域立案、委托送达信息进行共享，协作法院可通过该平台完成立案、送达等材料的流转。在审判方面，对财产查控、典型案例、裁判文书等信息数据进行共享。在执行方面，进一步建立完善与公安、住建、民政、市场监管等部门联通的网络查控系统，建立跨域交互平台，协同发送查控请求，协同获取异地查控结果，最大限度便利执行，实现执行措施和手段的跨区域覆盖。

二是提升信息使用效率。两地司法协作涉及立审执的方方面面，在协作运行机制制度化的背景下，两地司法协作频繁成为可能，因此需要对信息分享进行统筹，协作主体间可直接通过平台完成信息的共享。建议在平台设置司法协作专栏，内含材料提交、远程开庭、远程送达、典型案例、新闻中心

等专栏，以实现协作的高效运行。

三是建立合理、适度的信息安全机制。法院执法办案中的大部分信息涉及公民隐私，在信息共享的情况下，信息泄露的来源和追责难度相对加大，因此需要设置信息共享安全等级，明确涉密信息共享范围和查看等级，以及查阅信息的审批程序。同时，将涉及国家秘密、商业机密、个人隐私及未成年人犯罪相关案件纳入涉密信息范围，加强对该部分信息的监管。

（四）干部交叉——构建共育、共享、共生的人才交流平台

从长三角城市群发展进程来看，有关学者认为人才共同市场是具有较好前景的合作领域，这为川渝区域一体化发展提供了思路。通过建立共育、共享、共生的人才培养模式，让敢于担当、认真负责的干部在工作中发挥关键作用，这也是人才交流的题中应有之义。

一是深化人才队伍共建。开展法院人才挂职锻炼，建立人才互派交流学习机制，川渝法院互派干警挂职交流锻炼，着力培养一批复合型、实用型的业务骨干。精准对接天府中央法务区等法律产业服务聚集区建设需求，共同开展金融、生态、知识产权、破产等领域领军型、专家型、骨干型队伍建设，为推动设立金融法院、长江上游生态保护法院等专门法院提供人才支撑。整合两地司法资源，探索形成川渝法院专业人才库，共享涉外审判、司法鉴定、专利审查、商标审查、破产管理人、人民陪审员、人民调解员等相关专业化人才资源。

二是深化人才培训教育。创新"院院合作"平台，以重庆法官学院和四川法官学院为载体，以各协议单位的审判业务专家为引领，建立联合教育教学队伍，加强培训经验交流分享，推行人才交叉培养协作机制，积极推进两地干部统一培训、学习和交流。共享"院校合作"平台，深化法院与高等院校间的合作，充分发挥司法实践优势和学术资源优势，创建"法官进课堂、专家进法院"双向互动交流模式，建立川渝法院教育实践基地，联合开展重大疑难复杂案件研讨，实现资源共享。

三是深化人才环境共造。联合开展法官讲堂、司法实务研究论坛等活

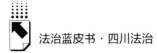

动，加强两地干警的交流互动，增进相互了解，互学共进。联合开展"模范法院""优秀法官"等评选表彰活动，激励广大干警汲取先进典型精神力量。联合打造文化建设品牌，充分发挥两地的特色文化资源优势，共同挖掘巴蜀传统文化、红色文化中的法治文化精神，推动建设德才兼备的法院队伍，着力形成新时代"双城"法院文化。

B.25
川渝高竹新区法治建设实践探索

广安市司法局课题组 *

摘　要： 《成渝地区双城经济圈建设规划纲要》于 2021 年 10 月 20 日由中共中央、国务院正式发布，为川渝高竹新区法治建设提供了更大空间、提出了更高要求。本文深入分析川渝高竹新区得天独厚的区位优势和欣欣向荣的发展前景，重点剖析川渝高竹新区在经济区和行政区适度分离过程中凸显的法治难题，聚焦围绕新区高水平法治化营商环境建设、高质量公共法律服务供给等法治实践提出了对策建议，旨在为川渝毗邻地区一体化发展提供可复制可推广的法治建设高竹经验。

关键词： 川渝高竹新区　法治保障　法律服务

一　新区发展概况

川渝高竹新区是四川省人民政府、重庆市人民政府携手合作共建的首个城市新区，于 2020 年 12 月 29 日批准设立，创造了当年启动、当年规划、当年批复、当年建设的"双城速度"。新区规划面积 262 平方千米，其中广安市邻水县 138 平方千米、重庆市渝北区 124 平方千米，包括广安市邻水县高滩镇、坛同镇和渝北区茨竹镇、大湾镇部分行政区域。目前建成区面积 6

---

* 课题组负责人：李廷远，四川省广安市司法局局长。课题组成员：梁宁川、刘元林、郑小钟、张行平、涂悦。执笔人：涂悦，四川省广安市邻水县委全面依法治县办秘书股股长。

平方千米，常住人口 11 万人，入驻企业 167 户，竣工投产 66 户，培育规模以上企业 38 户，完成固定资产投资 28.98 亿元，实现工业产值 100 亿元。新区直接面向重庆中心城区，距重庆两江新区 15 千米、江北国际机场 38 千米、"两江四岸"核心区 50 千米、果园港 55 千米、邻水县城 40 千米，属于重庆半小时经济圈。

1. 设立背景

一是中央有战略。2020 年 1 月 3 日，习近平总书记在中央财经委员会第六次会议上作出推动成渝地区双城经济圈建设重大战略部署，深刻改变了成渝地区的战略位次和发展能级。"推动建设广安—渝北等一批跨省市毗邻地区产业合作园区"作为《成渝地区双城经济圈建设规划纲要》提出的重点任务，助推川渝高竹新区建设正式上升为国家战略。二是省市有部署。2020 年 7 月 10 日，四川省委十一届七次全会提出，"支持广安市与渝北区共建高滩茨竹产城融合新区"。12 月 29 日，四川省政府、重庆市政府共同批准设立川渝高竹新区；12 月 31 日，两省市发展改革委正式印发《川渝高竹新区总体方案》。2021 年 11 月 9 日，两省市编委批准正式设立川渝高竹新区党工委、管委会。三是渝广有行动。为抢抓成渝地区双城经济圈建设机遇，广安、渝北、邻水三地多次对接磋商，明确共同出地、共同出资、共同出人，共同规划建设川渝高竹新区，于 2020 年 11 月 16 日、25 日广安、渝北双方抽调人员集中入驻新区，共同推进新区开发建设。

2. 发展定位

高竹新区紧盯"国家级新区"目标，两省市发展改革委联合印发的总体方案确立"两区一城"发展定位。第一个"区"是经济区与行政区适度分离改革试验区。不破行政区划、突破行政壁垒，探索经济活动一体开展，社会事务分区管理，实现跨省域一体化发展。第二个"区"是产城景融合发展示范区。重点建设先进制造业集聚区、高品质生活宜居城、生态康养旅游带、都市近郊现代农业集中发展区，打造产业、城市、生态相融的高质量发展示范区。"一城"是重庆中心城区新型卫星城。聚力有效承接重庆中心城区功能疏散，加强交通优化、产业发展、人口职住等公共服务配套设施体系建设，做强"重庆半小时通勤圈"文章，全面融入重庆中心城区。

3. 新区现状

在广安市委市政府和渝北区委区政府的大力推动下，在没有现成经验可借鉴、没有固定模式可参考的情况下，川渝高竹新区坚持问题导向，高举改革大旗，一年多的实践中探索经济区与行政区适度分离改革"高竹经验"。主要通过发展汽车、电子信息、生态康养旅游三大主导产业，基本形成以汽车研发制造为主的装备制造业集群，是重庆两江新区配套产业园、四川省新型工业化示范基地、成渝地区双城经济圈产业合作示范园区，初步实现了社会事务分区管理，既不把川渝高竹新区干成一般开发区模式，也不搞成准政府模式，有力有序推进新区开发建设。

二　新区法治建设的重要意义

1. 为成渝地区双城经济圈建设提供高质量法治保障

《成渝地区双城经济圈建设规划纲要》明确将"推动广安全面融入重庆都市圈，打造川渝合作示范区"作为重点目标，川渝高竹新区作为广安融入重庆的区域协作样板，更是成渝双城经济圈建设的前沿重地，有突出的战略地位。制度壁垒是影响成渝双城经济圈建设进度的核心问题，而法治是破解制度壁垒的利剑，法治不仅可以保护各类要素在资源配置下的权益，激发创新活力和内生动力，它还能规范政府和市场的边界，充分保障公平竞争，明确稳定可预期的规则秩序①。在川渝高竹新区高速发展进程中，经济贸易上的频繁往来合作绝不是简单意义上的跨行政区域合作，而是在跨制度合作的前提下，涉及交通、产业、科技、环保、民生等多个领域的广泛合作，在融合发展中产生的任何疑难纠纷，最终都会归结成具体的法律问题。因此，聚焦川渝高竹新区法治规范、法律服务、司法协作等一系列法治建设问题，

---

① 谭博文：《冲突挑战与创新融合：粤港澳大湾区法治建设思考》，《特区实践与理论》2019年第5期。

着眼于法治制度的创新与探索，能够有效防范和化解法律风险和障碍，助力新区实现资源共享、产业流动、人才交流、服务提升、利益共享等发展目标，充分发挥新区在法治建设方面的标杆引领作用，为推动成渝双城经济圈建设提供优质的法律服务和法治支撑，不断增强成渝毗邻区域核心竞争力，打造带动全国经济高质量发展的重要增长极和新的动力源。

2. 为共建成渝地区法治一体化提供高标准法治示范

2020 年 5 月，川渝两地党委政法委签署了《关于提升区域一体化执法司法水平　服务保障成渝地区双城经济圈建设的指导意见》，从加强执法司法协作、促进区域法律合作、强化资源共建共享等方面，对提高两地执法司法"同城"效应作出了规划部署①。川渝高竹新区作为启动建设的唯一一个跨省共建新区，承担着法治一体化建设先行先试、示范带动的重要使命，也必然在法治建设中率先面临各种新的冲突和矛盾。在推进新区建设发展中涉及的重大规划、重要项目、重点工程，包括涉及资源开发、招商引资、劳动用工、知识产权保护等各个方面潜在大量的法律风险与障碍，同时在行政区社会治理中也存在治安防控、打击犯罪、判决执行、特殊人群管理等一系列执法司法难题。因此，在川渝高竹新区探索创建跨省域法治协作一体化模式，主动将法治服务端前移，探索推进与行政区适当分离的司法管辖制度改革，完善构建川渝公共法律服务体系，能进一步为推进成渝双城经济圈法治一体化建设打造可持续、可复制的"高竹法治经验"示范品牌。

3. 为提升毗邻地区的营商环境提供高动能法治内驱

营商环境囊括市场主体从事商事行为所需要面对的政治、经济、法治、文化的条件和境况，表征着一国或一地区的经济软实力②。"建设法治化营商环境，建立公平开放透明的市场规则"在 2013 年出台的《中共中央关于全面深化改革若干重大问题的决定》中明确提出。由此可见，法治是衡量营商环境建设的重要评估指标，是推动市场经济良性发展的动能内驱。川渝

---

① 王戬：《成渝地区双城经济圈法治一体化怎样建设》，《成都日报》2021 年 10 月 21 日。
② 董飚、李仁玉：《我国法治化国际化营商环境建设研究——基于〈营商环境报告〉的分析》，《商业经济研究》2016 年第 13 期。

高竹新区紧靠重庆市的三个国家级功能平台，包括中国（重庆）自由贸易试验区、重庆保税港区、重庆临空经济示范区，在规划范围内不仅有较为成熟的经济载体，还有良好的区位优势、交通优势、生态优势、合作优势和用工用地等要素成本优势。因此，高竹新区要充分运用高效实施的法治实践去激活现有要素成本优势，围绕建设先进制造业集聚区、都市近郊现代农业集中发展区、生态康养旅游带"两区一带"的发展目标，将企业开办、执行合同、知识产权保护、财产保护、劳动纠纷等各个方面纳入法治化轨道，助力新区以法治化营商环境优势为引领不断增强区域一体化核心竞争力，进而拓展辐射成渝中部毗邻地区"向心力"发展。

三　新区法治建设的实践困境

川渝高竹新区成立以来，重庆渝北、四川邻水两地各政法部门、重点执法部门致力于共同推进新区法治建设，进一步加强交流融合，积极推动新区法治建设谋新篇、布新局。例如，渝北、邻水两地人民法院签订《服务保障"高滩—茨竹产城融合新区"司法协作框架协议》，明确双方法院13项司法协作路径；两地司法局共同建设川渝高竹新区公共法律服务中心，统筹开展法律服务"一体化"工作；两地市场监管局签订《川渝八区县知识产权保护合作协议》，探索建立知识产权重点保护机制；等等。可以看到，目前针对高竹新区法治建设的研究和实践主要还处于部门座谈交流、签订合作协议、召开联席会议等初始合作阶段。实际上，当前两地在大部分合作协议中都是对目标展望过多，对推动落实表述简单，当涉及具体法治问题的处理，如何统一受理、如何规范标准、如何划分责任等诸多方面还存在模糊不清的情况，从而导致高竹新区法治建设在推进中面临一系列现实的难点与困境。

1.行政属地管理权限有壁垒，法治合作效力不明显

川渝高竹新区深化经济区与行政区适度分离改革试验，主张经济活动一体开展，要在不破行政区划、突破行政壁垒的前提下开展社会事务分区管

理。在高竹新区所辖的行政区域范围内，一部分是地属重庆市地市级单位的渝北区，另一部分是地属广安市县级单位的邻水县，两地在行政层级上实际是不对等的，反映在新区法治建设这一项社会事务管理中存在行政管理权限差异化的现象，同时也伴随着行政管治权力不对称的难题。目前开展的法治协作基本还停留在信息互通有无上，一定程度上阻碍了高竹新区法治协同的持续发展和效力展现。例如，《社区矫正法》严格规定未经审批，社区矫正对象不能离开所属县（区）辖区范围。部分社区矫正对象长期在高竹新区跨"界"从事货物运输、厂区务工等劳务活动，无形中违反了《社区矫正法》跨区域限制的规定，存在较大的"脱管""漏管"管理风险；随着高竹新区的发展扩张，原有的川渝界限逐渐模糊，犯罪地处川渝交界处，已经无法区分犯罪地具体是何处，在案件侦办中该由哪地管辖会存在分歧；在高竹新区开展行政执法时，若有跨行政区域的行政案件，告知当事人行政复议、行政诉讼途径时，该由哪个部门或哪一级法院受理也会存在分歧；等等。

2. 区域执法司法标准有差异，案件处理程序不统一

目前，川渝高竹新区执法司法、基层治理等社会事务还是由原行政辖区负责，两地普遍存在诉讼追诉、损害赔偿、判决执行等执法司法领域多项标准不一致，导致执法司法案件处理程序方式差异化，同一事实引起的裁判结果将迥然不同，不利于维护公平正义。例如，关于盗窃罪的立案标准两地就有差异，若一名嫌疑人在高竹新区实施了盗窃行为，四川省高院、检察院确定价值1600元以上的为"数额较大"，而重庆市高院、检察院确定价值2000元以上的为"数额较大"；根据《刑事诉讼法》第91条第2款规定，"对于流窜作案、多次作案、结伙作案的重大嫌疑分子，提请审查批准的时间可以延长至三十日"，若嫌疑人在高竹新区内跨"界"作案两次，公安机关能否将案件认定为流窜作案、跨省作案，延长刑事拘留期至30日；涉及跨区域诉讼案件的具体处理，无论是民商事案件还是刑事案件，以目前的行政区域为界，各自适用不同的裁判标准，如人身损害赔偿案件的各项标准、贪利型刑事案件的追溯标准存在不一致；等等。

3. 公共法律服务供给不足，法律服务机制不完善

随着川渝高竹新区融合发展的深入推进，渝北、邻水两地群众日常往来密切频繁，导致毗邻地区民商事纠纷出现类型多元、数量增长的趋势，主要表现在涉及经营风险、土地流转、征地拆迁、劳资纠纷等各个方面的矛盾主体，人民群众对及时高效、能解决实际问题的法治服务需求日益增长。但因两地行政管理权限的限制，法律服务机制尚未健全，导致高竹新区公共法律服务实践存在一系列疑难问题。例如，涉及园区企业或员工相关的矛盾纠纷，新区管委会对入驻企业只有管理服务权限，并没有参与矛盾纠纷调解的职能，对涉企矛盾纠纷调解组织的确定存在分歧；《基层法律服务工作者管理办法》规定法律服务工作者进行诉讼案件代理时，不能超出执业辖区范围，在高竹新区范围内执业的两地法律服务工作者实质上受到了地域范围限制；在法律援助案件咨询和受理过程中，两地对涉及援助对象范围的判定以及援助标准的划分也存在不同的处理方式；等等。

4. 法治化营商环境有待提升，支撑产业发展不同步

知识产权保护作为法治化营商环境建设的一项重要指标，培育知识产权密集型产业可以有效化解产能过剩，同时能够有效抵御外部冲击和经济增长的风险[①]。伴随着高新企业的快速发展，高竹新区对外引进的企业大部分是汽车设备制造和高新科技类企业，将逐步形成知识产权密集型产业群，但目前这部分从外地转移搬迁过来的企业，普遍对商业秘密的保护意识较差，缺乏对知识产权重点保护的机制建设，对入驻企业产业机构升级提质和核心竞争力提升产生不良影响。另外，公安、应急、环保、税务等各个执法部门在对高竹新区园区企业的日常监管中，涉企执法检查的项目覆盖企业采购、生产、销售、运输等多个环节领域，检查时间点较为分散，部门间又缺乏协调配合，往往出现重复检查、多头执法的现象，更甚者会有"一刀切"的情况发生，导致出现对企业监管不细、执法不严等问题，对支持园区各个企业产业的长期可持续发展埋下了法律隐患。

---

① 毛昊：《专利密集型产业发展的本土途径》，《电子知识产权》2017 年第 7 期。

四　新区法治建设的路径思考

1.加强法治规则融合衔接

《成渝地区双城经济圈建设规划纲要》的出台为川渝高竹新区建设发展指明了方向，也必将为新区法治建设注入更多政策鲜明、精准发力的"制度红利"。"法律调整的一个基本功能，在于通过授权性规范的制定和施行，充分调动社会主体的积极性、能动性和创造性。"① 因此，高竹新区法治建设应该注重政策先行，实现政策制度的调整突破从而完成法治规则的融合实施。一是设立新区法治建设领导小组。建议由四川省委全面依法治省办、重庆市委全面依法治市办牵头，在川渝高竹新区管委会设置法治建设办公室，负责与两省市政法部门、重点执法部门的对接交流，统一收集高竹新区依法治理过程中的法治问题，及时高效协调处理新区协同发展过程中遇到的法治具体事务。二是健全司法案件管辖协调机制。为切实解决两地执法司法标准差异化问题，建议两省市级公检法系统联合谋划，充分发挥司法引领作用，积极探索优惠互惠措施，推动统一立案标准、证据标准和侦查监督、案件审判管辖等司法互认机制，形成诉讼、调解、仲裁高效衔接的多元化解新格局，推进相互认可和执行民商事案件的判决。三是完善法治化营商环境机制。建议两地市场监督管理、行政审批、税务等重点执法部门联合建立涵盖知识产权保护、行政审批、消费维权、税务办理等营商环境一体化建设工作体系，逐步完善高竹新区市场准入异地同标、知识产权重点保护、消费维权协作、商业秘密保护四大机制，最大限度精简行政审批事项和环节，推进园区内企业同一事项无差别受理、同标准办理，开展企业投资项目承诺制改革，实施工程建设项目审批制度改革，为高竹新区营造宽松自由、便捷包容的法治化营商环境。

---

① 公丕祥：《认真对待区域法治发展》，《区域法治发展研究》，法律出版社，2016，第13～14页。

2. 提升司法合作高效协同

"法律合作指具有实践内容的行政执法和刑事、民商事司法协助,其功能在于妥善解决互涉的具体法律问题。"[1] 川渝高竹新区在应对快速发展中产生众多具体的法治问题,导致执法司法协作实效性不高,法律服务延伸性滞后,然而目前的管理运行机制暂时还无法突破行政区管理权限的壁垒,深化司法合作实践成为探索推进新区法治建设的"破冰之举"。一是高效运行高竹新区公共法律服务中心。按照"人员共派、平台共管、资源共享"的原则,由渝北、邻水两地司法局选派工作人员集中办公,设置多元化解、法律咨询、法律援助等7个法律服务窗口,为高竹新区来访群众提供公证咨询预约、人民调解受理指派、法律援助申请受理、刑释人员安置帮教等及时优质、高效便捷的法律服务,实现高竹新区公共法律服务高标准管理、高质量供给。在"外来企业维权"窗口,引入专业律师开展园区企业投诉、法律咨询的解答办理,组织律师进入企业开展"法治体检",帮助企业可持续健康发展。二是加强执法联动响应和协作。加强两地重点执法部门的沟通交流和业务指导,探索"跨界+联合"的联动执法模式,建立健全执法线索移送互通机制,对涉及经济发展和企业经营的相关问题,增强执法方式的多样性和灵活性,为企业健康发展营造良好的法治氛围。例如,对涉及经济纠纷案件,公安部门依法慎用查封、扣押、拘留、逮捕等强制措施,尽可能多调解协商;对园区企业涉及产品质量、商标侵权、反不当竞争等敏感案件需要追溯的,市场监管部门应及时将线索移送对方单位,并把调查处理情况及时函告对方单位;等等。三是共享智慧化司法信息平台。健全司法信息交流共享机制,随时可查阅裁判、执行、交换犯罪情报及前科等司法信息,范围不局限于司法机关,可扩展为监察机关、检察机关、公安机关所掌握的司法资源信息[2]。借助信息大数据平台,通过完善信息数据采集的流程、标准、范

---

[1] 饶戈平、王振民:《香港基本法澳门基本法论丛(第一辑)》,中国民主法制出版社,2011,第305页。

[2] 邹平学、冯泽华:《改革开放四十年广东在粤港澳法治合作中的实践创新与历史使命》,《法治社会》2018年第5期。

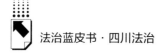

围，探索跨域案件类型化、集约化、专业化办理审判，实现信息资源最优化，推进智慧型民商事调解基地建设，成为推进高竹新区法治建设的强劲活力。

3. 促进法治文化互动交流

法治文化建设的关键是让广大人民群众树立起法治观念、法治信仰，重点是以有效传播使法治文化深入人心①。川渝高竹新区法治建设离不开川渝两地法治文化的融合与创新，不断提升社会道德文明风尚，以法治文化熏陶增强法治建设力量。一是加大普法宣传力度。针对高竹新区毗邻两地地域文化存在的差异性，与传统的普法宣传形式不同，要进一步联合两地公检法系统专业普法力量和普法志愿者队伍，因地制宜、因人施教地转变普法方式，围绕高竹新区发展建设中涉及治安管理、土地承包、劳动务工、环境污染等热点法律法规，由以往的法条传单式讲解转变为以案释法并进、图文影像并茂、法德哲情并行，针对不同普法受众探索"浸润式"普法实践，既讲法更讲德，既普及法律又能解决实际问题，让高竹新区基层群众共享更多优质普法资源，有效防范化解社会矛盾隐患。二是创新丰富法治文化活动。通过开展形式多样的群众性法治文化活动，引导两地群众广泛参与法治广场舞比赛、法治对联书写、法治小品演出、法治微视频拍摄、院坝模拟法庭等喜闻乐见的法治文化活动，让群众在活动参与中成为普法宣传的"主角"，真正在群众性普法实践中身临其境地感受到法律的威严，掌握有用的法律法规知识，也让两地群众产生更强的法治文化共鸣。三是大力创建法治示范阵地。着力联合打造高竹新区法治阵地"示范品牌"，在毗邻地区的"四镇一园区"广泛开展民主法治示范村（社区）、法治示范镇、诚信守法企业等法治示范创建，建设法治农家书屋、法治文化长廊、法治文化公园等法治宣传阵地，将法治文化元素渗透到新区法治建设的各阶段、各方面，展现高竹新区的依法治理水平和法治营商环境建设中的"法治风采"，全面营造尊法学法守法用法的浓厚法治氛围。

---

① 蒯正明、孙武安：《着力加强法治文化建设》，《人民日报》2018 年 9 月 26 日。

附　　录

Appendix

B.26

四川全面依法治省大事记（2021年）

1月7日　中共四川省委全面依法治省工作会议在成都召开。会议传达学习了习近平法治思想和中央全面依法治国工作会议精神，对法治四川建设形势任务进行了分析，对当前和今后一个时期的法治建设工作进行了部署。省委书记、省委全面依法治省委员会主任出席会议并讲话。

1月11日　四川省人民政府办公厅印发《四川省行政执法公示办法》《四川省行政执法全过程记录办法》《四川省重大行政执法决定法制审核办法》。

2月2日　四川省十三届人大四次会议第三次全体会议举行宪法宣誓仪式，新当选的省人民政府省长，省人大常委会副主任、秘书长、委员以及大会表决通过的省人大部分专门委员会主任委员进行宪法宣誓，省长领誓。

2月　四川创新开展"四川省法治春联进万家系列活动"，甄别筛选集成"法治春联选编"116副，中央电视台等媒体予以宣传报道。

2月5日　天府中央法务区在成都市正式挂牌运行。省委书记、省委副书记、省长出席活动。

2 月 25 日 四川省人大常委会召开《长江保护法》贯彻实施座谈会。省人大常委会副主任出席会议并讲话。

2 月 26 日 四川省人大常委会发布《四川省人大常委会 2021 年立法计划》。

3 月 3 日 全省政法队伍教育整顿动员部署会议召开。省委常委、政法委书记、省政法队伍教育整顿领导小组副组长作动员部署。

3 月 22 日 四川省人民政府发布《四川省人民政府 2021 年立法计划》。

3 月 22 日 四川省市域社会治理现代化试点工作创新推进会议在成都召开。省委常委、政法委书记出席会议。

3 月 24 日 四川律师公证法律服务团送法进寺庙三年活动总结暨涉藏州县依法常态化治理推进会在成都召开。省委常委、政法委书记出席会议。

3 月 26 日 四川省十三届人大常委会第二十六次会议表决通过了《四川省优化营商环境条例》，这是四川与重庆开展的第一个协同立法项目。

4 月 2 日 四川省法治政府建设工作电视电话会议召开。省委副书记、省长出席会议并讲话。

4 月 10 日、22 日 中共四川省委全面依法治省委员会印发《中共四川省委全面依法治省委员会 2021 年工作要点》《中共四川省委全面依法治省委员会 2021 年工作任务台账》。

4 月 20 日 陕西、甘肃、四川、重庆 4 省市 11 家中级人民法院在广元市签订《嘉陵江流域环境资源保护司法协作框架协议》。

4 月 20 日 中共四川省委全面依法治省委员会办公室启动"1 + 8"示范试点中期全覆盖式调研督导工作。

4 月 26 日 四川省法治政府建设工作领导小组办公室下发通知，要求各地各部门持续深化人民群众最不满意行政执法突出问题承诺整改活动。

4 月 28 日 四川省扫黑除恶专项斗争总结表彰大会在成都召开。省委书记作出批示，省委常委、政法委书记、省扫黑除恶专项斗争领导小组组长出席会议并讲话。

5 月 6 日 中共四川省委全面依法治省委员会第三次会议在成都召开，

会议审议通过了《贯彻落实习近平总书记重要讲话精神　纵深推进全面依法治省工作任务分工方案》《党政主要负责人履行推进法治建设第一责任人职责情况列入年终述职内容工作方案》。四川省委书记、省委全面依法治省委员会主任主持会议并讲话。

5月19日　中国社会科学院法学研究所、社会科学文献出版社在成都设分会场在线发布法治蓝皮书《四川依法治省年度报告 No.7（2021）》。

5月25日　四川省财政厅、司法厅会同生态环境厅、交通运输厅、农业农村厅、文化和旅游厅、应急管理厅、省市场监督管理局、省药品监督管理局联合印发《四川省综合行政执法制式服装和标志管理实施办法》。

5月28日　四川省十三届人大常委会第二十七次会议表决通过了《四川省人民代表大会常务委员会关于加强赤水河流域共同保护的决定》《四川省赤水河流域保护条例》，这是全国首个地方流域共同立法，为跨区域联合保护生态环境开辟了新路径。

5月28日　中共四川省委印发《四川省贯彻落实〈中国共产党统一战线工作条例〉实施方案》。

6月4日　中共四川省委全面依法治省委员会印发《四川省行政复议体制改革实施方案》。

6月25日　省十三届人大常委会第二十八次会议表决通过《四川省红色资源保护传承条例》。

6月25日　四川省委依法治省办、省委宣传部、省委网信办、省人大法制委等9部门联合印发《"美好生活·民法典相伴"主题宣传工作方案》。

7月2日　中共四川省委全面依法治省委员会印发《关于落实〈关于加强社会主义法治文化建设的意见〉实施方案》。

7月15日　中共四川省委全面依法治省委员会办公室组织召开省委依法治省办第五次会议。

7月22日　中共四川省委办公厅印发《贯彻落实习近平法治思想　深入推进全面依法治省工作的若干措施》。

7月28日　川渝政法合作联席会议暨长江上游成渝地区生态保护法治

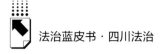
联盟成立大会在宜宾召开。会议审议通过了《长江上游成渝地区生态保护法治联盟联席会议制度》，签署了《法治联盟框架协议》。

7月29日　四川省十三届人大常委会第二十九次会议表决通过了《四川省三星堆遗址保护条例》，条例于9月1日起正式施行，为三星堆遗址保护管理提供法治保障。

8月16日　四川省第二批政法队伍教育整顿动员部署会议在成都召开，省委书记、省政法队伍教育整顿领导小组组长出席会议并讲话。

8月30日至9月1日　四川省委政法委会同省委组织部联合举办"全省政法系统学习贯彻习近平法治思想专题研讨班"。

9月1日　四川省政法领域全面深化改革推进会在成都召开，省委常委、政法委书记出席会议并讲话，副省长、省公安厅厅长主持会议。

9月3日　中共四川省委全面依法治省委员会办公室召开四川全面依法治县（市、区）示范试点工作视频推进会。

9月7日　四川省委依法治省办、司法厅对四川省青少年法治宣传教育基地等50家获评单位进行命名授牌。

9月14日　全国政法队伍教育整顿中央第十四督导组组织召开四川省第二批政法队伍教育整顿专题会。中央第十四督导组组长主持会议并讲话。

9月15日　中共四川省委印发《法治四川建设规划（2021～2025年）》《四川省法治社会建设实施方案（2021～2025年)》。

9月25日　四川省委依法治省办、司法厅组织举办国际商事法律实务高峰论坛。

9月29日　四川省十三届人大常委会第三十次会议表决通过了《四川省交通运输综合行政执法条例》，这是全国首个交通运输综合行政执法条例。

10月8日　四川省委依法治省办、省委组织部、省委宣传部、司法厅、人力资源和社会保障厅、省国资委联合印发《关于运用四川省国家工作人员学法考法平台组织开展学法考法的通知》，决定在全省运用信息化系统组织开展国家工作人员学法考法工作。

10 月 13 日　四川省人民政府印发《关于将一批省级行政职权事项调整由成都市及 7 个区域中心城市实施的决定》，将 19 个领域 114 项省级行政职权事项调整由成都市及 7 个区域中心城市实施。

10 月 18 日　中共四川省委全面依法治省委员会办公室印发《关于健全行政裁决制度　加强行政裁决工作的实施意见》。

11 月 2 日　四川省委农村工作领导小组办公室、省委依法治省办、司法厅、农业农村厅、省乡村振兴局联合印发《关于全面推进学法用法工作强化乡村振兴法治保障的意见》。

11 月 10 日　四川在中央依法治国办深入学习贯彻习近平法治思想座谈会上关于"学习贯彻习近平法治思想探索基层依法治理有效路径"的发言材料刊发在《人民日报》。

11 月 24 日　中共四川省委全面依法治省委员会办公室印发《关于加快推进公职律师工作的若干措施》。

11 月 25 日　省十三届人大常委会第三十一次会议表决通过了《四川省乡村振兴促进条例》。

11 月 25 日　川渝两地省级人大常委会分别表决通过嘉陵江流域生态环境保护条例和关于加强嘉陵江流域水生态环境协同保护的决定，这是两地推进流域生态环境保护协同立法的首次尝试。

11 月 30 日　中共四川省委、四川省人民政府印发《四川省法治宣传教育第八个五年规划（2021～2025 年)》。

12 月 3 日　四川省委依法治省办、省委宣传部、司法厅共同举办 2021 年四川省"12·4"宪法宣传周线上主题活动。

12 月 6 日　四川省人民政府举行国家工作人员宪法宣誓仪式，由省政府任命的 41 名国家工作人员，面对国旗国徽，依法庄严宣誓。省委副书记、省长监誓。

12 月 10 日　四川省法治宣传教育工作会议在成都召开。

12 月 17 日　中共四川省委全面依法治省委员会印发《关于进一步加强党政机关法律顾问工作的若干措施》。

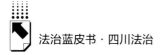

12 月 22 日　四川省委人大工作会议在成都召开，省委书记、省人大常委会主任出席会议并讲话。

12 月 24 日　四川省人民政府印发《四川省赋予乡镇（街道）县级行政权力事项指导目录（第二批）》，将行政处罚等 126 项县级行政权力事项交由乡镇（街道）行使。

12 月 28 日　四川省委召开常委会会议，听取省人大常委会、省政府、省政协、省法院、省检察院党组工作汇报。省委书记主持会议并讲话。

12 月 29 日　四川省人民政府办公厅印发《四川省"十四五"公共法律服务体系建设规划》。

12 月 29 日　四川省委依法治省办、四川省法治政府建设工作领导小组办公室、四川省司法厅联合举办的全省深入学习贯彻习近平法治思想·首届行政执法人员技能"大比武"决赛在成都举行。省委常委、政法委书记出席活动并讲话，司法部有关领导出席活动并致辞，省人大常委会副主任出席活动。

12 月 31 日　中共四川省委、四川省人民政府印发《四川省法治政府建设实施方案（2021～2025 年）》。

Abstract

Annual Report on Rule of Law in Sichuan No. 8 (2022) summarizes the experience and achievements of the province made in carrying out the central government's major arrangements and law-based governance of the province, analyze the problems, and produces suggestions for improvement. The general report reviews the practice of the province in carrying out the central government's major arrangements, depending law-based governance, and accelerating the construction of the rule of law in Sichuan in 2021. In addition, it also analyzes in detail the progress and deficiencies in law-based governance, promoting economic and social development, scientific legislation, strict law enforcement, impartial judiciary, observance of law by all, and legal protection, and puts forward the prospects of future legal construction.

This volume of the Blue book also contains a series of special investigation reports on law-based exercise of state power, law-based government, judicial construction, social governance, and innovation-driven and law-based high-quality development. In terms of law-based exercise of power, three examples, including the thorny problem of "supervision on the top leaders", legal advisers of the party and government agencies and legal construction of institutional staffing, are selected to introduce the experience of Sichuan. In terms of law-based government, there are reflections on the standardized construction of inspection and supervision, explorations on improving the comprehensive agricultural law enforcement ability, and the practices of auditing of leading cadres, showing the characteristics of the construction of law-based government in Sichuan from multiple perspectives. In terms of judicial construction, the experience and practices of Sichuan in promoting the implementation of judicial reform are

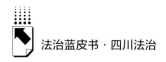

introduced through traceability governance, litigation services, and procuratorial supervision. In terms of social governance, issues such as migrant workers' wages, poverty-alleviation relocation, and rural revitalization, which are even the epitome of national social governance, are further discussed. In terms of innovation-driven and law-based high-quality development, reports on the construction of Tianfu Central Legal Area, judicial-guaranteed innovation, and intellectual property rights, etc., are included in the report, explaining the unique experience of intellectual property protection in western China through stories of famous wine enterprises, unified performance of procuratorial functions, and notarization participation. In terms of legal protection for the construction of the Chengdu-Chongqing Economic Circle, cross-regional anti-corruption, cross-regional administration and law enforcement, judicial service guarantee, etc. Are included in this Blue book to explain cross-regional construction of rule of law.

Keywords: Rule of Law in Sichuan; Law-Based Governance; Legal Guarantee

Contents

I General Report

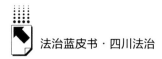
Abstract: In 2021, Sichuan thoroughly studied, promoted and implemented Xi Jinping Thought on the rule of law, and comprehensively deepen the rule of law in the governance of the province, effectively enhancing the party's leadership in law-based governance in Sichuan, achieving new progress in local legislation, the construction of law-based government, impartial justice, and social construction under the rule of law, further highlighting role of the rule of law in guiding, correcting and promoting economic and social development, and forming experience with its own characteristics in the practice of rule of law. In addition, in accordance with the new requirements of the new era, problems existing in various fields of the construction of rule of law and future directions are pointed out.

Keywords: Law-Based Governance; Rule of Law in Sichuan; Law-Based Government; Law-Based Society

Ⅱ Law-Based Exercise of Power

B.2 The Paths and Methods of Tackling the Thorny Problem of Supervision on the "Top Leader"

Research Group of Nanchong Municipal Commission for

Discipline Inspection and Supervision / 046

Abstract: The "top leader", who is at the core of the party and executive leadership as well as the work of the institution, plays a Keyrole, and takes full responsibility. Strengthening effective supervision of the "top leader" is of great significance to strengthen Party self-discipline exercised fully and with rigor and creating a clean-handed political environment. Nanchong City has made achievements by reinforcing the "top leader's" responsibility in party work, tightening the three-dimensional "top leader" supervision network, strictly restraining the "top leader" in performing duties and exercising power, and strictly building the "top leader's" ideological and moral defense lines. Through analyzing the cases of violations of discipline and law by the top leaders and the current situation of the power exercising and supervision of the "top leaders", this article summarizes problems on the supervision of "top leaders", and the paths and methods to solve them.

Keywords: "Top Leader"; Violation of Discipline and Law; an All-Out Effort to Enforce Strict Party Discipline

B.3   Investigation Report on the Implementation of the Legal Consulting System in Party and Government Bodies in Yibin

Research Group of the Rule of Law Commission of the
CPC Yibin Municipal Committee / 061

Abstract: In order to further strengthen and improve the legal consulting work in party and government organizations, and give full play to the role of legal consulting in promoting law-based exercise of power and governance Yibin City has carried out in-depth investigation on the implementation of the legal consulting system in party and government organizations. Through questionnaires and field researches, we have a comprehensive understanding of the current situation in the employment of legal consultants. Besides, it is found that the importance of the legal consulting system in Yibin is not well recognized, the working mechanism is still weak, the role of legal consultants is not fully exerted, and the protection mechanism is not n place. In the future, we shall attach sufficient importance to the legal consulting system, improve the selection system, improve the working mechanism, further develop the protection system, and strive to solve the problems of "employing but not using" and "employing but not consulting" in order to give full play to the legal consulting system and improving the quality and efficiency of the system in party and government organizations.

Keywords: Party and Government Organizations; Legal Consulting; Public Lawyers

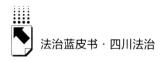

B.4　Practices and Suggestions on Law-Based Institutional Staffing

　　in Chengdu

Research Group of the Staffing Office of CPC Chengdu

Municipal Committee / 079

　　Abstract：The improvement of law-based staffing is an important part in improving the management of institutional staffing. Chengdu takes the party's leadership over the institutional staffing work as the "main line" to enhance the party's management role in the institutional staffing work. It explains the "red line" of the institutional staffing work in the promotion of rule of law, and broadens the way of education and publicity of policies and regulations. It build the "defense line" of mechanism to improve the staffing management system. And it holds the "strict bottom line" of supervision and inspection to strengthen the institutional discipline. Through various measures, it has built a law-based mechanism to manage the institutional staffing work, improved the capacity to manage and use the staffing, and provided a strong guarantee for promoting the modernization of urban governance systems and governance capabilities.

　　Keywords：Law-Based Management of the Institutional Staffing Work; Institutional Staffing; Construction of Rule of Law

Ⅲ　Law-Based Government

B.5　A Preliminary Study on the Improvement of Legal Inspection

　　in Ya'an　　　　　　　*Research Group of Ya'an Judicial Bureau* / 089

　　Abstract：The legal inspection system, which is still at the initial stage, has many problems and deficiencies in the system design and practice. On the basis of relevant regulations and practices of the central government, Sichuan Province, and Ya'an, the research group analyzes the current situation, and finds that there are deviations in the understanding of legal supervision, the supporting measures cannot meet the needs of the work, the procedures are unclear, and the work mechanism is defective. To further improve the legal supervision work, we shall draw inspirations from land inspection and environmental protection inspection, improve a series of legal inspection systems, cultivate a legal inspection team, and make a series of core values of legal inspection work.

Keywords: Legal Inspection; Improvement; Legalization

B.6   Exploration of the Improvement of Comprehensive

Agricultural Law Enforcement Ability in Sichuan

Research Group of Sichuan Provincial Department of

Agriculture and Rural Affairs / 102

Abstract: As the premise and guarantee of rural governance, the rule of law should be incorporated in various agriculture-relatedworks in the government. Comprehensive agricultural law enforcement, as a concentrated expression of the party's strategy of law-based governance in the field of "agriculture, rural areas and rural residents", plays a vital role in stabilizing the legal environment in rural areas and ensuring the stable development of agriculture. Since 2020, efforts has been made in Sichuan Province to integrate the administrative law enforcement forces and delegate the agricultural law enforcement to local governments, continuously improving the reform of comprehensive agricultural law enforcement, improving capacity level and providing a strong legal guarantee for the full implementation of the rural revitalization strategy.

Keywords: Comprehensive Agricultural Law Enforcement; Legal Guarantee; Rural Revitalization

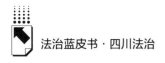
B. 7   The Existing Problems and Measures to Improve the
Standardization of Law Enforcement and Management in
the Prisons

Abstract: Looking back on the ten-year exploration on the standard construction of prisons Sichuan, we always stick to high standards, namely unified structure and layout, unified enforcement standards, unified goals and efficiency, blazing a road of "modern governance" with unique characteristics in the prisons in Sichuan. Law enforcement standardization has become an important engine for the high-quality development of modern prisons. Follow the trend, to keep pace with the times and improve the quality of prison management, we should put more efforts on standard structure, reach more consensus on law enforcement, and strengthen supervision, so that law enforcement standards are always full of energy in the new modern civilized prisons in the new era.

Keywords: Law Enforcement in the Prison; Prison Management; Standardization

B. 8   Practices on Strengthening Economic Responsibility Auditing
of Principal Party and Administrative Cadres to Ensure
Standardized Exercise of Power in Sichuan Province

Abstract: The economic responsibility audit work emerged and develops with the advancement of democracy and the rule of law in China, the economic and social development, and the improvement of the cadre management system. In response to the problems in performing the duties of leading cadres, we have focused on promoting the standardized exercise of power of leading cadres in economic responsibility auditing, and adopted a series of innovative measures such as "full coverage of auditing", research-based auditing, and smart auditing. This article reviews the explorations and practices on economic responsibility auditing of principal party and administrative cadres in Sichuan Province to clarify the ideas, solve the problems, and put forward the achievements that can be replicated and promoted.

Keywords: Leading Cadres; Economic Responsibility Auditing; Standardized Exercise of Power

Ⅳ Judicial Construction

B.9 Meishan Model of Resolving the Litigation from the Source

Research Group of Meishan Intermediate People's Court / 149

Abstract: Resolving the litigation from the source is the inheritance and development of the "Fengqiao Experience" in the new era. As an important part of social governance, it has become an important measure to effectively prevent and resolve conflicts and disputes, ease the pressure on people's courts in accepting cases, and promote social harmony and stability. Meishan, Sichuan Province, has been reforming and innovating the mechanism to prevent and resolve conflicts and disputes, constantly improving the "Meishan Experience" in diversified dispute resolution, and promoting the transformation of the prevention and resolution of conflicts and disputes from the after-the-event response of "withdrawing the litigation and ending disputes" to the preventive "less litigation and even no litigation" pattern, creating a Meishan model of litigation source governance in the new era.

Keywords: Resolving the Litigation From the Source; Dispute Resolution; Meishan Model

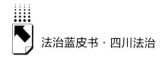
B . 10   Exploration on the Practice of Full-Process Litigation Service
in Panzhihua Courts

Research Group of Panzhihua Intermediate People's Court / 165

Abstract: Litigation service is an effective carrier to grantee that justice serves the people and a powerful measure to promote fair justice. With surging dispute cases in recent years, increasingly severe pressure of petitions and more diverse judicial needs of the people, Panzhihua Intermediate People's Court and district people's courts have adjusted their work ideas in a timely manner, mobilized all the scattered litigation service resources through optimizing the allocation of internal powers and standardizing the exercise of judicial powers, established a coordinated, chained, and multi-faceted full-process litigation service mechanism, and initially the fundamental transformation of the workflow of litigation services from traditional to modern, from one-way service to two-way integration, from formal confrontation to substantive harmony has been achieved. This is not only a living example of social governance innovation, but also a new platform for resolving social conflicts.

Keywords: Litigation Service; Full-Process; Judicial Function; Conflict Resolution

B . 11   Practice and Suggestions on Procuratorial Supervision of
Compulsory Isolated Drug Addiction Treatment in Ziyang

Research Group of Ziyang Municipal People's Procuratorate / 176

Abstract: Compulsory isolated drug addiction treatment has the characteristics of centralized power and strict execution, which requires procuratorial supervision to regulate the compulsory drug detoxification and protect the legitimate rights and interests of citizens. At present, although achievements have been made in several pilot places, there are still problems in legal basis, department coordination, supervision scope, and resource guarantee. This article systematically combs the current situation in the procuratorial supervision of compulsory isolated drug addiction treatment, Summarizes the highlights and achievements of the Ziyang Municipal People's Procuratorate, finds out the problems, and puts forward countermeasures and suggestions.

Keywords: Drug Addiction Treatment; Compulsory Quarantine; Procuratorial Supervision

B.12 Sichuan Practice of Lawyers' Participation in the

Construction of Legal Professional Community

Research Group of Sichuan Provincial Department of Justice / 187

Abstract: The construction of legal professional community is of great and far-reaching significance for deepening law-based governance and promoting the construction of a country under the rule of law, a government under the rule of law, and a society under the rule of law. The *Decision of the Central Committee of the Communist Party of China on Several Major Issues in Comprehensively Promoting the Governance of the Country by Law* issued on the 4th Plenary Session of the 18th Central Committee of the Communist Party of China proposed to establish a "specialized team for the rule of law", pointing out the direction for the construction of a legal professional community. In recent years, Sichuan has actively encouraged the lawyers to participate in the construction of the legal professional community, continuously deepened exchanges and cooperation with courts and procuratorates, improved the guarantee mechanism for legal practitioners, improved the punishment system for illegal practices of legal practitioners, deepened the reform of the system and mechanism, and gave full play to the layers in serving the overall situation, especially in the country's rule of law and the construction of Sichuan under the rule of law, blazing a road of practice in the construction of a legal professional community that is in line with the reality in Sichuan.

Keywords: Lawyer; Legal Profession Community; Local Rule of Law

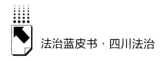
B.13　Exploration on the Practice of Sichuan Law Society in

Promoting the Chief Legal Consultant System

Abstract：Sichuan Law Society always holds that the rule of law should run through the whole process of governing and revitalizing Sichuan, takes advantage of the situation and has made a series of system innovation in this regard. Through carrying out pilot chief consultant system programs, and exploring on the work model, consulting scope, operation mode, and work guarantee of the system, it aims to build a new pattern of law-based service in which the party and the government organizations participate and all the social organizations and enterprises are fully coordinated, put forward a series of experience that can be promoted in the country, and provide a strong guarantee for promoting sound and orderly economic and social development and maintaining social stability.

Keywords：Sichuan Law Society; Chief Legal Consulting Expert System; Six Minds

V　Social Governance

B.14　Investigation Report on Resolving the Problem of Wage

Arrears for Migrant Workers in Sichuan Province According

to the Law

Abstract：As a province with a large population, a large number of migrant workers, with a large total number of migrant workers and a large number of projects under construction, Sichuan is faced with an arduous task of eliminating wage arrears for migrant workers. Researches on resolving the problem of wage arrears for migrant workers, as a major topic in the current economic and social development, is not only a targeted measure to improve relevant policies in tackling this problem, but also of forward-looking significance for tackling this problem from the root during the "14ᵗʰ Five-Year Plan" period. Through analyzing the implementation, problems and reasons of the *Regulations on Guaranteeing the Payment of Migrant Workers' Wages*, this article finds that there are still some measures that have not been carried out, and we should further improve the institutional system and build an institutional framework to facilitate the complementation of the regulations and push forward the work of ensuring the payment of migrant workers' wages.

Keywords: Wages of Migrant Workers; Resolve the Problem of Wage Arrears for Migrant Workers from the Root; Resolve the Problem According to the Law

B.15 Practice of Butuo County in Poverty-Alleviation Relocation in Resettlement Sites

Research Group of Liangshan Prefecture Judicial Bureau / 226

Abstract: Under the leadership of the CPC, Liangshan once "achieved a millennium leapfrog development", directly transiting from a slave society to a socialist society. Now, under the strong leadership of the CPC Central Committee with Comrade Xi Jinping at its core, relocation of impoverished residents from "scattered" to "gathered", from "mountain" to "city", from "villagers" to "residents", achieving another historical "millennium leapfrog development". With the implementation of the relocation policy, people are moved from deep mountains and old forests into new homes, and centralized resettlement areas spring up. These people, who scattered different villages and households, live together in communities now. Their living environment and living habits are also changing completely. We should continuously explore the ways to cultivate their living habits, establish community governance system according to the law, and improve governance efficiency. To this end, Liangshan Prefecture takes Yisa Community, Temuli Town, Butuo County, the largest centralized resettlement site as an example of poverty-alleviation relocation, and explores the innovative law-based governance model of poverty-alleviation resettlement sites.

Keywords: Relocation of Impoverished Residents; Resettlement Site; Law-Based Governance

B.16 Exploration on the Construction of New Villages under the Rule of Law in Areas Inhabited by Yi People under the Background of Rural Revitalization Strategy

Research Group of the Rule of Law Commission of the
CPC Leshan Municipal Committee / 237

Abstract: The 14th Five-Year Plan of Sichuan Province and the long-term goals to 2035 have clarified that we will "make new achievements in the innovation of and in improving the capacity of urban and rural grassroots governance system". At the same time, with the in-depth development of rural revitalization in the post-poverty alleviation era, issues concerning the planning and construction of centralized resettlement sites for poverty-alleviation relocation and the new communities at the urban-rural fringe, ecological environment, comprehensive management and industrial development emerge and become difficult points of "agriculture, rural areas and farmers" issues. With Mingxin Village in Ebian Yi Autonomous County as a pilot project, this article conducts a "project-based" research on the construction of "Yijia, a new village under the rule of law" to boost rural revitalization in 2021. A replicable experience will be summarized to be promoted in areas inhabited by the Yi people in the Daliangshan Mountain and Xiaoliangshan Mountain.

Keywords: Rural Revitalization; Rural Governance in Ethnic Areas; New Village under the Rule of Law

Ⅵ Innovation-Driven and Law-Based High-Quality Development

Abstract: Tianfu Central Legal Area is the first provincial-level gathering area of modern legal practitioners in the country. Sichuan Province, Chengdu City, and Sichuan Tianfu New Area, focusing on innovative reform, have carried out down – to – the – earth exploration on building a modern gathering area of legal practitioners. Sichuan Tianfu Central Legal Area, with project-based innovative planning, has built sound cultural, ecological and industrial circles, which has facilitated the clustered development of modern legal service industry. We have also integrated the he whole process of the legal industry chain, improved the management mechanism and policies, clarified the functional positioning and the main layout, carried out a number of pilot reforms in the judicial field, and accelerated the gathering of high-level legal resources, in order to build a Tianfu Central Legal Area that is "based in Sichuan, radiating the west, affecting the whole country, and facing the world". With all the efforts, we will contribute to the construction of the "Belt and Road", the Chengdu-Chongqing Economic Circle and other major national strategies, provide full-chain professional legal services for the market economy, business environment, and opening-up, creating a golden calling card for legal services with international influence, and facilitating high-quality development with high-level rule of law.

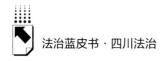
Keywords：Tianfu Central Legal Area；Legal Service；Calling Card of the Rule of Law

B.18 Investigation Report on the Contribution of Courts in Sichuan to Innovation-Driven High-Quality Development

Research Group of Sichuan Provincial Higher People's Court / 270

Abstract：Courts in Sichuan has always been strengthening intellectual property judicial work. With targeted service, high-quality cases, deepening reform and innovation, improving the judicial system, upgrading the IP protection level, and extending judicial functions, we have provided strong judicial service and guarantee to the innovation-driven high-quality development in Sichuan Province. There are, however, problems and difficulties in the effects on IP protection, the efficiency and the team building. In the future, courts in the province will continue to improve their awareness, build a solid foundation, and improve their effectiveness and efficiency, so as to make judicial contribution to the innovation-driven leading high-quality development of Sichuan Province judicial wisdom and court power.

Keywords：Innovation-Driven；High-Quality Development；Judicial Protection of Intellectual Property

B.19 Research on Intellectual Property Protection of Famous Wine Enterprises under the New Development Concept

Research Group of State-Owned Assets Supervision and Administration Commission of Sichuan Province / 283

Abstract：In a new stage of development, how to carry out new development concepts, build a new development pattern, and achieve high-quality development under the protection of intellectual property rights is a major task in the development of enterprises. Through analyzing the development trend of intellectual property protection of famous wine enterprises under the new development concept, combining the characteristics and practical experience of intellectual property protection of famous wine enterprises, this article finds out the challenges and difficulties faced by them in IP protection, and put forward a series of IP protection measures under the new development concepts, in order to provide a strong support for the high-quality development of intellectual property protection of famous wine enterprises, and further enhance their comprehensive competitiveness.

Keywords: New Development Concepts; Famous Wine Enterprise; Intellectual Property Protection

B. 20 Reform and Exploration of Joint Performance of Intellectual Property Procuratorial Functions

Research Group of Sichuan Provincial People's Procuratorate / 296

Abstract: The three level procuratorial organs in Sichuan Province have, under the guidance of Xi Jinping Thought on the rule of law, given full play to the professional advantages of procuratorial duties, integrated resources, and jointly performed intellectual property criminal, civil and administrative procuratorial functions, pushing forward the joint performance of IP procuratorial functions and achieving good results of IP legal supervision. This article introduces in detail the efforts of the procuratorial organs in Sichuan Province to further promote the reform of joint performance of IP procuratorial functions, and elaborates the experience of IP procuratorial work from the perspectives of ideas, institutional guarantees, judicial mechanisms, and teams, analyzes the problems, and puts forward countermeasures, in order to foster a legal environment that encourages and protects innovation and optimize the business environment in Sichuan.

Keywords: Intellectual Property Procuratorial Function; Joint Performance of Procuratorial Functions; Judicial Reform

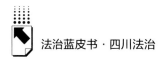
B.21 Practice and Exploration of Deyang Notary Organs in
Intellectual Property Protection

Research Group of Deyang Municipal Bureau of Justice / 306

Abstract: Deyang attaches great importance to the protection of intellectual property rights. In order to give full play to the role of notarization in intellectual property protection, such as service protection, notarial prevention, supervision, and communication media, Deyang has built a platform and mobilized all the resources to enhance notary participation in intellectual property protection. In addition, it encouraged and guides the notary organs to give full play to their notarial functions, making a "Deyang Model" of notary services for intellectual property protection, and achieving preliminary results. At the same time, it has put forward measures from the aspects of enhancing the promotion of notarization and protection of intellectual property rights, improving and expanding platform channels, putting more efforts in this work and establishing research mechanisms.

Keywords: Innovative Development; Notarization; Intellectual Property

Ⅶ Legal Protection in the Construction of the Chengdu-Chongqing Economic Circle

B.22 New Challenges and Countermeasures for Anti-corruption
Work at the Backdrop of Chengdu-Chongqing Economic
Circle *Research Group of Chengdu Municipal Commission for*
Discipline Inspection and Supervision / 319

Abstract: The construction of the Chengdu-Chongqing Economic Circle, as a major national regional development strategy personally planned, deployed and promoted by General Secretary Xi Jinping, has made a blueprint and guidance for high-quality development of Chengdu and Chongqing. With the "Construction of the Chengdu-Chongqing Economic Circle" as the theme, this article, based on the anti-corruption work in Chengdu, summarizes the problems and challenges in anti-corruption work such as issues related with the work style, the punishment and prevention of corruption, coordination and cooperation, and puts forward three countermeasures with inspirations drawing from advanced places in anti-corruption work under the background of regional synergy construction.

Keywords: Chengdu-Chongqing Economic Circle; Anti-corruption; Collaboration

B.23 Exploration on Coordinated Law Enforcement for Highway Vehicle Overload Control in Adjacent Areas of Chengdu and Chongqing

Research Group of Sichuan Provincial Department of Transportation and Chongqing Municipal Transportation Bureau / 331

Abstract: After years of efforts, the problem of vehicle overloading on highways in Sichuan has been effectively solved, significantly improving the law enforcement reputation and service on the highways. There are, however, outstanding problems, one of which is that the mechanism of coordinated law enforcement to tackle overload problems in other places is still incomplete and the use of technology needs to be improved. Through analyzing the current situation and problems of highway vehicle overloading law enforcement in the adjacent areas of the Chengdu-Chongqing Economic Circle, this article puts forward measures such as optimizing the layout of over-limit detection sites on the highways, building a full-chain coordinated work system, improving the standardized law enforcement capacity, promoting the informatization of coordinated law enforcement, and jointly promoting relevant policies, which points out the direction for further improving road overload law enforcement.

Keywords: Chengdu-Chongqing Economic Circle; Over-Limit and Overload; Coordinated Law Enforcement

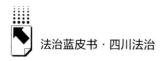
法治蓝皮书·四川法治

B.24 Investigation Report on the Services of Courts in Sichuan
in Facilitating the Construction of Chengdu-Chongqing
Economic Circle

Research Group of Sichuan Higher People's Court / 346

Abstract: In order to implement the spirit of General Secretary Xi Jinping's important instructions on promoting the construction of the Chengdu-Chongqing Economic Circle and give full play to the role of judicial functions, courts in Sichuan are deeply integrated into the construction of the economic circle, and provide high-level judicial services and guarantee. During this process, Sichuan drew inspirations from cases of regional economic judicial protection at home and abroad, and concluded that a commanding organization has to be established for judicial cooperation between Chengdu and Chongqing in the future, and regional judicial cooperation should be normalized. Courts should contribute to the construction of Chengdu-Chongqing Economic Circle through a shared, interactive and coordinated liaison platform and talent exchange platform.

Keywords: Chengdu-Chongqing Economic Circle; Judicial Reform; Judicial Coordination

B.25 Exploration on the Practice of Rule of Law in
Sichuan-Chongqing Gaozhu New Area

Research Group of Guang'an Municipal Bureau of Justice / 361

Abstract: *The Guidelines for the Construction of Chengdu-Chongqing Economic Circle was officially released by the Central Committee of the CPC and the State Council on October 20, 2021, providing more space and higher requirements on the construction of the rule of law in Sichuan-Chongqing Gaozhu New Area. This article explains the unique location advantages and prospects of Sichuan-Chongqing Gaozhu New Area, analyzes the legal problems in the moderate separation of* economic and administrative functions in Sichuan-Chongqing Gaozhu New Area, and puts forward countermeasures for rule of law such as creating a high-level law-based business environment and providing high-quality legal service, in order to provide a replicable Gaozhu experience that can promote the integrated development of the adjacent areas of Sichuan and Chongqing.

Keywords: Sichuan-Chongqing Gaozhu New Area; Legal Protection; Legal Service

Ⅷ   Appendix

社会科学文献出版社

皮 书

智库成果出版与传播平台

❖ 皮书定义 ❖

皮书是对中国与世界发展状况和热点问题进行年度监测，以专业的角度、专家的视野和实证研究方法，针对某一领域或区域现状与发展态势展开分析和预测，具备前沿性、原创性、实证性、连续性、时效性等特点的公开出版物，由一系列权威研究报告组成。

❖ 皮书作者 ❖

皮书系列报告作者以国内外一流研究机构、知名高校等重点智库的研究人员为主，多为相关领域一流专家学者，他们的观点代表了当下学界对中国与世界的现实和未来最高水平的解读与分析。截至2021年底，皮书研创机构逾千家，报告作者累计超过10万人。

❖ 皮书荣誉 ❖

皮书作为中国社会科学院基础理论研究与应用对策研究融合发展的代表性成果，不仅是哲学社会科学工作者服务中国特色社会主义现代化建设的重要成果，更是助力中国特色新型智库建设、构建中国特色哲学社会科学"三大体系"的重要平台。皮书系列先后被列入"十二五""十三五""十四五"时期国家重点出版物出版专项规划项目；2013~2022年，重点皮书列入中国社会科学院国家哲学社会科学创新工程项目。

权威报告·连续出版·独家资源

皮书数据库
ANNUAL REPORT(YEARBOOK)
DATABASE

分析解读当下中国发展变迁的高端智库平台

所获荣誉

- 2020年，入选全国新闻出版深度融合发展创新案例
- 2019年，入选国家新闻出版署数字出版精品遴选推荐计划
- 2016年，入选"十三五"国家重点电子出版物出版规划骨干工程
- 2013年，荣获"中国出版政府奖·网络出版物奖"提名奖
- 连续多年荣获中国数字出版博览会"数字出版·优秀品牌"奖

皮书数据库

"社科数托邦"
微信公众号

成为会员

登录网址www.pishu.com.cn访问皮书数据库网站或下载皮书数据库APP，通过手机号码验证或邮箱验证即可成为皮书数据库会员。

会员福利

- 已注册用户购书后可免费获赠100元皮书数据库充值卡。刮开充值卡涂层获取充值密码，登录并进入"会员中心"—"在线充值"—"充值卡充值"，充值成功即可购买和查看数据库内容。
- 会员福利最终解释权归社会科学文献出版社所有。

数据库服务热线：400-008-6695
数据库服务QQ：2475522410
数据库服务邮箱：database@ssap.cn
图书销售热线：010-59367070/7028
图书服务QQ：1265056568
图书服务邮箱：duzhe@ssap.cn

社会科学文献出版社 皮书系列
SOCIAL SCIENCES ACADEMIC PRESS (CHINA)

卡号：124748321673
密码：

基本子库 SUB DATABASE

中国社会发展数据库（下设 12 个专题子库）

紧扣人口、政治、外交、法律、教育、医疗卫生、资源环境等 12 个社会发展领域的前沿和热点，全面整合专业著作、智库报告、学术资讯、调研数据等类型资源，帮助用户追踪中国社会发展动态、研究社会发展战略与政策、了解社会热点问题、分析社会发展趋势。

中国经济发展数据库（下设 12 专题子库）

内容涵盖宏观经济、产业经济、工业经济、农业经济、财政金融、房地产经济、城市经济、商业贸易等 12 个重点经济领域，为把握经济运行态势、洞察经济发展规律、研判经济发展趋势、进行经济调控决策提供参考和依据。

中国行业发展数据库（下设 17 个专题子库）

以中国国民经济行业分类为依据，覆盖金融业、旅游业、交通运输业、能源矿产业、制造业等 100 多个行业，跟踪分析国民经济相关行业市场运行状况和政策导向，汇集行业发展前沿资讯，为投资、从业及各种经济决策提供理论支撑和实践指导。

中国区域发展数据库（下设 4 个专题子库）

对中国特定区域内的经济、社会、文化等领域现状与发展情况进行深度分析和预测，涉及省级行政区、城市群、城市、农村等不同维度，研究层级至县及县以下行政区，为学者研究地方经济社会宏观态势、经验模式、发展案例提供支撑，为地方政府决策提供参考。

中国文化传媒数据库（下设 18 个专题子库）

内容覆盖文化产业、新闻传播、电影娱乐、文学艺术、群众文化、图书情报等 18 个重点研究领域，聚焦文化传媒领域发展前沿、热点话题、行业实践，服务用户的教学科研、文化投资、企业规划等需要。

世界经济与国际关系数据库（下设 6 个专题子库）

整合世界经济、国际政治、世界文化与科技、全球性问题、国际组织与国际法、区域研究 6 大领域研究成果，对世界经济形势、国际形势进行连续性深度分析，对年度热点问题进行专题解读，为研判全球发展趋势提供事实和数据支持。

法律声明

　　"皮书系列"（含蓝皮书、绿皮书、黄皮书）之品牌由社会科学文献出版社最早使用并持续至今，现已被中国图书行业所熟知。"皮书系列"的相关商标已在国家商标管理部门商标局注册，包括但不限于LOGO（）、皮书、Pishu、经济蓝皮书、社会蓝皮书等。"皮书系列"图书的注册商标专用权及封面设计、版式设计的著作权均为社会科学文献出版社所有。未经社会科学文献出版社书面授权许可，任何使用与"皮书系列"图书注册商标、封面设计、版式设计相同或者近似的文字、图形或其组合的行为均系侵权行为。

　　经作者授权，本书的专有出版权及信息网络传播权等为社会科学文献出版社享有。未经社会科学文献出版社书面授权许可，任何就本书内容的复制、发行或以数字形式进行网络传播的行为均系侵权行为。

　　社会科学文献出版社将通过法律途径追究上述侵权行为的法律责任，维护自身合法权益。

　　欢迎社会各界人士对侵犯社会科学文献出版社上述权利的侵权行为进行举报。电话：010-59367121，电子邮箱：fawubu@ssap.cn。

社会科学文献出版社